싱가포르역사
다이제스트100

싱가포르역사
다이제스트100

초판 1쇄 펴낸 날 | 2017년 8월 18일

지은이 | 강승문
펴낸이 | 홍정우
펴낸곳 | 도서출판 가람기획

책임편집 | 이상은
편집진행 | 남슬기
디자인 | 김한기
마케팅 | 정다운

주소 | (121-894) 서울시 마포구 양화로7안길 31(서교동, 1층)
전화 | (02)3275-2915~7
팩스 | (02)3275-2918
이메일 | garam815@chol.com

등록 | 2007년 3월 17일(제17-241호)

© 강승문, 2017
ISBN 978-89-8435-416-6 (03910)

이 도서의 국립중앙도서관 출판시도서목록(CIP)은 서지정보유통지원시스템 홈페이지(http://seoji.nl.go.kr)와 국가자료공동목록시스템(http://www.nl.go.kr/kolisnet)에서 이용하실 수 있습니다. (CIP제어번호: CIP2017018551)

DIGEST100SERIES

15
Singapore

싱가포르역사
다이제스트100

가람
기획

머리말

싱가포르라는 나라는 참으로 흥미로운 연구대상이다. 국토면적이라고 해봐야 서울특별시보다 약간 더 크고 인구는 약 560만 명에 불과하지만, 아시아의 금융과 물류 허브 역할을 하고 있으며, 1인당 국민소득이 5만 달러를 넘어 아시아 최고의 자리를 차지하고 있다. 영국 식민지 시절을 거쳐 말레이시아 연방의 일원이 되었다가 연방에서 쫓겨나 원치 않은 독립을 했지만, 지금은 말레이시아는 물론이고 과거 식민종주국이었던 영국보다도 더 잘살고 있는 희한한 나라이다. 정치적 자유도가 낮은 독재국가로 알려져 있지만 경제적 자유도에서는 세계 최고 수준을 자랑하며, 전 세계에서 가장 합리적인 사회시스템을 갖추고 있는 것으로 유명하다. 인구의 4분의 3이 중국계여서 리틀 차이나(little China)로 보일 수 있으나, 속을 들여다보면 다양한 인종과 문화가 어우러진 용광로의 면모를 가지고 있다. 한 세기 반 동안 영국의 식민지로 있었기 때문에 여전히 영국의 영향이 많이 남아있지만 단순히 영국문화권이라고 단정하기도 어렵다. 요약하자면, 묘한 요소들이 혼재하여 간단히 정의하기가 너무나 어려운 국가라 하겠다.

필자가 2014년에 쓴 「싱가포르에 길을 묻다」는 1965년 독립 당시 동남아시아 최빈국이었던 싱가포르가 아시아 최고의 선진국이 될 수 있었던 비결을 밝히고 그들의 복잡한 정체성을 알기 쉽게 풀어낸 책이다. 서두에 역사가 간략히 소

개되기는 했지만 주된 주제는 아니었고, 싱가포르를 번영의 길로 이끈 국가시스템에 초점을 맞춰 그들로부터 우리가 무엇을 배워야 할지를 알리는 데에 중점을 두었다.

전작에 이어 이번에는 싱가포르의 역사만 따로 떼어 설명한 「싱가포르역사 다이제스트 100」을 출간하게 되었다. 처음 집필 의뢰를 받았을 때에는 과연 싱가포르의 역사만을 주제로 하여 충실한 책을 써낼 수 있을지 심각한 의문이 들었다. 1965년 독립한 싱가포르 공화국의 역사는 이제 50년을 조금 넘겼고, 영국의 무역항이 설치된 1819년을 근대사의 시작으로 잡아도 200년이 채 지나지 않았기 때문이다. 그러나 막상 자료검토에 들어가 보니 이는 기우에 불과했다. 싱가포르라는 나라는 짧은 역사에도 불구하고 흥미로운 이야기와 사건들이 풍성하게 존재했다.

싱가포르 역사의 범위를 어디까지로 해야 할지를 명확히 설정하기가 어려웠고, 싱가포르 내에서도 역사의 시작점을 어디로 볼 것인가에 대해 논란이 많았다. 현재는 스탬포드 래플스 경(Sir Thomas Stamford Bingley Raffles)이 등장하여 영국의 무역항을 개설한 1819년이 싱가포르 역사의 시작점으로 공인되고 있으나, 독립 초기에는 과거의 역사를 부정하려는 인식이 강했다고 한다. 1965년 싱

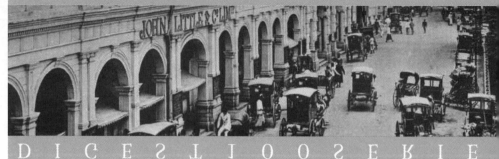

가포르 공화국의 출범 당시엔 "싱가포르에는 역사가 없다. 우리의 역사는 지금부터 시작이다"라는 생각이 팽배했고, 심지어 래플스 경의 동상을 강물에 던져버리자는 과격한 주장이 나오기도 했다. 그러나 제3자의 관점에서 보았을 때, 싱가포르 역사의 시작을 1819년으로 단정하는 것에도 무리가 있다고 생각한다.

19세기 초의 싱가포르는 사람들의 관심에서 벗어나 버려진 섬이었지만, 고대로부터 14세기까지 동서 해양교역의 창구 역할을 했던 곳이었다. 고대사에 대한 명확한 기록이 남아있지는 않지만 그에 대한 언급을 생략할 수는 없는 노릇이다. 그리고 말레이반도와 현재의 인도네시아를 비롯한 동남아시아 지역과의 연관성 등을 간략하게라도 이해할 필요가 있다. 그래야만 싱가포르가 현재의 모습을 가지게 된 배경을 정확히 알 수 있기 때문이다.

이 책은 정통 역사서와는 다소 거리가 있을 것이다. 필자가 역사학자가 아니기 때문에 불가피한 측면이 있으며, 사실 꼭 정통 역사서의 양식에 맞춰 써야만 할 필요도 없다고 생각한다. 또한 모든 사건들을 시간의 흐름에 따라 엄밀한 편년체(編年體)로 기술하기에는 어려움이 많았다.

싱가포르의 역사는 근대사 개막 이전, 개항 초기의 개척시대, 해협식민지 시대, 영국 본국 직속 식민지 시대, 일본 점령기, 제2차 세계대전 이후의 혼란기, 독

립 이후 등 몇 가지 큰 덩어리로 나눌 수 있다. 시간의 순서를 가급적 거스르지 않으려고 노력했지만, 각 시대별 사건을 주제별로 나누어 설명하는 방식이 더 적절하다고 판단되어 채택하였음을 알려드린다.

　부족한 점이 없지 않겠지만, 작지만 많은 것을 품고 있는 나라인 싱가포르의 역사를 충실히 전달하고 미래를 위한 교훈을 뽑아내고자 최선의 노력을 기울였음을 이해해 주시기 바란다.

2017년 8월, 강승문

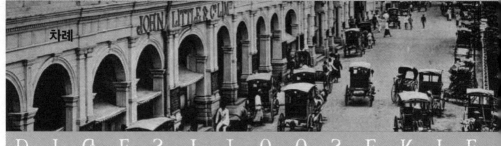

IGEST100SERIES

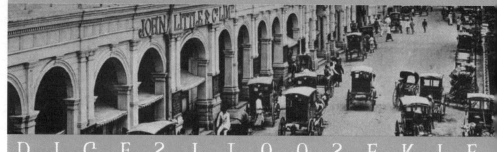

제1장
동트기 전

버려진 섬

싱가포르의 원래 지명은 테마섹(Temasek)이었고, 14세기 말경에 말레이어로 '사자의 도시'라는 뜻의 싱가푸라(Singapura)로 이름이 바뀐다. 그리고 훗날 싱가푸라의 영어식 표현인 싱가포르(Singapore)가 공식 명칭으로 굳어지게 된다. 19세기에 들어 근대적 도시가 세워진 이후에도 호랑이는 살았지만 사자가 살았던 일은 전혀 없었기 때문에 '사자의 도시'라는 이름은 사실 모순적이다. 이런 이름을 갖게 된 이유에는 뒤에 소개하는 전설을 포함해 몇 가지 설이 있으나 진실은 미스터리로 남아있고, 어쩌면 초기 정착자들이 이 섬에 흔했던 호랑이를 사자로 착각했기 때문일지도 모른다.

말레이반도 남단에 위치한 섬인 싱가포르는 고대로부터 인도양, 남중국해, 인도네시아 군도를 잇는 해로의 중심으로서 교역을 끌어들이는 장소였다. 일찍이 2세기부터 싱가포르로 추정되는 섬에 대한 기록이 중국, 아랍 등에서 나타난다. 테마섹이라고 불리던 싱가포르에 사람이 거주했음을 확실히 입증하는 기록은 14세기 자바에서 등장하고, 14세기 초반 이 지역을 항해한 중국 상인의 목격담도 남아있다.

　테마섹은 14세기의 새로운 무역 패턴에 대응하여 등장한 말레이 세계의 작은 항구 중 하나였던 것으로 보인다. 이 일대는 오래전부터 중국과 인도양, 중동 사이의 사치품 교역에서 환적항 역할을 해왔고, 13세기 말부터의 무역은 중국 남부에서 생산된 도자기, 직물, 금속, 식료품 등과 열대 생산품이 교환되는 양상으로 전환되었다. 포트 캐닝(Fort Canning, 싱가포르 시내 중심부에 위치한 언덕으로, 과거 말레이 술탄과 영국군의 요새로 활용되었던 곳이나 현재는 공원이 조성되어 있음)에서 최근 출토된 도자기 파편과 중국 동전은 14세기 번성한 테마섹의 모습을 입증하고 있다. 그러나 이 시기는 번영과 더불어 위험하고 불안정한 면을 함께 가지고 있었다.

　수마트라 섬 팔렘방(Palembang)에 근거를 둔 고대 스리비자야(Srivijaya) 왕국의 제해권이 느슨해지자 말레이반도 남부의 토착세력들은 흩어져 해적으로 전락했고, 테마섹은 당시 동남아시아 지역의 맹주였던 마자파히트(Majapahit) 왕국과 시암(Siam, 현재의 태국) 왕국의 공격을 받게 된다. 14세기 중반 테마섹은 시암 왕국의 장기간 포위공격을 견뎌내고 마자파히트 왕국의 맹공 또한 격퇴했지만, 1365년에 이르자 마자파히트 왕국은 테마섹을 속국으로 선포하게 된다. 결국 14세기 말 테마섹은 내부 혼란으로 분열되고 외부의 공격에 의해 파괴되는 운명을 맞는다. 테마섹을 멸망시킨 세력이 자바라는 설도 있고 시암이라는 설도 있어 무엇이 진실인지는 분명하지 않다.

　이 시기 테마섹의 역사에 대한 명확한 기록은 존재하지 않는다. 당시 중국 명(明) 왕조의 황제가 대외교역 금지령을 내렸기 때문에 당시 상황을 목격하고 기록을 남길 중국인은 존재하지 않았고, 포르투갈의 역사학자들이 이 지역에 대한 본격적인 기록을 남기기 시작한 것은 이로부터 한 세기가 더 지나고 나서이기 때문이다.

　테마섹-싱가푸라의 과거를 전반적으로 설명하고 있는 유일한 사료는 17세기의 말레이 역사 기록이다. 이 기록은 테마섹-싱가푸라에서 말라카(Melaka, Malacca)로 이어지는 계보가 고대 스리비자야 왕국까지 거슬러 올라간다는 말레이 지배자들의 주장을 정당화하는 것을 주목적으로 하고 있기 때문에 액면 그대로 믿기는 곤란한 점이 많다. 일견 허무맹랑한 전설 같기는 하나, 전부가 날조된 것이라 보기는 어렵고 역사적 사실의 핵심이 담겨있는 것은 분명하기 때문에 간단히 소개한다.

인도의 정복왕이자 알렉산더 대왕의 후손인 라자 출란(Raja Chulan)은 중국 정복에 나섰고 그 도중 테마섹에 주둔하게 된다. 중국 황제는 그를 속여 침략을 막기 위해 늙고 이빨이 다 빠진 선원들과 녹슨 바늘, 열매가 주렁주렁 열린 과일나무를 실은 배를 급파한다. 선원들은 자신들이 젊어서 출항했지만 오랜 항해 동안 다 늙어버렸고 그사이 씨앗이 자라서 나무가 되고 철봉이 녹슬어 바늘이 된 것이라고 라자 출란에게 고한다. 라자 출란은 중국이 너무 멀리 있는 것으로 속아 넘어가 중국 정복을 단념하고 해신(海神)의 딸과 결혼한다. 이 결혼을 통해 얻은 아들인 상 우타마(Sang Utama)는 해상 왕국 스리비자야(Srivijaya)의 중심지인 팔렘방(Palembang)의 통치자가 되어 상 닐라 우타마(Sang Nila Utama)라는 존칭으로 불린다.

상 닐라 우타마는 근처의 섬들을 여행하다가 테마섹 해안을 발견하고 그곳을 탐사하기로 결심하는데, 마침 큰 폭풍우가 불어와 배를 구하기 위해 왕관을 비롯한 모든 것을 물속에 버릴 수밖에 없었다. 사투 끝에 상 닐라 우타마는 현재의 싱가포르 강(The Singapore River) 어귀에 상륙하였는데, 그곳에서 붉은 몸뚱이에 검은 머리와 흰색 가슴을 가진 이상한 동물과 마주치게 된다. 상 닐라 우타마는 이것을 좋은 징조로 여겨 정착지를 건설하기로 했고, 이 동물을 사자라 생각해 이곳을 '사자의 도시'라는 뜻의 싱가푸라(Singapura)로 부르기로 한다.

상 닐라 우타마와 그의 뒤를 이은 네 명의 계승자의 현명한 통치 덕분에 싱가푸라는 교역의 중심지로 꽃을 피우게 되나, 당시 자바와 수마트라의 맹주였던 마자파히트(Majapahit) 왕국은 싱가푸라의 번영을 시샘하여 침략을 단행한다. 싱가푸라는 마자파히트 왕국의 첫 번째 공격을 잘 격퇴했으나, 이어진 공격에서 배신한 신하가 성문을 열어주어 함락당하는 운명을 맞게 되고 이때 피가 강처럼 넘쳐흘러 흙을 영원히 붉게 물들였다고 전한다. 싱가푸라의 마지막 왕은 충직한 신하들과 함께 말레이반도로 도망쳤고, 몇 년간 떠돌아다닌 끝에 말라카(Melaka, Malacca)에 정착하게 된다. 이후 말라카는 과거 싱가푸라보다 훨씬 더 번성한 해

포트 캐닝(Fort Canning)의 현재 모습

상 교역의 중심지로 발전하여 동남아시아 역사의 한 페이지를 장식한다.

여기에 굳이 소개할 필요가 없어 생략하고 있는 포르투갈의 기록은 말레이 기록과는 상당한 차이가 있다. 그러나 14세기 말 싱가푸라의 마지막 왕이 외부 침략에 의해 쫓겨나고 도시는 파괴되었으며, 싱가푸라의 지배세력이 말라카에 정착해 왕국을 설립하게 된다는 내용에서는 말레이 기록과 포르투갈의 기록이 일치하고 있다. 또한 현대에 이루어진 고고학 발굴 작업은 부유했던 포트 캐닝(Fort Canning) 정착지가 14세기 말에 버려졌다는 것을 잘 입증했다.

싱가푸라의 마지막 왕이 쫓겨난 시점에서 싱가포르 섬이 완전히 버려진 것은 아니었다. 한동안 말라카 왕국(Melaka Sultanate)의 군선(軍船) 건조 기지의 역할을 했고, 또한 싱가포르 강의 하구에서 출토된 저품질 도자기 파편과 일상적인 공예품들은 그 이후에도 상당 기간 동안 실용품 교역과 소규모 정착지가 유지되었음을 보여주고 있다. 그러나 말라카가 교역 중심지로 번성했던 것과 반대로 싱가포르는 14세기 말 이후 말레이 정치사에서 중요한 역할을 전혀 하지 못한 것이 사실이다.

1620년대에 이르자 싱가포르는 사람들의 관심에서 완전히 벗어났고, 18세기의 기록에는 해전(海戰)의 배경 정도로만 등장한다. 여기에 관심을 둔 집단은 은신처를 필요로 하는 해적들뿐이었다. 현재는 거대한 테마파크로 개발되어 있는 유명한 관광지인 센토사(Sentosa, 말레이어로 '평화로운'이라는 뜻) 섬의 원래 이름인 'Pulau Blakang Mati'에는 이런 어두운 역사가 잘 녹아있다. 말레이어로 'Pulau'는 '섬', 'Blakang'은 '뒤편', 'Mati'는 '죽음'이라는 뜻인데, 이것은 해적들이 사람들을 납치해 이 섬 뒤편에서 살해하는 일이 빈번했기 때문에 붙여진 이름이라고 한다.

싱가포르 본섬과 센토사(Sentosa) 섬 사이를 통과해 현재의 싱가포르 항구 앞을 지나는 항로는 한때 말라카 해협(The Strait of Malacca)과 남중국해를 잇는 주요 코스로 이용되었지만, 암초와 모래톱 같은 자연적인 위험과 더불어 해적의 위협까지 더해져 오랫동안 사용되지 않고 방치된다. 이렇게 싱가포르는 과거의 영화를 묻어둔 채 19세기 초까지 사람들에게서 버려진 섬으로 남는다.

사연 많은 말라카

앞서 언급했듯이 싱가푸라에서 쫓겨난 지배세력은 말레이반도로 피신했고, 1400년으로 추정되는 시기에 말레이반도 남서부의 말라카(Melaka, Malacca)에 정착해 왕국을 건설한다. 말라카에 정착할 당시만 해도 지배세력들은 힌두교도였던 것으로 보이나, 말라카 왕국은 곧 이슬람화가 되어 술탄의 지배를 받게 되기 때문에 'Malacca Kingdom'이라 하지 않고 'Malacca Sultanate'라 불린다. 20세기에 이르기까지 말레이반도에는 강력한 통일왕국이 들어선 적이 없고, 말레이반도 전역에 통치권이 미친 것은 아니었지만 말라카 왕국은 말레이 역사에서 첫 번째로 등장한 강력한 왕국이라는 큰 의미를 가진다.

말라카 왕국의 지배자들은 여전히 자바의 마자파히트 왕국과 시암의 침략을 걱정할 수밖에 없는 형편이었다. 그러나 마침 이 시기는 중국 명(明) 왕조가 해외에 지대한 관심을 두고 환관 정화(鄭和)를 파견하여 대항해를 펼치던 때였고, 말라카 왕국은 중국과 연합을 이루면서 주변 강국들의 힘을 견제할 수 있었다. 1405년 중국은 파라메스바라(Paramesvara)를 말라카의 통치자로 공식 승인했고,

정화가 1409년 말라카를 방문했으며 이에 대한 답방 차원에서 말라카의 지배자는 1411년 중국을 방문한다. 이후 중국 명 왕조가 해외 교역을 금지하는 쪽으로 정책을 바꾸면서 중국과 말라카와의 관계는 단절되지만, 중국과의 긴밀했던 관계는 왕국 설립 초기의 불안한 상황을 넘기는 데에 큰 도움이 된다.

동서의 무역상들이 몰려들며 말라카는 동남아시아 최대의 무역항으로 번성하게 된다. 말레이반도와 수마트라(Sumatra) 섬 사이의 해로가 지금도 말라카 해협(The Strait of Malacca)이라 불리고 있는 것은 동남아시아 역사에서 말라카의 영향력이 얼마나 컸는지를 잘 보여준다.

말라카에서는 실로 다양한 상품들이 거래되었다. 중국으로부터 들어오는 주요 품목은 비단, 설탕, 도자기, 의복, 향신료, 향수 등이 있었고, 말라야(Malaya, 말레이반도를 지칭하던 표현) 자체의 대표적 생산품으로는 주석을 꼽을 수 있었다. 인도네시아로부터 유입되는 품목은 후추, 향신료, 금 등이었다. 말라카는 인도, 아랍, 페르시아, 자바, 중국 등지로부터 온 상인들이 북적이는 코스모폴리탄 도시가 되었다. 말라카는 인도 무슬림, 아랍과 페르시아 상인들의 영향으로 이슬람을 받아들이게 되었고, 말레이반도와 인도네시아에 이슬람을 전파하는 중심지 역할을 하게 된다.

그러나 말라카 왕국의 번영은 그리 오래가지 못했고, 대항해시대의 개막과 함께 비운을 맞게 된다. 말라카에 위협이 된 것은 대항해시대의 선두주자인 포르투갈이었다. 1498년 바스쿠 다 가마(Vasco da Gama)의 희망봉 발견과 인도 도착을 시작으로 포르투갈은 아시아에 손을 뻗치기 시작했고, 인도의 고아(Goa)에 거점을 두고 향신료 무역에 뛰어든다. 포르투갈의 다음 목표는 동쪽으로 더 진출해 말라카 해협의 제해권을 확보하는 것이었고, 1511년 약 1천1백 명의 병력을 이끌고 말라카를 침공한다. 침략군의 수는 방어군의 20분의 1에 불과했으나, 대포의 화력과 사정거리에서 절대 우위를 점하고 있어 수적 열세를 극복하기에 충분했다. 2개월에 걸친 사투 끝에 결국 말라카는 포르투갈에게 함락되고 만다. 이때 말라카의 술탄을 비롯한 지배세력은 피신하여 말레이반도 남부의 조호(Johor) 지역으로 이동한다. 말레이 술탄들은 이후 200년 이상 조호 강(The Johor River) 유역과 리아우(Riau) 제도, 링가(Lingga) 섬 등지에서 통치를 하게 되지만,

말라카 시내 중심부의 언덕. 언덕 위의 성당은 포르투갈 점령기 때 지어진 것이다.

조호-리아우-링가 왕국은 말라카 전성기의 부와 힘을 다시는 회복할 수 없었다. 16세기를 거쳐 17세기 초까지 조호는 포르투갈과 수마트라 북부의 호전적인 아체인(Achinese) 등의 반복된 공격으로 인해 암흑기를 겪게 된다.

　포르투갈 천하도 그리 오래가지는 못했다. 포르투갈의 쇠퇴기와 맞물려 해상의 신흥강호 네덜란드가 동남아시아 무대에 등장했기 때문이다. 네덜란드는 1596년 자바(Java)에 상륙했고 1619년 바타비아(Batavia, 지금의 자카르타)를 건설한다. 1606년에 있었던 네덜란드의 첫 번째 말라카 공격은 실패로 돌아갔지만, 네덜란드는 포르투갈의 제해권을 차츰 빼앗고 계속 압박을 가했다. 결국 1641년 포르투갈은 말라카를 네덜란드에게 넘겨줄 수밖에 없었다. 거의 사라질 뻔했던 조호 왕국(Johor Sultanate)은 이때 포르투갈을 몰아내기 위해 네덜란드와 손을 잡으면서 세력을 회복한다. 조호 왕국은 이후 반세기 동안 상업이 부흥하면서 인도네시아, 인도, 아랍, 중국, 유럽 무역상들이 몰려드는 코스모폴리탄 도시가 되었고, 말레이반도, 리아우-링가(Riau-Lingga) 제도와 수마트라 동부의 종주권을 회복하게 된다.

네덜란드의 말라카 지배는 상당히 오랫동안 지속되었고, 네덜란드는 동인도회사를 앞세워 말라카와 인도네시아 일대를 장악하며 동남아시아 무역의 최강자로 군림하게 된다. 그러나 말라카를 놓고 벌인 서구열강 간의 다툼에서 최후의 승자는 영국이었다. 1786년 페낭(Penang) 섬을 차지한 영국은 차츰 동남아시아 일대에 영향력을 확대해 나갔고, 1795년 네덜란드를 몰아내고 말라카를 점령한다. 뒤에 자세히 설명하겠지만 이후 유럽에서의 세력 변화를 겪으며 말라카는 한 차례 다시 네덜란드에게 반환되지만, 결국 영국이 차지하게 되어 말레이시아 독립 이전까지 영국의 식민지로 남는다.

현재 말라카의 도시 규모는 아주 큰 편은 아니지만 고풍스런 분위기를 유지하고 있으며, 포르투갈, 네덜란드, 영국의 영향이 모두 남아있다. 과거 도자기 무역의 중심지로 번성했던 베트남의 호이안(Hoian)과 다소 비슷한 분위기인데, 호이안보다 훨씬 잘 정돈되고 깔끔한 업그레이드 버전이라 하겠다.

퍼라나칸의 탄생

말레이반도와 현재의 인도네시아를 비롯한 동남아시아 일대는 고대부터 동서 무역의 관문이었고, 오래전부터 중국인들이 왕래하고 정착했다. 중국인들이 동 남아시아 일대를 왕래하면서 무역 활동을 시작했던 것은 지금으로부터 약 2천 년 전으로 추정된다. 이 지역에 중국인의 대량 유입이 발생한 것은 19세기 중반 에 들어서였지만, 그에 앞서 본격적인 정착이 일어나게 된 것은 15세기 초로 거 슬러 올라간다. 그 계기는 바로 중국 명(明) 영락제(永樂帝) 때에 있었던 정화(鄭和) 의 대항해였다. 이렇게 오래전부터 말레이반도 일대에 정착한 중국인들은 해협 중국인(Strait Chinese)이라 불리고, 이들 중에는 여러 대에 걸쳐 정착생활을 하면 서 중국어를 한 마디도 하지 못하게 된 사람들도 많았다.

수백 년 전부터 동남아시아 일대로 이주한 중국인들은 주로 가족을 동반하지 않은 남성들이었고, 이들은 토착민인 말레이인과 혼인을 하는 일이 많았다. 이렇 게 외부 이주자와 토착민인 말레이인과의 혼인을 통해 생겨난 혼혈을 뜻하는 단 어가 바로 퍼라나칸(Peranakan)이다. 우리나라에서는 '페라나칸'이라는 표기가

위: 대표적인 싱가포르 퍼라나칸 요리인 ayam buah keluak. 페낭의 퍼라나칸 음식에는 이 요리가 존재하지 않는다.
아래: 싱가포르에서 가장 오랜 역사를 가진 퍼라나칸 식당인 Peranakan Inn & Lounge

통하고 있으나, 이 책에서는 정확한 현지 발음인 '퍼라나칸'을 사용하도록 한다.

퍼라나칸이라는 말의 어근은 영어로 'child' 또는 'little'을 뜻하는 말레이어 'anak'이다. 퍼라나칸에는 인도인과 말레이인의 혼혈인 자위 퍼라나칸(Jawi-

Peranakan), 서양인과의 혼혈로 생겨난 퍼라나칸 등 여러 부류가 있지만, 일반적으로 퍼라나칸이라고 하면 그중 절대다수를 차지하는 중국계 퍼라나칸을 지칭한다. 중국계 퍼라나칸의 남성은 바바(Baba), 여성은 뇨냐(Nyonya)라고 불린다.

무슬림 여성과 무슬림이 아닌 남성과의 결혼을 금하는 이슬람 율법 때문에 대부분 무슬림인 말레이반도의 말레이 여성들은 외부 이주민들과 결혼을 하는 일이 드물었다. 따라서 중국인들의 결혼 상대는 주로 무슬림이 아닌 자바(Java), 발리(Bali) 등 출신의 말레이 여성들이었다. 그러나 무슬림 여성이 중국인과 결혼하는 사례가 전혀 없는 것은 아니었고, 몰래 동침을 했는데 아이가 덜컥 생겨서 어쩔 수 없이 결혼을 하게 된 사례도 적지 않았다고 한다.

퍼라나칸은 동남아시아 일대의 무역을 장악하고 맹활약하며 무시할 수 없는 존재로 떠오르게 된다. 또한 중국 문화와 말레이 문화가 융합되어 형성된 퍼라나칸 문화는 독특한 의복, 문양, 장신구, 음식, 주거양식 등을 만들어낸다. 거기에 동남아시아 일대에 진출한 서구열강인 포르투갈, 네덜란드, 영국의 영향까지 녹아들어 중국과 말레이 문화만으로는 설명하기 어려운 묘한 융합을 이루어낸다. 현재 싱가포르의 Armenian Street에 있는 퍼라나칸 박물관을 방문하면 독특한 퍼라나칸 문화의 향취를 잘 느낄 수 있다.

오늘날 퍼라나칸은 인도네시아에 약 600만 명, 말레이시아와 싱가포르에 각 50만 명 정도가 살고 있는 것으로 추산된다. 이 책에 등장하는 인물들 중 대표적인 퍼라나칸으로는 탄톡셍(Tan Tock Seng), 림분켕(Lim Boon Keng) 등을 들 수 있다.

19세기 초의 싱가포르와
그 주변 상황

조호(Johor) 지역에서 번영을 회복했던 예전 말라카의 지배세력들은 17세기 말에 다시 한 번 큰 시련을 겪게 된다. 1699년 잔인하고 젊은 술탄을 귀족들이 시해하고 재상(bendahara)이 술탄의 자리를 차지하는 사건이 벌어지면서 조호 왕국은 내부 분쟁에 휘말린다. 이 사건으로 스리비자야-테마섹-말라카(Srivijaya-Temasek-Melaka)로 이어지는 혈연관계는 깨졌고, 조호 왕국의 위신도 떨어져 종속국들이 복종을 거부하는 사태까지 번지고 만다.

왕국은 조호 강(The Johor River) 유역의 거점을 버리고 수도를 리아우(Riau)로 옮겼지만 내전의 소용돌이에 휘말린다. 왕국은 술라웨시(Sulawesi)섬의 부기스(Bugis, 현재 인도네시아에서 네 번째로 큰 섬인 술라웨시에 거주하는 종족의 이름) 전사들의 도움을 요청했지만, 부기스 전사들은 도리어 자신들의 권력을 확보하는 데에 급급해 별다른 도움이 되지 못했다.

한참의 진통을 겪은 후에 1722년이 되어서야 평화가 다시 찾아오고 새 술탄이 옹립되었지만, 실질적 권력은 부기스 영주(under-king)가 행사하게 된다. 18

세기 중반이 되자 아시아인, 유럽인 무역상들이 리아우에 찾아오면서 상업이 부흥했지만, 그 미약했던 상업 부흥마저도 1783년이 되자 깨지고 만다. 부기스가 네덜란드와 극심한 갈등을 겪은 후 이듬해 조호 왕국이 네덜란드 종속국이 되었고, 네덜란드 사무관과 주둔군을 리아우에 배치하는 내용의 조약이 체결되었기 때문이었다.

이런 혼란의 와중에 영국이 개입하는 상황이 발생한다. 프랑스 혁명 (1789~1794) 기간 동안 영국은 리아우에서 네덜란드 주둔군을 몰아냈지만 리아우를 완전히 점령하진 않았고, 따라서 술탄과 부기스 영주(under-king)가 권력을 되찾을 여지가 생기게 된다. 그러나 1812년 술탄 마흐무드(Mahmud)가 사망하자 왕국은 술탄 계승 논쟁에 휘말리며 또다시 혼란을 겪는다. 왕가 혈통의 정실부인 두 명 사이에는 아들이 없었고, 부기스 명문가 출신 첩실부인 둘 사이에서만 두 명의 아들이 있었기 때문이었다. 술탄의 지지를 받았던 아들은 장자인 후세인(Hussein)이었고, 재상(bendahara)과 뜨믄공(temenggong, 말레이 왕국에서 국방과 치안을 담당하는 고위 관리)은 자신의 딸들과 후세인을 결혼시킬 것을 계획했다. 그러나 술탄 마흐무드가 사망했을 때 후세인은 결혼식을 위해 말레이반도의 파항(Pahang)에 가 있었고, 그사이 부기스 파벌이 기습적으로 그의 이복동생인 압둘 라만(Abdul Rahman)을 술탄으로 옹립한다. 후세인이 다시 돌아왔을 땐 이미 때가 늦었고, 부기스 영주(under-king)가 술탄 압둘 라만을 앞에 내세워 실권을 쥐고 있는 상태였다. 이 당시 재상(Bendahara)은 파항으로, 뜨믄공은 조호로 돌아간 상태였기 때문에 후세인은 힘을 쓸 여지가 없었다.

이 당시 왕국의 원래 근거지였던 조호의 인구는 매우 희박했고, 뜨믄공의 부와 인력의 원천은 조호 본토가 아닌 싱가포르, 카리문(Karimuns) 등 다양한 종류의 뱃사람들이 거주하는 남서부 섬이었다. 종족 구성은 매우 복잡했다. 다양한 부족으로 구성된 리아우-링가(Riau-Lingga) 제도의 오랑 라우트(Orang Laut) 부족은 배에서 이동 생활을 했고, 소규모 무역과 해적질, 그리고 말레이 수장들의 명령을 수행하는 대가를 받고 삶을 영위했다. 이들 중 제도 남부의 오랑 갈랑(Orang Galang) 부족은 말레이 전함을 타고 해적질을 일삼았기 때문에 지나가는 배들에게 두려움의 대상이었다. 오랑 갈랑 부족은 1년에 한 번씩 자바 해안 북쪽

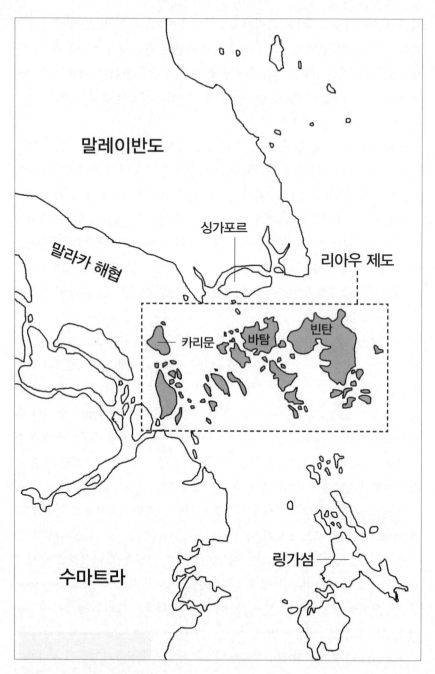

말레이반도

말라카 해협

싱가포르

리아우 제도

카리문　바탐　빈탄

수마트라

링가섬

리아우(Riau) 제도와 링가(Lingga) 섬

을 따라 자바 남부, 수마트라의 팔렘방(Palembang) 등지로 이동하며 약탈을 자행했다. 그들이 약탈한 물품 중 일부를 상납하는 대가로 말레이 해적 수장들은 무기와 식량을 제공했다. 양대 해적 수장들이 조호-리아우-링가의 술탄을 섬겼기 때문에 뜨믄공은 오랑 라우트 부족에게서 인력 1천2백여 명과 배 50여 척을 모을 수 있었다.

19세기 초에 이르자 뜨믄공(temenggong) 압둘 라만(Abdur Rahman)은 말레이인과 오랑 글람(Orang Gelam) 부족민들을 모아 싱가포르 강 하구에 마을을 만들어 정착한다. 뜨믄공이 싱가포르에 세운 정착지는 말레이인이 오랑 라우트 부족을 통치하는 마을의 전형적인 형태를 가지고 있었다. 뜨믄공이 거주하는 큰 목조 건물 주위를 말레이인들의 헛간이 둘러쌌고, 인근의 강에는 오랑 라우트 부족의 배들이 잔뜩 모여 있는 양상이었다. 오랑 라우트 부족은 뜨믄공의 뱃사공이자 어부의 역할을 했으며, 또한 이들은 고립된 뗏목을 약탈하고 선원들을 살해해 싱가포르에 악명을 가져오는 데에 한 몫을 단단히 하게 된다. 그 외에 오랑 셀레타(Orang Seletar), 오랑 칼랑(Orang Kallang)과 같은 은둔형 부족들도 싱가포르 섬에 거주하고 있었다. 이들은 바다를 피해 강가에 사는 사람들이었고, 타 부족과의 접촉을 피하고 정글 채집활동과 물고기 사냥을 하는 생활양식을 고수했다. 뜨믄공이 세운 마을 근처에는 소수의 중국인들도 거주했고, 산비탈에서 아선약(gambier)을 재배하며 사는 중국인들도 있었다. 참고로 'orang'은 말레이어로 '사람'이라는 뜻이다.

1819년 1월의 싱가포르 섬에는 다양한 오랑 라우트 부족과 말레이인, 중국인을 포함해 천여 명의 거주자가 살았을 것으로 추정된다. 쌀농사는 이루어지지 않았고 과일을 주로 재배했으며, 정글 채집활동, 낚시, 소규모 무역과 해적질로 먹고 사는 양상이었다. 이 시점에서 싱가포르 해협은 갈랑(Galang) 해적단의 정기적 활동 영역으로 알려져 있었다. 해적단은 나포한 선박을 싱가포르 강으로 가져오기도 했지만, 약탈품이 주로 처분되던 곳은 링가(Lingga) 섬이었다. 약탈품, 노예, 무기 등을 거래하기에는 당시의 싱가포르가 큰 시장이 아니었기 때문에 중국인, 부기스인 등이 모여들지 않았다.

뜨믄공 압둘 라만은 갈랑(Galang) 해적단에 지대한 관심을 가졌던 것으로 추정된다. 그는 상황 판단력과 결행 능력이 있었고, 부와 영향력을 획득할 기회를 잘 포착하는 인물이었다. 술탄을 옹립하여 권력을 장악한 부기스 영주(under-king)에게 왕국의 핵심을 내주고 밀려난 입장에 있던 그에게 곧 있을 래플스 경의 갑작스러운 도착은 권력을 쟁취할 기회로 여겨지게 된다.

제2장
근대사의 개막

근대 싱가포르의 아버지
스탬포드 래플스

4백여 년 동안 사실상 버려진 섬으로 남아있던 싱가포르에 신기원을 열 인물이 출현하니, 그의 이름은 바로 스탬포드 래플스(Sir Thomas Stamford Bingley Raffles)이다. 지금은 래플스 경(Sir Raffles)이라 불리지만, 사실 그는 귀족 가문의 자제가 아니었고 불우한 환경에서 자수성가한 사람이었다. 그렇다고 그의 가문이 하층민 계급은 아니었던 것으로 보이고, 조선시대의 몰락한 양반 집안처럼 쓸데없는 체면만 남고 실속은 하나도 없었던 모양이다.

그는 당시 보기 드문 이색적인 사고를 가진 사람이었다. 좋게 표현하면 이상주의자이고 시대를 앞서간 생각을 했지만, 나쁘게 말하면 현실 감각이 모자란 몽상가라고 할 수도 있는 인물이다. 이런 성향은 부유한 귀족 가문 출신이 아니라 불우한 환경에서 성장했기 때문에 형성될 수 있었던 것 같다.

스탬포드 래플스는 1781년 영국 런던에서 태어났다. 그의 아버지는 한때 서인도 무역에 종사하면서 나름 성공을 거뒀지만 결국 빚더미에 앉았다. 이후 아버지는 가족들을 부양할 능력을 상실한 채 술에 절어 살고 개싸움 도박에 몰두하는 등 가족들에게 있어 불명예스러운 존재로 전락하고 만다. 래플스가 3살 때까지는 할아버지의 연금으로 생계를 꾸렸지만, 할아버지가 돌아가시자 집안 형편이 매우 어려워진다. 래플스는 어려서부터 학구열이 남달랐지만, 어려운 가정형편 때문에 정규교육을 오래 받을 수가 없었다. 어머니와 여동생 셋을 부양할 사람은 그밖에 없었고, 어머니는 그가 14세 때 학교에서 자퇴시키는 결정을 내린다.

1795년 14세라는 어린 나이에 어머니와 여동생을 부양하는 책임을 떠안고 생활전선으로 내몰린 래플스는 런던 동인도회사에 사환으로 취직한다. 성실함과 뛰어난 일처리 능력을 인정받은 래플스는 승진을 거듭했고, 더욱 높은 수준의 업무가 주어지면서 젊은 나이에 상당한 연봉을 받게 된다. 그러나 그는 이런 상황에 안주하지 않고, 바쁜 일 속에서도 프랑스어, 라틴어, 독일어, 지도제작법, 지질학, 동물학, 식물학 등을 부지런히 공부한다. 전기가 없던 당시 래플스는 퇴근 후 양초를 켜고 공부에 몰두했고, 어려운 집안 형편에 값비싼 양초를 낭비할까 봐 감시하는 어머니와 실랑이를 벌이곤 했다. 그는 회사 사람들과 친분을 쌓기는 했지만, 불우했던 가정사에 대한 콤플렉스 때문이었는지 폭넓게 사교적이지는 못했다고 한다.

어린 래플스는 동인도회사에서 근무하면서 새로운 세계에 눈을 뜨게 되었다. 유력 인사들을 직접 만날 수 있었고, 생소한 먼 나라들의 이름이 그의 귀에 들려왔다. 향신료, 차, 실크 등 이국적인 재화의 중요성을 배울 수도 있었다. 또한 1804년 열 살 연상인 미모의 과부 올리비아(Olivia)를 회사에서 만나 교제를 시작하고 이듬해 결혼한다. 이후 올리비아와 사별하고 두 번째 부인으로 맞이하게 되는 소피아와는 달리 올리비아에 대한 기록은 거의 남아 있지 않고, 래플스 스스로도 올리비아에 대한 언급을 회피했던 것으로 보아 그들의 부부관계는 그리 원만하지 못했던 것으로 보인다. 올리비아와의 사이에서 자식이 있었는지 여부도 아직까지 논란의 대상이고, 이 부분에 대한 래플스 본인의 언급도 전혀 남아 있지 않다.

올리비아와 교제를 시작하던 무렵 그의 인생에 일대 전환점이 찾아온다. 동인도회사는 1786년에 차지한 말레이반도 북서부의 페낭(Penang) 섬을 직할식민지로 격상해 본격 개발하고 해군기지를 설치할 계획을 세운다. 이때 친한 친구의 아버지이자 같은 회사 직원인 윌리엄 램지(William Ramsay)는 페낭 개발 프로젝트에 래플스를 추천하고, 램지의 도움으로 1805년 3월 래플스는 페낭의 부서기관(assistant secretary)으로 임명된다. 3월 14일에 올리비아와 결혼한 래플스는 아내, 여동생 한 명을 동반해 부임지인 페낭으로 떠난다. 페낭으로 가는 배 안에서 래플스는 말레이어 공부에 매진해 도착할 무렵에는 읽기, 쓰기, 말하기가 모두 가능한 수준에 도달한다. 공부에 몰두해있는 남편 때문에 불쌍한 올리비아는 신혼을 만끽하기는커녕 조용히 있어야만 했다.

새로이 대규모 개발을 시작한 페낭에서의 업무는 만만치 않았다. 함께 온 다른 직원들은 업무의 압박감이 심하다고 불평했지만, 래플스는 조금의 불평도 없이 열심히 일했다. 당시 동인도회사 번역관인 허튼(Hutton)은 너무 무능했고, 그가 맡아야 할 영어-말레이어 번역 업무를 래플스가 대신하게 된다. 래플스는 현지의 법과 관습에 대해 파악하기 위해서 개인 부담으로 원주민을 여럿 채용한다. 이후 관련 내용을 상부에 보고하자 허튼은 번역관직에서 물러나게 되고, 래플스가 그 자리를 이어받아 원주민 고용 권한까지 부여받는다. 능력을 인정받은 래플스는 승진을 거듭하고 연봉 인상도 뒤따르지만, 그가 맡은 업무량에 비해 충분한 보상을 받지는 못했다.

래플스는 페낭에 와서도 불우한 가정사에 대한 콤플렉스에서 벗어나지 못해 사교활동을 활발히 하지는 못했으나, 성인이 된 이후의 첫 친구인 존 레이든(John Caspar Leyden)과 교분을 맺는다. 래플스보다 6살 위인 레이든은 다재다능한 인물이었고, 래플스와 관심사가 일치했기 때문에 둘은 친밀한 관계를 유지할 수 있었다. 레이든은 인도 총독 민토 경(Lord Minto)에게 래플스에 대한 좋은 이야기를 많이 전달했고, 이는 민토 경이 래플스의 열렬한 지지자가 되는 데에 큰 도움이 된다. 당시에는 레이든이 래플스보다 훨씬 더 칭송받는 인물이었지만, 비운의 천재 레이든은 뜻을 미처 펼치지도 못한 채 1811년 말라리아에 감염돼 36세의 젊은 나이에 사망하고 만다.

래플스는 페낭에서 함께 일한 사람들 사이에서는 사랑받는 존재였지만, 동인도회사의 수뇌부와는 여러 차례 갈등을 빚는다. 래플스의 빠른 승진이 상부의 시기를 샀기 때문이었는지 "올리비아는 원래 동인도회사 주요 인사의 정부(情婦)였는데, 그 남자가 올리비아에게 싫증이 나자 래플스를 부서기관으로 임명하고 올리비아를 떠넘겨 결혼시켜 페낭으로 보냈다"라는 루머가 돌기도 했다. 래플스가 서기관으로 승진할 때 페낭 총독 던다스(Phillip Dundas)는 연봉을 500파운드 인상해 주었는데, 페낭의 동료들은 이마저도 적은 인상폭이라 여겼던 반면 동인도회사 이사회의 반응은 달랐다. 2년 뒤 동인도회사 이사회는 래플스의 연봉 인상을 철회하고 그동안 더 받은 돈을 전액 환불하라고 명령한다. 래플스는 부당한 명령에 당연히 항의했고 페낭의 동료들은 래플스를 적극 지지한다. 여러 해 다툰 끝에 환불 명령은 철회되었으나 래플스는 이사회와의 갈등으로 엄청난 정신적 스트레스를 받아야만 했다.

지친 몸과 마음을 달래기 위해 래플스는 아내와 함께 말라카로 휴가를 떠나게 되는데, 이 무렵 동인도회사는 중대한 변화를 꾀하고 있었다. 그것은 다른 서구 열강이 말라카를 이용할 가능성을 없애기 위해 말라카를 파괴하고, 말라카의 몇몇 시설과 거주자를 페낭으로 옮기려는 계획이었다. 당시 말라카 사령관이었던 윌리엄 파커(William Farquhar)는 이 계획의 부당성을 역설했지만, 동인도회사 이사회는 파커의 말에 귀를 기울이지 않고 그를 문책한다.

휴가차 말라카에 도착하기 전까지만 해도 래플스는 말라카에 대한 사전조사를 충분히 하지 못했기 때문에 말라카 파괴 계획에 대해 딱히 반대하는 입장을 가지고 있지 않았다. 말라카에서 윌리엄 파커를 만나고 나서야 래플스는 현지 사정을 정확히 파악하게 된다. 래플스와 파커는 이때 처음으로 만나 친구가 되는데, 훗날 이 두 사람은 함께 싱가포르 건설에 큰 몫을 해내게 된다. 파커는 말라카를 비롯한 동남아시아 일대에서 오랜 기간을 보냈기 때문에 현지 사정에 정통했고, 래플스에게 상세한 자료를 제공하며 말라카 파괴 계획의 부당성을 설득한다.

잘못을 빠르게 인정하고 수정하는 면모를 가진 래플스는 파커의 입장에 전적으로 동감하게 되고, 곧 페낭으로 돌아가 장문의 보고서를 작성해 동인도회사 본부에 제출한다. 말라카 파괴 계획이 잘못된 것임을 명확하게 밝힌 이 보고서는 래플스의 정치적 잠재력을 잘 드러냈고, 결국 동인도회사 이사회는 래플스의

스탬포드 래플스의 초상화

보고서에 만장일치로 동의하고 말라카 파괴 계획을 철회한다. 인도 총독 민토 경(Lord Minto)은 레이든을 통해 이미 래플스에 대한 이야기를 들었기도 했거니와 이 보고서에 감명을 받아 래플스에게 깊은 관심을 가지게 된다.

　말라카 파괴 계획의 철회에 깊이 관여하여 민토 경의 신뢰를 얻은 이 사건은 래플스에게 있어 본격적인 경력의 시작이라고 해도 무방할 정도로 결정적인 전기가 된다. 이후 민토 경과 래플스는 후원자와 참모로서 크나큰 프로젝트를 함께 설계하고 실행하는 관계로 발전한다.

네덜란드와의 반목과
래플스의 활약

영국은 약간의 시간이 더 흐른 후 '해가 지지 않는 제국'이라 불리게 되지만, 19세기 초까지만 해도 서구열강 중 동남아시아 일대의 최강자는 영국이 아닌 네덜란드였다. 래플스가 사환으로 근무할 당시 영국 동인도회사의 관심사는 무역 거점을 프랑스에 뺏기지 않는 것과 중국 무역의 독점권을 유지하는 것이었고, 스페인과는 달리 영토 확장에는 큰 관심을 두고 있지 않았다.

앞서 살펴본 대로 영국 동인도회사는 1786년 페낭(Penang) 섬을 차지 했고, 1800년에는 페낭 건너편의 말레이반도 본토 해안지역인 Province Wellesley(현재의 Butterworth가 속해 있는 지역)를 손에 넣으며 동남아시아 일대의 무역과 제해권을 놓고 네덜란드와 각축을 벌인다.

말라카와 관련해서는 조금 더 복잡한 사연이 존재한다. 1795년 영국은 네덜란드를 몰아내고 말라카를 점령하고 리아우(Riau) 제도에서도 네덜란드를 축출했지만, 유럽의 사정이 급변하며 네덜란드와 협력관계로 돌아서면서 잠시 말라카를 네덜란드에 돌려주게 된다. 격변의 근원은 프랑스였다. 프랑스혁명

말레이반도에서 페낭과 말라카의 위치

(1789~1794)과 프랑스혁명전쟁(1792~1802)으로 유럽은 혼란의 소용돌이에 빠지게 되고, 뒤이어 나폴레옹전쟁(1803~1815)이 일어나 거의 전 유럽이 나폴레옹의 수중에 떨어지는 사태가 발생한다. 영국과 네덜란드는 함께 프랑스에 대항해야 했고 동남아시아에서 반목을 지속할 수 있는 여력이 없었다. 그래서 양국은 동방에서 불화를 일으킬 수 있는 여지를 제거해야 한다는 것에 의견일치를 보았고, 영국은 말라카, 자바 등 잠시 접수했던 곳들을 네덜란드에 돌려주기로 합의한다.

네덜란드의 복귀는 동남아시아 일대에서 활약하던 영국 상인들에게 재앙과도 같은 일이었다. 유럽에서의 전쟁으로 네덜란드의 통치활동이 주춤하자 영국 상인들은 상업 활동을 확대했는데, 네덜란드가 돌아오면 다시 징벌적 보호관세를 물리고 무역을 규제할 가능성이 높았기 때문이다.

서구열강 중 최악의 식민통치를 했던 나라는 스페인이었는데, 피부색이 다르면 아예 짐승으로 취급하고 식민지를 수탈의 대상으로만 여기기로 악명이 높았다. 당대의 상황에서 가장 합리적인 식민통치를 했던 나라는 단연 영국이었고, 네덜란드는 스페인보다 조금 나은 정도에 불과했다. 현재 동남아시아에서 영국 식민지였던 싱가포르, 말레이시아, 브루나이는 영국의 법치 전통을 물려받아 안정적인 사회시스템을 갖추고 있으나, 인도네시아는 네덜란드 식민통치의 악영향으로 인해 여전히 엉망진창인 상태로 남아있다.

당시 보기 드문 급진적 인본주의자인 래플스는 전쟁, 해적, 노예제, 억압으로부터 동방을 해방시키고, 유럽식 계몽주의, 자유주의적 교육, 경제 부흥, 정의로운 법치를 심어주는 것을 꿈꾸고 있었다. 이런 래플스의 눈에는 네덜란드의 식민통치 방식과 무역 규제는 매우 천박한 것으로 보였고, 점령지를 네덜란드에 반환한 조치에 큰 불만을 가질 수밖에 없었다.

1810년 6월 래플스는 인도 총독 민토 경(Lord Minto)의 초대를 받고 캘커타로 건너갔고, 자바를 합병해야 한다고 민토를 설득한다. 당시 네덜란드 동인도회사의 자바 총독이었던 다엔델스(Herman Willem Daendels)는 매우 독재적인 인물이었다. 다엔델스는 부정부패 척결, 도로와 성곽 건설 등 나름 업적이 많았지만, 무례한 언사와 원주민에 대한 가혹한 대우 등으로 인해 자바 원주민은 물론 네덜란드에서도 적이 많았다. 그래서 래플스는 자바 사람들이 네덜란드로부터 완전히 독립하길 바랄 것이며 영국이 환영받을 것이라고 확신하고 있었다. 래플스는 민토를 설득하는 데에 성공했고, 민토와 래플스는 자바 침공 계획을 비밀리에 진행하기로 합의한다.

래플스는 페낭의 살림을 모두 정리하고 아내 올리비아를 비롯해 함께 살던 사람들 대부분을 거느리고 1810년 말라카로 완전히 이주했고, 그곳에서 자바 침공 계획을 차근차근 진행한다. 민토는 래플스를 전적으로 신뢰했고, 첩보활동에 필요한 많은 비용을 지원한다. 유년기를 아이답게 보내지 못한 래플스는 동식물 관찰, 채집 등을 자유롭게 할 수 있었던 말라카에서의 생활을 매우 즐거워했지만, 올리비아는 네덜란드 문화색이 강한 말라카에 잘 적응하지 못했다고 한다.

민토와 래플스가 비밀리에 준비한 자바 침공 계획은 1811년 실행에 옮겨지고, 영국은 네덜란드와의 전투에서 승리하여 9월 11일에 승전을 선포한다. 다음

해 6월 20일에는 술탄을 생포하여 자바는 영국 통치권 아래에 거의 들어오게 된다. 민토는 자바 침공 계획을 세우고 실행한 공로를 인정하여 래플스를 자바 부총독(lieutenant governor)으로 임명한다. 그러나 길레스피(Gillespie) 대령 등 실제 전투에 참여해 무공을 세운 군인들은 직접 나가서 싸우지도 않은 래플스가 부총독 자리를 차지한 것에 불만을 품는다.

자바 부총독이 된 래플스는 이전 네덜란드의 총독과는 완전히 다른 행보를 보인다. 래플스는 유럽인과 원주민 모두를 공손하고 부드럽게 대했고, 네덜란드의 식민통치에 대한 개혁 작업에 착수한다. 래플스가 도입한 토지수익 체계(land revenue system)는 네덜란드의 강제노역과는 정반대의 시스템이었고, 그 1차 목표는 원주민의 삶을 개선하는 것이었다. 당시 농산물에 대한 세금이 지나치게 무거워 노동의욕이 없어지는 것이 큰 문제였고, 래플스는 이 부분을 고쳐 세율을 적정한 선으로 유지하려 노력했다. 설탕, 인디고, 아라크(arrack) 등 특산 농산물에 3퍼센트의 수출관세를 도입했고, 수입관세는 6퍼센트로 정해진다. 이는 현대의 기준으로 보아도 결코 과한 세율이 아니었지만, 영국 동인도회사의 수익을 증가시키는 효과까지 가져오게 된다.

네덜란드 동인도회사가 자바인들을 노예처럼 대한다며 비판했던 래플스는 자바에서 노예무역의 불법화에 힘쓴 동시에 강제경작 제도를 폐지했고, 도로공사에 강제노역을 동원하는 것을 부분적으로 폐지해 임금 지불 제도를 도입했다. 래플스는 자바 해적을 성공적으로 소탕하고, 치안유지에 힘써 범죄율을 떨어뜨린다. 또한 자바 문화의 부흥에도 힘썼고, 인류사에 길이 남을 발견을 이루게 된다. 자바 중부의 족자카르타(Jogjakarta, Yogyakarta) 인근에 위치한 보로부두르(Borobudur) 사원은 바로 래플스가 발견해낸 것이다. 보로부두르 사원은 8세기경 건축되었으나 오랜 세월 동안 덤불 속에 묻혀 방치되었고, 원주민들의 전설 속에서만 존재가 전해지고 있었다. 다른 서양인들은 허무맹랑한 전설로 치부했지만, 래플스는 실존하는 것이라 믿고 탐사를 벌인 끝에 1814년 이 사원을 발견해낸다. 래플스의 집념 덕분에 세상의 빛을 다시 보게 된 보로부두르 사원은 신비로운 자태를 뽐내고 있으며, 세계 3대 불교 사원과 7대 불가사의 중 하나로 꼽히고 유네스코 세계 문화유산으로 등재되어 있다.

본국 소환

래플스의 자바 부총독 시절은 결코 순탄하지 못했다. 동인도회사 수뇌부와 갈등을 빚게 된 첫 번째 사안은 토지 판매 건이었다. 당시 자바에서 유통되던 화폐는 갈수록 가치가 급락하고 있었고, 그대로 방치했다가는 경제시스템 자체의 붕괴가 우려될 정도였다. 화폐개혁을 추진하고 구 화폐를 회수하기 위한 방책으로 래플스는 토지 판매를 택하게 된다. 그런데 이 토지 판매 조치는 동인도회사 수뇌부로부터 전혀 환영받지 못했고, 심지어 래플스의 후원자였던 인도 총독 민토 경으로부터도 비판을 받는다. 민토는 토지 판매 조치가 본국이 좋아하지 않을 행동이었으며, 매우 긴급한 상황이었음은 이해가 되지만 판매 전에 상부의 허가를 받았어야 한다고 지적한다. 그래도 래플스는 겁을 먹지 않았고, 결과를 다시 살펴본 후 자신의 행동이 정당했다고 확신하게 된다.

래플스에게 닥쳐온 또 다른 악재는 길레스피(Gillespie) 대령과의 관계 악화였다. 애초부터 자바 부총독 자리를 래플스에게 부당하게 빼앗겼다고 생각했던 길레스피는 군인이 아닌 민간인의 명령을 받게 된 것에 불만을 품고 있었다. 1813

년 래플스가 주둔군 규모 축소 결정을 내리자 길레스피의 분노는 극에 달한다. 길레스피는 미리 상부의 허가를 받아야 한다는 이유로 래플스의 토지 판매 조치를 반대했었고, 래플스가 상황의 긴박함을 설명해 마지못해 동의하게 되었으나 이후 둘 사이의 관계가 악화되면서 토지 판매를 잘못된 행동이었다고 비판하게 된다. 여기에 겹친 또 하나의 악재는 인도 총독의 교체였다. 민토의 후임자로 인도 총독에 부임한 해스팅스(Moira Hastings)는 래플스에게 좋지 못한 감정을 가지고 있었고, 같은 군인 출신이었기 때문이었는지 길레스피의 편을 일방적으로 들어준다. 1813년 12월 길레스피는 해스팅스의 명에 따라 래플스에 대한 불만사항을 서류로 제출했고 래플스는 이에 대응하여 런던, 캘커타 등에 답변서를 제출해야만 했다.

더 큰 문제는 자바에 대한 래플스와 동인도회사 수뇌부 사이의 견해 차이였다. 래플스는 영국의 무역을 보호하기 위해서는 자바를 계속 점령해야 한다고 생각했지만 동인도회사와 본국 정부의 생각은 달랐다. 영국은 계속된 전쟁에 지쳐있었고, 아시아의 식민지들이 적자를 보고 있었기 때문에 추가적인 비용을 들여가면서 판도를 넓히는 것을 원하지 않았다. 래플스의 인도주의적 성향, 노예제 반대 등 다른 것들도 문제가 되었지만 부차적인 것에 불과했고, 결국은 돈 문제가 갈등의 핵심이었다.

이런 와중에 래플스는 개인적인 시련에도 직면하게 된다. 1814년 11월 아내 올리비아가 사망했는데, 아마도 열대 환경에 잘 적응하지 못해서였기 때문으로 추정된다. 게다가 든든한 후원자였던 민토 경마저 인도 총독에서 물러나서 영국으로 돌아가 얼마 후 사망한다. 길레스피와의 다툼과 과로로 지쳐있던 래플스는 아내와 후원자의 사망까지 겪으며 거의 정신을 놓는 상태에 이르게 된다. 의사의 권고대로 집을 떠나 휴가를 갔지만 평소보다 더 오랜 시간 독서와 번역을 했고, 이로 인해 건강 회복은 더딜 수밖에 없었다.

그러던 중 영국의 자바 철수가 최종적으로 결정되었고, 래플스는 영국의 자바 통치가 완전히 끝나기 전에 부총독직에서 물러나게 된다. 1815년 5월 런던 동인도회사는 인도 총독 해스팅스에게 "길레스피가 주장한 래플스의 혐의가 어떻게 판결이 나든, 래플스는 더 이상 자바 부총독 자리에 있기 부적절하다고 판단된

말레이반도

싱가포르

수마트라

보르네오

붕클룬 ————

붕쿨룬(Benkulen)의 위치

다. 자바를 네덜란드에 돌려주기 전까지 맡을 다른 적임자를 찾아 대체하라"는 내용의 서신을 보낸다. 결국 래플스는 본국의 소환을 받아 1816년 3월 자바를 떠난다.

1816년 7월 영국에 도착한 래플스는 길레스피의 모함으로 인해 본국 정부로부터 조사를 받는 처지가 된다. 결국 1817년 2월 13일 래플스에 대한 길레스피의 혐의 주장이 전부 정당하지 않다고 발표되고 토지 판매 조치도 정당한 것으로 인정된다. 그러나 이 판결은 래플스의 손을 완전히 들어준 것이 전혀 아니었고, "래플스가 무능력해서 그런 행동을 한 것이지 의도가 불순한 건 아니었다"는 정도로 넘어간 것이라 봄이 타당했다.

과정은 험난하고 피곤했지만, 본국 소환은 역설적이게도 래플스에게 많은 것을 안겨주는 기회로 작용했다. 런던에서 두 권짜리 저서인 「History of Java」를 출판하고 호평을 받았으며, 자바와 관련해 관심을 한 몸에 받게 된다. 이런 분위기를 이용해 래플스는 위험한 라이벌인 네덜란드에게 자바를 돌려주는 것은 큰 실수라고 여기저기 알리고 다닌다. 아시아에서의 바쁜 삶을 뒤로하고 런던에서 오랜만에 휴식을 취할 수도 있었다. 런던에서 얻은 가장 큰 소득은 평생토록 래플스에게 헌신하게 될 두 번째 부인 소피아(Sophia)를 만난 것이었다. 래플스는 소피아와 결혼하여 함께 유럽대륙 여행을 떠나 행복한 시간을 보낸다.

동인도회사는 래플스를 사면하고 붕쿨른(Benkulen, 수마트라 남서부의 지역) 부총독으로 임명한다. 그러나 영국 정부가 자바의 네덜란드 영토 소유권을 돌려주기로 결정함으로써 자바를 거점으로 영국의 영향력을 확대하겠다는 래플스의 꿈은 무산된 상태였다. 1817년 영국을 떠나기 전 래플스는 'Our Interests in the Eastern Archipelago'라는 논문을 제출해 아체(Aceh, 수마트라 북단 지역), 수마트라 서부, 순다 해협(the Sunda Straits, 수마트라와 자바 사이의 해협), 리아우 제도, 보르네오(Borneo) 서부를 잇는 거점을 설치하라고 촉구하였으나 무시당하고 만다.

1818년 3월 20일 래플스는 새로운 부임지인 붕쿨른에 도착했고, 붕쿨른으로 가는 배 안에서 딸 샬롯 소피아(Charlotte Sophia)가 태어나는 경사를 맞는다. 이제 래플스는 새로운 부임지에서 새로운 도전에 나서게 된다.

무역 거점을 확보하라

래플스의 새로운 부임지인 붕쿨른(Benkulen, 현재 인도네시아에서는 '붕쿨루'라고 불림)은 수년간 영국 동인도회사의 잘못된 경영과 투자로 망가져 적자가 심한 곳이었다. 이곳을 흑자로 전환시키는 것이 래플스에게 맡겨진 임무였다. 붕쿨른은 자연환경도 좋지 않았고 활화산이 있었으며, 지진으로 인해 건물들이 많이 붕괴된 상태였다. 농업 작물도 후추(pepper)뿐이었고, 원주민에겐 '죽음의 땅'으로 불리는 곳이었다. 자바에 비해 붕쿨른은 인구도 매우 적었다.

당시 수마트라 섬에는 수입된 흑인 노예를 포함해 영국 소유의 노예가 많았다. 래플스는 네덜란드가 아닌 영국이 이렇게 노예제를 크게 오랜 기간 유지하고 있었다는 것에 충격을 받게 된다. 동인도회사는 수익원으로 도박장과 투계장(鬪鷄場)을 운영하고 있었고, 그 저변에는 '어차피 말레이인들은 우리가 운영하든 안 하든 도박하고 투계장에서 살 놈들'이라는 인식이 깔려 있었다.

래플스는 도박장과 투계장이 사회 안정을 저해하므로 반드시 중단되어야 하며 강제노역도 폐지되어야 한다고 생각했다. 래플스는 상부에 "이곳의 말레이인들이 부도덕하게 사는 것은 천성이 나빠서가 아니라 제도적 문제 때문"이라는 내용의 서신을 보낸다. 또한 화물 상하역 등 가장 힘든 노동을 하고 있었던 흑인 노예의 해방도 이루어져야 한다고 생각했고, 실제로 흑인 노예를 전부 불러 해방시키고 해방증서(certificates of freedom)를 나눠준다. 래플스의 개혁 계획에 반대하는 이들도 많았지만 차차 설득되었고, 래플스는 자신의 생각을 차근차근 실행에 옮긴다. 사람들의 삶의 질이 차차 나아지자 자연스럽게 사회 구성원으로 통합되는 성과가 나타났다. 래플스는 당시 동인도회사의 상부와는 다르게 올바른 통치에 대한 생각과 인도주의적 관점을 보여주었고, 이는 전 인도 총독 민토(Minto)와 비슷한 면모였다.

붕쿨른에서 래플스는 호랑이, 코끼리 등 위험한 야생동물이 많다는 등의 이유로 주위에서 만류를 했지만 정글, 산지 등의 탐사에 나섰고, 그러던 중 지구상에서 가장 큰 꽃을 발견하게 된다. 이 꽃의 학명은 래플스의 이름을 따서 라플레시아(Rafflesia)라 불리고 있다. 붕쿨른 재임 기간 동안 래플스는 2남 2녀의 아버지가 되었고, 가족과 행복한 나날을 보낸다.

래플스는 이런 생활에 안주하지 않았다. 수마트라에서 네덜란드 영향력이 확대되는 것에 충격을 받은 래플스는 동인도회사 상부에 경고를 하게 된다. 네덜란드가 말라카 해협과 순다 해협을 모두 차지하게 될 경우, 영국은 희망봉과 중국 사이에 거점을 전혀 갖지 못하고 보급과 휴식을 취할 우호적인 항구가 하나도 없게 될 처지가 되기 때문이었다. 그러나 영국 정부는 수마트라 남부에서 네덜란드의 확장을 저지하려는 래플스의 시도를 거부한다.

그런 중에도 래플스에게 긍정적인 일이 일어난다. 인도 총독 해스팅스(Lord Hastings)는 1818년 래플스가 캘커타를 방문하도록 허락해 구상을 들어보기로 한다. 과거 래플스와 길레스피의 분쟁에서 길레스피의 편을 지나치게 들어준 것에 죄책감을 느꼈는지 아니면 래플스의 노력에 감동했는지 모르겠지만, 해스팅스는 래플스에 대해 예전보다 한결 우호적인 태도를 보인다. 해스팅스는 수마트라 전역에 영국의 영향력을 확산하겠다는 래플스의 야심 찬 계획에는 동의하지 않았지만, 말라카 해협을 통한 영국의 교역로를 보호하는 제한적인 프로젝트를 승인하기에 이른다.

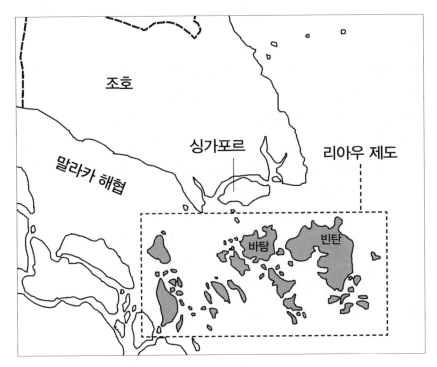

조호, 싱가포르, 리아우 제도

해스팅스는 래플스를 대리인으로 임명하고 여러 가지 지시사항을 전달한다. 네덜란드와 마찰을 일으키지 않는 범위 내에서 말라카 해협 남단의 어딘가에 거점을 확보하고 해협 북단의 아체(Aceh)의 동의를 확보하라는 임무가 래플스에게 주어진다. 가장 우선적인 과제는 아체에 일단 거점을 확보하는 것이었고, 이것은 런던의 본국 정부에 문의할 것도 없이 빠르게 추진하라는 지침이었다. 그리고 해스팅스는 영국이 말라카 해협을 자유롭게 지나다닐 수 있도록 말라카 너머로 거점을 세울 것을 주문했다. 해스팅스는 리아우(Riau)를 최적의 장소로 여겼는데, 지리적 이점과 더불어 네덜란드가 아직 선점하지 않은 곳으로 알고 있었기 때문이었다. 그러면서 해스팅스는 래플스에게 조호(Johor)도 고려해보라고 추천했는데, 래플스는 조호도 나쁜 선택은 아니라고 여겼지만 그보다는 싱가포르를 염두에 두고 있었다.

사실 싱가포르에 관심을 보인 사람은 래플스가 처음이 아니었다. 1703년 영국인 알렉산더 해밀턴(Alexander Hamilton)이, 그리고 1808년에는 말라카를 영국에 넘겨줄 당시의 네덜란드인 아브라함 코우페루스(Abraham Couperus)가 싱가포르에 대한 관심을 표명하는 기록을 남긴 바 있다.

래플스는 이 프로젝트를 위해 동방에서 30년 가까이 복무하고 영국으로 돌아갈 준비를 하던 윌리엄 파커(William Farquhar)를 차출하도록 허락받는다. 말라카에서 만난 이후로 교분을 유지한 친구이고 말라야(Malaya)에서의 오랜 경험이 있었기 때문에 래플스는 파커를 전적으로 신뢰했다. 파커는 동남아시아에서 영국의 지위가 취약해지고 있다는 래플스의 경고에 동감했다.

1816년 파커는 싱가포르 해협 입구 근처에 영국의 새로운 근거지를 마련해야 한다고 페낭 정부에 조언했고, 1818년 신임 페낭 총독 제임스 배너먼(James Bannerman)은 네덜란드가 우위를 회복할 것에 대비하여 영국의 교역을 보호하기 위해 리아우 등과 통상조약을 체결하도록 파커에게 임무를 내린다. 1818년 8월 파커는 영국에 대한 최혜국 대우를 약속하는 통상조약을 리아우와 맺는다. 그러나 파커는 네덜란드가 리아우에서의 지위를 회복하려 일을 꾸미는 것을 알아채고 캘커타의 인도 식민정부와 래플스에게 경고했고, 리아우의 카리문(Karimuns) 섬이 싱가포르 해협에 대한 완벽한 해결책이라 생각하고 그곳을 탐사할 준비에 착수한다.

인도 식민정부가 래플스에게 내린 지침은 1818년 11월 28일에 발표되는데, 아마도 래플스 본인이 초고 작성을 한 것으로 보인다. 그 내용은 영국에 호의적인 정부와 정착민이 있는 제대로 된 항구를 리아우에 만들어 새로운 거점으로 삼으라는 것이었다. 네덜란드가 리아우로 돌아오지 않았다는 전제하에 래플스가 거점을 세우고 파커에게 행정을 담당시키도록 권한이 주어졌으며, 만약 네덜란드가 돌아온 상태라면 모든 협상이나 충돌을 자제하도록 되어 있었다. 그리고 네덜란드의 움직임이 있다는 소문이 돌자 일주일 뒤 만약 리아우가 가망이 없어 보이면 그 대신 조호와 합의하도록 보충 지침이 내려진다. 하지만 인도 식민정부는 조호의 지리적, 정치적 정보와 네덜란드와의 관계에 대해 잘 알고 있지 못했기 때문에 조심스러운 입장이었다.

1819년 1월 28일

캘커타를 떠난 래플스는 1818년 12월 30일 페낭에 도착했고, 파커가 그 전날 도착했음을 알게 된다. 네덜란드가 리아우와 조약을 맺었다는 소식을 파커로부터 전달받은 래플스는 계획에 더욱 박차를 가해야겠다고 생각한다. 말라카 해협 최남단의 상황에 대한 정보를 최대한 수집한 래플스는 1819년 1월 16일 캘커타의 인도 식민정부에 "조호 강(The Johor River) 근처에 대체 거점을 세우는 것에 동의를 받을 수 있다"고 확신시키는 전갈을 보냈다. 그러면서 "조호 강 유역은 널찍하고 방어가 용이한 장소로 알려져 있지만, 싱가포르는 특히 우리 계획에 딱 적합한 장소"라고 덧붙였다. 그러나 이때까지 래플스 본인도 조호의 상황을 확실하게 파악하고 있지는 못했다.

아체(Aceh)에서의 임무를 수행하기 위해 페낭에 머물던 래플스는 파커에게 리아우 제도 서쪽의 카리문(Karimuns) 섬으로 당장 출항해 그곳에 먼저 가 있는 탐사선 두 척과 합류하도록 지시를 내린다. 그리고 탐사선의 보고 내용이 아무리 긍정적이라 하더라도 추가적인 지시 없이는 카리문에 정착지를 만들지 않도록

1819년 1월 28일 래플스가 상륙했던 지점에 세워져 있는 래플스 동상

파커에게 당부한다. 탐사 결과 환경이 적절하고 네덜란드인이 없다고 판단되면 리아우로 넘어가 리아우의 사령부를 확보할 수 있도록 상황에 맞게 조치하라고 지시를 내린다. 또한 파커에게는 리아우에서 조호 왕국(Johor Sultanate)의 상태와 네덜란드와의 관계를 파악하는 임무도 부여된다. 카리문 탐사 이후에는 싱가

포르와 인근 지역을 조사하기로 되어 있었으며, 왕국의 고대 수도(Singapura)가 지역 지배자의 권한에 어느 정도로 영향을 받을 것인지도 파악해야 했다.

1819년 1월 18일 파커는 범선 갠지스호(the Ganges)를 타고 출항했고, 탐사선 한 척, 무장 호위선 한 척, 유럽 포병대와 인도 세포이(sepoy)로 구성된 파견 함대가 함께 떠났다. 파커가 출항하자마자 페낭 총독 배너맨은 동인도회사 본부의 확인이 있을 때까지 래플스가 아체 탐사를 미뤄야 한다고 주장했고, 이에 래플스는 배너맨이 자신이 탐사에 참가하지 못하도록 방해하는 계책을 짰음을 확신하게 된다. 래플스는 동트기 전 새벽에 인디아나호(the Indiana)를 타고 페낭을 빠져나가 남쪽으로 서둘러 갔고, 배너맨은 이에 짜증스런 반응을 보인다.

1월 26일 파커는 예정했던 대로 카리문에 도착했고, 탐사선 두 척과 합류하여 다음날 카리문의 지형을 조사한다. 그날 저녁 래플스는 카리문의 조사 결과에 대한 보고를 받는데, 파커는 여전히 카리문에 열의를 가지고 있었지만 돌로만 되어있는 척박한 무인도여서 다른 사람들은 전망을 어둡게 보고 있었다. 동인도회사의 조사선 디스커버리호(the Discovery)의 부함장 대니얼 로스(Daniel Ross)는 싱가포르 강 하구에서 적절해 보이는 곳을 발견했고, 함대는 1월 28일 아침 그쪽으로 항해하게 된다. 래플스와 그의 수행 함대는 그날 오후 싱가포르 인근 세인트존스 섬(St. John's Island)에 정박했고, 뜨믄공(temenggong)이 보낸 전령은 싱가포르에 네덜란드인이 없다는 희소식을 전해준다. 래플스는 싱가포르 강 하구 근처(현재의 Boat Quay)에 상륙했고, 1819년 1월 28일은 싱가포르 근대사가 개막된 날로 기념되고 있다.

래플스와 파커는 그날 저녁 뜨믄공을 만나러 갔고, 다음날 말레이 왕국의 승계 논쟁과 관련해 뜨믄공의 이야기를 듣게 된다. 그 내용은 뜨믄공의 사위이자 선대 술탄의 장자인 후세인(Hussein)의 승계권한이 더 강하다는 것이었지만, 이는 사실상의 권력 구도와는 상반되는 거짓말이라 할 수 있었다. 1월 30일 래플스와 뜨믄공은 "뜨믄공에게 연 3,000달러를 지급하는 조건으로 영국 동인도회사가 싱가포르에 재외 상관을 건설하도록 허가한다"는 내용의 예비협정에 서명한다. 파커는 싱가포르 정착지에 대한 부기스(Bugis)의 동의를 얻기 위해 리아우에 파견되었으나 동의를 얻는 데에 성공할 것이라고 기대하기는 어려웠다. 뜨믄공을 수행하고 있는 술탄 후세인의 근친 두 명은 술탄을 모셔오는 임무를 부여받고 떠났다.

래플스는 군대를 상륙시키고 막사를 설치한 후 동쪽으로 탐사를 나갔지만, 싱가포르가 마음에 쏙 들었기 때문에 탐사에는 별 성의가 없었고 조호 강 주변을 살펴볼 시도조차 접고 돌아온다. 싱가포르로 돌아와 항구와 방어거점을 탐사한 결과 장소는 아주 이상적으로 보였다. 강의 남서쪽 기슭은 늪지대였으나 북동쪽 기슭은 평평하고 지반이 단단했다. 식수는 충분해 보였고, 강 하구는 자연적으로 보호받는 항구를 형성할 수 있었다. 위치는 동쪽 섬들과의 교역 중심으로 삼기에 아주 편리했고, 중국으로 향하는 주 항로와 불과 몇 킬로미터 떨어져 있을 뿐이었다.

예상대로 파커는 리아우에서 부기스의 동의를 얻지 못하고 퇴짜를 맞는다. 그리고 술탄 후세인은 두려움과 의심을 떨치지 못한 상태에서 싱가포르에 건너왔다. 2월 6일 래플스는 조호의 술탄 후세인, 뜨믄공과 공식 조약을 체결한다. 영국 동인도회사가 거점을 세울 권리를 갖고, 매년 술탄 후세인에게는 5,000달러, 뜨믄공에게는 3,000달러를 지불하는 조건이었다. 조인식이 성대하게 열렸고, 그날의 날씨는 싱가포르의 밝은 미래를 예고하는 듯 아주 화창했다고 전한다.

다음날 래플스는 원래 직책인 붕쿨른(Benkulen) 부총독의 임무를 수행하기 위해 싱가포르를 떠나 붕쿨른으로 갔고, 파커를 사무관(Resident) 겸 방위사령관(Commandant)으로 삼아 남겨둔다. 그리고 파커의 사위인 프랜시스 버나드(Francis Bernard)가 수석수행원(Master Attendant)으로 임명되었다.

행운 없이는 불가능했을
싱가포르의 생존

래플스는 싱가포르 설립에 매우 기뻐했고, 싱가포르가 잘 자리 잡으면 네덜란드는 동방 바다의 독점적 지배자로서의 지위를 잃게 될 것이라 생각했다. 그러나 아직까지 많은 위험요소가 존재했고 래플스 역시 이를 두려워하고 있었다.

래플스가 우려했던 대로 네덜란드의 반대와 페낭의 영국 동인도회사 당국의 강력한 반감까지 겹쳐 싱가포르의 존재는 위협받게 된다. 걸음마 단계였던 싱가포르 정착지의 생존은 거의 기적과도 같은 일이었고, 현장에서의 용기와 기개, 당시의 느린 통신, 엄청난 행운이 결합된 결과였다.

술탄 후세인과 뜨믄공(temenggong) 역시 싱가포르 정착지 건설에 네덜란드가 분노할 것임을 예상했다. 후세인은 래플스에게 "영국인이 리아우의 네덜란드인을 죽여야 한다"는 충격적인 제안을 하는 동시에 뒤에서는 자신의 지위를 지키기 위한 작업을 획책한다. 후세인은 이복형제 압둘 라만(Abdul Rahman)과 부기스(Bugis) 영주(under-king)에게, 그리고 뜨믄공은 말라카의 네덜란드인 친구들과 리아우 당국에 "래플스가 조약을 맺도록 협박했다"는 내용의 서신을 보낸다.

이 서신을 받은 네덜란드는 분노를 표출했고, 싱가포르가 리아우의 통제를 받는 영토라고 주장한다. 말라카의 네덜란드 총독은 페낭에 항의했고 영국을 싱가포르에서 내쫓을 것을 고려한다. 당시 싱가포르에서 파커가 보유하고 있던 함대는 유럽 군인과 민간인 약 30명, 불만이 가득한 인도 세포이(sepoy) 백여 명, 항해 능력이 거의 없는 포함(gunboat) 한 척이 전부였다. 만약 네덜란드의 공격을 받는다면 속수무책인 상태였고, 네덜란드는 마음만 먹으면 싱가포르 정착지를 파괴할 수 있었다.

말라카에서 네덜란드가 공격을 준비하고 있다는 소문이 돌자 파커는 다급하게 페낭에 병력 보충을 요구한다. 그러나 페낭 총독 배너맨(Bannerman)은 파커에게 싱가포르를 떠나고 네덜란드와의 어떠한 충돌도 피할 것을 종용했고, 네덜란드에는 래플스가 멋대로 싱가포르에서 행동한 것이라고 해명한다. 또한 배너맨은 캘커타의 인도 식민정부에 "래플스가 충동적으로 행동하고 새로운 정착지를 무책임하게 무방비 상태로 두었으며, 마치 집에 불을 지르고 도망가는 것과 같은 짓을 했다"고 보고한다.

네덜란드가 영국이 래플스의 모험을 거부하고 싱가포르를 버리게 될 것이라고 믿는 것은 전혀 이상한 일이 아니었다. 1819년 1월 래플스가 싱가포르에 상륙하기 전날, 런던의 인도식민국은 동쪽에서의 래플스의 임무를 금지하라는 지시를 캘커타의 동인도회사 본부에 보냈다. 그와 동시에 영국 외무성은 래플스가 동인도회사의 상업적 대리인일 뿐이며 어떠한 정치적 합의를 할 권한도 가지고 있지 않음을 네덜란드 정부에 확약했다. 사실 이러한 지시는 래플스의 행동을 멈추게 하기에는 너무 늦게 발부되었으나, 네덜란드 동인도회사의 총독 고더트(Godert van der Capellen)는 영국 동인도회사가 런던에 문의할 필요도 없이 래플스의 행동을 즉각 철회할 것이라 기대했다. 페낭 총독 배너맨의 확약, 그리고 래플스의 협박에 못 이겨 조약을 맺었다는 술탄 후세인과 뜨믄공의 주장에 힘을 얻은 고더트는 강경한 입장을 철회하고 온건한 방식으로 반대를 표명한다.

그 시점에 래플스의 행동은 캘커타의 동인도회사 본부에 동요를 일으킨다. 1819년 3월 캘커타 저널은 영국의 상업적 전망에 버팀목 역할을 할 것이라며 싱가포르 설립을 환영한다. 페낭 총독 배너맨은 자기도 모르는 사이에 싱가포르의 생존을 보장하는 데에 도움을 주게 되는데, 네덜란드의 의심을 진정시킨 것에 더해 인도 총독을 짜증나게 함으로써 래플스를 돕게 만드는 결과를 낳는다. 인도 총독 해스팅스(Hastings)는 네덜란드가 리아우에 돌아온 것을 알고도 래플스가 계획을 무모하게 밀어붙인 것에 화가 나긴 했지만, 배너맨이 자신의 권위를 손상시키는 것에 더욱 화를 냈고 런던으로부터의 질책에 대비해 입장을 정당화하려 애썼다.

1819년 2월 13일 래플스는 싱가포르에 거점을 설립한 결정을 설명하기 위해 동인도회사 본부에 공문을 보냈고, 그 내용은 리아우를 포함한 다른 장소에 비해 싱가포르가 우월함을 밝히고 있었다. 이상적인 위치임을 설명하기는 어려운 일이 아니었으나, 술탄 후세인, 뜨믄공과의 거래의 적법성을 정당화하기 위해서는 능수능란한 수사가 필요했다. 래플스는 파커가 리아우와 체결한 조약이 후세인의 이복동생인 압둘 라만(Abdul Rahman)을 암암리에 술탄으로 인정하고 있다는 불편한 사실을 적당히 얼버무려야만 했다. 리아우의 술탄인 압둘 라만은 리아우와 가까운 영역에 대한 지배권을 가지고 있을 뿐이고, 선대 술탄의 장자인 후세인이 정당성 있는 술탄이며 뜨믄공이 조호와 싱가포르에 대한 이론의 여지가 없는 소유권을 가지고 있다고 우긴 것이다.

인도 총독 해스팅스는 싱가포르를 거점으로 택한 것이 위치에 관해서 만큼은 아주 현명한 판단이라 생각된다고 래플스에게 확언했고, 런던 본국 정부의 승인이 있을 때까지 잠정적으로 동의한다는 입장을 취한다. 해스팅스는 페낭 총독 배너맨을 책망하고 싱가포르에 모든 지원을 하라는 명령을 내린다. 배너맨은 마지못해 2백 명의 군대와 약간의 자금을 파커에게 보냈고, 파커는 붕쿨른에서 인도로 돌아가는 인도 군대 5백 명을 가로채서 싱가포르로 돌리는 데에 성공한다. 이러한 파커의 용기 있는 행동 덕분에 싱가포르는 첫 번째 위기를 통과했고, 네덜란드는 취약한 정착지를 파괴할 기회를 상실하고 만다. 이제 싱가포르의 미래는 군사력이 아닌 런던과 헤이그 사이의 문서 전쟁의 결과에 의해 결정될 운명이었다.

당시의 느린 통신 때문에 싱가포르에서의 래플스의 행동과 관련한 소식은 1819년 8월이 되어서야 런던에 당도했고, 이는 동인도회사의 임원들에게 불편한 충격으로 다가왔다. 그들은 래플스의 행동이 유럽에서 영국과 네덜란드 간의 교섭을 위태롭게 할 것을 두려워했다. 그들의 의견과는 반대로 영국 외무장관 캐슬리그(Castlereagh)는 네덜란드가 말라카 해협의 제해권을 장악하도록 내버려 두는 것이 상업적, 전략적으로 위험하다는 사실을 간파했고, 말라카 해협 남쪽에 영국의 거점을 확보하는 것이 아주 가치 있는 일임을 인식한다. 영국 정부는 논란의 여지가 덜한 거점을 선호했지만 싱가포르와 같은 이점을 누릴 장소는 다른 어느 곳에도 없었다. 사실 싱가포르에 대한 영국의 법적 권리는 약했지만, 싱가포르의 잠재적 매력은 네덜란드와의 협상에서 영국 정부가 시간을 끌게 할 유인을 충분히 가지고 있었다. 영국 본국 정부는 인도 식민정부로부터의 총체적 보고를 기다리면서 네덜란드와의 협상을 연기했지만, 인도 총독 헤스팅스는 의도적으로 보고서 제출을 지연한다.

시간이 지연되는 것은 래플스의 입장에서 걱정할 일이 결코 아니었다. 네덜란드와의 협상이 지연되면 될수록 싱가포르를 지킬 수 있는 가능성은 더 커지기 때문이었고, 래플스는 이런 상황을 내심 즐기고 있었다. 싱가포르와 관련한 영국과 네덜란드 간의 협상은 이때부터 무려 5년이 지난 1824년이 되어서야 마무리되고, 그 사이 영국은 싱가포르의 영유권을 기정사실로 굳히는 데에 성공한다.

고군분투하는 윌리엄 파커

래플스는 벙쿨른으로 떠나면서 파커에게 몇 가지 지침을 남긴다. 정지작업을 하고, 간단한 방어시설을 구축하고, 지나가는 선박들에게 새로운 정착지가 건설되었음을 홍보하며, 당분간 관세를 부과하지 않음으로써 교역을 장려하라는 내용이었다. 또한 래플스는 이주자와 보급품을 요청하는 메시지를 말라카에 보냈다. 높은 가격에 식료품을 팔아서 얻을 수 있는 이익에 끌려서 많은 말라카 상인들이 네덜란드의 금수령을 어길 태세를 보인다.

이미 '말라카의 왕'으로 널리 알려진 파커의 명성은 이주자들을 끌어들이는 데에 큰 도움이 되었다. 파커는 현지처를 두고 있었고 말레이어를 유창하게 구사할 수 있었다. 큰 키에 마치 군인 같은 용모를 가졌고, 인정 많고 친절하며, 언제든 불평을 경청하고 분쟁을 중재할 준비가 되어있었던 파커의 면모는 사람들로부터 사랑을 받았다. 또한 파커는 정직하고 누구에게나 공정하다는 평판을 받고 있었다.

싱가포르는 파커의 지휘하에 차근차근 정비되어 간다. 싱가포르 강 북동쪽 기

월리엄 파커의 초상화

늪의 정지작업이 완료되어 시장이 들어섰고, 임시 막사를 갖춘 군대 주둔지도 들어선다. 말라카로부터 정기적으로 보급품이 들어오면서 최초 정착자들이 겪었던 궁핍과 영양실조는 사라지게 된다. 정착지 건설을 홍보한 효과가 있었는지 개항 6주 이내에 유럽 상선 2척과 시암(Siam, 지금의 태국)의 정크선, 백 척 이상의 소형 인도네시아 선박이 항구에 들어오는 성과를 거둔다.

1819년 5월 말 래플스는 페낭에서 목재, 타일, 공구 등의 보급품을 가지고 이 주자들과 함께 싱가포르에 돌아온다. 래플스는 짧은 기간 동안 달성한 싱가포르의 발전에 희열을 느꼈고, 동방에서 가장 중요한 거점이 될 것이라 확신한다.

래플스는 이 두 번째 싱가포르 방문에서 4주간을 보냈고, 술탄 후세인, 뜨믄공과 추가적인 조약을 맺어 영국 정착지의 범위를 분명히 한다. 래플스의 도시계획은 심미적인 측면도 없지는 않았지만 질서와 통제를 확보하는 것을 주목적으로 했다. 군대 주둔지, 관공서 구역, 중국인 거주지 등의 입지를 정했고, 영국 특유의 '분할하여 통치한다'(Divide and Rule)는 정책에 충실하게 출신지별로 주거지를 분리하여 족장의 영향력하에 두는 조치를 내린다.

사법권에 대한 기초적 조치도 갖추어진다. 술탄과 뜨믄공은 그들의 추종자들에 대한 권위를 갖고, 다른 아시아인들의 경우 각 집단의 우두머리에게 사법권을 부여하여 공동체 내의 분쟁을 해결하도록 하였다. 파커는 술탄, 뜨믄공과 함께 일주일에 한 번씩 법정을 연다. 각 집단의 우두머리는 사건과 보고서를 제출하고 사람들은 판결에 대해 항소할 수 있었으며, 사무관이 상식에 입각하여 최종적인 결정을 내리는 방식으로 법정은 운영되었다.

래플스는 1819년 6월에 싱가포르를 파커에게 맡겨두고 붕쿨른으로 떠났고, 3년이 넘도록 다시 돌아오지 않았다. 이 기간 동안 싱가포르와 붕쿨른 사이에는 소통이 잘 이루어지지 않았고, 파커는 대부분의 사안을 스스로 해결해야만 했다. 1820년 3월 파커는 캘커타의 동인도회사 본부로부터는 거의 7주 동안, 붕쿨른으로부터는 거의 석 달 동안 아무런 소식을 듣지 못했다고 래플스에게 불평하기에 이른다.

래플스는 비용 지출을 최소화하라고 파커에게 명령했고, 파커는 급속도로 커져가는 정착지를 얼마 안 되는 예산으로 관리해야만 했다. 싱가포르에서 지출하는 일 년 치 급료가 붕쿨른의 한 달 치 급료에도 미치지 못할 정도로 예산은 빠듯했다. 처음에 파커는 부사무관(Assistant Resident) 1명을 두었으나, 1820년 캘커타의 동인도회사 본부는 그 자리를 사환 1명으로 대체하는 조치를 내린다. 결국 1822년 파커는 인력 부족 문제를 해결하기 위해 자비로 두 명의 사환을 고용할 수밖에 없었다.

교역에 세금을 부과하는 것이 금지되었고 영구적인 토지소유권 판매도 불가능했기 때문에 파커에게는 수익을 늘릴 방법이 거의 없었고, 예산 부족 문제를 해결하기 위해서는 래플스가 내린 지침을 일부 어기면서 궁여지책을 동원할 수밖에 없었다. 1820년 5월 파커는 수석수행원(Master Attendant)의 임명으로 인한 비용을 감당하기 위해 소액의 입항료를 부과한다. 4개월 후에는 래플스의 지시를 어기고 아편 판매와 도박장 운영에 대한 독점권을 경매에 부침으로써 세금을 징수하는 시스템을 도입하게 된다.

아편과 도박에서 얻은 수익을 바탕으로 파커는 공공사업 계획을 착수한다. 이는 아직까지 불안했던 싱가포르의 법적 지위를 감안하면 지나칠 정도로 야심 찬 것이었다. 1820년 1월 캘커타의 동인도회사 본부는 여전히 싱가포르가 임시적인 군사 거점에 불과하므로 아시아인의 이주를 촉진하지 말라고 파커에게 경고한다. 동인도회사가 싱가포르 정착지를 버릴 수도 있다는 소문이 돌았고, 사람들은 파커에게 영국이 싱가포르를 지켜낼 것이라 확약할 것을 요구했다.

불안정한 상황임에도 불구하고 파커가 밀어붙인 공공사업은 싱가포르의 미래에 대한 확신을 심어주는 데에 큰 도움이 된다. 공공건물들이 잇따라 세워지자 안심한 중국인과 유럽인 상인들은 창고 부지를 찾아 나서기 시작한다. 이것은 긍정적인 조짐임에 분명했지만 한편으로는 새로운 문제를 야기하게 되는데, 래플스가 토지 사용 허가에 대한 명확한 지침을 남겨놓지 않았기 때문이었다. 싱가포르에 대한 영국의 소유권이 확정되기 전까지는 영구적인 토지 할당이 불가능하다는 것을 파커는 감지했다. 또한 파커는 영국 동인도회사가 아직 임차인에 불과한 상태이므로 말레이 술탄의 땅을 가지고 정착자들에게 항구적인 소유권을 허락할 수 없다는 견해를 가지고 있었다.

토지 이용에는 그 외에도 복잡한 문제들이 겹쳤다. 동쪽 해안은 얕은 수심과 모래톱 때문에 화물을 하역하는 것이 불가능했는데, 래플스는 그 일대를 유럽인들의 상업지구로 할당했다. 상인들은 개발 가치가 없는 땅이라 불평했고, 더 적합한 부지가 제공되지 않으면 싱가포르에서의 사업을 중단하겠다는 위협까지 나오게 된다. 파커는 1821년 4월 이 문제를 붕쿨른에 의뢰하였으나 한참이 지나도록 묵묵부답이었고, 11개월이 지나서야 래플스는 영구적인 건물을 짓는 것을 금지하겠다는 답신을 보내온다. 중간에 낀 파커는 정말 죽을 지경이었다. 상인들은 화물을 화재로부터 보호할 수 있게 벽돌로 창고를 짓겠다고 주장했고, 파커는 강의 북쪽 기슭의 토지를 임시로 사용하도록 허가한다. 그러면서 나중에 옮겨야 할 수도 있으며 그 위험은 상인들이 부담해야 한다고 경고한다. 이 정도가 파커 입장에서 취할 수 있는 최선의 행동이었을 것이다.

1820년 술탄 후세인과 뜨믄공은 중국인들이 고향으로 돌아갈 때 그들이 싱가포르에서 축적한 재산에 수수료를 부과하는 것을 승인해 달라고 요청해 온다. 파커는 이 문제를 래플스에게 의뢰하였으나 또다시 묵묵부답이었다. 8개월 후 술탄은 싱가포르에 첫 번째로 온 아모이(Amoy, 복건성 샤먼(廈門)의 옛 이름) 정크선의 선주를 체포하였고, 그 이유는 충분히 값비싼 선물을 제공하지 않았다는 것이었다. 파커는 선주를 석방할 것을 명령하였지만, 영향력 있는 유럽인 상인 집단이 사과와 재발방지 약속을 촉구하는 항의서한을 술탄에게 보내자 파커는 이를 부적절하고 시기상조이며 쓸데없는 참견이라 여겨 진노한다. 그러나 상인들은 의례적인 선물과 세금의 구분이 모호하며, 선물 요구와 선주에 대한 부당한 대우에 대한 소식이 퍼지면 싱가포르에서 중국 정크선 무역을 쫓아내게 될 것이라 주장한다. 상인들의 주장은 분명 일리가 있는 것이었고, 파커는 다시 한번 래플스에게 선물과 세금에 대한 명확한 구분 기준을 정해달라고 호소했으나 래플스는 또 묵묵부답이었다.

이러한 문제들은 말레이 술탄의 모호한 법적 지위에 대해 집중 조명하는 계기가 된다. 1819년 1월 래플스와 최초 협상을 할 때 뜨믄공은 눈앞의 금전 제공에 끌린 것뿐만 아니라 정착지에서 말레이 지배층이 다국적 상업 집단을 주도하고 토지 대여, 사법권, 세금 징수 등의 권한을 갖게 될 것이라 생각했다. 말라야에서 오랜 경험이 있기 때문에 지역의 관례를 잘 알고 있었던 파커는 이러한 상태를 받아들이는 것이 타당하다고 여겼다. 파커는 술탄과 뜨믄공의 사법권을 인정했고, 관례적으로 부과되어 왔던 교역에 대한 세금 대신에 경찰과 사법 업무를 감당할 비용을 그들에게 지급하기로 한다.

초기 개척 시기의 싱가포르는 무법지대로 악명이 높았고, 빠듯한 예산 때문에 경찰력을 갖출 자금이 거의 없었다. 말라카에서 이주해온 중국인들과 말레이인들은 무장하지 않은 평화적 집단이었지만, 술탄과 뜨믄공의 말썽 많은 추종자들은 그들을 괴롭혔다. 대낮에도 강도 행각과 사람을 찌르는 사건이 비일비재했고, 술탄과 뜨믄공의 거주지역에서는 많은 사람들이 살해당했다. 1820년 5월 파커는 그의 사위 프랜시스 버나드를 수장으로 하는 최초의 정규 경찰을 발족한다. 순경 1명, 간수 1명, 서기 1명, 수부장(水夫長) 1명, 순경 보조원 8명으로 구성된 경찰력을 유지하는 데에 매월 약 3백 스페인달러가 소요되었다. 1821년에는 유럽인과 아시아인 유력 상인들이 매월 54달러의 야경(夜警) 기금을 조성하여 순경 1명과 순경 보조원 9명을 더 채용할 수 있었다.

급속한 팽창

3년이 넘는 기간 동안 싱가포르는 파커의 인도하에 많은 발전을 이루어낸다. 싱가포르에 영국 깃발이 박히고 영국 도시가 세워진다는 이야기가 돌자 말라카 상인들이 싱가포르로 대거 이주하게 된다. 말라카의 인구가 너무 많이 빠져나가자 네덜란드는 말라카에서 싱가포르로 이주하는 것을 법으로 금지시키기에 이른다. 한편으로는 싱가포르에 식량이 부족하며 영국의 도시로 존재하는 기간이 매우 짧을 것이라는 소문이 돌았고, 네덜란드는 이런 악소문을 더 퍼뜨리려고 애썼다. 그렇지만 네덜란드의 억압에서 자유로워지려는 사람들은 계속해서 말라카를 빠져나갔다.

싱가포르의 교역량은 급격히 팽창했다. 편리한 위치, 당시의 기준으로는 비교적 잘 잡힌 질서가 초기의 성공에 기여했다. 싱가포르의 화려한 성장의 첫 번째 원인은 래플스가 정한 무관세 정책이었고, 항구이용료를 최소한의 수준으로 유지한 것도 많은 도움이 되었다. 앞서 언급한 것과 같이 처음엔 술탄 후세인과 뜨믄공이 선장들에게 선물을 제공하라는 압력을 가했으나, 1820년 4월 수석수행원(Master Attendant) 프랜시스 버나드(Francis Bernard)는 선장들이 선물을 제공할 의무가 없음을 알리라는 지시를 받는다. 그러나 술탄과 뜨믄공이 방해꾼 노릇만 한 것은 결코 아니었고, 그들의 존재가 싱가포르 개항 초기에 교역을 유치하는 데에 결정적인 역할을 한 것이 사실이다. 그때까지 리아우(Riau)는 수마트라 남부와 부기스(Bugis) 무역의 본산이었고 아선약(阿仙藥, gambier) 생산의 중심지로 번창했으나, 이러한 교역은 빠르게 싱가포르로 이동하게 된다.

시암, 캄보디아, 코친차이나(Cochin-China, 베트남 남부 지역) 등지로부터 정크선이 싱가포르로 몰려들었고, 인도로부터 서양 상선들이 들어왔다. 1821년 2월에는 첫 번째 아모이(Amoy, 廈門) 정크선이 입항하였고, 5개월 후에는 유럽으로부터 돌아오는 최초의 중국 상선이 입항한다. 개항 초기 2년 반 동안 거의 3천 척의 배가 싱가포르에 들어왔다. 이 기간 싱가포르의 수출입 총액은 8백만 달러에 이르렀고, 아시아 배에 의해 5백만 달러, 서양 배에 의해 3백만 달러 상당의 화물이 운송되었다.

파커는 싱가포르를 찾는 사람들에게 정착을 독려했고, 그 결과 1821년에는 인구 약 5천 명의 초기 코스모폴리탄 도시가 형성되었다. 말레이인이 거의 3천 명이었고, 중국인이 1천 명을 조금 넘었으며, 부기스인이 5~6백 명으로 추산되었다. 말레이인들은 리아우, 말라카, 수마트라 등지에서 몰려들었다. 그 외에 인도인, 아랍인, 아르메니아인(Armenian), 유럽인, 유라시안(Eurasian, 유럽인과 아시아인의 혼혈) 등 다양한 소수 인종집단이 존재했다.

싱가포르는 난양(南洋, Nanyang) 일대의 중국인들에게 특히 매력적인 장소였다. 그들은 여러 해 동안 리아우, 말라카, 페낭, 방콕, 마닐라, 바타비아(Batavia, 지금의 자카르타) 등지에 상업 네트워크를 형성하고 있었다. 난양 중국인들은 중국 정부로부터 아무런 지원을 받지 못하면서 여건이 좋은 곳에 모여 살고 있었다. 이전의 난양 중심지들 중 어느 곳도 싱가포르처럼 이상적이지는 못했다. 페낭은 지리적으로 불편했고, 그 외의 다른 곳에서는 무거운 관세, 변덕스러운 법, 귀찮은 규제와 강탈 등에 시달려야 했다. 싱가포르의 지리적 이점과 무관세 정책은 기존의 상업중심지들과 확실히 차별화되는 점이었다. 초기 싱가포르의 중국인 이민자들은 리아우와 말라카에서 유입됐고, 그들 중 다수는 말레이 여성과 결혼해 장기간 정착한 퍼라나칸(Peranakan, Baba Chinese)이었다.

영향력 있는 초기 아시아인 정착민들 중 대부분은 싱가포르에 올 때 이미 부자였고, 맨손으로 자수성가한 스토리는 그들에게 잘 해당되지 않았다. 예외적인 인물은 호키엔(Hokkien, 福建) 출신 이민 2세대 퍼라나칸인 탄톡셍(Tan Tock Seng, 陳篤生)이었다. 말라카 태생으로 1819년 21세의 나이에 싱가포르에 건너와 야채 노점상으로 시작해 거상이 된 인물로, 좋은 일에 기부를 많이 했던 것으로 유명하다. 그의 기부로 설립되어 그의 이름이 붙은 탄톡셍 병원(Tan Tock Seng Hospital)은 지금도 싱가포르에서 몇 손가락 안에 꼽히는 종합병원으로 남아있다.

인도네시아 제도의 동쪽 섬들의 무역을 지배했던 술라웨시(Sulawesi) 섬의 부기스(Bugis)인들은 예로부터 상업에 능한 것으로 유명했고, 여러 해 동안 리아우로 몰려들어 정치적으로 단단히 자리를 잡았다. 네덜란드의 지배력이 리아우에서 부활하자 부기스인들의 입지는 위협받았고, 1820년에는 무력 충돌이 일어나게 된다. 이 사건 이후 5백여 명의 부기스 인들은 족장인 아롱 빌라와(Arong Bilawa)를 따라 싱가포르로 달아난다. 호전적인 외관을 가진 부기스 선박들이 처음 나타나자 싱가포르 주민들은 겁을 먹었으나, 그들이 여자와 아이들을 동반하고 정착하기 위해 온 것을 알고는 안도했다고 한다. 파커는 이것을 부기스 무역을 끌어들일 기회로 여겨 기뻐하며 그들을 환영했고, 족장 아롱 빌라와의 신병을 인도해달라는 네덜란드의 요구를 거절하고 망명을 허락한다. 훗날 네덜란드는 아롱 빌라와의 리아우 귀환을 허락하였지만 많은 부기스인들은 싱가포르에 남았고, 그 결과 싱가포르는 부기스 무역의 중심지가 된다. 당시 부기스인들이 정착하여 살던 구역은 지금도 부기스 스트리트(Bugis Street)라 불린다.

싱가포르 초기에 유입된 인도인들은 대부분 군인 또는 군속(軍屬)이었고, 페낭에 크게 형성돼 있던 인도인 상업 공동체에서 온 몇몇 상인들도 있었다. 래플스는 싱가포르가 아랍인들을 끌어들이기를 희망했는데, 아랍인들은 천 년 이상에 걸쳐 동남아시아 교역에서 중요한 역할을 했기 때문이었다. 18세기에 이르자 아랍인들은 수마트라와 보르네오(Borneo)의 여러 곳에 정착했고, 싱가포르에 온 첫 번째 아랍인은 팔렘방(Palembang)의 부유한 상인인 Syed Mohammed bin Harun Al-junied와 그의 조카 Syed Omar bin Ali Al-junied이다. 현재 싱

1835년에 지어진 아르메니안 교회(Armenian Church)

가포르에는 그들의 이름을 딴 알쥬니에드(Aljunied)라는 지하철역이 존재한다.

초기 싱가포르에는 동인도회사 소속 관리들을 제외하고는 유럽인 정착민이 거의 없었다. 서양인들은 싱가포르가 영구적으로 영국의 소유가 될 것인지가 불확실하다고 보아 정착을 단념하는 경우가 많았다. 동인도회사 소속 관리들 이외의 초기 유럽인들은 전직 상선 종사자 또는 캘커타 소재 회사들의 중개인이었다. 그 대표적인 인물은 1821년 희망봉에서 싱가포르로 건너온 스코틀랜드 사람인 알렉산더 거스리(Alexander Guthrie)로, 21세기까지 살아남은 가장 오래된 싱가포르 기업의 설립자이다. 그리고 래플스가 싱가포르에 처음 타고 왔던 배인 인디아나호(the Indiana)의 선장이었던 제임스 펄(James Pearl)은 싱가포르에서 무역으로 많은 돈을 번 후 정착을 결심한다. 그는 현재까지도 그의 이름이 붙어 있는 언덕(차이나타운 뒤편에 위치한 Pearl's hill)에 멋진 집을 짓고 살았다.

그 외의 소수 인종집단 중 우리에게 가장 특이하게 보이는 존재는 아르메니아인(Armenian)이다. 아르메니아인들은 이미 브루나이(Brunei)와 필리핀에서 무역으로 확고부동한 지위를 구축하고 있었고, 1820년에 첫 번째 아르메니아 상인이 싱가포르에 정착한다. 이후 아르메니아인들은 수는 많지 않지만 무시할 수 없는 영향력을 가진 공동체를 형성하게 된다.

래플스의 복귀와 버림받은 파커

래플스는 붕쿨른에서 싱가포르의 급속한 성장에 대한 보고를 받고 기뻐했지만, 이 당시 그의 야망에서 싱가포르는 극히 일부만을 차지할 뿐이었다. 래플스는 동남아시아의 영국 동인도회사 점유지들(페낭, Province Wellesley, 싱가포르, 붕쿨른)을 모두 그의 영향력 아래에 두고 궁극적으로는 인도 총독이 되겠다는 높은 포부를 가지고 있었다.

1819년 말 페낭 총독 배너맨(Bannerman)이 급사했다는 소식을 들은 래플스는 서둘러 캘커타로 건너간다. 페낭, Province Wellesley, 싱가포르, 붕쿨른을 단일 지휘권 아래에 두어야 한다고 인도 총독 해스팅스를 설득했지만 뜻을 이루지 못한다. 해스팅스는 래플스의 안이 유익하다는 것에 원칙적으로 동의했지만, 미루어져 왔던 네덜란드와의 협상이 런던에서 타결될 때까지는 이와 관련한 결정을 미뤄야 한다는 입장을 고수했다.

래플스는 낙담하여 빈손으로 붕쿨른에 돌아왔으나, 곧 심기일전하여 붕쿨른을 모범적인 식민지이자 새로운 사업의 중심지로 만드는 시도에 착수한다. 또한 수마트라 전역에 영국의 영향력을 확대한다는 꿈을 여전히 버리지 않고 있었다. 사랑하는 아내와 자식들과 함께했던 이 기간은 래플스의 인생에서 가장 행복한 시기였다. 래플스는 기후로 인한 부부의 건강 악화와 자녀 양육 문제 때문에 1823년이나 1824년에 본국으로 돌아갈 생각을 가지고 있었다.

그러나 래플스의 행복은 끔찍한 재앙에 의해 산산조각 나고 만다. 1821년 7월에서 1822년 1월까지 6개월간 4명의 자식 중 3명이 병으로 사망했고, 친척과 친한 친구들 여럿도 붕쿨른에서 죽었다. 래플스와 아내 소피아도 중병에 걸려 고생했다. 잇따른 불행에 충격을 받고 낙담한 래플스는 그의 꿈을 접었고, 붕쿨른과 동방을 등지고 귀국하기로 결심한다.

래플스는 은퇴하기 전에 마지막으로 싱가포르를 한 번 더 방문하기로 하는데, 1822년 10월 싱가포르에 상륙하자마자 그의 가슴속에서는 다시 불이 활활 타오르게 된다. 래플스의 특징 중 가장 뛰어난 면은 불운과 패배로부터의 회복력, 그리고 부서진 꿈으로부터 새로운 아이디어를 창출하고 명백한 실패로부터 성공을 잡아채는 능력이었다. 이 시점에서 래플스는 수마트라와 자바에 대한 원대한 꿈을 접고 이 작은 정착지로 그의 시야를 좁혔고, 싱가포르에서 할 수 있는 모든 것을 해보기로 결심한다. 마지막으로 싱가포르에 8개월 동안 머무르면서 병치레와 심각한 두통 때문에 몇 주씩 몸을 가누지 못하는 상황이었지만, 래플스는 사명감과 창의력을 발휘해 싱가포르의 미래를 결정할 중대한 일들을 해낸다.

얄궂게도 래플스의 복귀와 변심은 고군분투하던 파커에게 재앙을 가져왔다. 래플스는 자신이 내린 지침을 어기고 파커가 저지른 행동에 격분했고, 객관적으로 보았을 때 너무 지나친 비난과 질책을 파커에게 퍼붓는다. 파커가 예산 부족을 해결하기 위해 실행한 궁여지책이었던 도박 합법화에 래플스는 충격을 받았고, 파커가 수정한 토지 분배 방식에 대해서도 반대했다. 사실 래플스가 정해 놓았던 토지 분배 방식은 비현실적이었고 파커의 수정안이 더 실용적이었지만, 래플스는 쉽게 고집을 꺾지 않았다. 파커가 노예제에 미온적으로 대응한 것에도 실망감을 표출했다. 1822년 10월 싱가포르에 돌아온 지 며칠 후, 래플스는 부기스 무역상들이 파커의 집 근처에서 노예 50여 명을 팔고 파커와 자신에게 노예 몇 명씩을 선물로 제공한 것에 분개했다.

파커 입장에서는 너무나도 억울할 노릇이었다. 래플스는 빠듯한 예산 등 어려운 상황 속에서 파커가 힘겹게 업무를 추진했다는 사실을 싹 무시했다. 특히 붕쿨른에 있던 래플스와의 의사소통 문제는 파커의 요청에 제때 답변을 하지 않고 묵묵부답으로 일관한 래플스의 잘못임이 명백했다. 그런 상황에서 이룬 파커의 업적은 인정하지 않고 자신의 뜻과 어긋난 부분에 대해서 분노를 표출한 래플스의 태도는 부당한 것이었고, 둘 사이의 오랜 우정에는 금이 가게 된다.

열이 받은 파커는 사무관(Resident) 직책에서 내려오지 않으려고 버텼고, 이 때문에 래플스는 또다시 분노한다. 사실 파커는 싱가포르 정착지가 안정적으로 설립되고 나면 사무관직에서 내려오려고 했고, 1820년 10월 붕쿨른에 사직서도 이미 발송한 상태였다. 그래서 래플스가 후임 사무관으로 트래버스(Thomas Travers)를 보냈는데 부당한 처우에 뿔이 난 파커가 마음을 바꿨고, 트래버스는 몇 달 동안 인수인계를 기다리다가 파커와 언쟁을 벌이고 영국으로 돌아간다.

래플스의 매제 윌리엄 플린트(William Flint)로 인한 갈등은 더욱 심각했다. 플린트는 1820년 4월 싱가포르에 도착했는데, 래플스는 파커의 사위가 맡고 있었던 수석수행원(Master Attendant) 자리에 플린트를 임명했다. 플린트는 거만하고 고압적이며 탐욕과 사치를 부리는 사람이었고, 이런 플린트로 인해 파커와 래플스와의 관계는 극단으로 치닫게 된다. 파커의 직원으로는 사환 한 명밖에 없었는데, 플린트는 유럽인 조수(assistant) 1명, 사환 2명, 말단 직원 여러 명을 거느렸다. 그리고 플린트는 정부와 민간인에게 거룻배를 임대하는 권리를 독점해 수익을 착복했다. 래플스는 플린트에게 파커를 거치지 말고 통계자료를 바로 붕쿨른으로 보내라고 지시했고, 1822년 싱가포르에 돌아왔을 때 플린트의 집에서 처음 몇 달을 보내며 파커와 플린트 사이에서 일방적으로 플린트의 편을 들어준다.

몇 달 동안 래플스와 파커의 관계는 극도로 악화된다. 래플스는 파커가 맡은 업무 중 일부를 부하 직원에게 넘겨줘 파커에게 모욕감을 주었고, 그 대표적인 예는 토지 판매와 면허 수익의 징수 업무를 스무 살짜리 애송이 직원에게 넘긴 것이었다. 1823년 1월 래플스는 '파커는 무능하다'는 내용의 서신을 캘커타 동인도회사 본부에 보냈고, 4월 말에는 파커를 무시하고 그의 업무를 래플스 본인이 맡아버린다. 또한 파커는 후임 사무관 존 크로퍼드(John Crawfurd)가 온다는 소식을 공식적으로 통보받지도 못하고 그가 도착하기 며칠 전 비공식적으로 전해 듣는 수모를 겪는다.

파커에 대한 부당한 대우는 래플스의 경력에서 가장 큰 오점이라 할 부분임에 틀림없다. 위태로운 시기에 온갖 어려움을 견뎌내고 싱가포르 정착지가 잘 자리 잡도록 애쓴 오랜 친구를 이런 식으로 내친 것은 결코 온당치 못한 처사였다. 그러나 래플스와 파커의 갈등을 개인적 차원의 배신으로만 간단히 치부할 수 없는 측면도 분명 존재했다.

래플스와 파커 사이의 분쟁의 중심에는 싱가포르 정착지의 성격, 그리고 술탄 후세인, 뜨믄공과 맺은 조약의 본질에 대한 상호 간 의견 불일치가 깔려있었다. 1819년 조약을 액면 그대로 해석하면 영국 동인도회사는 단지 무역 거점을 설치할 권리를 얻은 것일 뿐이었다. 술탄은 말레이 관례에 따라 그들이 토지 소유, 관세 징수, 법 집행의 권리를 행사하게 될 것이라 기대했다. 이 지역에서 오랜 경험을 가진 파커는 그런 관례를 당연한 것으로 인정했지만, 1819년 당시 래플스의 의도가 무엇이었든 간에 이것은 1822년 시점에서의 래플스의 야망과는 맞지 않는 구도였다.

래플스는 파커가 조약의 조항들을 원래 의도대로 해석하는 태도를 고수하는 것에 분노했다. 이와 관련해 래플스가 최우선 순위를 둔 일은 술탄과 뜨믄공이 정착지 개발에 제동을 걸지 못하게 하는 것이었다. 1819년에 맺은 조약에서 말레이 술탄은 영국이 거점을 세우는 것을 허락했을 뿐이었고, 말레이 전통에 충실했던 파커는 이 조약이 영국에게 토지 소유권과 법 제정권을 부여한 것이 아니라고 믿었다. 그러나 래플스는 파커의 해석에 더 이상 동의하지 않았고, 파커가 술탄과 뜨믄공을 지나치게 존중해준다고 생각했다. 래플스가 당초 표면에 내세웠던 말레이인들에 대한 존중은 차츰 희미해져 갔다. 래플스는 술탄 후세인을 경멸하고 뜨믄공을 불신하였으며, 그들이 자신의 계획을 방해하는 것을 참고 있으려 하지 않았다.

래플스는 술탄의 방식을 바로잡기 위해 여러 가지 시도를 한다. 래플스는 캘커타에서 들어오는 화물을 술탄과 뜨믄공이 수수료를 받고 팔게 해주겠다고 제안하였으나, 술탄과 뜨믄공은 말레이 왕자의 위엄을 버리고 상인의 역할을 하기를 거부한다. 영국 동인도회사가 비용을 부담하여 그들의 아들들을 인도에서 교육시켜 주겠다는 래플스의 제안도 거부된다. 이후 래플스는 그들을 계몽된 파트너로 전환시키려는 일체의 시도를 포기한다. 래플스는 그들에게 지급할 돈을 즉각적으로 지급하였지만 공공 영역에서 그들의 역할을 배제했고, 수익을 배분해달라는 그들의 요구를 월 고정액으로 대체해버렸다. 1823년 6월 싱가포르를 떠나기 전날 래플스는 영국이 사법권을 행사하고 말레이인들에게 할당된 곳 이외의 토지에 대한 권리를 매입하는 계약을 체결한다.

개인적인 차원에서는 원래의 약속을 충실하게 지키려고 한 파커의 생각이 분명 옳다. 그러나 정치와 국제관계라는 것은 그리 간단히 생각할 문제가 아니다. 역사에 가정이라는 것은 없다지만, 만약 래플스가 1819년 조약을 뒤엎지 않았다면 지금 싱가포르의 모습은 과연 어떻게 변해있을까?

둘 사이에 벌어진 갈등의 원인으로는 근본적인 사고의 차이도 꼽을 수 있었다. 당시의 기준으로 급진주의자였던 래플스의 눈에 파커의 통치방식은 구식으로 보였다. 래플스가 추구한 것은 영토가 아니라 교역이었고, 노예제와 불평등을 제거하고 교역의 자유를 최대한 보장하고자 했다. 래플스는 노예제 관습을 혐오했고 붕쿨른에서 실제로 노예제를 폐지했던 반면, 파커는 이 지역의 관습으로 간주해 싱가포르에서 노예 거래를 용인했다. 래플스는 그의 원대한 야망을 싱가포르에서 펼치는 데에 파커의 보수적인 생각이 방해가 된다고 여기게 된다. 불쌍한 파커를 괴롭히고 쫓아내는 비열한 행동을 했던 그때, 래플스는 싱가포르의 미래를 설계하면서 그의 경력에서 정점을 찍게 되는 역설적 상황이 벌어진다.

분주했던 래플스의 마지막 8개월

싱가포르 복귀 후 일주일 내에 래플스는 도시계획의 수정에 착수했다. 싱가포르는 초기부터 계획도시였고, 이때 래플스가 짠 계획이 영국 식민지 시대 내내 거의 그대로 유지된다. 주된 수정은 상업지구에 관한 사항들이었다. 래플스는 정부 구역으로 설정했던 곳을 상인들이 침범하도록 파커가 허락한 것에 화를 냈지만, 원래 상업지구로 지정되었던 동쪽 해안이 적합한 장소가 아님을 인정하지 않을 수가 없었다. 래플스는 싱가포르 강의 서남쪽 기슭의 늪지대로 상업지구를 옮기기로 결정했고, 중국인 정착자들은 원래 위치에서 조금 더 내륙(현재의 차이나타운)으로 이주시킨다. 언덕을 깎아서 평평하게 한 땅에 상업지구인 커머셜 스퀘어(Commercial Square, 훗날 Raffles Place라는 이름으로 불림)를 조성했다. 여기서 나온 토사는 늪지대를 매립하는 데에 사용하여 보트 키(Boat Quay)를 조성하였고, 이 구역은 교역의 중심지가 된다.

이러한 계획은 파커의 입장에서 짜증이 나는 일이었다. 동쪽 해안을 상업지구로 개발하는 것에 반대했던 파커의 입장은 정당한 것으로 판명되었으나, 파커가

검소하게 살림살이를 유지해 아껴두었던 돈이 래플스의 매립 계획에 털어 넣어
진 것이다.

또 다른 주된 수정사항에는 교역에 알맞게 강을 정비하고 뜨믄공과 약 6백 명
을 상회하던 말썽꾼 추종자들을 이주시키는 일이 포함되었다. 그들은 탄종 파가
(Tanjong Pagar)와 텔록 블랑아(Telok Blangah) 사이의 해변에 위치한 약 2백 에
이커 면적의 부지로 이주하였고, 이곳은 시내 중심부에서 약 5킬로미터 서쪽으
로 떨어진 위치였다.

싱가포르 강의 동쪽 기슭과 금단의 언덕(Forbidden Hill, 현재의 포트 캐닝)은 관
공서 구역으로 보류해 두었고, 강 하구의 서남쪽 끝을 방어거점으로 삼았다. 관
공서 구역 동쪽의 로초(Rochore) 평지는 부유한 유럽인들과 아시아인들을 위
한 거주지로 남겨두었다. 아랍인들에게는 술탄 후세인에게 할당된 캄퐁 글람
(Kampong Glam)에 인접한 곳이 주어졌다. 현재 지하철 부기스(Bugis)역 인근의
아랍 스트리트(Arab Street)일대에 해당되며, 여전히 이곳에서는 아랍 문화의 영
향을 강하게 느낄 수 있다.

중국인들이 향후 정착자들의 다수를 차지할 것으로 예상되었기 때문에 래플
스는 상업지구와 인접한 강 서쪽 전체 지역을 차이나타운으로 할당했고, 다양한
방언 그룹별로 거주지를 분할했다. 이는 래플스 개인의 아이디어로 보기 어렵고,
영국 특유의 '분할하여 통치한다'(Divide and Rule)는 방식이 그대로 반영된 것이
라 하겠다. 낮은 계층의 인도인들에게는 강 상류의 땅이 할당되었다.

도시 지역에서 주택들은 규정된 폭으로 반듯하게 난 길을 따라 각도를 정확
히 맞춰 세워지게 하였다. 모든 상업 건물들은 타일 처리한 지붕을 가진 석조 건
물로 짓도록 규정된다. 부유한 상인들은 자신이 속한 인종집단에 할당된 지역에
거주해야 할 의무가 없었다. 상업지구에는 아시아인과 유럽인 상인들이 나란히
어우러졌고, 다인종 사회로서의 싱가포르의 정체성은 이때부터 기초를 다지게
된다.

래플스 자신을 위해서는 금단의 언덕(Forbidden Hill)에 목재 방갈로를 지었다.
언덕 아래의 평지보다 시원했기 때문이기도 하지만 나중에 죽어서 옛 싱가푸라
의 말레이 지배자들과 함께 여기에 묻히고 싶은 소망도 깔려있었다.

1822년 11월 래플스는 위원회를 구성해 말레이, 중국, 부기스, 자바, 아랍 공동체의 대표들과 개정된 도시계획에 관해 상담을 한다. 원래 살던 집에서 강제로 이주해야 하는 사람들에게는 경제적 보상과 무상 토지가 지급되었지만, 저항과 반발이 거세어 결국 퇴거와 철거에 경찰력이 동원될 수밖에 없었다.

래플스가 싱가포르에서의 마지막 몇 주 동안 시행한 일련의 행정적 조치 중 첫 번째는 토지 등기에 관한 것이었고, 경매에 부쳐 영구임대 방식으로 토지를 판매하는 내용이었다. 두 번째 조치는 항구에 관한 것이었다. 처음에 래플스는 세금을 부과할 가치가 있을 정도로 교역량이 커질 때까지는 자유무역이 선박과 정착자들을 끌어들이는 적절한 미끼라고 보아 일시적으로 실시할 생각이었다. 그런데 초기 싱가포르의 성공은 단순하지만 마법에 가까운 완전한 교역의 자유 덕분임을 깨달았고, 자유무역을 일시적인 것이 아닌 영구적으로 정착시키겠다고 결심한다. 1823년 6월 래플스는 싱가포르를 영원히 떠나면서 "공공의 의사에 반하는 독점이나 과도한 특혜는 없을 것이며, 싱가포르는 오래도록 자유무역항으로 남아 교역에 어떠한 세금도 부과되지 않을 것"이라고 선언한다. 이것은 이후 싱가포르에서 한 세기가 넘도록 종교적인 교리처럼 잘 지켜지게 된다.

세 번째 조치는 사법권에 대한 것이었다. 말레이인들의 종교 관례, 혼인, 상속 문제를 다룸에 있어서는 토착 무슬림법을 적용하기로 했다. 싱가포르의 법은 현지의 상황에 맞게 수정되긴 했지만 기본적으로 영국의 법이 적용되었고, 상식에 근거하고 편견을 배제한 법을 지향했다. 살인죄에만 사형이 적용되었고, 부상자에 대한 배상이 가해자 처벌보다 우선시됐다.

래플스는 행정과 입법 활동에 공직자가 아닌 유럽인을 활발하게 참여시켰고, 아시아인에게도 참여 수단을 제공한다. 새로운 사법 조치에 따라 유럽인 12명이 임기 1년의 치안판사로 선출돼 사무관의 재판을 보조했고, 경범죄나 소규모 민사사건은 치안판사들이 자체적으로 재판하게 된다. 사무관은 법안 작성 시 치안판사들의 조언을 들어야 했고, 발의된 법안에 치안판사가 반대하는 경우 캘커타의 동인도회사 본부에 확인을 구할 의무가 있었다. 대의기관이 없는 소형 식민지에서는 정부와 일반 유럽인 거주자 간의 마찰이 있게 마련이었기 때문에, 래플스는 이를 피하기 위해 치안판사들이 정부에 참여하도록 한 것이다.

래플스는 범죄자를 처벌하는 것보다는 교화시키는 것이 정부의 우선적인 임무라고 생각했다. 래플스는 붕쿨른에서 채택했던 교육제도를 싱가포르로 확대해 재소자들을 쓸모 있는 정착자로 전환하고자 시도했다. 무기 소지, 도박, 투계(鬪鷄)를 금지함으로써 폭력 억제가 어느 정도 가능해졌다.

래플스는 도박과 투계를 수치스럽고 혐오스러운 것으로 간주했고, 파커가 도박을 허가한 것에 화가 난 래플스는 1823년 모든 도박장과 투계장을 폐쇄한다. 이보다 덜한 악습인 음주와 아편을 억제하기 위해서는 높은 세금을 물리는 방식이 적용되었다. 지금까지도 싱가포르에는 술과 담배에 높은 세금을 매기는 전통이 남아있다. 남초(男超) 현상이 심각한 싱가포르에서 비현실적인 생각이긴 했으나 래플스는 매춘도 금지하려고 했다.

1823년 5월 래플스는 인신 거래에 종지부를 찍기로 결심하고 싱가포르에서 노예 거래를 금지하는 조치를 내린다. 1819년 이후 싱가포르에 온 사람이라면 누구도 노예로 간주될 수 없다고 선언하였으며, 수많은 말레이인 채무노예들이 최대 5년 이내에 해방되도록 조치한다. 뱃삯에 대한 대가로 노동력을 저당 잡힌 가난한 중국인 이주자들의 반(半) 노예 상태도 관리하려 시도했다. 선장들이 뱃삯으로 20달러 이상을 요구할 수 없고, 이러한 채무는 최대 2년 이내에 해소되어야 하며, 계약은 치안판사 입회하에 등록되어야 한다고 규정했다. 이로써 '신체의 자유'의 원칙이 확립되고 노골적인 노예 거래는 차단된다. 그러나 노예 거래를 완전히 근절하기 위해서는 많은 시간이 필요했고, 19세기 후반까지도 사실상의 노예 상태에 놓여있는 사람들은 꾸준히 존재했던 것이 사실이다.

래플스는 시대를 앞서간 개화된 인물이었지만, 그의 청교도적인 열의가 다소 지나치게 발휘되어 사회악에 대처하는 데에 가혹한 수단이 동원된다. 래플스는 도박장을 몰수하고 도박장 주인과 노름꾼들에게는 채찍질을 하라고 명령한다. 래플스 스스로는 말레이 문화에 대한 이해도가 높다고 생각했지만 종종 심각한 무지를 보여줄 때가 있었고, 1823년 3월에 있었던 일이 그 대표적인 사례였다. 감옥에서 탈주한 아랍인 죄수가 난동을 부려 경찰관을 살해하고 사무관 파커에게 상처를 입히는 일이 발생했고, 파커의 아들이 현장에서 범인을 사살했다. 그런데 범인의 사체를 처리하는 과정에서 래플스는 심각한 실수를 저지르고 만다.

술탄 후세인이 사체를 인도해 달라고 요구하지만 래플스는 거절했고, 소달구지에 사체를 실어 시내를 돌게 한 후 사체를 철창에 넣어 매단 채로 2주일 동안 전시를 한 것이다. 이 사건은 무슬림 공동체에 심각한 사체모독으로 받아들여져 극심한 분노를 불러일으켰고, 사살된 범인의 무덤은 졸지에 무슬림들의 성지가 돼버린다. 이 사건은 오랫동안 싱가포르에 위협적인 그늘로 남았고, 그동안 중국인들과 유럽인들은 무슬림들의 보복을 두려워할 수밖에 없었다.

싱가포르를 떠나기 전 래플스가 마지막으로 수행한 공적 사업은 교육기관의 설립이었다. 그는 싱가포르가 아시아 일대의 교육중심지가 될 수 있다고 믿고 이를 실천하려 했다. 싱가포르를 떠나기 사흘 전 래플스는 싱가포르 인스티튜션(Singapore Institution)의 주춧돌을 놓는다. 시암인(Siamese), 중국인, 말레이인으로 구성된 교수진을 임명하기 위해 준비가 취해졌고, 래플스는 2천 달러를 기부하여 앞장을 선다. 동인도회사에서 4천 달러를 내기로 약속했고, 술탄과 뜨믄공을 설득하여 각 천 달러를 기부하도록 했으며, 파커도 천 달러를 기부했다. 개인들도 기부에 동참했고, 곧 기부금은 1만 7천 달러를 넘어서게 된다. 동인도회사는 이 계획이 시기상조라고 생각했지만 마지못해 매달 3백 달러의 운영비를 배정한다. 싱가포르 인스티튜션은 1868년 래플스 인스티튜션(Raffles Institution)으로 이름이 바뀌어 현재까지 이어지고 있다.

싱가포르를 영원히 떠나기 전날인 1823년 6월 7일, 래플스는 신임 사무관 존 크로퍼드 박사(Dr. John Crawfurd)와 상의를 거쳐 술탄 후세인, 뜨믄공과 새로운 조약을 체결한다. 술탄과 뜨믄공이 보유한 권리 일체를 사들이고 싱가포르 섬 전체에 대한 소유권을 획득하는 내용이었다. 이 결과 술탄과 뜨믄공에게 개인적으로 할당된 토지를 제외하고는 모두 영국 정부에 귀속되었다. 또한 술탄과 뜨믄공은 매달 일정액을 받는 대신 항구세와 독점에 대한 권리를 포기했다.

존재 자체가 불투명하고 자신이 법을 제정할 정당한 권한조차 가지고 있지도 않은 정착지에서 사회 건설에 착수하고 백년대계를 세우는 일은 래플스가 아니면 어느 누구도 하기 어려운 것이었다. 한편 래플스는 싱가포르가 이미 너무나 성공적이어서 영국이 쉽게 포기할 수 없을 것이라 확신하고 있었다.

신임 사무관 존 크로퍼드

래플스의 은퇴가 임박해오자 동인도회사는 싱가포르를 붕쿨른으로부터 분리하여 캘커타 본부의 직속 관리대상으로 삼기로 결정한다. 그러나 래플스는 떠나면서 신임 사무관 크로퍼드에게 싱가포르 정착지가 어떻게 관리되어야 하는지에 대한 상세한 지침을 남긴다. 래플스는 크로퍼드를 신뢰했고 그의 지침을 충실히 따를 것이라 믿었지만, 이 점에서 크로퍼드는 상당 부분 래플스를 실망시키게 된다.

존 크로퍼드(Dr. John Crawfurd)는 이미 동남아시아에 대한 폭넓은 경험을 보유하고 있었다. 1803년 20세의 나이에 동인도회사의 의료진으로 합류했고, 5년 후에는 페낭에 배치되었다. 이때 그의 관심사는 의학이 아닌 언어, 역사, 정치로 전환되었고, 3권으로 구성된 저서 「History of the Indian Archipelago」가 1820년 출판되자 지역전문가로서의 명성을 얻는다. 얼마 후 시암과 코친차이나에 외교 임무를 띠고 파견되던 중 싱가포르를 처음 방문해 깊은 인상을 받는다.

인간적인 면모에서 크로퍼드는 래플스와 판이하게 달랐다. 상냥하고 친화력

존 크로퍼드의 초상화

이 있는 성격의 래플스와는 달리, 크로퍼드는 엄하고 쉽게 접근하기 어려운 사람이었다. 비판을 잘 받아들이지 않고 속물근성이 있어서 좋아하는 사람이 별로 없었고, 참을성이 없고 무뚝뚝한 성격을 가지고 있었다. 그러나 두뇌가 명석하고 일처리가 꼼꼼한 면모를 보였다.

크로퍼드는 래플스의 방식에 대해 존경 반, 회의 반의 태도를 보였고, 래플스를 따르지 않고 독단적으로 행동한 경우가 몇 번 있었다. 이후 래플스도 "크로퍼드와 나는 평행선상에 있는 것 같다"고 시인하게 된다. 크로퍼드는 대의정부, 고등교육, 도덕성 함양이라는 래플스의 계획이 유토피아적이고 시기상조라 여겼고, 이것들은 상업 정책을 비롯한 래플스의 합리적인 아이디어들을 실행하기 위해선 버려야 할 것들이라고 생각했다.

크로퍼드에 의해 가장 먼저 사망선고를 받은 것은 래플스의 초법적인 사법시스템과 정부에 민간인을 참여시키는 시도였고, 이것은 래플스가 떠난 후 즉시 폐기된다. 명예 치안판사들이 래플스로부터 부여받은 폭넓은 권한을 사용하여 도박꾼들에게 채찍질을 가하고 그들의 재산을 압수하려 하자 크로퍼드는 그 집행을 취소한다. 또한 래플스에게는 아주 실망스러웠을 조치를 취하는데, 크로퍼드는 치안판사들의 반대를 기각하고 10개의 도박장을 허가하였으며 캄퐁 부기스(Kampong Bugis)에 투계장을 허가했다. 도박으로부터 정부가 수익을 얻어야 하며, 중국인, 말레이인, 부기스인 사이에서는 도박이 고질적으로 존재하여 근절이 불가능하다고 크로퍼드는 주장했다.

크로퍼드는 법집행의 토대가 탄탄해질 수 있도록 싱가포르에 사법헌장(Charter of Justice)을 수여할 것을 청원한다. 치안판사 제도를 부사무관(Assistance Resident)이 담당하는 소액재판으로 대체해 소규모 민사사건을 맡게 하였고, 그 외의 사건은 크로퍼드 본인이 전부 재판을 담당했다. 유럽인에 대한 사법 권한은 없었기 때문에 영국인이 연루된 중대한 사건은 캘커타 동인도회사 본부의 확인을 받아야 했다. 사무관이 할 수 있는 유일한 사법 조치는 문제를 일으킨 영국인을 추방하는 것이었지만, 싱가포르의 영국인들은 준법정신이 강해서 실제로 추방된 경우는 없었다.

래플스의 문화 부흥에 대한 야망과 거창한 교육 계획에 대해서 크로퍼드는 회의적인 입장을 보였다. 크로퍼드는 싱가포르 주민들이 아직 고등교육을 받을 수 있는 상태가 아니라고 주장하며 초등교육에 집중할 것을 동인도회사 본부에 촉구한다. 동인도회사는 고등교육을 폐지하자는 크로퍼드의 견해를 기꺼이 수용했지만 불행히도 초등교육에 집중하자는 그의 주장에 대한 후속조치를 취하지는 않았고, 그 결과 초등교육과 고등교육 계획 모두 소멸되면서 래플스가 꿈꾸었던 이상은 시들어버리고 만다.

크로퍼드는 래플스와 파커의 친인척들을 몰아내는 조치에 착수한다. 래플스의 매제이자 말썽의 근원이었던 플린트(Flint)를 치안판사의 자리에서 쫓아냈고, 파커의 사위인 수석수행원 프랜시스 버나드(Francis Bernard)가 가지고 있던 선박에 목재와 물을 공급하는 독점권을 박탈하고 공개경쟁으로 돌린다. 그리고 래플스가 지어서 살다가 사위에게 물려준 금단의 언덕 위의 집을 징발한다. 플린트는 1828년 사망할 때까지 수석수행원의 지위를 유지했으나, 그의 권력은 점차 박탈되었고 빚을 진 상태로 죽게 된다.

위와 같은 것들에서는 서로 이견이 많았지만, 크로퍼드는 래플스의 다른 소망들만큼은 열정적으로 수행했다. 크로퍼드는 노예제를 금지하기 위한 조치를 계속해서 실행한다. 래플스가 정한 도시계획의 지침을 잘 준수하였고, 말레이 술탄의 영향력을 더욱 감소시키려 했다. 싱가포르를 떠나기 전 래플스는 행정 비용을 축소하고 지출을 감당할 세입을 찾기보다 불필요한 지출을 피하라고 크로퍼드에게 권고했는데, 크로퍼드는 이러한 래플스의 지침에 전적으로 공감했다. 크로퍼드는 래플스의 상업 정책을 열정적으로 추종했고, 자유무역을 촉진하고 정부 지출을 제한하는 데에 래플스보다도 더 열심이었다. 래플스가 자유무역 원칙으로 뒤늦게 전향했던 반면, 크로퍼드는 오래전부터 자유무역의 열렬한 신봉자였다. 행정 비용을 절약함으로써 정박료와 기타 요금들을 제거할 수 있었고, 싱가포르를 관세뿐만 아니라 항구이용료조차 없는 독특한 항구로 만들 수 있었다.

1823년 6월부터 1826년 8월까지의 크로퍼드의 재임 기간 동안 인구, 교역량, 세입은 급증했다. 1824년 1월 최초로 실시한 인구조사에 따르면 싱가포르에는 거의 1만 1천 명의 주민이 거주하고 있었다. 여전히 말레이인들이 가장 큰 공동체를 형성하고 있었고, 두 번째로 큰 집단은 중국인이었으며, 부기스인들이 세 번째로 많았다. 인도인의 숫자는 756명이었고, 유럽인 74명, 아르메니아인 16명, 아랍인이 15명으로 나타났다.

유럽계 회사는 12개였는데, 그중 대부분은 캘커타나 영국에 있는 회사의 중개상이었다. 유럽인들의 이주는 꾸준히 소수로 이루어졌고, 대부분은 10대 후반의 상업 보조원들이었으나 처자식을 동반한 나이 든 사람들도 몇몇 있었다. 유럽인들은 거의 다 스코틀랜드 출신을 포함한 영국인들이었고, 스코틀랜드인들은 족벌주의 성향이 강해서 훗날 'Scottish Mafia'로 묘사된다. 1825년 12월에는 전직 포르투갈 해군 외과의였던 조제 달메이다 박사(Dr. Jozé d'Almeida)가 마카오로부터 이주해 진료소를 개업했고, 그는 이후 싱가포르의 유력한 상인으로 변신한다.

인구와 교역량의 증가 때문에 크로퍼드는 아편으로부터 더 많은 세입을 얻을 수 있었고, 전당포, 화약 제조와 판매 등에 대한 면허(license)를 판매했다. 도박장 허가를 부활한 것은 가장 수익성이 뛰어난 세입 원천을 만들어냈다. 세입은 1823년 2만 6천 달러에서 1825년에는 7만 5천 달러로 늘어났고, 그중 거의 절반이 도박으로부터 얻어졌다. 1826년에 이르자 싱가포르의 세입은 페낭을 능가하게 된다.

래플스가 세운 도시계획은 크로퍼드의 지휘 아래에서 모양새를 갖춰갔다. 크로퍼드는 아름다움, 규칙성, 청결을 위해 래플스가 규정한 기준을 충실하게 시행했다. 상업지구인 커머셜 스퀘어(Commercial Square)는 깨끗이 정돈되었고, 강 위로는 튼튼한 다리가 놓여졌다. 길은 확장되고 잘 닦여졌으며 영어식 도로명이 부여된다. 1824년에는 코코넛 기름을 사용한 가로등이 최초로 등장한다.

DIGEST **16**

영국의 지배권 확립

래플스가 떠나기 직전 말레이 술탄과 새로운 조약을 체결했지만, 싱가포르의 법적 지위는 여전히 명확하지 못한 상태로 남아있었다. 동인도회사의 법무감은 1823년 조약을 1819년 조약의 개정판에 불과한 것이라 간주했고, 그 조약에 따르면 동인도회사는 임차인보다 조금 나은 지위에 올라섰을 뿐이라고 생각했다. 그는 불만족스러운 부분이 있긴 하지만 새로운 조약에 대해 의회 승인을 얻어야 한다고 촉구했고, 크로퍼드 또한 똑같은 결론에 도달했다.

결코 참을성 많은 사람이 아니었던 크로퍼드는 노예제의 해석과 연금 지급 문제를 놓고 술탄, 뜨믄공과 충돌을 빚었다. 1824년 1월 크로퍼드는 인도 식민정부에 장문의 편지를 보내 그가 처한 어려움을 설명하고 새로운 조약 체결을 협상할 권한을 요구한다. 술탄과 뜨믄공이 행정에 간섭하는 것을 막고 동인도회사가 조호-링가 왕국(Johor-Lingga Sultanate)의 정치적 분쟁에 휘말리지 않게 하려면 새로운 조약의 체결이 필요하다고 역설한 것이다. 크로퍼드는 착수금과 연금을 지급하는 대가로 싱가포르의 자주권과 소유권을 영국이 분명하게 양도받는 것이 유일한 해결책이라고 주장한다. 인도 식민정부는 불분명한 성격을 가진 현행 조약의 결함을 인정했고, 자주권을 확보하기 위해 즉각적으로 움직일 것을 강력히 권고하는 내용의 응답을 보내온다.

크로퍼드는 위와 같은 지침을 1824년 5월 중순에 전달받았지만, 연금 수령권의 상속 가능 여부를 두고 술탄, 뜨믄공과 3개월 동안 실랑이가 벌어졌다. 결국 '크로퍼드 조약'이라는 이름으로 널리 알려진 우호동맹조약(Treaty of Friendship and Alliance)이 1824년 8월 2일에 체결된다. 이에 따라 술탄 후세인과 뜨믄공은 영국 동인도회사에게 싱가포르 섬과 그 해안선으로부터 10마일 이내의 모든 바다, 해협, 섬들에 대한 영구적 소유권을 양도한다. 이로써 영국은 싱가포르와 조호 해협, 싱가포르 인근 해역과 수많은 섬들의 통제권을 가지도록 보장받게 된다. 술탄과 뜨믄공은 싱가포르 내의 할당된 구역에서 거주할 수 있었으나, 영국 동인도회사의 동의 없이 해외 계약을 맺을 수는 없게 되었다. 만약 술탄과 뜨믄공이 싱가포르를 떠나기로 한다면 각각 2만 달러, 1만 5천 달러의 보상금이 지급되기로 합의된다.

그러나 술탄과 뜨믄공이 싱가포르를 떠날 생각을 하지 않자 크로퍼드는 실망감을 감추지 않았고, 조금의 망설임도 없이 그들의 생활을 불편하게 만들어 주기로 작정한다. 1824년 9월 크로퍼드는 술탄의 궁전에서 혹사를 당했다며 도망친 여성 노예 27명을 해방시켰고, 한 달 뒤에는 술탄의 토지를 관통해 캄퐁 부기스(Kampong Bugis)로 통하는 도로를 개설하였으며 이 과정에서 성벽도 부숴버린다. 이러한 획책에도 불구하고 술탄과 뜨믄공은 싱가포르에서 계속 버텨 크로퍼드를 당혹스럽게 만들었다.

1824년 8월 크로퍼드와 말레이 술탄이 조약을 체결할 때에는 당사자 중 누구도 유럽에서 벌어진 중대한 일을 까맣게 모르고 있었다. 오랫동안 끌어왔던 영국과 네덜란드 간의 협상이 타결되어 1824년 3월 17일 '런던조약'이 체결된 것이다. 향후 마찰을 방지하기 위해 양국은 영역과 관련한 이해관계를 명확하게 정리하려고 했다. 네덜란드는 영국의 싱가포르 점유를 인정하고 말라카를 영국에 양도하기로 하였으며, 말레이반도에서 거점을 세우지 않으며 어떠한 지배세력과도 조약을 맺지 않기로 약속했다. 그에 대한 반대급부로 영국은 벙쿨른을 네덜란드에 양도하고, 수마트라 및 싱가포르의 남쪽에 있는 섬들에서 거점을 세우지 않으며 어느 지배세력과도 조약을 맺지 않기로 했다. 이때 영국과 네덜란드의 협상을 담당한 전권대사들 중 어느 누구도 동방에서의 경험이 없었고, 리아우-링가(Riau-Lingga) 제도를 구성하는 수백 개의 섬에 대한 정확한 지도를 가지고 있지도 못했다. 그래서 처음에는 싱가포르 해협을 구획선으로 하려 했으나, 이럴 경우 다른 서구열강들에게 두 나라가 이 지역을 갈라 먹으려 한다는 인상을 줄 우려가 있었다. 이에 대한 보완책으로 네덜란드가 점유할 주요 섬들의 이름을 열거하는 방식으로 조약 문구가 수정되었다.

런던조약이 발효되기 위해서는 많은 절차를 거쳐야 했고, 당시의 통신이 느렸기 때문에 이 소식이 싱가포르에 당도하기까지는 몇 개월이 걸렸다. 거쳐야 할 첫 번째 절차는 싱가포르 그리고 네덜란드로부터 양도받은 곳들을 동인도회사의 공식적인 관할하에 두는 것이었고, 영국 의회는 이를 승인하는 법률을 1824년 6월 24일 통과시킨다. 크로퍼드와 말레이 술탄이 조약을 체결한 지 이틀 후인 8월 4일, 이 법률과 런던조약의 사본, 그리고 말라카와 뷩쿨른을 맞바꾸는 복잡한 절차에 대한 상세한 지침이 캘커타의 동인도회사 본부로 발송된다. 싱가포르의 경우 인수인계 절차가 불필요했기 때문에 상세한 지침이 따르지 않았고, 싱가포르 본섬 남쪽에 있는 부속도서(附屬島嶼)에 대한 영유권을 확실히 하여 향후 분쟁의 소지를 없애라는 간단한 지침만 주어진다.

크로퍼드는 1824년 9월까지도 이런 사실에 대해 아무것도 모르고 있다가 우연히 네덜란드 신문을 보고 런던조약에 대해 처음 알게 된다. 자신이 술탄과 맺은 조약에 미칠 영향을 걱정한 크로퍼드는 런던조약에 대해 설명을 요구하는 서한을 동인도회사 본부에 즉각 발송한다. 영국의 싱가포르 점유를 네덜란드가 묵인할 것은 이미 어느 정도 예상된 일이었고, 술탄과 맺은 조약 중 10마일 영해 조항은 런던조약에 저촉될 것이 전혀 없었다. 그러나 "영국은 수마트라 및 싱가포르 남쪽에 있는 섬들에서 거점을 세우지 않으며 어느 지배세력과도 조약을 맺지 않는다"는 조항은 전혀 예상치 못한 것이었다. 크로퍼드가 지적한 것과 같이 이는 조호 왕국의 분할이나 다름없는 것이며 혼란을 야기할 것이 틀림없었다. 특히 싱가포르 남쪽에 영역의 대부분을 가지고 있는 뜨믄공이 난감한 상황에 놓이게 되었다. 런던조약에 따르자면 그는 남쪽 섬들에 대한 지배권을 포기하거나, 아니면 영국과의 모든 관계를 단절하고 그쪽으로 이주하는 것 중 하나를 택일할 수밖에 없는 형편이었다.

1825년 3월 인도 식민정부는 크로퍼드 조약을 기꺼이 승인했고, 말레이 술탄과 뜨믄공으로부터 양도받은 땅이 싱가포르 해협의 남쪽 경계선 이내에 있기 때문에 런던조약의 조항과 어긋나지 않는다는 것에 동의했다. 그러나 조호 왕국에 미치는 영향에 대해서는 언급을 회피했다.

1825년 4월 크로퍼드 조약이 조호 왕국 분할에 영향을 미치는지 확인하기 위해 바타비아(Batavia)로부터 네덜란드의 사절이 싱가포르에 왔고, 크로퍼드와 대화를 나눈 뒤 해당 조약이 분리 획책에 오히려 도움이 된다는 것을 확인한다. 네덜란드의 사절은 리아우의 술탄 압둘 라만(Abdul Rahman)을 압박해 "싱가포르의 술탄인 후세인에게 조호 본토와 파항(Pahang)에 대한 권한을 부여할 것이니, 뜨믄공과 재상(bendahara)이 리아우 술탄의 섬 영역에 개입하지 못하도록 하라"는 내용의 서신을 그의 이복형이자 조호의 술탄인 후세인에게 보내도록 한다. 결과적으로 런던조약은 뜨믄공에게 치명상을 입혔다. 뜨믄공은 이미 싱가포르를 영국에 양도했고, 런던조약에 따르면 나머지 리아우-링가의 섬들은 리아우의 술탄 압둘 라만 혼자서 통치하도록 되어있었다. 허공에 붕 뜬 신세가 된 뜨믄공은 자신의 거의 모든 영역을 자의에서든 타의에서든 포기하게 되었고, 말레이반도 본토의 황야를 헤매다가 폐인이 되어 1825년 사망하는 비운을 맞는다.

크로퍼드 조약이 체결된 지 정확히 1년이 지난 1825년 8월 2일, 크로퍼드는 동인도회사의 지침을 수행하기 위해 싱가포르 섬 주변 항해에 나섰다. 9일 동안 항해하면서 조호 해협의 동북쪽 끝에 위치한 우빈 섬(Pulau Ubin) 등 주변 부속도서들을 탐사했고, 우빈 섬에서 벌목공들이 사는 오두막 몇 채를 발견한 것 외에는 조호 해협 양쪽에서 사람이 사는 흔적을 발견하지 못했다. 이때의 싱가포르는 시가지를 벗어나면 온통 정글로 덮여있고 전혀 탐사가 이루어지지 않은 상태였다.

초기 개척 시대의 종언

1926년 8월 존 크로퍼드의 사무관 재임기가 마무리되면서 초기 개척 시대는 막을 내렸고, 싱가포르는 새로운 국면에 접어들게 된다. 초기 개척 시대를 이끌었던 스탬포드 래플스, 윌리엄 파커, 존 크로퍼드 3인은 차례차례 역사의 뒤안길로 사라진다.

가장 먼저 무대에서 퇴장한 사람은 윌리엄 파커였다. 래플스에 의해 사무관 자리에서 쫓겨난 후 파커는 몇 달간 개인 자격으로 싱가포르에 머물렀다. 1823년 12월 싱가포르를 떠나면서 파커는 유례가 없을 정도로 극진한 환송을 받았다. 여기저기서 값진 선물들이 밀려들었고, 파커가 떠날 때는 수많은 군중들이 항구에 몰려들어 작별인사를 하는 데에만 두 시간이 걸릴 정도였다고 전한다. 영국으로 귀국하는 길에 말라카에 들렀을 때에도 파커는 따뜻한 환영을 받았고, 페낭으로 떠날 때는 페낭 총독이 호위하고 예포를 발사했다.

인도 총독은 파커를 가혹하게 대한 래플스를 책망했지만 파커의 복직 청원을 받아들이지는 않았다. 훗날 파커는 래플스에 대한 원한 때문에 싱가포르를 선택한 사람이 래플스가 아닌 자신이라고 주장하지만 이 주장은 신뢰를 얻지 못했다. 파커가 말라카 해협 남단에 거점을 구축해야 한다고 오랫동안 주장했던 것은 맞지만, 그가 추천했던 장소는 싱가포르가 아니라 리아우 제도의 카리문(Karimuns) 섬이었던 것이 명백한 사실이었다. 파커는 1823년 싱가포르를 떠난 후 더 이상의 역할을 하지 못했고, 1839년 65세의 나이로 세상을 떠난다.

파커의 뒤를 이어 싱가포르를 떠난 스탬포드 래플스의 생애는 비극적으로 끝났다. 싱가포르를 떠나 붕쿨른에 머물던 래플스는 1824년 2월 3일 가족과 함께 영국으로 가는 페임호(the Fame)에 탑승해 귀국길에 올랐는데, 항해 첫날 승무원이 술을 마시러 양초를 들고 창고에 갔다가 술에 불이 붙어 화재가 발생하는 어이없는 일이 발생했다. 래플스 부부는 구명보트로 구조됐지만 탐사 자료, 직접 그린 지도 등 귀중한 자료들이 모두 소실되고 말았다. 래플스는 동인도회사에 선박 화재로 잃은 것에 대한 보상을 요구했지만 명확한 답을 받지 못했고, 동인도회사는 돈과 관련한 문제에 대해서 래플스에게 매우 불공정한 처우로 일관했다. 동인도회사는 래플스가 청구한 손해배상은 싹 무시하고 재직 중 합당한 이유 없이 구입한 각종 내역 등 이런저런 이유를 대며 오히려 래플스에게 2만 2천 파운드를 청구한다. 이러한 동인도회사의 불공정한 처분에 래플스는 분노와 경악을 금치 못했다. 또한 이 시기 인도의 한 은행이 폐업했는데, 이곳에 래플스가 배서한 어음이 있었기 때문에 래플스는 추가로 1만 6천 파운드를 물어내야 했다.

래플스는 영국으로 오는 길에 어머니가 돌아가셨다는 비보를 세인트헬레나에서 접하게 되었고, 그의 건강상태는 붕쿨른에서 말라리아와 이질에 노출되었기 때문에 아주 나빴다. 영국으로 돌아온 래플스는 아내 소피아와 자식들 중 유일하게 생존한 딸 엘라(Ella)와 함께 농장에서 은퇴 생활을 했으나 그것은 불과 1년 반 만에 끝나고 만다. 래플스의 45번째 생일이었던 1826년 7월 5일 아침, 래플스는 자택 계단 아래에서 정신을 잃은 채 발견되었고 결국 의식을 회복하지 못했다. 의사는 그의 사인을 뇌졸중 발작으로 추정했지만, 은퇴 전부터 심한 두통에 시달렸던 것 때문에 뇌종양을 앓았다고 보는 설도 있다.

한편 크로퍼드는 사무관직에서 물러난 이후에도 싱가포르와의 인연을 오래도록 이어갔다. 1826년 버마(Burma, 지금의 미얀마)에 외교 임무를 띠고 갔다가 1830

년 영국으로 돌아갔고, 다시는 동방을 방문하지 못했지만 싱가포르와의 연락을 꾸준히 유지했다. 크로퍼드는 귀국 후 몇 년간 국회의원이 되기 위해 애썼지만 뜻을 이루지 못했고, 여생을 정치권 언저리에서 보냈다. 처음엔 캘커타 상인의 대리인으로서, 나중에는 싱가포르 상인들을 대표하여 동인도회사와 다투는 역할을 맡는다. 1853년부터는 런던에서 해협 상인들을 대변하고 그들의 이익을 보호하는 일에 열정을 쏟았다. 1868년 해협식민지의 이익을 보호하기 위해 결성된 해협식민지협회(Straits Settlement Association)의 초대 회장으로 선출되었고, 이것은 그의 생애의 마지막 경력으로 너무나도 적합했다. 천수를 다 누린 크로퍼드는 같은 해 85세의 나이로 사망한다.

세 명의 개척 통치자를 만난 것은 싱가포르에게 큰 행운이었다. 그중 래플스만이 후대에 큰 명성을 남겼고 파커와 크로퍼드의 이름은 사람들의 관심에서 벗어났는데, 래플스가 할 수 없었던 효과적인 행정을 싱가포르에 펼친 파커와 크로퍼드가 역사에서 잊힌 것은 불공정한 일이다. 물론 비범한 선견지명을 가진 이상주의자 래플스가 없었으면 싱가포르는 존재하지 못했을 것이지만, 그의 선견지명을 현실에서 펼친 사람들은 현실주의자인 파커와 크로퍼드였다. 열정과 분별력, 그리고 용기를 가진 파커는 걸음마 단계의 정착지가 위태로운 몇 년을 잘 넘기도록 보살폈고, 상황 판단이 빠르고 합리적인 크로퍼드는 래플스의 꿈을 현실 속에 구현했다. 그리고 각기 다른 성격을 가진 세 사람은 19세기 내내 싱가포르에서 지속될 행정 양식을 확립했다.

래플스는 위대한 상상력과 선견지명을 가지고 있었지만 정착지를 실제로 운영하는 데에는 서툴렀던 면이 있었던 것이 사실이다. 대담하게 싱가포르 정착지를 설립한 이후 처음 3년 동안 래플스는 떠나 있었고, 그 기간 동안 싱가포르는 파커의 세심한 행정 덕분에 발전하고 번영할 수 있었다. 래플스가 마지막 몇 달 동안 싱가포르에서 머무르며 질풍노도처럼 한바탕 일을 벌였지만, 그의 정책을 실제로 시행하고 싱가포르의 미래를 확실하게 할 조약을 체결하는 것은 냉정한 크로퍼드의 몫이었다. 래플스는 큰 밑그림을 그리는 역할을 맡았고, 세부적인 것을 물감으로 채우는 작업은 그보다 상상력은 부족하지만 더 현실적인 사람들에게 남겨진 것이다. 초기 싱가포르의 역사는 이상주의자와 현실주의자의 공존과 조화가 얼마나 중요한 것인지를 후대에 잘 보여주고 있다.

이런 과정에서 래플스의 고귀한 이상들 중 몇 가지는 부득이하게 버려졌다. 싱가포르는 래플스의 기대를 훨씬 뛰어넘을 정도로 빠르게 상업적인 성공을 거두었지만, 도덕과 교육에 관한 그의 정책은 곧 무너졌고 싱가포르는 극도로 물질주의적인 사회로 발전하게 된다. 상인들은 래플스를 자유무역의 사도로 숭배했지만, 19세기 중반 싱가포르의 특징 중 많은 것들은 래플스가 하늘나라에서 보았다면 실망하고 슬퍼했을 것이 분명하다.

그렇지만 래플스가 제시한 비전은 지적이고 진취적인 사람들에게 큰 영감을 주었고, 래플스는 싱가포르와 관련된 영국인 중 누구보다도 이후 세대에 큰 영향력을 가지게 된다. 정규교육을 제대로 받지 못한 채 구태의연한 독점회사의 직원으로 장기간 동방에 떨어져 있었지만, 그는 당대에서 가장 급진적이고 지적이며 인본주의적인 사고를 가진 사람이었다. 그가 싱가포르에 건설하기를 열망한 유형의 사회는 동시대의 영국과 인도보다 훨씬 앞선 것이었다. 개화된 형벌 시스템과 법치에 대한 그의 관심은 제레미 벤덤(Jeremy Bentham)을 위시한 공리주의자들과 유사하다. 또한 영국이 여전히 보호무역을 고수하고 있던 당시 자유무역을 채택하여 애덤 스미스(Adam Smith, 1723~1790)의 자유방임주의 원칙을 따른 것도 시대를 앞서나간 발상이었다.

제3장
영국 식민지 시대 전기
(1826~1867)

심각한 문제를 안고 탄생한
해협식민지

런던조약으로 싱가포르에 대한 영유권을 확정하고 네덜란드로부터 말라카를 넘겨받은 영국 동인도회사는 페낭, 말라카, 싱가포르를 통합하여 인도 본부 직할 해협식민지를 발족한다. 동인도회사 직할 해협식민지가 발족하면서 싱가포르의 초기 정착 시대는 마감되었고, 인도 캘커타 본부의 지배를 받기 때문에 이 시기를 흔히 'Indian Rule'이라 부르게 된다. 해협식민지의 초대 총독으로는 페낭 총독 로버트 풀러튼(Robert Fullerton)이 취임했다. 싱가포르는 페낭의 행정, 사법 체계하에 속하게 되었고, 동인도회사 정규 관료의 통제를 받게 되었다. 싱가포르의 행정기관은 확대되었고, 고문관(Resident Councilor)을 수장으로 하고 부사무관(Assistant Resident) 세 명을 두게 된다. 해협식민지의 처음 4년 동안 고문관은 수시로 바뀌었고 그중 아무도 별다른 업적을 남기지 못했다.

일찍이 크로퍼드가 요청했던 사법헌장(The Royal Charter of Justice)이 1826년 승인되어 싱가포르는 최초의 정규 사법시스템을 갖게 된다. 사법헌장에 따라 좋은 평판을 받는 시민들을 치안판사 또는 대배심원으로 임명할 수 있었다. 그러나 사법헌장은 도입 초기에는 별다른 개선을 가져오지 못했다. 기록관(Recorder) 이 근거지인 페낭으로부터 각 식민지를 순회하여 총독, 고문관과 함께 재판을 주재하도록 되어 있었지만, 기록관 존 클래리지 경(Sir John Claridge)이 비용과 여행 일정에 대해 논쟁을 벌인 후 페낭을 떠나기를 거부하여 이 제도는 실행되지 못했던 것이다. 할 수 없이 풀러튼 총독은 첫 번째 싱가포르 순회재판을 혼자서 열 수밖에 없었고, 말썽을 일으킨 기록관 클래리지는 그다음 해 영국으로 소환되어 해고된다.

이렇게 발족한 해협 직할식민지는 재정적인 문제 때문에 사멸할 수밖에 없는 운명이었다. 비대해진 관료집단과 정교한 사법시스템을 감당하기에 충분한 세입을 창출할 수 없었기 때문이다. 풀러튼 총독은 토지로부터 세입을 확대하려 했지만 그의 시도는 실패했다. 풀러튼은 페낭에서 시행되던 기준에 맞추어 싱가포르에도 관세를 부과하려 했지만, 런던의 본국 정부는 풀러튼의 이런 계획에 반대했고 한발 더 나아가 자유무역을 페낭과 말라카에도 확대했다. 이 조치는 동인도회사의 재정 문제를 더 심각하게 만들었고, 페낭의 재정적자가 확대되면서 동인도회사는 심각한 재정위기를 맞는다. 1830년에 이르자 동인도회사는 해협식민지의 고비용 구조를 해소하는 조치에 착수할 수밖에 없었다. 총독과 고문관은 폐지되었고, 해협식민지의 지위는 인도 벵골(Bengal) 산하의 사무관급으로 격하된다. 공공서비스는 급격히 감축되었고, 고위 관리는 19명에서 8명으로 줄어들었으며 싱가포르에는 그중 2명만이 유지될 수 있었다. 간신히 직위를 유지한 몇 안 되는 관리들은 대폭적인 봉급 삭감을 감수해야만 했다.

이러한 구조적인 변화는 곧바로 사법시스템의 위기를 초래했다. 클래리지를 대체할 기록관이 오지 않고 총독과 고문관은 폐지되었기 때문에, 사법헌장의 조항에 따라 사법권을 행사할 자격이 있는 사람이 아무도 없게 된 상황이라고 풀러튼 총독은 해석을 내린다. 풀러튼은 1830년 영국으로 떠나면서 사법기관을 폐쇄하고 만다. 싱가포르의 부사무관은 임시 법정을 열었으나 그에게 법적 권한이 없다는 경고를 받고 서둘러 법정을 다시 닫는다. 싱가포르와 페낭의 상인들은 영국 의회에 호소했고, 동인도회사는 풀러튼의 해석이 적절치 못하다는 유권해석을 내리게 된다. 우여곡절 끝에 법정은 1832년에 다시 열린다. 사법헌장의 기술적 요건을 충족하기 위해 총독과 고문관이 부활되었으나 이는 명목상일 뿐이었고, 예전의 권한과 지위는 회복되지 않았다. 동인도회사의 직할통치 기간이 종료되는 1867년까지 해협식민지의 총독은 말이 총독이지 사실상 사무관에 불과했다.

1833년 동인도회사가 중국 무역의 독점권을 상실하자 싱가포르는 더 심한 위기에 직면하게 된다. 해협식민지는 영국의 중국 무역 독점권을 보호하기 위해 설립된 것인데 그 목적 자체가 사라졌기 때문이었다. 동인도회사는 비용이 많이 들고 쓸모없는 짐이 된 해협식민지를 완전히 버릴 수는 없었지만, 이 시기부터 캘커타 본부는 비용 절감과 엄격한 불간섭주의를 추구했고 해협식민지를 말레이 왕국들의 문제로부터 차단하려 한다.

1830년부터 1867년까지 싱가포르의 인구는 네 배가 되고 교역량은 세 배 이상 증가했지만, 1830년에 감축된 공공서비스는 1858년까지 별다른 회복 없이 유지된다. 그 결과 관리들은 더 복잡해지는 행정에 대처하기 어려웠다. 이 시기 고위 관리들은 대개 지적이고 신사적인 사람들이었고 정통적인 방법으로 정책을 실행했지만, 초기 개척자들처럼 개성을 강하게 드러낸 사람은 없었다. 사실 래플스가 있었다 하더라도 19세기 중반의 싱가포르에서는 그의 재능과 천재성을 발휘할 여지가 없었을 것이다.

1830년부터 1867년까지 생활비는 가파르게 올랐지만 정부 관리들의 봉급은 정체되었다. 영국의 동인도회사에서 채용되고 정식으로 계약한 관리들에 비해 현지에서 고용된 관리들의 대우는 훨씬 열악하여 분노를 일으켰다. 캘커타의 본부는 보고서와 통계를 확보하는 데 집착했고, 이것은 글을 읽고 쓸 줄 아는 사무직 계층의 지원을 받기 어려웠던 싱가포르의 관료들에게 엄청난 부담을 준다. 관리들은 페낭, 말라카, 싱가포르의 보고서를 취합하고 현지의 통계수치를 인도의 통화(通貨)와 단위에 맞춰 조정해야만 했다. 열악한 대우로 인한 좌절감 속에서 더운 날씨에 장시간 근무하면서 효율성과 목적의식이 급격히 떨어질 수밖에 없었고, 관리들 사이에서 질병, 이직, 사망 등이 발생할 때마다 심각한 채용 문제가 발생하게 된다. 1859년 인도 총독 캐닝 경(Lord Canning)은 관료 부족이 해협식민지에서 가장 심각한 문제임을 시인한다.

격무에 시달린 관리들은 현지 언어와 관습을 익힐 시간을 거의 낼 수가 없었다. 풀러튼 총독은 언어 교습비를 지원하고 말레이어, 시암어, 중국어를 유창하게 구사하는 관리들에게 보너스를 지급하는 제도를 도입했으나, 이 제도는 별다른 성과를 내지 못하고 1830년 폐지되었다. 19세기 중반 말레이어를 유창하게 구사하는 관리는 거의 없었고, 중국어를 할 줄 아는 사람은 아무도 없었기 때문에 새로운 법률의 중국어 번역본은 홍콩에서 만들어야 했다. 관리들이 현지인들에게 다가가기 어렵다는 것은 큰 문제를 야기할 수밖에 없었다.

간신히 복구된 사법시스템 역시 원활하게 돌아가지 못했다. 페낭에 근거지를 둔 기록관이 주기적으로 싱가포르를 방문했지만, 대부분의 사법 업무는 총독과 고문관에게 떠넘겨졌다. 판결은 몇 달씩 지연되기 일쑤였고, 감옥은 판결을 기다리는 사람들로 가득했다. 불안한 기간을 오래 겪은 후 1855년에서야 새로운 사법헌장이 승인되었고, 두 명의 기록관이 배정되고 그중 하나는 싱가포르와 말라카를 관할하게 된다. 직업적인 판사가 등장했지만, 총독과 고문관은 여전히 판사 역할을 겸하는 변칙적인 지위를 유지했다.

이미 1826년에 싱가포르는 해협식민지 중 가장 번성하는 곳이 되었으나, 페낭이 여러 해 동안 행정 본부의 역할을 유지했고 1856년까지 사법 본부의 역할을 담당했다. 1833년 총독 대행이 되고 1836년에 정식 총독이 된 조지 보냄(George Bonham)은 대부분의 시간을 싱가포르에서 보냈다. 그러나 싱가포르를 공식적으로 해협식민지의 수도로 확정한 것은 그의 후임자인 윌리엄 버터워스(William Butterworth) 총독이었다.

인구증가와 인구구성의 변화

해협식민지의 태생적인 문제점과 행정상의 난맥에도 불구하고 싱가포르의 민간 교역은 극적으로 번성했다. 19세기 중반에 이루어진 발전은 대부분 이주자 공동체의 주도에 의한 것이었다. 인구는 급속히 증가했다. 1827년 1만 6천 명 미만이었던 인구는 1836년에는 거의 두 배가 늘어 3만 명을 넘어섰고, 1860년에는 8만 1천 명을 기록한다.

1830년이 되자 중국인들은 최대 인종집단으로 떠올랐고, 1867년에는 인구의 65퍼센트를 차지하게 된다. 이 당시의 거의 모든 중국인들은 중국 남동부의 광동성(廣東, Canton)과 복건성(福建, Hokkien)에서 이주해 왔다. 4대 중국인 방언 그룹은 호키엔(Hokkien, 福建人, 북경어로는 '푸젠'), 떠쥬(Teochew, 潮州人, 북경어로는 '차오저우'), 칸토니즈(Cantonese, 廣東人, 북경어로는 '광둥'), 그리고 하카(Hakka, 客家)였다.

호키엔은 초기부터 가장 수가 많았고 싱가포르의 상업을 지배했다. 호키엔 지역은 대부분 산지로 이루어져 경작지가 좁았고, 고질적인 기근에 시달렸기 때문에 해외로 탈출하는 사람들이 많이 발생했다. 호키엔의 비즈니스 경쟁자였던 떠쥬는 두 번째로 큰 방언 그룹이었고, 떠쥬에 대한 자세한 설명은 잠시 뒤로 미룬다. 칸토니즈는 대개 농업노동자, 광부, 기능공으로 동남아시아 일대에 건너왔고, 싱가포르에서는 목수, 재단사, 금 세공사, 석공(石工) 등의 직종을 거의 다 차지했다. 하카 이주자들은 주로 말레이반도 내륙의 주석광산으로 흘러들었으나 일부는 싱가포르에 정착했다. 언어와 관습에서 호키엔과 떠쥬는 유사한 점이 많았으나, 칸토니즈 그리고 남방계인 다른 방언 그룹과는 달리 북방계인 하카는 언어와 특징에서 차이가 컸다.

한국인들에게는 생소하지만 싱가포르의 주요 중국인 방언 그룹으로 꼽히는 떠쥬(潮州)에 대한 소개가 반드시 필요하다. 떠쥬의 옛 이름은 니안(義安, Ngee Ann)으로, 중국 칸톤 동북부의 호키엔과 경계에 있는 중소도시이다. 떠쥬의 역사에는 우리가 익히 알고 있는 역사적 인물이 등장하는데, 중국 당(唐)대의 실존인물이며 소설 서유기(西遊記)의 등장인물이기도 한 삼장법사(三藏法師) 현장(玄奘)이다. 삼장법사는 서역(인도)에 한 번 더 다녀오라는 황제의 명령을 거역한 죄로 변방에 유배를 당하는데, 그때 그가 유배를 갔던 곳이 바로 떠쥬였다. 삼장법사는 그곳에서 주민들에게 학문을 가르쳤고, 그때부터 떠쥬의 교육수준은 다른 지역보다 월등히 높아지게 되었다. 그러나 떠쥬 사람들은 중앙정부로부터 아무런 혜택을 보지 못하고 수탈을 당하기만 했기 때문에 항상 가난할 수밖에 없었다. 이런 현실에 대한 떠쥬 사람들의 불만은 16세기에 들어 결국 폭발했고, 해외로 대규모 탈주를 감행해 동남아시아 일대, 필리핀, 텐진(天津), 일본 등 다양한 지역에 정착하게 된다. 교육수준이 높았지만 어디를 가든 관직에 진출할 기회를 잡기는 어려웠고, 대신 상업에 능해서 많은 거상(巨商)들을 배출했다. 현대의 가장 대표적인 인물로는 홍콩 최고의 거부 리카싱(李嘉誠)을 들 수 있다.

해협식민지에서 태어난 중국인들과 중국에서 태어나 이주해 성공을 거둔 중국인들 중 상당수는 싱가포르에 영구적으로 정착했다. 1852년 귀화법이 통과되자 몇몇 유력 상인들은 영국 국민이 되었으나, 대부분의 중국인 이주자들은 돈을 벌어 고향으로 돌아가기를 희망했고, 이 목적을 이루기 위해 열심히 일하고 검소하게 살면서 중국에 있는 가족들에게 정기적으로 송금했다.

말레이인 공동체도 계속 성장했으나 곧 중국인들에게 최대 인종집단의 자리를 내주었다. 말라카, 수마트라, 리아우 등지에서 유입된 말레이 이주자들은 기존의 말레이 공동체와 자연스럽게 섞였다. 대부분의 말레이인들은 평화롭고 부지런한 이주자들이었고, 선원, 어부, 벌목공, 목수 등의 직종에 고용됐다. 새해를 기념해 열리는 스포츠 행사에서는 말레이인들이 단연 두각을 나타냈다고 한다. 1860년대가 되자 말레이인들은 인도인들에게 밀려 싱가포르 인구구성에서 3위까지 떨어졌다.

인도인들은 1845년에 싱가포르 인구의 10퍼센트 미만을 차지했으나, 1860년이 되자 1만 3천 명으로 늘어 말레이인을 제치고 두 번째로 큰 인종집단으로 떠올랐다. 대부분의 인도인 이주자들은 상인이나 노동자였고, 일부는 군인, 군속(軍屬) 또는 죄수였다. 싱가포르의 인도인들은 대부분 남인도 출신이었고, 시크교도 (Sikhs), 펀잡(Punjab), 벵골(Bengalis) 등이 소수 집단을 차지했다. 대부분이 젊은 남자였고, 돈을 악착같이 아끼고 저축해서 고향으로 돌아가 정착하기에 충분한 돈을 축적했다. 1860년까지는 인도 여자들은 거의 이주해오지 않았지만, 일부 무슬림 인도인들은 말레이 여성들과 결혼해 자위 퍼라나칸(Jawi-Peranakan)이라고 불리는 계층을 형성했다.

수가 유일하게 줄어든 인종집단은 부기스인(Bugis)으로, 1830년대에 정점을 찍었을 때는 2천 명이었다가 1860년에는 9백 명으로 감소했다. 한때 부기스인 들은 동쪽 섬들과 싱가포르 사이의 무역을 독점했으나, 네덜란드의 무역제한 조치가 내려지고 서양 상선들의 지배력이 커지면서 그들의 영향력은 감소한다.

아랍인들은 1830년대부터 여자들을 동반하고 정착하기 시작했다. 그 외의 소수 인종집단으로는 1836년에 44명이 있었던 아르메니아인(Armenian), 1836년에 처음 유입된 바그다드 출신의 유대인 등이 있었다. 아랍인들과 중동 출신의 유대인들은 19세기 후반에 들어서야 유의미한 숫자를 기록하기 시작한다. 이 세 소수 인종집단은 번성했고, 특히 주요 아랍인 가족들은 엄청난 부를 축적하게 된다.

유럽인 인구도 꾸준히 늘어났지만 여전히 극소수에 불과했다. 1827년에는 94명, 1860년에는 5백 명 미만이었고 그중 대략 절반이 영국인 성인 남성이었다. 그들의 수는 적었지만 영향력은 컸고, 영국인들은 고위 관리와 중간 관리의 자리를 거의 다 차지하고 대부분의 상업 자본을 제공했다.

1867년에 이르자 싱가포르는 중국인들이 수적으로 압도하는 도시가 되었고, 인도인과 말레이인이 그 다음으로 다수를 차지했다. 상류계급은 유럽인과 몇몇 부유한 중국인, 아랍인, 인도인, 아르메니아인, 유대인으로 구성되었다.

부침을 겪으며 발전하는 상업

대부분의 이주자들은 무역중심지로서의 싱가포르에 매력을 느껴서 오게 되었다. 영국과 인도의 교역은 거의 유럽 상인들이 독점적으로 지배했던 반면, 싱가포르는 곧 아시아인들이 지배하는 인도네시아, 시암, 중국, 말라야 무역의 중심지가 되었다. 싱가포르 항구는 아시아 각지에서 몰려든 이국적인 배로 장관을 이루었고, 동시에 수백 척씩 몰려들기도 했다.

증기선이 일반화되기 전인 이 시대에 싱가포르의 생활 패턴을 결정한 것은 무역풍(trade winds)이었다. 무역풍이 만들어낸 주요 교역 시즌은 정크(Junk) 시즌과 부기스(Bugis) 시즌이었다. 중국, 코친차이나(Cochin-China), 시암 등으로부터 오는 정크선들은 11월부터 3월까지 부는 북동계절풍을 타고 왔다가 4월에 남서계절풍이 불면 떠났다. 중국 정크선들은 대개 1월과 2월에 도착했는데, 이 시기는 싱가포르에서 연중 가장 분주하고 활기가 넘치는 때였다. 매 시즌의 첫 번째 정크선이 들어오면 군중들이 몰려들어 맞이하는 것이 관례였다.

동인도회사가 중국 무역을 독점하던 시기에도 중국 정크선들은 싱가포르에서 중계무역을 해왔고, 1833년 싱가포르는 칸톤(廣東)을 대신해 중국과 서양 간 무역의 중심지가 되기를 목표로 했다. 1840년 일어난 제1차 아편전쟁 때 칸톤의 항구들이 폐쇄된 동안 싱가포르는 짧은 호황을 누렸으나, 1841년 홍콩이 설립되고 중국의 5개 항구가 개항되면서 중국 무역을 장악하겠다는 싱가포르의 희망은 무산되고 만다.

부기스(Bugis) 선단은 술라웨시(Sulawesi) 섬에서 출발하여 발리(Bali), 보르네오(Borneo) 남부 등지를 거쳐 보통 9월이나 10월에 싱가포르에 도착했고, 북서계절풍이 불기 시작하는 11월에는 고향을 향해 떠났다. 특이한 모양을 가진 부기스 선박 퍼라후(Perahu)는 캄퐁 글람(Kampong Glam) 해변을 따라 정박했다. 1830년대에는 매년 2백 척의 부기스 배가 싱가포르에 입항했고, 각 배에는 평균적으로 30명이 타고 있었다. 6천 명이나 되는 거친 선원들이 몰려드는 것은 위협적인 요소일 수밖에 없었다. 무기 소지가 금지되기는 했지만 부기스 선원들은 종종 폭력 사태에 휘말리곤 했고, 그 대상은 주로 중국인 중간상들이었다.

싱가포르는 항상 인도네시아 무역에 대한 의존도가 높았다. 그런데 다시 네덜란드의 식민지배하에 놓이게 된 인도네시아에서는 화물집산지로서의 싱가포르의 지위에 대해 시샘하고 분개하는 기류가 흐르게 된다. 1820년대와 1830년대에 바타비아(Batavia)의 네덜란드 식민정부는 싱가포르에서 환적된 화물에 대해 무거운 관세와 각종 제약을 부과했고, 싱가포르가 수마트라, 보르네오, 술라웨시, 티모르(Timor) 등지에 있는 항구에 접근하지 못하도록 하는 조치를 내린다. 그럼에도 불구하고 말레이와 부기스 상선들은 싱가포르와 이 항구들 사이에서 밀수를 감행했다. 1841년에 네덜란드의 엄격한 제재조치가 해제된 이후, 싱가포르의 인도네시아 무역은 점차 늘어나게 된다.

초기에 미국 선박들은 공식적으로 배제됐다. 1815년 영미조약에 따라 미국인들은 페낭 등 동인도회사 직할 항구에서 무역을 할 수 있도록 허락받지만 싱가포르에는 접근이 차단됐다. 래플스는 미국인들을 '상업의 침입자' 내지는 '총기 밀반입자' 정도로 폄훼했다. 몇몇 미국 선박이 금지령을 어기고 무역을 시도했지만, 1825년 미국 선박 한 척이 불법 무역 혐의로 나포되어 캘커타에서 재판에 회부되는 사건이 발생한다. 그 사건 이후 미국 선박들이 싱가포르와 무역을 하기 위해서는 14마일 떨어진 바탐(Batam) 섬에 정박해야 했다. 1840년 금지 조치가 공식적으로 해제된 후에야 미국 선박들은 싱가포르에 몰려들기 시작했다.

1846년에 이르자 싱가포르에는 43개의 상사(商社)가 존재했다. 영국 20, 유대인 6, 중국 5, 아랍 5, 아르메니아 2, 독일 2, 포르투갈 1, 미국 1, 파르시(Parsi, 원래 페르시아에서 살다가 인도, 파키스탄으로 이주한 조로아스터교도 집단) 1로 구성되었다. 싱가포르의 상업시스템은 주로 유럽 자본과 중국 기업의 결합으로 이루어졌다. 대부분의 유럽 상인들은 위탁화물 형태로 수입해서 수수료를 받고 팔고, 중국인을 비롯한 아시아인들과의 거래를 중국인 중간상에게 의존했다. 싱가포르의 유럽인들 대부분은 안락한 삶을 영위했고 가난한 사람은 거의 없었으나, 가장 성공한 중국인에 맞먹을 정도의 부를 축적하는 서양인은 아무도 없었다. 싱가포르 항구의 화려한 성공은 영국의 제조업자들에게 막대한 이익을 가져다주었지만, 19세기 중반 무역에 종사했던 유럽 상인들은 힘들고 단조로운 일을 젊어서부터 늙을 때까지 오랫동안 해야만 하는 처지였다.

몇몇 중국인들은 자산거래와 단기적 투기에 능했고, 자기자본은 부족했지만 약속어음을 발행하여 유럽인들로부터 상품을 매입했다. 이러한 형태의 공동사업을 통해 중국인과 유럽인은 함께 뛰어난 수익성을 누릴 수 있었지만 무모한 모험이 양산되기도 했다. 중국인 중간상들이 사업에 실패해 부채를 상환하지 못하거나 이익금을 챙겨 중국으로 도주하면 유럽인들은 큰 피해를 보았다. 1830년대부터 이러한 상황이 여러 차례 발생하자 유럽 상인들 사이에서는 신용한도를 제한하자는 합의가 도출되지만, 중국인 중간상들의 존재가 필수적이었고 그들로부터 얻는 이익이 매력적이었기 때문에 이런 합의는 잘 지켜지지 않았다.

변화가 심한 중계무역에 전적으로 의존하고 있던 19세기 중반의 싱가포르의 경제는 극심한 부침과 수년간의 불황과 불확실성을 겪어야 했다. 경제 상황은 좋았다 나빴다를 거듭했다. 상인들은 호황을 이례적인 행운의 시기로 여겼고, 불황이 오면 영원한 붕괴가 올 것이라 생각하고 탄식했다. 다른 자유무역항이 경쟁자로 나타나거나 인도 식민정부가 자유무역항으로서의 싱가포르의 지위를 약화시킨다면 번영은 찾아왔던 속도만큼이나 빨리 시들 수 있다는 두려움이 항상 존재했다.

초창기 싱가포르의 무역상들은 네덜란드의 인도네시아 무역 제재가 그들의 사업을 위협한다고 불평했다. 그런데 1840년대에 접어들자 거꾸로 점점 자유주의적이 되어가는 네덜란드의 무역 정책에 대해 불평하게 된다. 네덜란드 동인도회사 산하의 항구들이 자유무역을 채택하면 싱가포르로 들어오던 배들을 빼앗아가게 될 것이라 두려워했기 때문이었다. 1847년 마카사르(Makassar, 술라웨시 섬 남부의 도시)가 자유무역항으로 선포되자 많은 상인들은 싱가포르의 부기스 무역이 종말을 맞게 될 것이라 예상했다. 제1차 아편전쟁 종료 후 홍콩의 설립과 중국 항구들의 개항을 본 싱가포르 상인들은 침통한 상태에 빠졌다. 보르네오 북부의 쿠칭(Kuching)과 라부안(Labuan)이 무역항으로 등장한 것도 위기감을 고조시켰다. 당시 싱가포르의 교역은 이미 정점을 찍었으며 싱가포르는 불황 또는 소멸을 맞이하게 될 것이라는 비관론이 팽배했다. 그러나 이러한 우려는 기우로 드러났다. 중국, 네덜란드 동인도회사와의 교역이 팽창하면서 싱가포르의 교역량은 증가했고, 1857년의 교역 액수는 15년 전에 비해 두 배로 늘어났다.

그렇지만 호황은 마냥 지속되지 않았다. 1860년대 초 술라웨시 섬에 대한 네덜란드의 통제력이 확대되고 제2차 아편전쟁(1856~1860) 이후 중국의 항구들이 추가로 서구열강에 개항되면서 환적항으로서의 싱가포르의 지위는 흔들리게 된다. 1864년에 있었던 최악의 불황은 아시아계와 유럽계를 막론하고 크고 작은 회사들에게 재앙을 가져왔다. 이 시기 일어난 가장 충격적인 일은 역사가 오래되고 존경받는 상사(商社) 중 하나인 D'Almeida and Sons의 파산이었다.

불황 또한 일시적인 일이었고, 영구적으로 쇠락할 것이라는 두려움은 현실화되지 않았다. 동인도회사 직할 해협식민지 시대를 마감하는 1867년 시점의 싱가포르는 대영제국에서 가장 번성하는 항구들 중 하나로 꼽히게 된다.

건축가 콜맨

1830년대 초반부터 싱가포르는 '동방의 여왕'으로 널리 알려졌다. 부유한 상인들은 훌륭한 집과 창고를 지었지만, 식민정부는 예산 부족 때문에 그에 맞먹는 공공건물을 지을 수가 없었다. 상점이 관공서로 사용되고 유럽인들의 사저를 빌려 법정으로 사용할 정도로 정부의 위신은 말이 아니었다. 사무관은 래플스가 지어놓은 금단의 언덕 위의 목재 방갈로에서 거주했는데, 구조가 취약하고 지붕이 엉성해서 폭풍우가 치고 나면 멀쩡히 남아있을지 걱정해야 할 정도였다. 싱가포르 인스티튜션(Singapore Institution) 건물은 뼈대만 반쯤 지어진 상태로 방치되었다. 싱가포르 항구에 처음 들어오는 사람들은 강 서쪽 상업지구의 활기찬 모습과 반대편의 대조적인 모습에 어리둥절할 수밖에 없었다.

싱가포르 강은 도시의 중심이었고, 1840년대까지 모든 선박들은 강 하구와 그것을 따라 초승달 모양으로 펼쳐진 보트 키(Boat Quay)에 모여들었다. 상인들은 사무실과 창고를 보트 키 또는 커머셜 스퀘어(Commercial Square)에 두었고, 현재 이곳들은 간척사업으로 인해 바다와 떨어져 있지만 당시에는 바다와 바로

고딕 양식이 두드러지는 영국 국교회 성당인 세인트 앤드루스 성당. 콜맨이 지었던 원래 성당은 몇 차례 낙뢰를 맞은 후 불길하다고 여겨져 철거되었고, 지금 남아있는 것은 1861년에 다시 지은 것이다.

접하고 있었다. 싱가포르 개발 초기에는 많은 유럽인들이 사무실 위층에 살림집을 마련해 거주했지만, 1830년대가 되자 강 동쪽 기슭에 고급주택을 지어 이주하기 시작한다.

1830년대 초반에도 도시 지역의 많은 부분은 여전히 늪지대로 남아있었고, 주요 도로들은 습지 위에 둑길을 내놓은 것이어서 잦은 홍수에 시달렸다. 대형 화재도 빈번히 발생해 큰 피해를 초래했지만 소방 대책은 전무했다. 1846년에야 경찰은 소방차를 도입했지만 이것도 화재와 맞서기는 불충분했고, 다음 해 캄퐁 글람(Kampong Glam)에 발생한 화재는 넓은 구역을 잿더미로 만들었다.

이러한 도시에 새로운 바람을 불어넣은 사람은 1833년 공공사업감독관으로 임명된 아일랜드 출신의 유능한 건축가 조지 콜맨(George Drumgold Coleman)이

굿 셰퍼드 성당

다. 콜맨은 호주 시드니의 사례와 같이 죄수 노동력을 적극적으로 활용하여 만성적인 노동력과 예산 부족 문제를 해결했다. 교회, 관공서, 공공건물 등을 짓는 과정에서 죄수들은 채석, 벌목, 벽돌 제조 등 거의 모든 일을 수행했다.

콜맨은 캄퐁 글람(Kampong Glam) 해안을 따라 간척사업을 했고, 습지의 물을 빼내고 길을 냈다. 콜맨은 인상적인 건물들을 많이 남겼고, 1841년 은퇴하여 1844년 싱가포르에서 사망했다. 콜맨의 후임자인 톰슨(Thomson)은 그가 계획한 일을 계속 추진하여 교량과 도로 건설, 지도 제작 등의 업적을 이루어낸다.

콜맨이 남긴 대표적인 건물들 중에는 우리에게도 잘 알려진 것들이 많다. 이미 언급했던 바 있는 1835년 완공된 아르메니안 교회(Armenian Church), 1836년 완공된 세인트 앤드루스 성당(St. Andrew's Cathedral)이 대표적이다. 콜맨이 활약하던 1830년대에는 원래의 가건물을 대체하는 영구적인 건물들이 지어지기 시작했고, 이 중에는 싱가포르에 살았거나 여행을 다녀온 한국인들에게 익숙한 건물들이 많이 포함되어 있다. 최초의 로마-카톨릭 성당은 1833년 지어졌고, 1846년 완공된 두 번째 로마-카톨릭 성당은 훗날 굿 셰퍼드 성당(the Cathedral of Good Shepherd)이라는 이름을 갖게 된다. 1842년 완공된 유명한 중국 사원 시안혹컹(Thian Hok Keong)은 당시엔 바닷가에 있었지만 간척사업으로 인해 현재는 차이나타운 한복판에 위치해 있다. 최초의 모스크는 1824년 캄퐁 글람에 세워졌는데, 이것은 술탄 모스크(Sultan Mosque)라는 이름으로 잘 알려져 있고 훗날 개보수를 거쳐 지금의 모습을 가지게 된다. 인도인 공동체의 급성장 속에 인도 사원들의 재건축도 이루어졌다. 차이나타운 중심부에 있는 스리 마리아만(Sri Mariamman) 사원은 원래 목조 건물이었다가 1862년 벽돌 건물로 다시 지어진다.

교통, 통신, 금융, 언론의 발전

이 시기에는 싱가포르를 현대적인 국제항으로 만들기 위한 기초 작업이 활발하게 이루어졌다. 항해하기에 위험했던 해협은 해도(海圖) 작성과 해로를 따라 세워진 등대 덕분에 안전해진다. 이것은 버터워스(Butterworth) 총독의 독려와 1841년부터 1853년까지 12년 동안 정부 측량사로 재직한 톰슨(John Turnbull Thomson)의 노고 덕분이었다. 톰슨은 이전 3년 동안 페낭과 Province Wellesley에서 지도 제작을 했던 경력이 있었고, 21세에 싱가포르의 정부 측량사로 임명된다. 톰슨은 사상 최초로 싱가포르 해협의 정밀 탐사를 실시했고, 말레이반도 조호(Johor)와 파항(Pahang) 지역 동부해안의 지도를 제작했다. 그의 가장 큰 업적은 악명 높았던 싱가포르 해협 동쪽 입구의 페드라 브랑카 암초(Pedra Branca reef) 위에 호스버스 등대(Horsburgh Lighthouse)를 세워 그 방향에서의 접근을 가능하게 한 것이었다. 호스버스 등대는 2년간의 난공사 끝에 1851년 완공되었다. 싱가포르 항구의 서쪽 입구에 있는 코니 섬(Coney Island) 위에는 1855년 래플스 등대(Raffles Lighthouse)가 세워지는데, 이것은 이미 톰슨이 뉴질랜드의 초대 수석측량사(Surveyor General)로 임명되어 싱가포르를 떠난 후의 일이었다.

19세기 초중반에 범선을 타고 런던에서 싱가포르까지 오려면 4달이 소요됐다. 이집트에서 육로를 거치고 다시 배를 이용하는 우편은 두 달 이내에 도착하는 일이 거의 없었다. 이렇게 느린 교통 때문에 영국인들은 유럽을 방문할 시간과 비용을 감당하기 어려웠고, 은퇴하기 전까지 동방에 계속 머무르기를 원했다.

증기선이 출현하면서 상황은 많이 변한다. 증기선이 하룻밤 사이에 무역을 혁신한 것은 아니었고 이후 여러 해 동안 범선이 화물 운송을 담당하지만, 증기여객선은 상업 활동을 더 빠르게 하고 영국인 공동체에 큰 변화를 가져왔다. 영국인들은 주기적으로 영국을 방문할 수 있게 되었고, 비교적 최신의 신문, 정기 서신, 신간서적 등을 통해 고향과의 유대감을 유지할 수 있게 된다.

개항 후 처음 20년 동안은 싱가포르에서 증기선을 보기 어려웠지만, 1840년대에 들자 증기선의 왕래가 잦아졌다. 신뢰할만한 해도(海圖)가 만들어지고 새로 설치된 등대들이 '빛의 띠'를 형성하면서 증기선들은 밤에도 안전하게 항해를 할 수 있게 되었고 스케줄을 정확히 지킬 수 있게 된다. 1845년 Peninsula and Oriental Steamship Company는 극동지역까지 매달 한 번씩 취항했고, 다음 해에는 싱가포르와 캘커타 간에 정기 증기선 서비스가 취항했다. 처음에 이 회사는 영국과 지중해 사이의 정기 항로를 운행했고, 알렉산드리아(Alexandria)에서 내린 승객과 짐은 낙타를 이용해 육로로 수에즈(Suez)까지 이동해 다시 증기선을 이용했다. 1855년 수에즈 철도가 개통되면서 유럽에서 싱가포르까지 2주 만에 이동이 가능해졌고 승객들은 더 편안하게 이동할 수 있게 된다. 1860년대 중반이 되자 영국에서 발송한 우편물이 5주가 지나 싱가포르에 도착하는 것이 불만을 일으킬 정도였고, 이전에 최소 두 달이 걸렸던 것을 감안하면 교통과 통신의 발달은 격세지감을 느끼게 했다.

그렇지만 이후 30년 동안 범선(帆船)이 벌크 화물을 운송하는 역할을 계속 담당하였고, 무역의 양상은 서서히 변화한다. 서양의 가로돛 범선이 인도네시아 제도의 무역을 침범해 말레이와 부기스 선박들을 대체했고, 1854년에는 싱가포르 교역량의 4분의 3 이상을 차지하게 된다.

교역량이 팽창함에 따라 상업 기관들이 등장한다. 싱가포르 상공회의소는 1837년에 설립되었고, 1846년 오리엔탈은행(Oriental Bank)이, 1855년 Merchantile Bank of India가, 1859년에는 Chartered Bank of India, Australia and China가 설립되었다.

싱가포르와 바타비아 간의 최초의 전신선은 1859년에 개설되었다. 1859년에는 최초의 드라이 독(dry dock)이 개장했고, 1864년에는 Tanjong Pagar Dock Company가 설립되었다.

싱가포르의 매력을 외부에 알리는 데 있어서 신문의 역할은 상당히 컸다. 최초의 신문인 반관보(半官報) 싱가포르 크로니클(Singapore Chronicle)은 1846년에 설립된 최초의 은행보다 20년 이상 빠른 1824년에 창간되었다. 싱가포르 크로니클은 이후 1835년에 창간된 독립 언론인 싱가포르 프리프레스(Singapore Free Press)와 Merchantile Advertiser에 의해 대체된다. 1845년에는 Singapore Journal of Commerce와 현재까지도 활발하게 활동하고 있는 스트레이츠 타임즈(Straits Times)가 창간된다. 이 신문들은 상업과 해상운송에 대한 정보를 주로 다루었고, 최초의 정부 기관지가 1858년에 발행되기 전까지 공시(公示) 업무도 수행했다. 이 신문들은 해외에도 배포되었고 싱가포르 프리프레스와 스트레이츠 타임즈는 해외판을 별도로 발행했는데, 이 해외판은 수에즈 루트를 따라 유럽으로 배송되었다. 당시의 신문들은 다른 신문에서 정보를 취득하였고 심지어 기사 전체를 그대로 베끼는 것도 관례로 용인되었기 때문에, 싱가포르 프리프레스와 스트레이츠 타임즈는 사실상 싱가포르에서보다 해외에서 더 넓은 독자층을 가지고 있었다.

오랜 세월이 걸린 해적 퇴치

동남아시아 일대에서 강력한 통제력이 사라져 힘의 공백이 발생할 때마다 해적은 고질적으로 창궐했다. 1860년대까지도 해적은 싱가포르의 교역에 위협적인 존재였다. 가장 위험하고 고도로 조직화된 해적 집단은 필리핀 남서부 민다나오(Mindanao) 섬과 보르네오 섬 사이에 있는 술루(Sulu) 제도에 근거를 둔 발라니니(Balanini), 그리고 민다나오 섬의 일라눈(Illanun)이었다. 크고 중무장을 한 그들의 해적선들은 동쪽의 섬들과 말레이반도를 연례행사처럼 유린했고, 서양 상선들을 습격하는 것도 전혀 두려워하지 않았다. 다른 지역의 소규모 해적들은 소형 아시아 선박들을 괴롭혔다. 평소에는 소규모 무역상 또는 어부였다가 기회가 생기면 해적질을 하는 자들도 존재했다. 리아우-링가(Liau-Lingga)의 뱃사람들은 바람이 불지 않아 말라카 해협에 무방비상태로 멈춰 선 처지에 빠진 범선들을 공격했고, 말레이반도 남부에 미로처럼 펼쳐진 맹그로브 만 사이로 재빨리 숨어들곤 했다.

싱가포르 개항 초기에 해적들은 주로 소규모 아시아 선박을 공격대상으로 삼왔고, 그 배후에 뜨믄공(temenggong)의 지원이 있었다는 것이 공공연한 비밀로 통했다. 해적들의 분탕질 때문에 1830년대 말레이반도 동해안에는 적법한 무역이 거의 중지됐을 정도였다. 화물을 해적에게 빼앗길 우려가 컸기 때문에 싱가포르 상인들은 외상으로 물건을 위탁하는 것을 꺼렸다. 1831년 부기스인들은 해적 창궐에 불만을 터뜨렸고, 말레이반도 동해안의 해적이 소탕되지 않으면 싱가포르 무역에서 손을 떼겠다고 위협한다. 해적의 손길이 닿는 것은 해상뿐만이 아니었고, 항구와 도시에서도 무장 해적의 약탈이 자행되었다. 이에 대처하기 위해 1833년 중국인 상인 집단이 자체적으로 자경단을 갖춰 부두 근처를 순찰하기에 이른다.

초기의 싱가포르에는 해상 사법권이 없었기 때문에 체포한 해적들을 재판에 회부하기 위해서는 캘커타로 보내야 했다. 이런 번거로운 절차를 피하기 위해 붙잡힌 해적들을 물속에 던져버리는 것이 선장들 사이에서 관례로 통했고, 이것은 비정상적이긴 하지만 효과적인 재판 방법이기도 했다. 1837년 싱가포르에 해상 사법권이 주어지지만, 영해 안에서 발생한 공격에 대한 것에 한정되었기 때문에 해적 퇴치를 위한 충분한 조치가 되지 못했다.

1835년 보냄(Bonham) 총독은 "해적 때문에 아시아 무역이 초토화되고 있다"고 캘커타의 동인도회사 본부에 불만을 토로한다. 유럽인 상인들의 청원에 따라 영국 해군의 HMS Wolf호가 동인도회사의 증기선 다이아나호(the Diana)와 합류해 해적 소탕에 나선다. 다이애나호는 동남아 전투에 투입된 첫 증기선이었고, 버마(Burma)에서 활약한 적이 있었다. 증기선을 처음 본 해적들은 공포를 느끼게 된다. 1840년대 영국 해군은 남중국해에서 해적을 뿌리 뽑기 위해 적극적으로 활동했고, 이후 수년간 싱가포르 근해는 안전해진다.

그러나 1850년대 초반 더 위협적인 대규모 중국 해적이 등장하면서 해적 문제는 또 다른 국면을 맞게 된다. 중국 해적들은 대형 정크선이든 작은 선박이든 가리지 않고 공격해 싱가포르와 코친차이나, 타이완(당시 이름은 Formosa) 간의 무역을 초토화시켰다. 중국 해적들로 인한 피해가 얼마나 컸는가 하면, 1854년에 인도네시아 제도에서 출발한 아시아 선박 중 절반만이 싱가포르에 도착할 수 있을 정도였다. 정크선 시즌이 시작되면 화물은 없이 무기와 선원만 가득 실은 정크선들이 해적질을 하기 위해 싱가포르를 떠나는 일이 잦았지만, 이들을 제지할 법적 권한이 없었던 해협식민지 정부는 뻔히 알면서도 손을 쓸 도리가 없었다.

1855년 싱가포르의 상인들은 인도 총독과 영국 의회에 해군력에 의한 보호를 요청하고 해적으로 의심되는 자를 체포하는 것을 합법화해달라는 청원을 하지만 받아들여지지 않았다. 이 시기 싱가포르 지역 신문들이 매 판마다 해적 발생 사례를 보도할 정도로 해적의 폐해는 심각했다.

그러나 이 무렵부터 동남아시아 해상에서 해적의 전성기는 막을 내리기 시작한다. 1860년 서구 열강들과 중국 사이에 해적 소탕을 위한 조약이 체결되고, 중국 무역의 중요성이 커지면서 영국 해군이 극동지역에서 더 많은 활동을 하게 된 것이다. 남중국해와 말라카 해협에서 해적을 진압하는 것은 영국 해군의 주요 임무 중 하나였다. 1858년부터 수마트라에서의 네덜란드 영향력의 확대, 그리고 1874년부터 말레이반도 서부에서 영국 보호령이 확대된 것은 대규모 해적 행위의 쇠퇴를 재촉하게 된다.

더디기만 한 산업 발전

상업의 성공과는 대조적으로 산업은 좀처럼 발전하지 못했고, 농업의 양상은 계속 참담했다. 상업 일변도로 발전한 싱가포르의 전통은 훗날 독립한 싱가포르 공화국이 산업화를 추진하는 데에 큰 장애물로 작용한다. 산업 발전이 지체된 부분적 요인으로는 19세기 내내 지속된 노동력 부족을 꼽을 수 있었고, 노동력 부족은 현대의 싱가포르에까지 고질적인 문제로 남아있다.

말레이인들은 어업, 벌목, 소규모 자급농업에 집중했고, 상업에 종사하거나 피고용 노동자가 되는 일은 거의 없었다. 부기스인들은 상업에 능했지만 조직화된 노동에는 적응하지 못했고, 인도인 노동자들은 싱가포르보다 페낭으로 이주하기를 선호했다. 중국인들은 자기 사업을 하거나 같은 중국인 동포들을 위해 일하려 했다. 그래서 유럽계 농장들은 느리기는 하지만 꾸준한 면이 있는 자바인(Javanese)들에게 노동력을 의존했다. 1860년 싱가포르에 들어온 자바인 이주자의 수는 3천 명이었으나, 자바인 노동자들의 특성상 정기적으로 들여오기는 쉬운 일이 아니었다. 그들 중 많은 수가 메카(Mecca)로부터 돌아오는 순례자들이었고, 성지순례 과정에서 선주에게 진 빚을 갚기 위해 싱가포르의 집단농장(plantation)에서 노동력을 제공했다.

이 시기 싱가포르에서 유일하게 산업이라고 내세울 수 있는 것은 사고(Sago, 야자나무에서 추출되는 흰 전분) 제조였다. 사고 제조 기술은 싱가포르 개발 초기에 말라카에서 도입되었고, 싱가포르는 인도와 유럽에 수출할 고품질 사고의 제조 중심지가 되었다. 1849년에 이르자 15개의 중국계, 2개의 유럽계 사고 제조공장이 가동되었다. 유럽인 공장주들은 노동자들과 함께 살고 일하는 부지런한 중국인 공장주들의 경쟁 상대가 되지 못했다.

싱가포르에 정글이 울창했던 것을 보고 초기 정착민들은 토양이 비옥할 것이라 생각했지만 그것은 착각에 불과했고, 싱가포르의 토양은 농업에 적절치 못했다. 1836년 유럽인 위주로 구성된 싱가포르 농업원예협회(Singapore Agricultural and Horticultural Society)가 작물 실험을 했고, 넛멕(nutmeg)이 인기 작물로 떠올라 19세기 중반에는 넛멕 재배 붐이 일게 된다. 그러나 농장에 질병이 창궐해 1860년대에는 농장 하나만이 넛멕 재배를 계속할 수 있었고, 도시 주변은 온통 하얗게 말라버린 넛멕 나무로 가득했다.

넛멕 다음으로 많이 재배된 작물은 코코넛(coconut)이었다. 하지만 코코넛은 동남부 카통(Katong) 해안의 사질토 지역에서만 재배됐고, 수익은 그저 그런 수준에 불과했다. 설탕 재배는 거의 재앙에 가까운 수준이었다. 설탕 재배에 가장 목을 매었던 사람인 베일스티어(Joseph Balestier)는 1848년에 파산했다. 커피, 면화, 계피, 정향, 인디고는 실험 작물 수준으로만 재배됐으나 모두 실패했다.

번성했던 작물은 중국 아선약(gambier)과 후추뿐이었다. 후추는 수익률이 높지만 지력(地力)을 빠르게 고갈시키는 단점이 있고, 아선약이 후추의 천연비료 역할을 하기 때문에 두 작물을 같이 경작하는 것은 아주 좋은 결합이었다. 1819년에 중국인, 말레이인이 경작하는 아선약 농장이 약 20개 있었고 제품은 중국으로 수출되었다. 1830년대에는 영국의 염색과 무두질 산업이 싱가포르 아선약의 주된 시장으로 떠오른다. 아선약 수요가 증가하고 농장이 더 개발되면서 중국인들은 북서부 내륙 방향으로 진출하게 된다.

아선약 재배는 1840년대에 정점을 찍고 내리막을 걷는다. 당시 약 6백 개의 아선약-후추 농장이 있었고 약 6천 명의 중국인이 종사했다. 그러나 아선약의 단점은 심한 가격 변동과 환경에 미치는 악영향이었다. 아선약과 후추 재배는 화전(火田) 농업이었기 때문에 환경을 파괴했고, 중국인 이민자들은 단기간에 돈을 벌기 위해 토양과 숲을 황폐화시켰다. 19세기 중반 싱가포르에는 지력이 고갈된 농장이 많았고, 1867년에 이르자 내륙은 황폐화되어 버려지고 농부들은 조호(Johor)로 이동하기 시작했다. 농장주들은 대부분 초기자본을 도시 상인에게서 고리로 빌렸고, 채권자의 상점에서 생필품과 음식을 구매하고 아선약과 후추를 판매하는 조건이 붙었기 때문에 농장주가 채권자에 수년간 묶여 있어야 했다. 조호에 새로 연 아선약 농장에도 싱가포르 상인들의 영향력이 미치게 된다.

생산성 저하와 더불어 아선약 재배자들을 쫓아내게 된 또 하나의 요인은 호환(虎患)이었다. 1831년 도시에서 얼마 떨어지지 않은 곳에서 두 명의 중국인이 호랑이의 습격을 받아 사망하면서 호랑이의 존재가 최초로 보고된다. 더 많은 농장들이 정글을 잠식해 들어감에 따라 호랑이의 위험성은 더욱 심각해졌고, 19세기 중반에는 하루 평균 한 명의 희생자가 발생한다는 소문이 돌 정도로 싱가포르는 호랑이로 유명세를 탔다. 1846년에는 지금은 시내 한복판에 속하는 오차드 로드(Orchard Road)에까지 호랑이가 출몰했다. 농장주들은 처음엔 노동자들을 모집하기 어려워질 것을 두려워하여 호랑이와 관련된 소문이 퍼지는 것을 막으려 했지만, 1840년대 중반에 이르자 사실을 은폐하는 것을 포기했다. 1859년 싱가포르 북서부의 부킷 티마(Bukit Timah) 인근에서는 주민 여러 명이 호랑이의 습격을 받아 사망한 후 마을 하나가 통째로 버려지는 일까지 발생했다.

호랑이 사냥은 인기 있는 스포츠가 되었다. 싱가포르 식민정부는 호랑이 사냥에 포상금을 지급했고, 호랑이 고기와 가죽은 높은 값을 받을 수 있었다. 두 명의 유라시안(Eurasian)이 전업 호랑이 사냥꾼으로 나섰고, 1860년 캐비나(Cavenagh) 총독은 죄수 집단을 정글로 보내 호랑이 사냥을 시켰다. 도시 외곽 지역이 개발되면서 호환은 서서히 사라져갔지만, 1890년 시내 중심가에서 멀지 않은 톰슨 로드(Thomson Road)에서 한 명이 호랑이에게 물려 죽는 사건이 발생한다. 1896년에 두 마리의 호랑이가 부킷 티마 로드(Bukit Timah Road)에서 사살되었고, 싱가포르의 마지막 호랑이는 1904년 오차드 로드 인근에서 잡힌다.

도시 영역의 점진적 확대

이 시기까지도 싱가포르 시가지는 섬 남부의 싱가포르 강 하구 근처에서 크게 확장되지 않았다. 1840년대 중반까지 대부분의 유럽인들은 시내 중심가에 거주했고, 대다수의 중국인들은 도시 서쪽 구역에 살았다. 동쪽 캄퐁 글람(Kampong Glam)과 그 주변에는 말레이인, 부기스인, 아랍인, 자바인, 그리고 약간의 중국인들이 섞여 거주하고 있었다. 도시를 벗어나면 인구밀도가 희박했고, 외곽 지역 주민의 절반 이상은 중국인 농장주들이었으며 나머지는 주로 말레이인들이었다. 인종 별로 거주지가 구분되는 이런 양상은 20세기 중반까지도 유지된다.

중국인 채소 농장주들은 시내 중심가에서 약간 떨어진 오차드 로드(Orchard Road) 주변에서 과일과 채소를 재배했다. 지금은 '과수원'이라는 명칭이 무색하게 대규모 쇼핑 거리로 변모했지만, 당시의 오차드 로드는 대나무와 관목이 늘어선 시골길이었다. 1830년대 말에 이르자 몇몇 부유한 중국인과 유럽인 상인들은 도시 변두리로 이주하기 시작한다.

싱가포르 섬의 크기가 작음에도 불구하고 내륙 지역은 유럽인들에게 여전히

바다에서 바라본 싱가포르의 옛 모습을 묘사한 그림

미지의 세계로 남아있었다. 유럽인들은 좀처럼 도시 지역을 벗어나 해안의 늪지대와 울창한 정글을 뚫고 모험을 하려 하지 않았고, 내륙 지역은 주로 중국인들로 이루어진 아시아인 거주자들의 몫이었다.

1840년에는 북서부 변두리 부킷 티마(Bukit Timah)와 세랑군(Serangoon)까지 약 11킬로미터 길이의 도로가 연장되었다. 1843년에는 부킷 티마 힐(Bukit Timah Hill) 정상까지 길이 개통되었다. 산이라는 명칭을 붙일 수 있을 것이 없는 싱가포르에서 그나마 가장 높은 곳인 부킷 티마 힐의 높이는 해발 163미터에 불과하다. 1845년에는 부킷 티마 로드(Bukit Timah Road)가 섬 북쪽 조호 해협(the Johor Strait)까지 연장되었다.

싱가포르 강은 여전히 상업중심지로 기능하고 있었으나 갈수록 더 혼잡해지고 있었다. 이 시점에 상인들과 군사 엔지니어들은 강을 따라 도시를 지은 것이 래플스의 실수이며 상업의 발달을 방해하고 방어를 불가능하게 했다고 불평하게 된다. 당시에는 'New Harbour'로 불리었던 케펠 항구(Keppel Harbour, 현재의 싱가포르 항구 자리)는 넓고 수심이 깊으며, 풍랑으로부터 배를 보호할 수 있는 위치인 동시에 방어가 쉬운 이점을 가지고 있었다. 윌리엄 파커는 1819년에 이미 케펠 항구를 주목했지만 래플스는 그곳을 개발하자는 파커의 제안을 거부했다. 더 깊은 수심과 석탄 보급을 필요로 하는 증기선이 등장하고 나서야 케펠 항구

한가로운 현재의 보트 키(Boat Quay). 뒤편에 보이는 빌딩숲이 과거 커머셜 스퀘어(Commercial Square)라 불리던 래플스 플레이스(Raffles Place)이다.

의 입지가 빛을 보게 되었고, 상인들은 서서히 보트 키에서 케펠 항구로 이전하게 된다. 1852년에 세워진 Peninsular and Oriental Steamship Company는 케펠 항구에 첫 번째로 설립된 회사였다. 그러나 1860년대까지도 선적 업무의 4분의 3은 여전히 시내 중심부의 보트 키에서 이루어지고 있었다.

행정의 난맥상

당시의 기준으로는 나름 질서가 잡힌 구획이 이루어지고 있었지만, 19세기 중반 싱가포르의 많은 지역은 여전히 보기 흉한 상태로 남아있었다. 주요 도로는 밀물 때마다 침수되었고, 거리에는 코코넛 기름을 사용하는 가로등의 약한 불빛만 있었다. 길에도 쓰레기가 가득해 늘 오염과 악취에 대한 불만이 제기되었으나, 문제는 정부에 돈이 없다는 것이었다. 거주자들은 편의시설을 요구하면서도 재산세 인상에는 반대했고, 캘커타의 동인도회사 본부 역시 싱가포르에는 세금이 적게 부과되니 정부보조금을 받을 자격도 없다고 여겼다. 동인도회사는 교량 건설 및 수리에 대한 요구를 거부했다. 꽉 막힌 도로와 마차들의 난폭운전 때문에 사고가 잦았고, 도로 한쪽으로 붙어서 주행하라는 규칙이 없었던 것은 무질서를 조장했다.

싱가포르의 인구와 무역 규모는 눈부시게 성장했지만, 상인들은 국제무역의 악재에 취약했고 인도 정부나 해협식민지 관리의 무능함 때문에 늘 근심했다. 상인들은 불안감 속에서 자신들의 특권을 보호하는 데 혈안이 되었고, 치안, 편의시설, 항구 시설 개선에 쓰일 세금 부과 제안에는 모두 반대했다. 동인도회사도 더 이상 싱가포르 때문에 적자를 보기는 싫다며 보조금 지급에 인색한 태도를 보인다.

앞서 언급한 대로 1830년에 과감한 긴축을 실행했음에도 불구하고 해협식민지 정부의 재정 문제는 해결되지 않았다. 동인도회사 직할식민지 시절의 마지막 몇 해까지도 행정 비용은 감당되지 않았고, 캘커타의 본부에서 결손금을 보전해야만 했다.

재정 문제를 해결하기 위해 몇 가지 세금이 도입된다. 물품세(excise taxes) 징수권이 중국인 민간인들에게 경매로 부쳐졌고, 인도인 소유의 공작야자(toddy) 농장은 징수에서 제외된다. 물품세 징수로 정부는 상당히 안정적인 세입을 확보할 수 있었다. 크로퍼드가 지적했던 대로 원주민과 정부의 충돌이 잦아질 것이고 원주민 징수원은 부패할 것이며 징세비용도 많이 들 것이기 때문에 직접소비세는 시행이 불가능했다. 당시 지배계급 대다수의 생각은 부도덕한 행위에 세금을 매기자는 것이었다.

부도덕한 행위 중 도박만큼은 과세의 대상이 아닌 금지의 대상이었다. 이미 살펴본 대로 도박세는 파커가 시작하고 래플스가 금지했다가 크로퍼드가 1823년에 부활시킨 역사가 있었고, 싱가포르의 세입 중 가장 큰 부분을 차지했다. 하지만 이민자들이 도박의 유혹으로 나락에 떨어지고 범죄에 빠지는 일이 속출하자 1829년 도박은 불법이 됐고, 그 이후 다시는 도박세가 부활하지 않았다.

돼지고기, 공작야자, 빈랑(betel nuts) 등에 자잘한 세금이 부과되었다. 전당포와 노점상은 면허 비용을 내야 했다. 아편과 아라크(arrack, 증류주의 일종)는 19세기 내내 세입의 원천이었다. 산업보다 부도덕한 행위에서 세금이 더 많이 걷힌 것이 현실이었다.

재정 균형을 맞추기 위해 싱가포르와 인도의 관리들은 무역에 세금을 부과하자는 제안을 계속 제기했다. 그러나 유럽인 상인들은 싱가포르가 오직 자유무역 정책 덕분에 성공한 곳이라 주장하며 심하게 반발한다. 래플스가 처음엔 무역을 활성화하기 위한 임시방편으로 도입했지만 나중에는 영구적으로 무관세 정책을 이어가겠다고 약속했고, 크로퍼드는 항구이용료(port charges)까지 없애버렸다.

자유무역 원칙은 런던의 동인도회사 지도부가 1826년에 받아들였고 그 이후 싱가포르의 상인들이 철저히 지켜온 것이었다. 자유무역은 신성시되었고 이를 어길 경우 상업적 이단행위로까지 몰릴 분위기였다.

싱가포르 상인들은 풀러튼 총독이 1829년에 제안한 수출관세, 인지세(stamp dues), 외국인의 자본 유출에 대한 세금이 도입되는 것을 저지했다. 또 동인도회사 본부가 싱가포르의 해적 소탕 비용으로 쓰기 위해 제안한 항만사용료 도입도 1836년 런던 동인도회사의 거부권을 얻어 무산시켰다. 1837년에는 자유무역을 수호하기 위해 싱가포르 상공회의소가 설립되었는데, 상공회의소는 모든 인종의 상인에게 문호가 열려있었고 첫 위원회는 유럽인, 중국인, 유라시안, 아랍인으로 구성되었다. 상공회의소는 이후 상인들이 해협식민지 당국을 상대하는 중요 대변기구가 된다.

관세, 톤세(tonnage due, 입항하는 선박의 톤수에 따라서 부과하는 세금), 항만사용료, 부두세, 정박세 등을 모두 부과할 수 없었기 때문에 상업은 발달했지만 정부 세입은 늘어날 수 없었다. 재정과 인력의 부족 때문에 법질서와 치안서비스를 제대로 제공하는 것이 불가능했고, 따라서 각 공동체마다 자체적인 치안 유지 조직을 두게 되었다.

1826년 사법헌장이 도입되어 인종집단의 족장들에게 사법권을 위임하는 시스템을 대체한 후에도 아시아인들에 대한 식민정부의 통제력은 미약했다. 각 공동체의 유력자들에게 협조를 구했지만 그들에게 공식적인 기능을 주지는 않았고, 그 결과는 공동체의 지도자들이 구성원들의 질서를 잡아줄 것을 기대하면서도 그들에게 명확한 권한은 주지 않는 모호한 타협이었다.

동인도회사의 무관심에서 비롯된 문제들 중 하나는 통화(通貨)였다. 동인도회사의 공식 통화인 루피(rupee)는 통계수치에만 등장할 뿐이었고, 동남아시아에서 실제로 사용된 통화는 스페인 은화 달러였다. 보조 결제수단으로 사용되었던 것은 네덜란드 동전과 영국에서 제작돼 싱가포르로 수입되는 영국 구리 토큰이었다. 동인도회사는 자신들이 통제할 수 없는 통화가 유통되는 것을 못마땅해했지만 달러 사용을 폐지하려 하지는 않았고, 루피보다 작은 단위의 동전을 공급함으로써 통화시스템을 정비하고자 했다. 그러나 이를 위해 1855년 인도 입법위원회에서 통과시킨 법안은 싱가포르 상인들의 반대에 부딪혀 1857년 철회된다. 통화 문제는 1867년이 되어서야 완전히 정리되어 달러와 센트가 공식 통화로 자리 잡는다.

인종집단의 동태
—말레이인, 아랍인, 인도인, 기타

이 시기 대다수의 인도네시아인들과 아랍인 이주자들은 그들의 이름을 딴 구역(Kampong Jawa, Bugis Street, Arab Street 등)에서 거주했다. 그들은 정부와 별다른 접촉 없이도 새로운 환경에 평화롭게 적응하고 있었다.

인도인 공동체는 제법 많은 수가 도시 지역에 집중되어 있었지만 이 시기에 상대적으로 거의 영향력을 가지지 못했다. 인도인들은 거의 모두 노동자, 선원 또는 소상인이었고, 출신 배경, 언어, 종교 등에 의해 분열되어 통합을 이루지 못했다. 19세기 중반에 17명의 파르시(Parsi), 타밀(Tamil), 북인도 출신 상인들이 두각을 나타냈지만, 그들은 공동체의 지도자로서보다는 개인적으로 주목을 받았다. 사실 인도인 공동체는 부유한 파르시들에게 냉담한 태도를 보였고, 지배계급은 조로아스터교를 믿는 그들을 인도인으로 여기지 않았다.

말레이 공동체는 많은 변화를 겪는다. 이미 살펴본 것과 같이 싱가포르 말레이 사회의 실권자였던 뜨믄공 압둘 라만(Abdur Rahman)은 1925년 비참하게 세상을 떠났고, 그의 사망 후 거의 20년 동안 후임 뜨믄공이 정해지지 않는다. 술탄 후세인은 자신의 부를 통해 수익을 창출할 능력이 없었고, 말레이 공동체는 여러 해 동안 지도자도 조직도 없는 상태에 빠지게 된다. 말레이인들은 술탄 후세인보다는 리아우-링가의 술탄들이 왕국의 정통 후계자라고 생각해 후세인을 존경하지 않았다. 후세인의 이복동생인 압둘 라만(Abdul Rahman)을 이어 링가의 술탄이 된 사람은 유능한 젊은이로 사람들의 존경을 받았으나 1841년에 사망한다. 술탄 후세인은 1830년대 초 호흡곤란과 무기력 증세를 겪었고, 가족사와 많은 채무 때문에 말라카로 건너갔다가 1835년에 세상을 떠났다. 1840년 당시 15세였던 후세인의 아들 알리(Ali)가 싱가포르에 돌아와 캄퐁 글람(Kampong Gelam)에 있는 아버지의 재산을 소유하게 됐지만, 해협식민지 정부는 알리의 술탄 계승권을 오랫동안 인정하지 않았다.

1830년대에 들어서야 말레이 공동체는 다시 지도자를 찾게 된다. 불행하게 세상을 떠난 뜨믄공 압둘 라만의 명석하고 패기 있는 아들 이브라힘(Daing Ibrahim)이 지도자로 떠올랐고, 1841년 이브라힘은 공식적으로 말레이인 정착지 텔록 블랑아(Telok Blangah)의 뜨믄공이 되었다. 술탄 후세인의 아들 알리가 어렸기 때문에 뜨믄공 이브라힘은 추종자들과 말레이 지도자들의 지지를 쉽게 얻을 수 있었다.

이브라힘의 추종자들은 먼저 소규모 아시아 선박에 대한 해적질을 수입원으로 삼으려 했다. "뜨믄공의 방조 혹은 허가가 있었고, 그의 추종자들이 인접 지역 내의 모든 해적질을 도맡고 있다"는 내용의 보도가 싱가포르 프리프레스(Singapore Free Press)에 나가기도 했다. 약삭빠른 이브라힘은 총독의 인정을 받아 놓는 것이 중요하다고 판단했고, 해협식민지가 해적 소탕 활동을 하고 있으니 추종자들의 활동을 제한하고 해적 사냥꾼 자리를 맡아야겠다고 생각해 방향 전환을 한다. 1846년 버터워스(Butterworth) 총독은 이브라힘의 해적 소탕 활동에 대한 감사 표시로 칼을 선물하는데, 이것을 본 유럽인 상인들은 어이가 없다는 반응을 보인다. 어찌 되었든 이브라힘이 해적질을 포기한 덕에 싱가포르 근해는 보다 안전해졌고, 그동안 게으르고 쓸모없는 인간들로 여겨졌던 뜨믄공의 수행원들은 새로운 역할을 맡게 된다.

해적질을 그만둔 이브라힘은 다른 수입원을 찾았고, 1840년대 중반 조호

(Johor) 본토의 자원을 착취해야겠다고 생각한다. 구타페르카(gutta percha, 고무와 비슷한 것) 무역을 독점해 수익을 올렸고, 중국인 아선약-후추 농장주들에게 조호의 남부 계곡에서 농장을 열 수 있도록 허가증을 내주고 허가료를 받았다. 1850년대 초 New Harbour(케펠 항구)가 개발되면서 이브라힘이 소유하고 있던 텔록 블랑아(Telok Blangah)의 해안가 토지의 가치가 크게 상승하면서 이브라힘은 부자가 된다. 싱가포르 당국은 이브라힘이 해적에서 사업가로 전향한 것을 적극 환영했다. 이브라힘은 유럽인 상인들과 친분을 쌓고 동업 관계도 형성한다.

이브라힘은 부유해졌지만 예비 술탄 알리는 채무로 인해 감옥에 가야 할 정도로 극심한 경제적 어려움을 겪었다. 알리는 연금으로 받는 액수가 적다고 불평을 하면서도 무역으로 손을 더럽히긴 싫어했고, 결국 추종자들의 급여 지급도 할 수 없는 형편이 된다. 정부에서 주는 연금은 채무의 이자 상환을 위해 인도인 채권자에게 넘어가고 만다.

일부 유럽 상인들은 떠오르는 별인 이브라힘에게 편승해 부를 누렸고, 알리의 약점을 이용하려는 상인들도 나타난다. 유럽인 상인들이 음모를 꾸미는 것에 버터워스 총독은 경각심을 느꼈고, 조호 정치에 이들이 간섭하는 것을 막으려 했다. 1855년 버터워스 총독은 알리와 이브라힘 사이에 조호조약(Johor treaty)을 맺는 것을 성사시킨다. 이 조약에 따르면 알리는 이브라힘을 조호의 실질적 통치자로 인정하고, 알리는 고정된 액수의 수당을 받고 그토록 바라던 술탄의 지위를 획득하게 되었지만 이는 허울뿐인 명예였다. 알리의 아들은 술탄의 지위를 계승할 수 없었고, 알리의 가족은 캄퐁 글람에서 계속 가난에 허덕였다.

이브라힘은 New Harbour의 본인 소유 토지를 민간 기업에 임대하는 것과 조호의 중국계 영국인(Chinese British subjects)들을 부당하게 대우한 것과 관련해 싱가포르 당국과 다툼을 벌인다. 영국은 1850년대 후반까지도 싱가포르 항구 인근의 섬들에서 이브라힘이 계속 추장을 임명하고 있다는 것을 알고 놀라게 된다. 조사를 나가 보니 영국이 싱가포르를 지난 40년 동안 지배하고 있었다는 사실조차 모르는 추장도 있었고, "싱가포르 내에서 영국의 존재는 알지만 그게 나와 뜨믄공과의 관계와 무슨 상관이 있느냐"고 반문하는 추장도 있었다.

조호조약은 총독이 지위와 토지를 배정하는 등의 내용을 담고 있어서 말레이

전통을 어긴 대목이 많았다. 이에 대해 링가의 술탄 마흐무드(Mahmud)와 재상 (bendahara) 알리(Ali)는 분노를 표출한다. 1841년 재상 알리는 절차에 따라 이브라힘을 술탄 마흐무드의 뜨믄공으로 임명했는데, 1855년에 자신이 없는 상태에서 이브라힘이 임의로 조약을 맺고 알리지도 않은 것에 화를 낸다.

당시 이브라힘은 영국의 편에 서는 것이 이득이라고 판단했다. 버터워스의 후임 캐비나(Cavenagh) 총독은 이브라힘의 똑똑한 아들 아부 바카르(Abu Bakar)와 공조관계를 맺었고, 1862년 아부 바카르는 아버지를 이어 뜨믄공이 된다. 아부 바카르는 기독교 선교단의 교육을 받아 영어를 유창하게 구사했고, 여러 대의 총독들과 협업해 상생하는 결과를 가져온다. 그는 자신의 근거지를 탄종 푸트리 (Tanjong Putri, 현재의 조호 바루)로 옮겼고, 여기에서 해협식민지의 행정, 사법 체계를 구상했다. 1885년 영국은 아부 바카르를 조호의 술탄으로 인정한다.

아부 바카르의 가족은 싱가포르에 거주하면서 스포츠와 사교계에서 활약했지만 정치활동을 하지는 않았다. 텔록 블랑아의 말레이 공동체의 관심은 조호 본토로 돌아갔고 캄퐁 글람의 귀족은 가난으로 몰락했기 때문에, 이후 싱가포르의 말레이 공동체를 이끌 지도자는 등장하지 못하게 된다.

인종집단의 동태
—중국인

　중국인들은 조직화하고 그들의 일을 독립적으로 처리하는 특징을 가지고 있었고, 이런 특징에 대해 지배계급은 한편으로는 존중하면서도 또 한편으로는 우려하는 시각을 가지고 있었다. 정부 관리들은 중국인들을 근면하고 자립심 있는 이주자들로 존중했지만, 그들이 가져온 집단 간의 반목과 비밀결사를 두려워했다. 대다수의 중국인 이주자들은 칸톤(Canton, 廣東) 동부와 호키엔(Hokkien, 福建) 남부 해안 출신의 강인한 개척자들이었다. 이 지역 인구의 다수는 농업보다는 어업, 정크선 건조, 무역 등에 종사했고, 야심 있는 젊은이들은 생계 대책을 찾아 외부로 이주하는 것에 익숙했다. 검소한 생활과 강도 높은 장시간 노동이 몸에 밴 젊은 이주자들은 고되고 궁핍한 난양(Nanyang, 南洋)에서의 새로운 삶에 아주 잘 맞는 사람들이었다.

　싱가포르에 온 중국인 이주자들 대부분은 고향 밖으로 나가 본 적이 없는 문맹 상태의 젊은이들이었고, 생소한 싱가포르에 이주해 오면 동포들 사이에서 친근한 조직을 찾게 마련이었다. 같은 성을 가지거나 같은 고향 출신이거나 같은 방언을 쓰는 선참 이주자들과 합류해 그들과 비슷한 직업을 가지게 된다. 이러한 집단들은 더 큰 범위의 출신지역 방(幇, pang) 또는 조합을 형성했다. 방과 조합의 활동은 고용 문제뿐만 아니라 상호 부조, 사원 유지 등 광범위한 사회, 종교, 경제 활동들을 망라했다. 페낭과 말라카로부터 건너온 중국인들도 몇몇 단체를 결성했다. 1823년에 이미 하카(Hakka, 客家) 협회가 있었고, 떠쥬(Teochew, 潮州) 공동체는 1830년 니안콩시(Ngee Ann Kongsi, 義安公司, 니안은 떠쥬의 옛 이름)를 설립했다. 1839년에는 호키엔(Hokkien, 福建) 협회가 결성되었다.

이러한 혈연과 지연에 대한 애착심은 중국인들이 새로운 정착지에 적응하는 데에 도움이 됐지만, 한편으론 호키엔(Hokkien)과 칸토니즈(Cantonese)는 지독한 집단 갈등을 벌이기로 악명이 높았다. 호키엔과 칸톤은 청(淸) 왕조 타도에 헌신한 정치 비밀결사인 삼합회(三合會, Triad Society 또는 Heaven and Earth Society)의 본거지였다. 17세기 중반 만주족이 세운 청(淸)이 중국을 정복했을 때 정치적인 이유로 망명한 사람들이 말라카에 비밀결사를 설립했던 것 같은데, 이런 해외 비밀결사의 주된 기능은 중국인 쿨리(coolie, 노동자) 무역을 조직화하는 것이었다. 1880년 중국인이민법이 통과될 때까지 중국인 쿨리 이주자들의 배분은 비밀결사 간부인 브로커들이 담당했다. 일찍이 싱가포르에 삼합회 지부가 설치되었고, 1840년에 이르자 삼합회는 5천에서 6천 명 사이의 회원을 보유했다. 19세기 중반 다른 비밀결사들이 경쟁자로 갑자기 등장하면서 폭력과 범죄가 자주 일어나게 된다.

당시 비밀결사들의 정치적인 전복 대상은 만주족이 세운 청(淸) 왕조뿐이었고, 싱가포르 사회에는 유용한 기능을 많이 수행했다. 그들은 젊은 이주자들을 보호하고 고용을 주선했고, 낯선 타지에서 소속감을 가질 수 있게 했다. 또한 공식적인 사법시스템에 접근하기 어려운 구성원들 사이의 분쟁을 해결하는 기능도 맡았다. 그러나 절대적인 복종을 고수하고 위증까지 감수하면서 구성원들을 보호하는 비밀결사들의 행태는 영국의 사법시스템을 방해하는 부작용을 낳는다. 따라서 정부 관리들은 비밀결사가 행하는 재판의 권위를 약화시키려고 노력했고, 경범죄를 빠르게 처리하고 명백한 위증에 대해 엄중한 처벌을 내리려고 한다. 또한 빈부에 관계없이 법을 공정하게 집행하기 위해 치안판사가 주재하는 법정을 더 많이 열어 더욱 많은 중국인들을 영국 사법시스템 내로 끌어들이려고 했으나, 이런 노력은 별다른 성공을 거두지 못했다. 정부 당국은 비밀결사를 탄압하고 싶었지만 주저했고, 버터워스(Butterworth) 총독은 비밀결사를 억제하자는 대배심원의 청원을 기각한다. 대배심원은 비밀결사 억제를 계속 청원했고, 비밀결사 회원이 섞여 들어올 것을 우려해 중국인들이 배심원이 되는 것을 금지하기를 원했다.

비밀결사들은 모든 중국인 이주자들을 회원으로 등록시키기를 추구했고, 중국인들이 기독교로 개종하는 것을 그들의 권위에 대한 위협으로 여겨 심하게 반대했다. 1851년 비밀결사는 내륙에 있는 농장의 기독교 개종자들을 쓸어버리기 위해 갱단을 보냈고, 5백여 명의 기독교도가 학살되고 30개에 가까운 농업 정착지가 파괴되었다는 소문이 돌게 된다.

1850년대 중반에 이르자 중국인들의 이주는 정점을 갱신한다. 수천 명의 젊은이들이 청(淸) 왕조의 해외이주 금지령을 어기고 기아와 내전을 피해 탈출했다. 1853년과 1854년에 걸쳐 1만 3천 명 이상의 중국인들이 싱가포르에 건너왔고, 그들 중 다수는 중국 남부를 휩쓴 내전에 연루돼 망명한 사람들이었다. 이러한 망명자들의 유입은 기존 사회의 균형을 무너뜨렸고, 긴장상태가 지속된 후 결국 1854년 내륙에서 폭동이 일어나 대규모 유혈사태로 번진다. 마을이 통째로 파괴되고 여자와 아이들에게도 끔찍한 잔혹행위가 가해졌다고 보고되었고, 수백 명의 중국인들이 외곽에 집결하여 도시를 공격하려 한다는 소문까지 나돌았다. 이 폭동에서 약 4백 명의 중국인들이 살해당하고 많은 중국인 상점들은 약탈을 당했으며, 도시에서의 폭동이 진정된 후에도 외곽 지역에서는 일주일 동안 다툼이 이어졌다. 그러나 이 소동은 중국인들 내부의 분쟁이었고 다른 인종집단이나 식민정부를 향한 것은 아니었다.

비밀결사들의 주 수익원은 쿨리 매매와 매춘이었고, 대부분 미혼의 젊은이들인 이주자들을 착취할 여지가 많았다. 노동력에 대한 수요는 쿨리 운송에서 심각한 학대를 야기했다. 많은 젊은이들이 납치되거나 중국 현지의 모집책에게 속아 끌려왔고, 싱가포르까지의 항해는 악몽과도 같았다. 푹푹 찌는 짐칸에 갇혀 오다가 항해 도중 죽는 사람이 부지기수였고, 시신은 싱가포르 항구에서 물속으로 던져지곤 했다. 1863년 마카오에서 온 정크선에서는 3백 명의 최초 승객 중 120명만이 살아남았다고 한다.

먹고 살 방법이 없어서 싱가포르에 건너오는 중국인들에게 뱃삯을 지불할 돈이 있었을 리는 만무했다. 그들은 뱃삯을 선장에게 빚진 상태로 싱가포르에 건너왔고, 고용할 사람이 선장에게 뱃삯을 지불할 때까지 짐칸에 갇혀 있어야 했다. 멀쩡한 사람은 고용주가 곧 데려갔지만, 아무도 고용하려 하지 않는 병든 사람은 짐칸에서 최후를 맞곤 했다. 이런 방식으로 일자리를 찾은 이주민 노동자들은 고용주를 위해 1년간 일할 의무가 있었고, 그 기간 동안 고용주는 먹이고 입히고 재우면서 약간의 용돈을 주었다. 의무노동기간이 지나면 자유롭게 직업을 구할 수 있었다.

영국 식민정부는 유력한 중국인 상인들을 서로 다른 방언 그룹 간의 중재자로 활용했다. 유럽 방식을 경험하고 말레이어와 약간의 영어를 구사할 수 있는 바바 차이니즈(Baba Chinese, 중국계 퍼라나칸)는 이런 일을 하는 데 있어 남다른 이점을 가지고 있기 때문에 가장 먼저 활약을 했다. 다음으로 이 일에 합류한 것은 말라카 태생의 호키엔(Hokkien)이었는데, 그 대표적인 인물은 탄톡셍(Tan Tock Seng)과 탄킴셍(Tan Kim Seng)이었다. 앞서 소개한 바와 같이 야채노점상으로 시작해 큰 부를 일군 탄톡셍은 최초의 아시아인 치안판사가 되었고, 탄킴셍은 무역으로 큰돈을 벌어 1864년 사망할 때의 재산이 당시로서는 엄청난 금액인 2백만 달러에 달했다고 한다.

일에 대한 감각이 뛰어나다는 평을 받던 중국 태생의 이주자들은 곧 바바 차이니즈의 패권에 도전한다. 가장 두각을 나타낸 두 명의 인물은 세유친(Seah Eu Chin)과 후아케이(Hoo Ah Kay)였다. 하급 관리의 아들이고 교육수준이 높았던 떠쥬(Teochew, 潮州) 출신인 세유친은 1830년 싱가포르에 정착해서 선구(船具)를 판매하고 토지에 투자하였으며 후추와 아선약(gambier)을 재배했다. 영국 식민정부는 세유친을 떠쥬 공동체와의 중재자로 신뢰했다. 칸토니즈(Cantonese)인 후아케이의 별명은 그의 출생지인 왐포아(Whampoa)였고, 본명보다 주로 별명으로 불리게 된다. 왐포아는 가장 부유한 중국인이자 유럽인들 사이에서 가장 유명했던 인사로, 1830년 15세의 나이에 싱가포르에 정착해 1880년에 사망했다.

왐포아는 선구(船具) 사업을 일으켜 번창했고, 이후 관심을 다른 분야로 돌려 백화점, 제과점, 제빙(製氷) 등으로 사업을 확장했으며 부동산 투자에서도 큰 수익을 얻었다. 왐포아는 19세기 싱가포르의 중국인 중 가장 높은 정치적인 지위를 얻었고, 1869년 아시아인으로는 최초로 입법위원회 위원이 되었다.

학식이나 관직에 따라 리더십이 좌우되던 중국 본토에서의 전통적인 양상은 싱가포르 이주민 사회에서 더 이상 유효하지 않았다. 학식보다는 부와 물질적인 성공이 더 존경을 받았고, 부유한 중국인들은 병원, 학교, 빈민구제소, 시장 등을 짓거나 오락 이벤트를 후원함으로써 명망을 쌓았다.

부유한 중국인 상인들은 표면적으로는 식민정부에 협조적이었다. 특히 왐포아는 영국인들과 교분이 두텁고 영어를 유창하게 구사하여 거의 영국인이나 다름없다는 이야기를 들었다. 그러나 가장 서구화된 중국인들조차도 중국의 전통, 관습, 가치관을 고수했고, 중국식 복장과 머리 모양을 유지했다. 부유한 중국인들의 사생활은 가까운 유럽인들에게도 미스터리로 남아있었고, 그들이 지하세계와 연관이 있는지 아닌지 알 방법이 없었다. 유력한 중국인 상인들 중 어느 누구도 비밀결사 회원임을 시인하지는 않았지만, 왐포아를 비롯한 유명한 중국인들이 비밀결사의 지도자라는 소문이 나돌았다.

식민정부는 취약성을 가지고 있었지만 그 권위에 대한 심각한 도전에 직면한 적이 없었기 때문에 큰 경각심을 가지고 있지 않았다. 다양하게 섞인 싱가포르의 인구는 인종, 언어, 종교, 관습, 경제활동 등으로 이미 자연스럽게 나뉘어 있었고, 중국인도 여러 방언 그룹으로 나뉘어 있었다. 그렇기 때문에 식민정부는 영국 특유의 '분할하여 통치한다'(Devide and Rule)는 정책을 의식적으로 펼 필요조차 없었다. 중국인들은 중국 내부의 분쟁을 싱가포르에 옮겨 오기는 했지만, 영국과 중국이 전쟁을 치를 때조차도 식민정부에 적대감을 표출하지 않았다. 중국인들은 잠재적인 위험요소일 수 있었지만, 그 이유는 그들이 떠나온 나라인 중국을 지지하기 때문이 아니었고 그들이 지금 살고 있는 곳에 대한 애착이 없기 때문이었다.

죄수 노동력을 활용하라

예나 지금이나 노동력 부족 문제는 싱가포르의 고질적인 고민거리이다. 이 시기 공공사업을 벌이는 데 있어서 노동력과 예산 부족 문제를 해결하기 위한 방책 중 하나는 죄수 노동력의 활용이었다. 또한 감옥을 유지하는 데에 들어가는 예산을 확보하기 어려웠던 것도 죄수를 노동력으로 활용할 수밖에 없는 원인으로 작용했다.

일찍이 인도인 죄수들은 싱가포르의 공공사업에 값싼 노동력을 꾸준히 공급했다. 죄수 집단을 수감하고 통제할 수 있는 정부 세입이 불충분했기 때문에 죄수들은 싱가포르에서 상당한 자유를 누릴 수 있었다. 이러한 상황 때문에 모범수를 간수로 승진시켜 죄수들을 감독하게 하는 시스템이 자리 잡게 된다. 집단으로 강도 높은 육체노동에 종사하는 기간이 지나고 나면, 죄수들은 구금 기간동안 유용하게 써먹고 석방 후에 새로운 삶을 영위하는 데 필요한 기술을 배웠다. 그들이 배운 기술은 벽돌 제조, 방직, 재단, 밧줄 제작, 인쇄, 목공, 사진 등이었다.

이러한 죄수 관리 기법은 재정적인 문제 때문에 탄생했지만 이후 싱가포르의 자랑거리가 된다. 네덜란드 동인도회사, 시암, 일본 등지에서 조사단이 와서 자국에 적용할 수 있을지를 연구하였고, 처벌보다는 교육훈련과 교화를 하여 쓸모 있는 노동력으로 전환하는 부분을 중점적으로 보았다. 19세기 중반의 싱가포르는 죄수 관리에 있어 세계 어떤 곳보다도 제레미 벤덤(Jeremy Bentham)의 공리주의적 사고에 가까운 곳이 되었다.

싱가포르에서 대부분의 죄수는 인도인이었다. 소수의 중국인 죄수도 홍콩으로부터 이송되었지만, 그들은 비밀결사의 도움을 받아 쉽게 탈출해 일반 사회로 섞여 들어갈 수 있었다. 여러 해 동안 소요를 일으킨 끝에 중국으로부터의 죄수 이송은 1856년에 중단된다. 인도에서 죄수가 이송되는 것은 1860년을 마지막으로 중단되었고, 형기를 마친 마지막 인도인 죄수가 송환된 것은 1872년의 일이었다.

죄수 노동력의 활용에 긍정적인 측면만 있는 것은 결코 아니었다. 가뜩이나 유럽인들은 수많은 아시아인들 사이에서 소수에 불과하다는 점을 염려했고, 인종에 관계없이 부유한 상인들은 돈을 벌기 위해 온 가난하고 무지하고 굶주린 젊은이들을 의심스러운 눈으로 바라보았다. 이런 와중에 죄수들까지 더해지면 범죄가 만연하는 대가를 치르지 않겠냐는 인식을 가지게 된다. 이 당시의 싱가포르는 정말 온갖 종류의 인간쓰레기를 다 모아놓은 양상이었다.

유럽 상인들은 처음엔 값싼 노동력의 필수적인 원천으로 여겨 죄수들을 환영했지만, 19세기 중반이 되자 싱가포르 사회 저변에 폭력적인 기류가 깔리는 것을 염려하게 된다. 특히 캘커타에서 무장 강도, 폭력배 등을 포함한 다수의 위험한 죄수들이 들어오는 것에 공포를 느낀다. 대중들 역시 인도인 죄수들을 두려워했다. 죄수들이 시가행진을 하도록 허락받는 힌두 축제와 무슬림 축제 때에는 어김없이 폭력사태가 발생했다.

죄수 노동력이 싱가포르 건설에 기여한 것은 많았지만, 인구의 특성에 미칠 장기적인 영향은 당시로서는 측정하기 어려웠다. 1859년까지는 죄수의 수형 기간이 끝나면 본국으로 송환한다는 법조항이 갖춰지지 않았고, 1859년 이후에도 범죄자들이 출소 후 싱가포르에 영구적으로 눌러앉는 일이 많았다. 남초(男超) 현상이 심각했던 당시 인도인 사이에서는 미혼 남성의 신붓감으로 여성 죄수에 대한 수요가 많았고, 그 때문에 식민정부는 여성 죄수의 갱생에 열성적이었다. 여성 죄수는 설령 살인범이라도 감옥에서 이삼 년 넘게 있는 경우가 드물었다. 전과자가 재범을 저지르는 비율은 높지 않았다. 전과자의 수가 두드러지게 많았던 인종집단은 자위 퍼라나칸(Jawi-Peranakan, 인도인과 말레이인의 혼혈)이었다.

심각한 성비 불균형과 사회 불안

싱가포르가 추구한 이주의 자유는 성장에 크게 기여했지만, 돈을 벌면 고향으로 돌아가려고 하는 가난한 젊은 남자들로 구성된 뜨내기 인구를 유입시키는 결과를 낳았다. 이로 인해 법과 질서를 유지하는 일은 매우 어렵게 된다.

인종집단들 중 말레이인, 부기스인, 유라시안(Eurasian)은 성비(性比)가 비교적 잘 맞고 있었으나, 중국인, 유럽인, 인도인은 남초(男超) 현상이 심했다. 중국인의 성비 불균형이 특히 심각했는데, 중국에서 여성의 해외이주는 법적으로 금지됐을 뿐만 아니라 사회적으로도 용납되지 못했기 때문이었다. 중국인 여성들의 이주는 본국에 혼란이 발생했을 때 부인과 가족들이 싱가포르에 잠시 피난을 오는 정도에 그쳤다. 1859년 중국 정부가 해외이주법을 완화한 후에도 여러 해가 지나고 나서야 정상적인 중국인 여성들이 이주해 오기 시작했고, 그 이전까지 싱가포르에 건너오는 중국인 여성은 혼혈 아니면 비밀결사가 조달해온 어린 매춘부뿐이었다.

중국인의 남녀 성비 불균형은 심각한 사회 문제를 초래했다. 지배계급은 결혼을 통해 영구적인 정착을 유도해 뜨내기 인구를 양산하지 않기 위해 중국인 여성의 이주를 권장했다. 또한 젊은이들이 범죄에서 손을 떼게 하고, 비밀결사가 매춘을 장악하는 것을 막고, 중국인들이 본국에 있는 가족들에게 송금하는 것을 차단하여 그 돈이 싱가포르 개발을 위해 쓰이게 하는 것도 목적이었다.

1856년 유럽인 상인들은 싱가포르에 아내를 데리고 오는 중국인들에게 보너스를 지급하기로 한다. 1861년 캐비나(Cavenagh) 총독은 도박 합법화 계획을 고려하면서 도박장 허가료로 들어오는 세입을 중국인 여성 이주에 보조금으로 쓰자고 제안한다. 그 목적은 중국인들이 도박에서 손을 끊고 가정의 품으로 돌아가게 하여 영구적으로 정착한 노동력을 확보하는 것이었으나, 캐비나 총독의 이런 구상은 결실을 보지 못했다. 1860년대 중반에도 중국인의 남녀 성비는 무려 15대1에 달했다.

초기 싱가포르가 폭력적인 장소가 된 원인은 허약한 식민정부, 치안 유지를 위한 재원의 부족, 비밀결사의 위력, 그리고 뜨내기 인구였다. 19세기 중반 싱가포르는 중국인 이민의 핵심지역이 되는데, 이민자 수가 많아지면서 경찰과 정부는 고전을 면치 못했다. 1854년 7월에 유럽인, 유라시안 거주자들이 싱가포르 라이플 의용부대(Singapore Volunteer Rifle Corps)를 설립했는데, 이런 일은 영국의 동양 식민지 중 처음 있는 것이었다. 싱가포르 당국은 범죄자와 병자의 유입을 막고 쿨리와 매춘부 인신매매를 저지하려고도 했으나, 상인들은 이민자 노동력을 규제하는 걸 가만히 지켜보지 않았다. 자유이민은 자유무역 다음의 신성한 원칙으로 지켜진 것이기 때문이다.

치안 문제는 심각했다. 내륙 지역의 농장들에는 정부의 손이 닿지도 않았고, 도시 지역도 결코 안전하다고 할 수 없었다. 가장 큰 문제는 중국인 비밀결사의 소행으로 의심되는 갱단의 강도질이었다. 1840년 초반 많으면 2백 명에 이르는 중국인 갱단은 거의 매일 밤 도시 지역을 습격했고, 그들의 주된 목표는 말레이인 거주 구역이었다. 그들은 때로는 인도인들과 유럽인들도 공격해 건물을 한바탕 뒤집어놓고 살인을 저질렀다. 갱단의 횡포에 도시 전역이 공포에 휩싸였고, 허약한 경찰력은 손 놓고 구경만 하고 있을 뿐이었다.

1843년에 이르자 폭력 범죄는 매우 심각한 지경에 이른다. 마운트 엘리자베스(Mount Elizabeth)의 농장이 약탈당하는 일로 범죄 문제는 정점에 달했고, 인근 지역의 주민들이 보호를 촉구한다. 불에 기름을 붓는 격으로 당시 네덜란드 동인도회사는 계속해서 싱가포르로 문제아들을 보내왔고, 1846년 리아우에서 이주해온 중국인 3천여 명 중엔 추방된 비밀결사 지도자들도 포함되어 있었다.

상인들은 토마스 던맨(Thomas Dunman)을 초대 총경(superintendent of police)으로 임명하라고 정부를 설득했다. 던맨은 적극적이고 합리적인 인물로 유럽인 관리들과 상인들의 신임을 받았고, 중국인들과도 실리적 관계를 맺고 있었다. 던맨은 경찰력을 동원하려 했지만 경찰의 수준은 너무나 낮았다. 당시의 경찰은 저임금 3D 직종이었기 때문에 가난한 실업자들이 돈벌이 수단으로 잠시 거쳐 가는 직업에 불과했다. 그리고 위험한 현장에 가느니 불법 도박장의 뇌물을 받는 것이 경찰관들에게 더 이득인 상황이었다.

던맨은 노동환경 개선과 임금 상승을 통해 경찰의 역량을 높이려고 애썼고, 경찰의 근무시간을 줄이고 읽기와 쓰기를 가르쳤다. 던맨의 노력은 몇 년 지나지 않아 결실을 맺기 시작했고 갱단의 강도 행위가 줄어든다. 던맨은 1857년 싱가포르의 첫 경찰청장으로 승진했고, 많은 제약조건 속에서도 놀라운 성과를 이룬 후 1871년 명예롭게 퇴직했다. 경찰의 규모는 여전히 작았지만 경찰관들의 능력과 사기가 크게 진작되었고, 해안을 따라 경찰관이 배치되었다. 경찰 예산은 부족했지만, 예산 부족은 한편으로 장점이 되기도 했다. 강경 일변도로 나가는 대신 설득과 협력이라는 전략을 주로 사용하게 된 것인데, 이런 전략을 통해 던맨은 효율적이고 인간적인 경찰의 토대를 쌓았다.

취약한 사회간접자본과 보건 대책

19세기 전반의 싱가포르는 국제 전쟁에 휘말릴 걱정이 없었고, 정부 관리들과 상인들 모두 방어에는 별 관심이 없었다. 상인들은 방어에 소요되는 약간의 비용조차도 못마땅하게 여겼지만, 군 장교들은 방어의 필요성에 대해 관심을 가졌다. 1827년과 1843년 싱가포르에 파견된 군 장교들은 방어시설 구축의 필요성을 절감하고 추진했지만, 예산 부족 등의 이유로 번번이 중단되거나 묵살되었다. 1848년 헨리 케펠(Henry Keppel, 싱가포르 신 항구는 훗날 그의 이름을 따 Keppel Harbour라 불림) 대령은 New Harbour를 조사한 후 그것이 가지는 이점을 해군성에 보고한다. 그러나 영국 정부는 싱가포르 대신 홍콩을 극동지역 해군 본부로 선택했다.

1854년 크림전쟁이 발발하자 싱가포르 상인들은 그들이 현실에 너무 안주했다는 것을 느끼고 충격을 받았다. 방어력이 없는 상태에서 번영을 이룬 싱가포르는 외부 공격의 목표물이 될 수 있었고, 크림전쟁 기간 동안 싱가포르의 영국인들은 외부로부터의 해상 기습을 두려워했다.

30여 년 동안 가만히 있던 캘커타의 동인도회사 본부는 갑작스럽게 싱가포르 방어시설 구축에 착수한다. 총독 블런델(Edmund Blundell)이 간단한 방어시설 구축이 필요하며 국지적인 폭동이 일어날 경우에 유럽인들이 대피할 장소가 있어야 한다고 청원하자, 동인도회사 본부는 1858년 조지 콜리어(George Collyer) 대령을 파견했다. 콜리어는 열정적으로 일을 추진했다. 해안 포대를 구축하였고, 도시와 바다를 내려다볼 수 있는 과거 '금단의 언덕'이라고 불리던 Government Hill에 무기고, 막사, 화약고, 보급시설 등을 갖춘 요새를 갖췄다. 인근 언덕에는 소규모 요새와 대피소를 지어 시내를 둘러쌈으로써 도시 구역을 준 군사주둔지로 만든다. 콜리어는 New Harbour를 통제할 수 있는 위치에 있는 섬에 요새를 구축하고 싱가포르 강까지 운하를 뚫으라고 조언했다.

싱가포르를 거대한 군사 요새로 만들면 교역을 죽이는 결과를 가져올 수 있다고 동인도회사 본부에 경고했던 블런델 총독은 콜리어의 제안에 충격을 받았고, 콜리어는 계획을 일부 수정할 수밖에 없었다. Government Hill의 요새는 1860년에 완성되어 인도 총독 찰스 캐닝 경(Lord Charles Canning)의 이름을 따 포트 캐닝(Fort Canning)이라는 명칭을 갖게 된다. 사실 포트 캐닝은 콜리어의 어리석음이 반영된 무용지물에 불과했다. 독자적인 급수가 불가능했기 때문에 내부 소요가 발생할 때 유럽인들의 대피소로 활용할 수 없었고, 요새에 설치된 대포의 사정거리는 바다에 이르지 못했기 때문에 외부 공격으로부터 도시를 보호할 수도 없었다. 그 때문에 내부 소요가 일어났을 때 차이나타운을 포격하기 위해 설치한 것이 아니냐는 조롱을 받게 된다.

정부 세입의 부족과 잠시 머무르는 성격의 인구 때문에 교육 정책과 사회복지사업을 펴기는 어려웠고, 싱가포르를 교육의 중심지로 만들겠다는 래플스의 꿈은 곧 시들었다. 동인도회사는 관리들에게 현지 언어와 관습을 교육시키는 것에 무관심했고, 교육에 대한 얼마 되지 않는 보조금마저 철회했다. 동인도회사의 인색함과 싱가포르 사회의 무관심 때문에 래플스가 세운 교육 계획은 실패하고 만다. 19세기 후반까지도 교육에 대한 수요는 거의 없었다. 이주자들은 돈을 벌기 위해 왔지 정착하여 가족을 이루기 위해 온 것이 아니었기 때문이었다.

1835년 유럽 상인들은 래플스가 창시한 싱가포르 인스티튜션(Singapore

Institution)을 완성하기 위해 기금을 조성했고, 1868년 싱가포르 인스티튜션은 래플스 인스티튜션(Raffles Institution)으로 이름이 바뀌어 지금까지 이어진다. 영어로 교육하는 중등학교, 그리고 일부는 영어로, 일부는 말레이어, 부기스어, 타밀어, 시암어 등의 토착어로 교육하는 초급학교로 구성된다. 학교 운영위원회는 특히 말레이인들을 교육하기를 열망했고, 1838년과 1839년 사이에 5명의 말레이인 교사를 채용한다. 상급학교에는 유럽인 거주자들과 부유한 중국인 상인들의 자제들이 모여들었다. 그러나 교육수준은 낮았고, 대부분의 아시아인 학생들은 직업을 찾거나 유럽인 고객들을 상대하기에 충분한 영어를 배우면 학교를 그만두었다. 초급학교는 실패작이었다. 교사들은 모집한 학생들의 수에 따라 급여를 받았는데, 학생 모집을 위해 열성적으로 홍보했지만 타밀어, 부기스어, 시암어, 말레이어, 그리고 대부분의 중국어 학급은 폐쇄되고 만다. 1843년이 되자 25명의 학생으로 구성된 호키엔(Hokkien) 방언 학급만이 살아남았다. 싱가포르 인스티튜션과 그 자매 여학교는 그저 그런 초급학교로 명맥을 유지했다. 수업료와 기부금은 비용을 감당하기 어려웠고, 정부가 건물 개보수 예산을 전혀 주지 않았기 때문에 1851년이 되자 학교 건물은 붕괴 위험에 처한다.

기독교 선교단체들은 초기의 싱가포르를 잠시 거쳐 가는 곳으로 여겼다. 개신교 선교회들은 싱가포르에 임시 본부를 설치하고 학교를 열었지만, 그들의 주 관심대상은 중국이었다. 제1차 아편전쟁 이후 중국이 기독교 선교사들에게 문호를 개방하자, 미국계와 영국계 개신교 선교단체들은 싱가포르에서 철수하고 학교를 폐쇄한다. 대부분의 선교사들이 중국으로 건너간 후에도 키스버리(Benjamin Peach Keasberry) 목사는 싱가포르에 남아 말레이인 아이들을 위한 학교를 설립했고, 신문 발행으로 재원을 마련해 30년간 성공적으로 운영했다. 뜨믄공(temenggong) 이브라힘은 넉넉한 후원금을 냈고, 그 자신과 수행원들의 아들들을 이 학교에 보냈다. 영국선교회의 미혼 여성선교사인 소피아 쿡(Sophia Cooke)은 동방에서 여성 교육을 활성화하는 임무를 띠고 1853년 싱가포르에 와서 여학교를 열었다. 주로 고아 소녀들이 대상이었고 매춘부들의 재활을 돕기도 했다. 1895년 소피아 쿡이 싱가포르에서 사망한 후 세인트 마가렛츠(St. Margaret's)라는 이름을 갖게 되는 이 학교는 21세기까지 살아남은 가장 오래된

버렐 신부가 학교를 운영했던 건물인 차임즈(CHIJMES)

여학교이다.

로마-카톨릭 단체는 포르투갈계와 프랑스계 선교단으로 분열되었고, 1886년까지 분쟁이 해결되지 않았다. 로마-카톨릭과 영국성공회 계열의 교육은 개인 독지가나 개별 선교사들의 몫이었다. 1852년 프랑스인 신부 버렐(Jean Marie Beurel)은 세인트 조셉스 인스티튜션(St. Joseph's Institution)을 열었고, 2년 후에 자매학교인 The Convent of the Holy Infant Jesus를 열었다. 버렐 신부는 개인 기부금을 모금하고 자신의 사재를 털어 학교 운영비를 조달했다. The Convent of the Holy Infant Jesus가 사용하던 건물은 그 약자인 차임즈(CHIJMES)라는 이름으로 잘 알려져 있으며, 원래는 페낭에서 건너온 수녀들이 세운 수녀원이자 고아와 오갈 데 없는 여자들을 보호하던 장소였다.

몇몇 개인들의 노력이 있었고 동인도회사도 교육에 관심을 가지기 시작했지만, 19세기 중반의 싱가포르 교육은 참담한 수준이었다. 1854년 캘커타 본부는 인도교육헌장(the intellectual charter of India)이라는 법을 통과시켰고, 동인도회사의 영역에 학년제의 토착어 초등~고등 교육시스템을 설립하는 게 그 목적이었다. 그러나 이로 인해 싱가포르는 오히려 악영향을 받았다. "공공지원금은 수업료에 상응하는 금액까지만 지원이 가능하다"고 동인도회사가 정한 불합리한 조항 때문이었다. 키스버리 목사의 학교에는 뜨믄공의 기부금에 해당하는 지원금이 주어졌으나, 싱가포르 인스티튜션의 지원금은 삭감되었고 버렐 신부의 학교처럼 수업료를 받지 않는 학교는 지원금을 한 푼도 받지 못하게 된다.

동인도회사는 싱가포르의 학생들이 직업을 구하기 위해 기초 영어를 익힌다는 생각에 빠져있는 것을 못마땅하게 여겼다. 동인도회사는 학생들이 그들 자신의 언어부터 먼저 익히는 것을 선호했고, 후임 총독들은 싱가포르에서 말레이어로 무상 초등교육을 제공함으로써 토착어 교육을 활성화하려 시도했다. 유럽인 상인들은 인도에서의 교육 정책을 싱가포르에 강요하는 것은 부당하다고 불평했다. 말레이어가 토착어이기는 했지만 소수 집단의 언어였고, 이때까지만 해도 중국인들은 중국어 학교를 갖는 것에 별 관심이 없었다. 유럽인 상인들은 영어를 공용어로 채택하자고 주장했지만 성공을 거두지 못했고, 영어공용화는 한 세기가 더 지나고 나서야 현대 싱가포르의 지도자 리콴유(Lee Kuan Yew)에 의해 관철된다.

동인도회사 직할식민지 시대가 끝나는 1867년까지 교육은 침체에 빠져 있었다. 영어 교육을 받을 수 있는 사람은 극소수에 불과했다. 중국어 학교는 존재하지 않았고, 싱가포르 인스티튜션에서 이따금 개설하는 학급 외에는 중국어를 배울 기회도 없었다. 말레이어 교육을 강조했지만 그 결과도 실망스러웠다. 코란 학교의 교육수준은 너무 낮아서 말레이 학생들은 싱가포르 주류사회에 진입할 능력을 갖출 수 없었다. 키스버리 목사가 세운 학교는 1872년에 말레이 교사들을 양성하는 사범학교로 전환하기로 되어 있었으나, 1875년 키스버리 목사가 급사하면서 학교는 문을 닫고 만다. 키스버리는 미래의 조호(Johor) 술탄 아부 바카르(Abu Bakar)를 교육하고 조호 왕국의 1세대 관리들을 훈련하는 데에 영향력을 미쳤지만, 싱가포르에 서구화된 말레이어 교육의 기반을 놓는 데에는 결국 실패했다. 그렇지만 세인트 조셉스(St. Joseph's), 세인트 마가렛츠(St. Margaret's), 래플스 인스티튜션(Raffles Institution), The Convent of the Holy Infant Jesus 등 19세기 중반 어렵게 설립된 학교들은 살아남아 결국 꽃을 피운다.

교육과 사회복지 측면에서 싱가포르는 19세기 중반의 기초적인 기준에도 미치지 못했다. 질병과 빈곤에 대처하고 삶의 질과 근로조건을 개선하기 위해 사회간접자본을 구축하는 것은 이주자 유입을 어느 정도 차단하지 않고서는 불가능한 일이었다.

1840년대 이전까지 병원은 존재하지 않았고, 두 명의 정부 소속 의사와 몇 명의 개인 의사를 제외하고는 사실상 의료서비스라고 할 수 있는 것이 없었다. 1823년 도제식 의사 양성 과정이 시작되었으나 월급이 적고 전망이 없어 지원자가 적었고, 1830년 이 과정을 졸업한 싱가포르 소년은 두 명뿐이었다.

항상 축축한 열기, 습지와 늪지대, 오물과 악취 같은 요인에도 불구하고 다행히도 싱가포르의 기후는 건강에 해롭지 않은 것으로 판명되었다. 말라리아와 나병은 흔하지 않았고, 콜레라와 천연두는 과밀한 슬럼가에만 국한된 문제였다. 특히 콜레라는 오물과 열악한 배수 시설이 초래하는 수질오염 탓이기 때문에 의학적 문제라기보다는 사회적 문제였다. 그리고 정부는 이런 문제를 개선할 돈이 없었다.

유럽인, 유대인, 아르메니아인, 유라시안, 중국인들을 비롯한 부유한 사람들은 주로 과식과 과음으로 인해 건강에 문제가 생겼다. 대부분의 유럽인들은 운동에 몰두하는 것으로 이 문제에 대응했고, 승마, 크리켓 등의 스포츠가 성행했다. 반면 일반 대중들 사이에서는 빈곤, 영양실조, 과밀, 아편중독으로 인한 사망자가 많았다. 무일푼의 중국인들이 매년 유입되었지만 노동력 수요는 부침이 있었고, 많은 이주자들과 몇 달씩 싱가포르에 발이 묶여 직업을 찾는 가난한 유럽인 선원들은 거리로 내몰렸다.

정부는 극빈자 수용소를 짓고 유지하기 위해 중국인 지도자들의 동의를 얻어 돼지고기 판매에 세금을 부과했다. 그러나 1837년 동인도회사 본부는 필수적인 식료품에 세금을 부과하는 것을 금지했고, 그 이후에는 예산 부족으로 인해 만성질환자만이 극빈자 수용소에 받아들여질 수 있었다. 유럽인과 중국인 상인들은 사회복지가 엉망인 것을 부끄럽게 생각하기 시작했고, 1844년 탄톡셍(Tan Tock Seng)이 공개회의를 주재하여 극빈자 병원을 지을 것을 정부에 청원한다. 탄톡셍은 병든 이주자들의 상륙을 금지하고 재산세로 병원 재원을 조달하자는 버터워스(Butterworth) 총독의 제안을 거부했다. 결국 대부분의 자금은 민간 자선행위에 의해 조달하고 약간의 재산세에 의해 보충하며, 정부는 의료지원, 의약품, 보조금을 제공하는 것으로 타협을 보게 된다. 탄톡셍은 극빈자 병원 설립을 위해 7천 달러를 기부하며 앞장을 선다.

1849년 병원이 문을 열었지만 문제의 본질에 대한 해결책은 되지 못했다. 병원으로 들어오는 극빈자들의 상태는 처참했고, 높은 사망률은 당연한 것이었다. 1852년에서 1853년 사이에는 환자의 3분의 1이 사망했다. 1857년 병원 운영위원회는 "경찰이 끌고 오지 않는 한 기어서 구걸할 수 있는 사람은 들어올 수 없다"고 선언한다.

이러한 참상 중 많은 부분은 아편중독 탓이었다. 대부분의 유럽인들은 아편 흡연을 과하게 할 때에만 해로운 나쁜 습관 정도로 여겼고 아주 심각한 문제로 생각하지 않았다. 그러나 개업의 로버트 리틀(Rober Little) 박사를 비롯한 몇몇 유럽인들은 아편 문제의 심각성을 알리고 아편을 억제하기 위한 노력을 기울였다. 1848년 리틀 박사는 전체 인구의 20퍼센트, 중국인 성인의 절반 이상이 아편중독자라고 추산했다. 중독자들은 구걸하는 처지로 전락했다가 감옥이나 극빈자 수용소에서 최후를 맞거나 자살에 이르곤 했다. 하지만 상인들과 정부 모두 아편이 중요한 수익원이었기 때문에 리틀 박사의 노력은 성공을 거두지 못했고, 20세기에 이르러서도 아편은 세입의 기둥 역할을 한다.

동인도회사와 싱가포르의 갈등

19세기 중반까지는 부족했던 정부 행정력이 별다른 불만을 야기하지 않았다. 그럴 수 있었던 데에는 1819년 싱가포르에 서기로 와서 승진을 거듭해 1836년 총독의 자리에까지 오른 조지 보냄(George Bonhan)의 역할이 컸다. 보냄 총독은 싱가포르 개척 초기부터 많은 경험을 가지고 있었고 사교성이 좋은 사람이어서, 어지간한 문제들은 총독과의 식사 자리에서 자연스럽게 해결되곤 했다.

1843년 보냄 총독의 후임으로 버터워스(Butterworth)가 부임하며 상황은 달라졌다. 버터워스는 이후 20년간 해협식민지 총독으로 근무하는데, 뻣뻣하고 잘난 척하는 인물이어서 전임 총독 시절의 특징이었던 친근하고 편안한 분위기를 박살낸다. 1845년 유럽인 상인들은 자치 문제에 있어 대의제를 도입하고 경찰과 재산 평가에 대한 통제권 강화를 요구했다. 이 문제 때문에 총독과 대배심원 사이의 갈등이 심했고, 분노에 찬 언론보도가 이어진다. 1847년 버터워스의 승인 하에 캘커타 본부는 치안판사의 경찰 임명과 통제권을 박탈한다. 민간 치안판사들은 전부 항의하며 사직했고, 이후 15년 동안 그 자리를 이어받으려 하는 사람은 아무도 없었다.

1848년 인도 식민정부는 정부 관료와 민간인으로 구성된 지방자치위원회를 만들어 싱가포르의 재산 평가를 담당하게 했으나 이것은 대중의 호응을 얻지 못했다. 위원회의 민간인 위원들은 총독이 임명했는데, 싱가포르 언론은 지방자치위원회가 정부 대신 총알받이 역할을 하는 것에 불과하다며 무시했다.

버터워스 총독 개인의 성격도 문제였지만 부임 시기도 좋지 못했다. 버터워스의 재임 초기는 1840년대의 상업 침체기와 맞물렸다. 몇몇 유럽 상인들 사이에서는 싱가포르가 동인도회사의 부속물로 남기보다는 본국 정부의 직속 식민지가 되는 것이 낫지 않겠냐는 논의가 일어나기 시작한다. 캘커타와의 상업적 연관성은 약화되고 있었고, 유럽과의 교역 증가와 증기선 출현으로 인한 교통과 통신의 발전으로 인해 런던과의 유대는 강화되고 있었다. 20세기 중반에 이르자 싱가포르에 있는 영국 회사는 대부분 런던 회사의 대리점이었다.

싱가포르를 영국 본국 직속 식민지로 전환하자는 논의는 몇 년간 있었으나, 실질적인 이슈로 부각시킨 것은 스코틀랜드 출신의 젊은 상인 윌리엄 리드(William Henry Read)였다. 리드는 싱가포르의 상업이 극도로 불안하고 버터워스의 인기가 바닥을 치던 1848년 휴가차 런던을 방문했다. 그때 리드는 싱가포르의 개척자 중 하나인 존 크로퍼드(John Crawfurd)를 만나 오랜 기간 동안 토의를 한다. 1851년 리드가 싱가포르로 돌아갈 때, 리드와 크로퍼드는 싱가포르를 동인도회사에서 완전히 분리하여 본국 직속 식민지로 전환하자는 주장을 펴기로 결심한다.

크로퍼드는 런던에서 싱가포르의 이익을 대변하기 위해 최선의 노력을 했으나, 리드가 싱가포르에 돌아와 보니 정치적인 격랑을 일으키기에는 상황이 여의치 않음을 알게 된다. 버터워스 총독은 초반에 자신이 저지른 실수를 깨닫고 상인들을 달래는 데에 상당한 성공을 거두었고, 경제 상황은 호황을 보이고 있던 것이다.

싱가포르에는 보다 현대적이고 정교한 행정이 필요했다. 유럽인 상인들은 권위주의적인 동인도회사 총독들과 비효율적인 관료체계에 점점 답답함을 느꼈다. 사업가들은 공공 업무에서 자신들이 배제된 것에 분노했고, 자신들의 재력에 걸맞은 자리를 정부에서 차지하기를 원했다.

상인들은 동인도회사가 국제항구에 어울리는 상업편의시설을 제공하지 않는다고 불평한다. 1850년대에 동인도회사 본부는 인도의 항구와 선박 시설 개선에 힘쓰면서도 해협식민지에도 같은 혜택을 주는 것은 경제적 이유를 들어 망설였고, 싱가포르 상인들은 이에 대해 비난했지만 정작 혜택을 위한 비용을 내는 것에는 반대했다. 1852년 싱가포르에 기항하는 모든 선박에 과세해 호스버그(Horsburgh) 등대의 건설과 유지를 위한 비용으로 사용하는 문제를 두고 싱가포르 상인들과 동인도회사 간의 갈등이 촉발된다. 상인들은 결국 아시아 선박을 제외하고 과세하는 것에 마지못해 동의한다.

상인들이 학수고대했던 헌법 개정의 환상도 깨지고 만다. 동인도회사의 헌장이 1853년 갱신되어 이듬해인 1854년에 보다 확대된 권력을 지닌 입법위원회(Legislative Council)가 캘커타에 설립되는데, 이 기구에 싱가포르 대표는 없었지만 싱가포르 상인들은 해당 조직이 개혁에 있어 활발하고 현대적일 것이라 기대했다. 그러나 의회는 중앙집권 정책을 펼쳤기 때문에 싱가포르는 인도 관할 식민지 중 가장 큰 타격을 입었다. 결국 싱가포르 상인들은 인도와의 결별을 요구하게 된다.

1855년 버터워스 총독이 떠날 때까지만 해도 이후에 일어날 격랑을 예측하기는 어려웠다. 부임 초기 상인들과의 갈등은 잊힌 지 오래였고, 버터워스는 존경을 받으며 퇴임했다. 그의 후임자인 에드먼드 블런델(Edmund Blundell)은 동방에서의 경험이 많은 사람이었기 때문에 환영을 받았다. 블런델 총독은 처음엔 아버지같이 인자하고 성실하며 뛰어난 관리였으나, 차츰 완고하고 독재적으로 변해갔다. 블런델은 1855년부터 1859년까지의 중요한 시기에 여론을 거스르고 동인도회사가 인기 없는 법안을 통과시키도록 부추긴다. 블런델은 헌법 개정 운동가들과 충돌했고, 블런델이 항만사용료와 출항 서류 비용을 부과함으로써 항구 개선 예산을 확보해야 한다고 제안하자 운동가들은 격렬하게 반대한다. 싱가포르 상인들은 "총독 봉급을 반으로 깎아서 예산을 마련하라"고 반박했고, 반대에 못 이긴 동인도회사 본부는 블런델의 제안을 철회하고 만다.

유럽인 상인들 중 의견 표현이 적극적인 소수 그룹은 언론, 대배심원, 상공회의소, 공청회 등을 통해 블런델 총독과 동인도회사의 정책에 반대하는 여론을 조성했다. 언론 검열이 1835년 폐지되었기 때문에 유럽인 상인집단은 자신들의 의견을 표출할 수단을 많이 가지고 있었다. 1855년 스트레이츠 타임즈(Straits Times)는 행정의 근본적인 변화를 요구할 개혁 동맹의 결성을 촉구했다. 인도 식민정부로부터의 분리를 추구하는 의제는 공청회에서 기각되었으나, 리드(Read)를 비롯한 소수 그룹은 계속해서 인도로부터의 분리를 위해 애썼다.

1857년이 되자 불만은 최고조에 달했다. 이 해 초부터 더욱 엄격한 경찰 규제와 지방자치 개혁 시행에 관한 논란이 일어났고, 이러한 법령을 서투르게 시행한 것은 중국인들의 파업과 인도인들의 폭동을 야기했다. 영국이 중국과 전쟁을 벌이고 있던 1857년 2월 보르네오 북부 쿠칭(Kuching)에서는 중국인들의 폭동이 발생했는데, 불안해져 있던 유럽인 상인들은 이로 인해 싱가포르가 반영(反英) 음모에 휩싸이게 될 것으로 잘못 이해했다. 새로운 지방자치법과 관련해 페낭에서 3월에 일어난 중국인들의 소요는 이러한 논란에 기름을 부은 격이 되었다. 블런델 총독이 이런 위기에 조용히 대처한 것은 유럽인과 중국인 상인들의 적대적인 비난을 불러왔다.

인도에서의 폭동에 대한 보고서는 1857년 3월 말 싱가포르에 도착했는데, 이것은 팽팽한 긴장상태를 폭발 직전으로 몰고 갔다. 사실 해협 주둔지에 있는 남인도 출신의 군인들은 폭도들에게 동조하는 기미를 보이지 않았기 때문에 폭력사태가 해협식민지까지 확대될 것이라고 염려할 이유는 없었다. 그러나 캘커타 동인도회사 본부가 곧 관할 식민지 전역에 12개월간의 언론 검열을 실시함으로써 싱가포르는 간접적 영향을 받게 된다. 블런델 총독은 이 언론통제법을 시행하기 위한 절차에 착수하지는 않았으나, 언론은 동인도회사 본부가 해협식민지의 특수한 지위를 인정하지 않고 있다고 공격한다.

8월이 되자 거의 3천 명에 달하는 인도인 죄수들 사이에서 계획적인 반란이 일어날 것이라는 소문이 싱가포르에 파다하게 퍼진다. 또한 동인도회사 본부가 캘커타 감옥의 공간을 확보하기 위해 무장 강도와 위험한 죄수들을 싱가포르로 보내려 한다는 사실이 알려진다. 공포감이 퍼지면서 몇몇 사람들은 배를 타고 안전한 곳으로 피신했고, 동인도회사에 대한 분노는 극에 달했다.

인도 직할식민지 시대의 마감

위와 같은 위기 속에서 유럽인 상인들은 공청회를 열었고, 캘커타의 유럽인 상인들이 영국 의회에 제기한 동인도회사 폐지 청원을 지지하기로 의결했다. 싱가포르 상인들은 더 나아가 해협식민지가 인도로부터 분리되어 런던 직속의 식민지가 되어야 한다고 요구한다. 그들은 캘커타의 동인도회사 본부가 해협식민지들을 인도의 일부로 취급하고 현지의 희망 사항을 무시했다고 주장했다. 전반적인 불만을 입증하기 위해 청원자들은 다음과 같이 동인도회사에 관한 구체적인 고충 사항들을 열거한다.

1) 관세를 부과하고 루피(rupee)를 법정 통화로 표준화하려는 시도
2) 적절한 사법기관 설립을 게을리 한 것
3) 해적 소탕에 실패하고 말레이반도와 인도네시아 열도에 영국의 영향력을 구축하지 못한 것
4) 죄수들을 실어다 버리는 장소로 싱가포르를 활용한 것

이런 청원이 준비되는 동안 경비가 삼엄한 캘커타의 감옥으로부터 폭도를 비롯한 위험한 죄수들이 싱가포르에 이송된다. 싱가포르의 개방형 감옥 시스템은 그런 죄수들을 감당하기 어려웠고, 이를 걱정한 유럽인 상인들은 죄수 이송이 중단되어야 한다고 탄원했다.

싱가포르의 청원은 10년간의 혼란스러운 협상을 거친 후 해협식민지가 영국 본국 직속 식민지로 전환되는 과정의 시작이었다. 이러한 청원을 제기한 것은 싱가포르뿐이었고, 페낭에서 열린 공청회에서 싱가포르의 요구를 지지하는 사람은 극소수에 불과했다.

영국 하원은 싱가포르의 청원을 우호적으로 받아들였고, 청원이 성공할 것은 확실해 보였다. 싱가포르 상인들은 그들의 명분을 지지해줄 영국의 국회의원들, 상공회의소, 기타 상업단체들과 밀접한 유대관계를 가지고 있었다. 크로퍼드를 포함한 영향력 있는 전직 해협식민지 관리들, 해협식민지에 있다가 영국 본사로 돌아간 상인들 등의 지원세력도 있었다.

그러나 근본적인 문제는 돈이었다. 인도 식민정부는 내심 해협식민지들을 버리고 싶었지만, 복잡한 회계장부를 영국 재무성이 만족할 수 있게 상세히 풀어 설명하는 데에 시간을 소비할 생각은 없었다. 영국 식민성은 1860년 "인도 식민정부가 적자를 인정하는 동시에 흑자를 주장한다"며 불평을 터뜨린다. 리드, 크로퍼드, 전직 해협식민지 관리들, 싱가포르 상공회의소를 비롯해 본국 직속 식민지로의 전환을 열성적으로 주장한 사람들은 지나치게 낙관적이고 모순적인 재무 수치를 제시했다. 이는 본국 직속 식민지 전환의 명분을 약화시키고 영국 재무성과 식민성의 의심을 증폭시키는 결과를 낳는다.

영국 정부가 가장 걱정한 것은 방위비용이었다. 콜리어(Collyer)가 추진했던 요새화는 복잡하고 비용이 많이 들었고, 영국이 식민지에서 군대를 철수시키고 군사원조를 철회하는 정책에 착수하던 이 시기에 환영받지 못할 일이었다. 1862년 영국 국무장관은 국가재정에 짐이 되지 않을 경우에만 해협식민지의 본국 직속화가 받아들여질 수 있다는 입장을 취했고, 그 결과 영국 재무성은 협상을 중단시킨다. 싱가포르가 본국 직속 식민지가 되려면 자체 세입이 증가하여 방위비용을 모두 감당할 수 있게 되거나, 아니면 대영제국에 전략적으로 큰 중요성을 가진다는 것을 입증해야만 했다.

1858년 동인도회사가 폐지되고 인도가 영국 식민성의 직속 식민지가 되었지만, 싱가포르는 여전히 캘커타의 지배를 받았기 때문에 별다른 변화가 없었다. 1859년 인기 없는 블런델 총독이 물러나고 캐비나(Cavenagh) 대령이 후임자로 오면서 싱가포르의 분위기는 많이 바뀐다. 인도 직할식민지 시대의 마지막 총독인 캐비나는 정직하고 따뜻한 성품을 가진 사람이었고, 단호하지만 공정하고 실리적인 지도자였다. 캐비나 총독은 여론을 수렴하고 언론, 상공회의소, 대배심원 등에 세심한 관심을 보임으로써 존경과 사랑을 받게 된다. 그는 상인들과 정부 사이의 갈등을 많이 제거했고, 행정에 상당한 개선을 가져왔다.

캐비나 총독은 도시를 벗어난 지역에서도 법정을 열고 던맨(Dunman)이 경찰력 강화를 하는 것을 지원했다. 편의시설 개선을 위해 죄수 노동력을 최대한 활용했고, 죄수들은 도로, 공공건물, 법원, 병원, 정부청사 등을 짓는 데에 동원됐다. 1860년 인도 식민정부가 해협식민지로의 죄수 이송을 중단했지만, 마지막 인도인 죄수가 송환된 것은 1872년의 일이었다. 이 마지막 기간 동안 해협식민지 당국은 대대적인 공공사업을 벌였고, 그 결과물 중 다수는 21세기까지도 남아 있다. 그중 포트 캐닝(Fort Canning)과 새로운 세인트 앤드루스 성당이 대표적이다. 1864년에는 코코넛 오일을 사용하던 가로등이 가스등으로 교체되었다. 목조 교량은 철골 교량으로 대체되었고, 커머셜 스퀘어(Commercial Square) 서쪽편에 간척사업을 벌여 콜리어 키(Collyer Quay)가 형성된다.

이로써 도시 중심부는 인상적인 모습을 가지게 되었다. 여전히 도시 규모는 작았고 반경 1마일을 넘지 못하였으나, 도로망이 구축되고 해안을 따라 마을과 경찰서가 생기면서 싱가포르 섬의 나머지 부분에 대한 접근성도 대폭 개선된다.

캐비나 총독의 인기는 워낙 높아서 인도 폭동으로 초래된 경제 위기 동안의 불황과 많은 세금을 부과하려는 인도 식민정부의 시도에 대한 불만을 잠재울 수 있었다. 싱가포르 상인들은 1862년 항구세를 부과하려는 시도를 성공적으로 막아낸다. 인도 인지세법을 저지하는 데에는 실패했고 결국 1863년 인지세법이 시행되었으나, 인도 식민정부는 소득세를 해협식민지에까지 확대하려는 계획을 철회하게 된다. 소득세 부과를 할 수 없었기 때문에 캐비나 총독은 인구를 재산

19세기 커머셜 스퀘어(Commercial Square, 현재의 래플스 플레이스)의 모습을 묘사한 그림

상태에 따라 52등급으로 분류하고 각 등급에 일률과세를 하는 방법을 채택했다.

캐비나 총독은 재임기간 동안 언론, 대배심원, 상공회의소 등 각계의 지지를 누렸다. 휘하 관리들로부터는 무조건적인 충성을 받았고, 일반 대중으로부터도 따뜻한 존경을 받았다. 역설적으로 캐비나 총독은 인도 식민정부 지배의 인기를 높였고 본국 직속 식민지로의 전환에 대한 열망을 잠재우게 된다.

캐비나 총독의 선정(善政)으로 인해 본국 직속 식민지 전환 요구가 잠잠해진 상황에서 리드(Read)를 비롯한 급진파들만이 그 이슈를 살려두고 있었다. 급진파들은 런던에 있는 친구들의 도움을 받아 협상을 재개하자고 영국 정부를 설득했다. 그러나 영국 식민성은 싱가포르가 대영제국에 전략적으로 중요하다는 그들의 주장을 받아들이려 하지 않았고, 정부를 설득하기 위해서는 재무적 능력에 대해 입증하는 길밖에 없었다. 이것을 가능하게 한 것은 상인들이 그토록 강력히 반대했던 인지세법이었다. 새로운 인지세법으로 인해 발생한 세입이 좀처럼 해결될 것 같지 않던 세입 세출의 균형 문제를 최종적으로 해결한 것이다.

1863년 말 영국 정부는 홍콩 총독 로빈슨 경(Sir Hercules Robinson)에게 싱가포르의 상태를 조사하고 보고하는 업무를 위임한다. 그는 싱가포르를 본국 직속 식민지로 전환하는 것에 우호적인 권고를 하였지만, 군사비 부담에 대한 논쟁 속에 협상은 지연되었다. 영국 정부는 해협식민지 방어에 재정을 투입하기를 거부했지만, 1866년 육군성이 갑자기 홍콩 영국군 주둔지의 대안으로 싱가포르에 관심을 표명한다. 홍콩에서 군인들과 그 가족들의 사망률이 너무 높아 사회적 파문을 일으킬 정도였기 때문이었다.

법안은 급작스럽게 처리되었고, 본국 식민성으로의 인계를 위한 최종 준비는 서둘러 이루어졌다. 인도에서 해협식민지를 담당하던 상급 관리들은 강제적으로 은퇴를 당했는데, 인도 식민정부는 그들을 받아들이지 않았고 본국 식민성은 자신들의 사람을 쓰길 원하면서 그들은 허공에 뜨는 신세가 된다. 캐비나 총독 또한 식민성이 그의 후임자를 선택했다는 이야기를 공식적으로 전달받지 못했고, 새로운 총독이 이미 영국을 떠나서 오는 중이라는 이야기를 우연히 듣고 잔뜩 열이 받은 상태로 떠난다. 인도 식민정부의 직할식민지 시대는 1867년 4월 1일부로 막을 내렸고, 해협식민지는 본국 식민성의 직속 식민지가 된다.

제4장
영국 식민지 시대 중기
(1867~1914)

대영제국 직속 식민지의
쉽지 않은 첫 걸음

영국 본국의 직속 식민지(Crown Colony)가 된 이후 싱가포르는 70년이 넘도록 평화를 누렸고, 주기적인 국제 경제 침체로 인해 일시적인 정체를 겪기는 했지만 비교적 질서가 잘 잡힌 행정 속에서 꾸준히 번영을 이루었다. 이 기간 동안 겉으로는 평온했지만 네 가지 중대사건들이 일어나며 싱가포르 사회의 성격은 근본적으로 변화했다. 1869년 수에즈 운하(Suez Canal)가 개통되었고, 인도와 유럽 사이의 전신선이 싱가포르까지 연장됐으며, 1860년대 중반부터 화물 운송이 서서히 범선에서 증기선으로 이동했고, 1874년부터 말레이반도에서 영국의 보호령이 확대된 것이다. 이 사건들은 하룻밤 사이에 싱가포르를 확 바꿔놓은 것은 아니지만, 복합적으로 작용하면서 19세기의 마지막 사반세기 동안 싱가포르의 발전을 가속화했다. 싱가포르는 더 이상 배후지 없이 고립되어 국제 무역의 불확실성에 시달리는 정착지가 아니었고, 말레이반도와 네덜란드 동인도회사의 재화를 교역하는 중심지이자 대영제국에서 가장 활기 넘치는 상업 거점 중 하나로 발돋움했다. 모든 주민들이 싱가포르 사회에 완전히 동화된 것은 아니었지만,

1930년대 이전 수에즈 운하의 모습

1914년에 이르자 정부는 모든 공동체들을 행정과 사법시스템 안으로 끌어들이는 데에 성공한다. 식민정부는 전문화된 행정 부서들을 설립했고, 교육, 보건, 사회복지를 제공함으로써 현대적인 국가의 기초를 세우게 된다.

본국 직속 식민지가 된 싱가포르의 초대 총독으로는 전 버뮤다(Bermuda) 총독인 헨리 오드 경(Sir Henry St. George Ord)이 부임했다. 오드 총독은 인도 직할식민지 시절의 비효율성을 일소하려고 나섰다. 그런데 지난 10년간 소수 급진파들이 영국 의회에 퍼부은 탄원서, 서신, 사절단 등을 보고 오드 총독과 식민정부는 싱가포르 사람들이 만장일치로 변화를 원했다고 생각했지만 그것은 착각에 불과했다. 실상은 그렇지 않았고, 비용이 증가하고 무거운 과세가 있을지 모른다는 우려 때문에 사회 저변에는 강한 반감이 흐르고 있었다. 그리고 1857년 인도로부터의 분리를 원했을 때의 불만사항들은 인도 직할식민지 시대의 마지막 총독인 캐비나의 재임기간 동안 모두 해결되었다. 인기가 높았던 캐비나 총독의 재임기간은 인도 직할식민지 시절의 화려한 석양과도 같았고, 많은 상인들은 그를 떠나보낸 것을 슬퍼하고 있었다.

오드 총독은 본국 직속 식민지의 관행대로 행정위원회와 입법위원회의 도움을 받아 통치했다. 1867년의 행정부는 총독, 해협 군 지휘관, 고위 관리들로 구성됐다. 입법부는 행정부 위원과 수석재판관, 그리고 총독이 임명한 민간인 위원으로 구성됐다. 제2차 세계대전이 일어나기 전까지 총독은 행정수반으로서 본국 식민성의 통제를 받았다. 행정위원회는 자체적 판단으로 내각을 구성하였으나, 입법위원회는 그 활동이 언론 등을 통해 공개되었기 때문에 그럴 수가 없었다. 관리 위원들은 의무적으로 총독의 지시를 따라야 했으나 민간인 위원은 표현 및 투표를 자유롭게 할 수 있었다. 그러나 총독이 법안을 승인하고 거부할 권한을 지니고 있었기 때문에 입법위원회의 자문은 총독에 대한 구속력을 가지지 못했다. 조세와 정부 지출에 관해서는 총독이 민간인 위원들의 의견을 따라야 했고, 이에 따르지 않을 경우 총독은 식민성에 사유를 설명하고 보고할 의무가 있었다. 이러한 영국 식민지의 헌법 체계가 성공하려면 총독과 행정위원회가 적극 협력하고 총독이 권한을 독단적으로 행사하지 않아야 했다. 여러 해에 걸쳐 자문 활동의 기반이 넓어졌고, 민간인과 아시아인 입법위원의 수는 늘어났다. 1869년에 왐포아(Whampoa)가 첫 아시아인 위원으로 임명됐다. 1924년에는 입법위원회의 관리 위원과 민간인 위원의 수가 같아지지만, 총독이 캐스팅 보트를 쥐고 있었기 때문에 최종 결정권은 총독과 식민성에 있는 셈이었다.

본국 직속의 해협식민지는 싱가포르, 페낭, 말라카로 구성되었고, 이따금 행정의 편의를 위해 몇몇 곳들이 추가되었다. 그중에서 싱가포르는 상업, 행정, 정책 입안의 중심지였다. 식민정부는 싱가포르가 주도했고, 본국 직속 식민지화 운동을 지지하지 않았던 페낭은 점차 소외감을 느끼게 된다. 1872년 페낭 상공회의소는 자체적인 입법권을 갖거나 별도의 본국 직속 식민지로 분리해달라는 청원을 했으나, 페낭의 반감은 곧 누그러지고 편안한 상호의존 상태를 유지하게 된다. 페낭은 19세기 말까지 말레이반도, 수마트라 북부, 태국 서부에서 생산된 목재와 주석의 수출항이자 중요한 국제항구로 번영을 누렸다.

본국 직속 지배에 적응하는 것은 싱가포르에게도 쉬운 일이 아니었다. 여러 해 동안 본국 직속 식민지로의 전환을 위해 싸워온 소수의 급진파들은 그들에게 정치권력이 거의 주어지지 않은 것에 실망했고, 전환을 적극적으로 원하지 않았던 다수는 어려운 일이 발생할 때마다 옛 시절에 대한 향수를 느꼈다.

영국 정부가 본국 직속 식민지 전환 청원을 받아들인 것은 질질 끈 끝에 양보 차원으로 했던 것이었고, 군사적 측면에서의 전략적 이점에 대한 고려나 근본적인 변화를 도입할 생각이 있어서 한 일은 아니었다. 오드 총독은 예산 범위 내에서 효과적으로 통치하라는 지침을 받았을 뿐이고, 말레이 왕국들과 중국인 비밀결사를 다루기 위해 새로운 정책들에 착수할 권한을 부여받지 못했다. 본국 직속 식민지 전환을 위해 싸웠던 사람들은 식민정부가 이 두 문제에 예전보다 적극적으로 대처할 의사가 없음을 알고 화가 났고, 중간에 낀 오드 총독은 난처한 입장에 빠졌다.

이 당시의 상황은 신임 총독 오드의 기질과 잘 맞지 않았다. 개혁에 대한 열정보다는 인내와 요령이 더 필요했으나, 오드 총독의 거친 성격과 독재적인 성향은 상황을 더 악화시켰다. 오드 총독은 행정 개혁을 하는 과정에서 악감정을 초래했다. 1867년 이전까지는 당연한 관례로 여겨졌던 족벌주의와 정실인사에 공격을 단행하여 극심한 적개심을 불러일으켰다. 보통의 식민지 관례에 맞게 사법 개혁을 시도하는 과정에서 오드 총독은 수석재판관 맥스웰 경(Sir Benson Maxwell)과 정면충돌을 일으켰고, 맥스웰은 입법위원회의 민간인 위원들을 규합하여 총독과 공개적으로 맞섰다. 그러나 영국 식민성은 해협식민지의 사법 시스템을 다른 직속 식민지들의 기준에 맞추기를 고수했고, 1868년 대법원법(Supreme Court Bill)이 통과되어 발효된다.

정부가 사용할 새로운 증기선을 주문하고 화려한 정부청사를 건축한 것은 오드 총독의 개인적인 낭비로 비난받게 된다. 사실 기존의 증기선은 너무 낡아서 항해에 적합한 상태가 아니었고, 포트 캐닝(Fort Canning)을 건설하면서 총독의 방갈로가 철거된 이후 그의 전임자들은 10년 동안 정식 관사가 아닌 임차한 주택에 거주하고 있었다. 이 두 가지 지출은 정당성이 없지 않았지만, 신임 총독의 개인적인 안락함 추구와 관련되어 있었던 것이 문제였다.

조세 체계를 걸고넘어진 것은 오드 총독의 최대 실수였다. 총독은 기존의 조세 체계가 부유한 상인들은 빠져나가기 쉽고 가난한 사람들만 쥐어짜는 형태라고 생각했다. 1867년 말 정부의 재원이 양호한 상태였는데도 불구하고 오드 총독은 불가피한 경우가 생기면 직접세를 부과해 세입을 늘릴 것이라고 입법위원회에 통보한다. 이는 사려 깊지 못한 행동이었고, 신성한 자유무역의 원칙이 깨질 수 있다고 해석되어 앞선 몇 달간 쌓여왔던 불만이 폭발하게 된다. 스트레이츠 타임즈(Straits Times)는 "총독이 여론을 거스르고 있으며, 이는 지금껏 싱가포르의 역사와 상업에 대한 지식이 조금이라도 있는 사람이라면 누구도 하지 않았던 행동"이라고 강력히 비판한다.

인도로부터의 분리를 위해 싸웠던 런던의 해협식민지 거주 경험자들은 1868년 1월 다시 뭉쳐서 해협식민지협회(Straits Settlements Association)를 결성했다. 자유무역항의 상업 발전을 저해할 입법을 막는 것이 그 목적이었고, 초대 회장으로는 존 크로퍼드가 선출되었으며 싱가포르와 페낭에 지부를 열었다. 1869년 4월 해협식민지협회는 지난 2년간의 식민통치가 처참한 양상이었다고 주장하고 오드 총독의 독단적 행태를 비난하는 내용의 보고서를 영국 식민성에 제출한다. 이것은 총독과의 불쾌한 언쟁을 유발했고, 싱가포르에서는 입법위원회의 민간인 위원이 된 리드(Read)의 주재로 공개적인 반대 집회가 열렸다.

1873년 싱가포르를 완전히 떠나기 직전 오드 총독은 형사소송법을 입안하였고, 이 법안에는 논란이 될 대배심원 폐지 조항이 포함되어 있었다. 20년 전에 상인들 스스로가 대배심원 폐지를 요구한 바 있었으나, 막상 총독이 제안하자 입법위원회 민간인 위원들은 격렬하게 반대했다. 리드(Read)는 "대배심원을 폐지하면 정의에 반하는 자의적 통치를 막을 유일한 수단마저 잃게 된다"고 주장했다. 유럽인 상인들은 항의 전신을 식민성에 보냈고, 왐포아(Whampoa)를 제외한 모든 민간인 위원들이 사퇴했다. 배석판사(puisne judges) 4명으로 대법원을 구성하고 항소법원(고등법원)을 신설하는 내용의 형사소송법은 민간인 위원들의 부재하에 통과되어 식민성의 승인을 받았다. 유럽인과 중국인 상인들은 앞서 사퇴한 민간인 위원들의 복직을 요구하고 향후 조례가 도입될 경우 시행 전에 런던의 승인을 받을 것을 요청했으나 기각된다. 식민성은 소수 민간인 위원들이 사실상의 입법 거부권을 행사하는 것에 반대한 것이다.

이를 계기로 입법부와 식민 헌법의 태생적 한계가 드러났다. 동인도회사 이사회는 인도에 식민지형 기구를 두는 것에 반대했었는데, 외국인 민간인에게 권력이 주어지고 현지 사람들이 피해를 볼 수 있었기 때문이었다. 이 같은 우려는 싱가포르를 비롯한 영국 직속 식민지들에서 실제로 발생했고, 싱가포르의 유럽인과 아시아인 민간인 입법위원들은 상업적 이익을 지나치게 대변했다. 오드 총독은 식민성에 "싱가포르의 상인들이 자기 사업과 직접적 관련이 없는 분야에서까지도 이득을 보려 하고 있다. 여기에 돈 벌러 온 거라고 노골적으로 말하고 다닐 정도"라는 내용의 서신을 보낸다.

안정을 다진 앤드루 클락 총독

오드 총독의 개인적 인기는 바닥을 기었지만, 사실 그는 나름 많은 업적을 남겼다. 행정을 효율적으로 재편했고, 그의 재임기간 동안 싱가포르는 물질적인 면에서 큰 발전을 이루었다. 싱가포르 개항 50주년인 1869년에 수에즈 운하가 개통되면서 싱가포르는 호황을 맞았다. 교역 금액은 1868년 5천8백만 파운드에서 1873년에는 거의 9천만 파운드로 대폭 증가했다. 1873년 8월 오드 총독은 전례 없는 호황기에 퇴임하여 싱가포르를 떠났다. 그의 후임자인 앤드루 클락 경(Sir Andrew Clarke)은 본국 직속 식민지 초기의 난제들이 이미 끝났음을 알아차렸고 상황에 맞게 잘 처신했다. 영국 정부와 싱가포르 상인들 모두 클락 총독이 갈등을 부드럽게 풀어낼 것이라 기대했고, 클락 총독은 그들의 기대에 부응했다.

클락 총독은 전임 오드 총독보다 상인들과 잘 조화를 이루었다. 식민성이 불안하게 느꼈음에도 불구하고 클락 총독은 민간인 입법위원회 위원들의 지위를 회복시켰고, 말레이반도에서 더 적극적인 정책을 펼 것을 지지하는 상인들의 견해를 기꺼이 수용했다.

앤드루 클락 총독의 이름을 따서 지명이 붙은 클락 키(Clark Quay)의 야경. 원래 보트 키에서 하역한 물건들을 보관하는 창고가 밀집한 곳이었으나, 현재는 물류시설들은 외곽으로 이전되고 이렇게 관광지로 조성되어 있다.

런던에서 내린 지침을 넘어서는 일이었지만 클락 총독은 1874년 페락(Perak)을 방문하여 팡코르협약(Pankor Engagement)을 체결했다. 이 협약에 따라 영국 사무관이 술탄의 자문역을 하게 되었고, 이는 슬랑고르(Selangor)를 비롯한 지역에 이와 유사한 조치를 취할 수 있는 길을 닦음으로써 영국의 지배권을 확대하는 과정의 출발점이 되었다. 당시 런던의 분위기도 많이 변했기 때문에 클락 총독의 조치는 거부되지 않았고, 말레이 보호령의 자원을 개발할 수 있는 길이 열렸다. 싱가포르는 그 자원의 수출을 담당하는 주 항구가 된다.

1874년 클락 총독은 여객선을 단속하는 조례에 대해 유럽인과 중국인 상인들의 지지를 얻어내는 데에 성공했고, 쿨리 수송 과정에서의 학대에 대해 온건하나마 최초의 규제를 가한다.

너무나 대조적인 오드와 클락 두 총독의 행보를 비교해 보면, 아무리 올바른 일이라 하더라도 추진 과정에서 구성원들의 동의를 얻어내느냐 그렇지 못하느냐는 지도자의 역량에 좌우됨을 잘 알 수 있다.

영국 식민성의 통치방식이 뿌리내리는 것은 순탄치 않았지만, 다른 식민지들에 비하면 싱가포르는 훨씬 부드럽게 진행된 편이었다. 이후 싱가포르는 거의 70년 동안 법적, 정치적 안정을 누리게 된다.

본국 직속 식민지로 전환된 것의 주요 혜택 중 하나는 자체적으로 정부 공무원을 뽑을 수 있게 된 것이었다. 1867년 이후 해협식민지 정부에서 근무하는 사람들은 식민성이 영국에서 채용한 젊은 남성들이었으나, 1882년부터 관료 채용은 공개경쟁 형식으로 바뀌었다. 간부후보생(cadets)들은 싱가포르에 오자마자 말레이어를 배웠고, 1880년대부터는 중국 문제를 숙지할 필요가 있는 관료들이 중국의 아모이(Amoy, 廈門), 칸톤(Canton, 廣東) 등지에 파견되어 중국어 방언을 배웠다. 총독은 비교적 단기간 재임하는 반면 관료들은 싱가포르에서 평생 근무하는 게 일반적이었고, 오래 근무하면서 연줄을 쌓으면 정책에 강한 영향력을 행사할 수 있었기 때문이었다.

이 시기 이후 정치적인 갈등은 표면적으로 거의 일어나지 않았다. 주기적인 교역량의 파동이 정치적 긴장감을 조성하긴 했지만 수에즈 운하 개통 이전처럼 위태로울 정도에 이르지는 않았다. 가장 흔하게 불협화음을 일으키는 것은 방위비 분담 문제였고, 특히 불황기에 본국에서 방위비 분담 요구를 할 때는 심한 불화가 일어나곤 했다.

수에즈 운하, 주석, 고무

19세기의 마지막 사반세기 동안 싱가포르의 교역량은 극적으로 증가했고, 수에즈 운하의 개통은 싱가포르의 발전에 있어 중대한 사건으로 작용했다. 운하를 이용할 수 없는 범선은 쇠퇴의 길로 들어섰고, 증기선을 위한 석탄 보급기지로서 싱가포르의 역할은 아주 중요해졌다. 말라카 해협이 순다 해협을 대신해 유럽에서 극동지역으로 가는 주 항로의 역할을 하게 되면서 싱가포르의 지리적 이점은 확실해진다.

1890년대에 들어 다른 서구열강들이 동남아시아에 식민지를 확대하면서 교역이 증대했고, 이로 인해 싱가포르는 큰 혜택을 보았다. 프랑스의 인도차이나 점령, 필리핀에서의 스페인 지배의 확대, 그리고 네덜란드의 무역 자유화 정책으로 인해 싱가포르는 극동 무역의 중심지가 되었다.

수에즈 운하의 개통과 동남아시아에서 서구열강의 식민지 확대로 인해 증기선이 해상 운송에서 차지하는 비중은 급속히 증가했다. 이는 동서 무역뿐만 아니라 동남아시아 지역의 상업적 발전에 자극제가 되었다. 이 시기 명실상부한

바다의 제왕이 된 영국은 핵심 항구들을 장악하고 국제 해상운송로를 통제했고, 싱가포르는 가장 활기 넘치는 연결고리 중 하나였다.

1873년과 1913년 사이에 싱가포르의 교역량은 8배 증가했다. 주요 교역 품목은 고무, 주석 광석, 설탕 등의 1차 생산물이었으나, 이후 제련된 주석, 고무 가공품, 파인애플 깡통 등 1차 가공품으로 확대된다.

세계 시장에서 주석 수요가 증가하면서 19세기 중반부터 말라야(Malaya, 말레이반도)에서의 주석 광맥 탐사가 활발해졌고, 페락(Perak), 슬랑고르(Selangor) 등 주석광산이 있는 곳에는 중국인 노동자들이 쏟아져 들어왔다. 광산회사들은 중국인 기업가들에 의해 조직되었고, 유럽인 상인들의 재정적인 지원을 받는 경우가 많았다. 유럽인 상인들은 자신들의 자본과 중국인 개척자들의 생명을 보호해 주어야 한다고 목소리를 높이기 시작했다.

말라야 내륙지역에서 평화와 질서가 잡혀가고 미국 깡통산업에서 주석 수요가 급증함에 따라 말라야의 주석 산업은 급속히 팽창했다. 1890년에 주석 제련공장이 세워져 주석 제련은 싱가포르 최초의 현대적 산업으로 등장했다. 처음에는 말라야로부터 광석을 조달했고, 이후 주석 광석의 공급지는 네덜란드 동인도회사와 시암, 호주, 알래스카, 남아프리카 등지로 확대된다.

1877년에 브라질산 고무나무 씨앗이 처음 영국으로부터 도입되었다. 1888년까지만 해도 농업작물로서의 고무의 잠재력은 인정받지 못했으나, 보태닉가든(Botanic Gardens)의 책임자로 부임한 헨리 리들리(Henry Ridley)가 나무껍질을 손상시키지 않고 수액을 받아내는 방법을 고안하면서 상황이 달라졌다. 20세기 초 말라야의 커피 집단농장(plantation)은 브라질과의 경쟁에서 패해 어려움에 처했고, 고무는 커피의 대체작물로 자리 잡게 되었다.

자동차 산업이 발전하면서 타이어 산업이 호황을 맞았고, 1905년부터 1914년 사이 9년간 말라야의 고무 수출량은 104톤에서 무려 19만 6천 톤으로 급증했다. 이것은 전 세계 고무 수요의 절반 이상을 차지한 것이었고, 그 대부분은 싱가포르를 통해 수출되었다. 대규모 유럽계 농장에서 생산된 고무는 처음엔 런던으로 보내져 거래되었으나, 1908년에 이르자 싱가포르에 있는 영국회사들이 런던의 극심한 반대를 무릅쓰고 직접 고무를 팔기 시작했다. 1911년 싱가포르 상공회의소는 고무 조합을 결성해 판매를 조직화했고, 싱가포르는 국제적인 고무 시장이 되었다.

주석과 고무 다음으로 중요한 원자재는 석유였다. 19세기 말 싱가포르 앞바다의 부쿰 섬(Pulau Bukum)에 저유소(貯油所)가 건설되었고, 1902년이 되자 싱가포르는 극동지역에 석유를 공급하는 중심 기지가 되었다.

20세기에 접어들 무렵 싱가포르는 서구의 공산품과 동남아시아의 원자재를 다루는 중계무역항으로 굳건히 자리 잡았다. 당시 3개의 영국계 은행(Hongkong and Shanghai Baking Corporation, Mercantile Bank of India, Chartered Bank of India, Australia and China)이 금융업을 장악하고 있었다. 1902년부터는 미국계, 중국계, 프랑스계 은행이 잇달아 문을 연다.

통화는 처음으로 안정을 이루었다. 그때까지는 달러 가치의 변동이 심해 경제에 큰 혼란을 야기했었으나, 1903년 새로운 해협달러(Straits dollar)가 도입되고 1906년 1달러당 2실링 4펜스로 환율이 고정되어 1967년까지 유지된다.

통신도 대폭 개선되었다. 1870년 유럽 전신선이 싱가포르까지 연장된 것에 이어 1880년대에는 말레이 보호령에도 전신선이 개설된다. 싱가포르 최초의 전화 서비스는 1879년에 시작되었다.

주석, 고무, 해운 등의 분야에서 기업들은 번성했고, 가장 두각을 나타낸 회사는 1821년 알렉산더 거스리(Alexander Guthrie)가 설립해 21세기에도 살아남게 되는 거스리스(Guthrie's)였다. 또한 새로운 기업들이 속속 등장해 발전했고, 1860년대부터 점점 더 많은 유럽대륙의 상인과 해운업자들이 싱가포르에 정착했다. 프랑스, 네덜란드, 이탈리아, 스칸디나비아의 해운회사들이 사무실을 설립하였고, 특히 독일 회사들이 단단하게 자리를 잡았다. 영국 자본이 여전히 우위를 보이는 가운데 독일 회사들은 영국 회사들의 강력한 경쟁자가 된다.

회사 차원이 아닌 개인적으로 큰 부를 소유한 사람들은 중국인들이었다. 초기 중국인 이주자들의 대부분은 저축한 돈을 중국에 송금했지만, 19세기 중반이 되자 몇몇 중국인 상인들은 축적한 자본을 해협식민지의 토지와 무역에 투자하기 시작했다. 중국인들은 소규모 가족기업을 세우는 일이 많았고, 기업주도 직원들과 함께 열심히 일을 했다. 1860년대부터 진취적인 중국인들은 상하이, 시암, 사이공 등 해협식민지를 벗어나는 범위까지 사업을 확장한다.

1880년대 말라야의 사업은 중국인들의 영역이었고, 주석광산에 필요한 이민자 노동력을 중국인들이 장악했다. 당시 유럽인들의 사업은 싱가포르와 페낭에 국한되어 있었다. 19세기 말이 되자 유럽인 회사들은 말라야로 진출하기 위해 중국인들과의 관계를 보다 공식적으로 다져나간다. 이와 관련한 유럽인들과 중국인들의 첫 번째 공동기업은 1890년 설립된 Straits Steamship Company로, 이 회사는 말라야 해안의 무역을 지배하게 된다. 이 시점부터 유럽계 회사들은 말라야로 진출하기 시작해 경제를 강력히 장악했고, 주석광산과 제련 산업에 유럽 자본이 유입되었다. 1912년 최초의 주석 채굴기가 가동되기 시작됐고, 1930년대에 이르자 주석 산업은 서양인들이 지배하게 된다. 서양인들은 중국인들과는 달리 대규모 자본으로 주식회사를 조직하는 데에 강점을 가지고 있었다. 서양인들은 우월한 기계장비를 개발함으로써 주석 산업에서 성공했고, 남인도에서 값싼 노동력을 조달함으로써 고무 산업에서 성공할 수 있었다.

위와 같은 경제적인 변화는 19세기 전반에 싱가포르를 감싸고 있던 불확실성을 해소했고, 경제 후퇴는 일어난다 해도 일시적인 것에 불과했다. 싱가포르의 뛰어난 지리적 위치, 누구도 도전할 수 없는 영국의 제해권, 그리고 국제 교역의 전반적인 증가는 싱가포르에 번영을 가져다주었다.

말라야 보호령 확대와 정치적 혼란

 1857년 본국 직속 식민지 전환에 대한 청원이 있을 때만 해도 말레이반도에 대한 정책은 주된 불만사항이 아니었으나, 10년의 세월이 흐르면서 중대한 관심사로 떠올랐다. 주석 거래의 급속한 확장과 중국인 광부들의 유입은 페락(Perak), 슬랑고르(Selangor) 등 말라야 내륙의 전통적인 권위를 무너뜨렸다. 1857년 파항(Pahang, 말레이반도 중동부 지역)에서 내전이 발생한 이후 콴탄(Kuantan, 말레이반도 동부 해안에 있는 파항의 주도)에 있는 주석광산은 폐쇄되었고, 싱가포르의 상인들이 깊숙이 개입돼 있는 내륙에서의 금 거래가 중단되었다. 1867년에 이르자 상인들은 정부 차원의 지원 없이는 안전을 확보할 수 없음을 깨닫게 된다. 이주민 광부들과 말레이 권위자들 간의 갈등, 그리고 중국인 단체들 사이의 갈등은 위협을 초래했다. 말라야 내륙의 일은 점점 더 해협식민지와 밀접한 관련이 있게 되었고, 조만간 정치적인 개입이 필수적인 상황이었지만 영국은 이에 대처할 준비가 거의 되어있지 않았다. 본국 직속 식민지의 초대 총독인 오드는 동남아시아 지역에서의 경험이 없었고, 1870년에 부사령관으로 발령받은 버치(J.W.W. Birch) 역시 실론(Ceylon)에서의 근무 경험만 있었다. 영국 본국의 식민성 간부들도 말라 야 문제에 어쩔 줄 몰라 하는 것은 마찬가지였다.

오드 총독의 재임기간(1867-1873) 동안 말레이 국가들의 상황은 악화되었으나, 식민성은 오래전부터 유지해온 내정 불간섭 정책을 강하게 고수했다. 오드 총독은 외교적으로 문제를 해결하려고 수많은 노력을 했지만 모두 실패로 끝났다. 싱가포르 상인들은 영국 식민성이 싱가포르를 영국의 영향력을 확대하기 위한 중심지로 삼을 생각이 없음을 알고 실망했다. 오드 총독은 1871년부터 1872년까지 휴가차 영국에 있으면서 국무장관과 장기간 토론을 하였고, 영국 정부가 방관적인 태도를 유지해 배후지의 수익성 있는 교역이 혼란 속에서 망가지도록 두는 것은 옳지 못하다는 의견을 피력했다. 그러나 식민성은 그의 의견을 기각하였고, 오드는 여전히 손발이 묶인 상태였다.

1873년 7월 내전이 페락(Perak)과 슬랑고르(Selangor)를 휩쓸게 되자, 싱가포르의 유력 중국인 상인들은 영국의 개입을 요구하는 정식 청원을 한다. 오드 총독은 그러한 호소를 지지했고, 이때쯤 되자 식민성은 다른 서구열강이 개입할 것을 우려하여 말라야에 영국의 영향력을 강화할 필요를 느끼게 된다. 그러나 중국인 상인들은 과거의 행적으로 미루어 볼 때 오드 총독이 개입 정책을 펼칠 만한 인물이 아니라 판단했고, 오드 총독 재임기간 동안 생긴 문제는 전부 총독이 잘못해서 벌어진 일이라고 여기는 분위기였다.

1873년 11월 오드를 대신해 앤드루 클락이 신임 총독으로 부임했고, 그는 말레이 국가들에 평화를 재건하는 일이 가능한지를 조사하고 보고서를 작성하는 권한을 본국 정부로부터 위임받았다. 이러한 영국의 태세 전환은 해협 상인들의 저항 때문이 아니었고, 말라야에 독일이나 다른 유럽 국가들이 개입할 것을 두려워했기 때문이었다. 행동파인 클락 총독은 본국 식민성에 사전 보고 없이 페락(Perak), 슬랑고르(Selangor), 숭아이 우종(Sungei Ujong)에 영국인 고문을 배치했는데, 이는 말라야에서 영국 보호령 시스템의 시초가 된다. 1874년 클락 총독은 페락과 팡코르협약(Pangkor Treaty)을 체결했는데, 이 협약의 제6조 핵심 구절에서는 말레이 왕국에 대한 영국의 통치 기준을 잘 찾아볼 수 있다. 술탄은 영국인 사무관(Resident)에게 적절한 거주지를 제공하고 그를 궁궐로 초청하여 자문을 구하며, 말레이 종교와 관습을 침해하지 않는 한 자문 내용에 의거하여 조치를 취해야만 한다는 내용이었다. 또한 세금 징수를 비롯한 국가의 제반 행정은 반드시 사무관의 자문에 따라 운영되어야 한다고 규정되어 있었다. 이러한 팡코르협약은 페락뿐만 아니라 이후 영국 보호령으로 편입되는 다른 말레이 왕국들에게도 영향을 주게 된다.

하지만 해당 조항은 당시의 말라야 상황을 고려했을 때 시행되기 어려운 것들이었다. 첫째로 영국이 자문한 내용에 근거해 조치를 취할 수 있는 행정적인 권한을 술탄이 가지고 있지 못했다. 자문을 통해 세금 부과와 국가 행정을 관리하기 위해서는 우선 정부를 만들어야 했다. 둘째로 '말레이 관습'라는 단어의 의미가 모호했다. 1874년까지 말레이 왕국들은 좋든 나쁘든 '말레이 관습'에 따른 통치 시스템을 가지고 있었으며, 특히 각 지역의 추장(chief)이 행정적인 권한을 가지고 지방의 세금을 징수했다. 이는 관습적으로 내려오는 특권이었고 각 추장들의 기반이었다. 사무관의 자문에 의해 술탄이 이러한 문제들을 통제하기 위해서는 중앙집권화가 필요했다.

이후 페락에서는 정부의 부재와 지방분권으로 인한 문제점들이 주요 인물들 간의 충돌로 인해 악화된다. 페락의 술탄 압둘라(Abdullah)는 고집스럽고 좀처럼 속내를 파악하기 어려운 사람이었다. 첫 영국인 사무관이었던 버치(J.W.W Birch)는 이해도가 부족했고, 반대하는 사람들의 감정이나 권리에 대한 존중 없이 개혁을 추진했다. 버치와 말레인들 사이의 갈등이 고조되었던 1875년 5월 클락 총독이 퇴임하고 윌리엄 저비스(William Jervois)가 신임 총독으로 부임했고, 저비스는 사무관의 자문이 효력이 있으려면 영국이 정부의 요직을 차지해야 한다고 생각했다. 개혁을 위한 저비스, 버치 두 사람의 노력은 1875년 11월 말레이인들의 반란을 야기했고 버치는 암살당한다. 이러한 소란은 슬랑고르(Selangor)와 느그리 슴빌란(Negri Sembilan)으로 퍼져나갔다. 조직적이지 못했던 말레이인들의 반란은 곧 '페락 전쟁'이라고 불리는 어설픈 군사작전에 의해 진압되었고, 술탄 압둘라와 몇몇 말레이 유력자들은 추방을 당했다.

클락 총독이 팡코르협약에 의해 도입한 시스템은 초기엔 말라야의 저항을 받았지만 곧 제자리를 찾았다. 1888년에는 느그리 슴빌란(Negri Sembilan)과 파항

(Pahang)으로 확장되었고, 보르네오 북부의 사라왁(Sarawak)과 브루나이(Brunei) 도 영국의 보호령으로 편입된다. 1896년에는 페락, 슬랑고르(Selangor), 느그리 슴빌란, 파항의 4개 지역을 합쳐 말레이연합국(Federated Malay States, 약칭 FMS) 이 형성된다. 1888년의 확장 단계에서 영국 본국이 직접 지배하는 해협 해군기 지는 말라야에서 상업적 주도권을 방어하는 역할을 하였고, 말레이연합국(FMS) 의 4개 왕국에서는 광업과 집단농장(plantation)이 급속히 성장하고 있었다. 영국 의 영향력 확대는 말라야에 대한 투자를 촉진했고, 그 투자의 대부분은 싱가포 르를 거쳤다.

말레이연합국(FMS)의 영국인 관료들은 북부로 영향권을 확장하기를 원했다. 북부의 크다(Kedah), 페를리스(Perlis), 클란탄(Kelantan), 트렝가누(Trengganu) 4 개 왕국은 1826년 조약에 의해 태국의 영향권으로 인식되던 곳이었다. 이 지역 은 쌀농사와 어업을 주업으로 했고, 주석이 거의 없었기 때문에 주석 산업 발전 으로 인한 정치적인 문제에 놓일 위험이 없었다. 태국의 영향권이었을 때도 태 국 정부는 이들에 큰 간섭을 하지 않고 마음대로 살도록 내버려 두었다. 이곳의 말레이 통치자들은 사치스러운 생활을 하여 재정 위기를 야기했지만, 이 지역은 대체로 큰 격변 없이 조용했다.

19세기 말까지 영국과 프랑스는 경쟁 관계를 유지했고, 영국은 프랑스가 인도 차이나 국경에 접해있는 태국 영토의 양도를 요구하지 않도록 막아야 할 상황이 었다. 그래서 영국은 말라야 북부 4개 왕국으로 영향력을 확대하는 것을 주저할 수밖에 없었다. 그러나 1904년 영국과 프랑스가 우호조약을 체결하고, 1909년 태국이 북부 4개 왕국을 영국 영역으로 인정함에 따라 문제는 해결된다. 술탄 크 다르(Kedar)는 이에 통탄했지만, 대부분의 말레이인들은 환영까지는 아니더라도 잠자코 묵인하는 분위기였다. 4개 왕국은 영국인 고문을 받아들였지만 말레이 연합국(FMS)의 중앙 행정시스템에 편입되지는 않았고, 이들은 말레이비연합국 (Unfederated Malay States, 약칭 UMS)이 되었다. 이로써 영국 보호령은 페락, 슬랑 고르, 느그리 슴빌란, 파항의 말레이연합국(FMS) 4개국, 크다, 페를리스, 클란탄, 트렝가누의 말레이비연합국(UMS) 4개국으로 구성된다. 말라야 지역 중 영국의 직접적 영향권 밖에 놓여있던 곳은 말레이연합국(FMS)와 싱가포르 사이에 위치

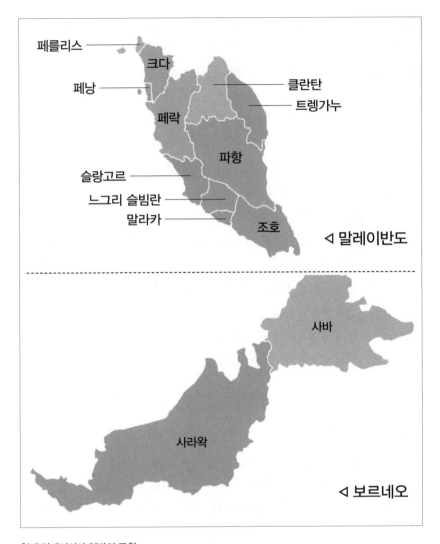

페를리스 ── 크다

페낭 ──

클란탄 ──
트렝가누 ──

페락

파항

슬랑고르 ──
느그리 슬빔란 ──
말라카 ──
조호

◁ 말레이반도

사바

사라왁

◁ 보르네오

현재 말레이시아 연방의 구획

한 조호(Johor)였고, 조호는 이미 싱가포르의 경제적 부속물로 인식되고 있었다.

영국의 말라야 식민지배는 표면적으로 술탄들의 권위를 인정하면서 실권은 교묘하게 자신들이 행사하는 방식이었고, 다른 서구열강들처럼 직접적으로 영토를 차지하거나 잔혹한 수탈을 저지르지는 않았다. 영국의 영향력하에서 말라야는 영국식 법치의 전통을 나름 잘 이어받았고, 네덜란드의 구태의연하고 잔혹한 식민지배를 받았던 인도네시아보다 현재의 말레이시아가 모든 면에서 훨씬 앞선 사회시스템을 갖추게 된 원인이라 보아도 무방하다.

영국의 영향력이 확대되면서 말라야의 주석과 고무 산업에 투자가 물밀 듯 들어왔지만, 정치 문제는 쉽게 해결되지 않았다. 영국은 치밀한 계획 없이 말라야에서 영향력을 확대했고, 행정 절차는 무질서했다. 해협식민지는 여기저기 흩어진 공동체들을 잡다하게 모아놓은 상태였고, 페낭과 말라카는 싱가포르의 성장을 못마땅하게 여겼다. 말레이반도 영국 보호령(Protected Malay States, FMS와 UMS)의 영국인 사무관들은 해협식민지 총독의 관할하에 있었으나, 초기에 사무관들의 활동에 대한 싱가포르의 통제력은 미미했다. 해협식민지를 연합에 포함시키자는 제안은 기각되었지만, 1896년 말레이연합국(FMS)의 사무관들은 보다 확실하게 싱가포르의 통제하에 놓이게 된다. 해협식민지 총독은 말레이연합국(FMS)의 고등판무관(High Commissioner)을 겸직하게 되었다. 해협식민지와 보호령의 전직 고위 공무원들이 통합 말라야 공무원 단체를 이루었고, 쿠알라룸푸르에 주재하는 말라야연합국(FMS) 행정수반의 권한은 아주 막강했다. 1920년대까지 싱가포르와 말라야 간의 관리 이동은 거의 없었다.

말레이 술탄들은 자기 권력이 약해진다는 이유 때문에, 총독은 보호령 행정수반인 총사무관(Resident-General)이 자신의 아래가 아니라 동등한 위치로 여겨진다는 이유로 말레이연합국(FMS)을 못마땅하게 여겼다. 1909년 영국 보호령이 말레이비연합국(UMS)으로 확대되면서 상황은 더 복잡해졌다. 말라야 행정의 혼란은 상업적 제약과 경쟁 때문에 더욱 악화되었고, 쿠알라룸푸르의 상인들은 싱가포르가 말라야 경제를 장악하는 것에 대해 계속해서 저항했다.

싱가포르 당국은 이렇게 복잡한 구조를 합리화하고 간소화하기를 원했다. 1908년에 닥친 국제 무역의 불황은 역사상 최악의 경제 침체라고 불릴 정도였는데, 당시 싱가포르 정부는 Tanjong Pagar Dock Company를 인수하고 항만 시설을 개발하면서 막대한 부채를 지고 있었다. 1909년 싱가포르는 지출이 세입을 넘어섰으나, 말레이연합국은 주석과 고무 수요 증가로 세입이 늘어나고 있었다. 싱가포르가 군사비와 항만 시설의 비용을 감당하고 있으니 말라야의 번영에 따른 혜택을 받을 자격이 있다고 여겼기 때문에 다수의 싱가포르 사람들은 말레이연합국(FMS)에 합병되기를 원했다.

이 당시 총독은 존 앤더슨 경(Sir John Anderson)으로, 같은 시대의 동명이인인 거스리스(Guthrie's) 회사의 회장 앤더슨과 혼동하기 쉬운 인물이다. 앤더슨 총독은 런던 식민성에 25년간 근무했었고 영국 정부의 전폭적인 신임을 받고 있었지만, 처음 싱가포르에 왔을 때는 이방인으로 취급받았다. 그는 위압감을 느끼게 하는 면이 있는 법률가였지만, 열정적이고 상황 판단이 빨랐으며 말보다 행동이 앞서는 사람이었다. 이후 그는 가장 능력 있는 총독들 중 하나로 존경받게 된다.

앤더슨 총독은 말라야와 싱가포르가 가까워질 필요는 있으나 합병은 시기상조라고 여겼다. 연방과 합병하면 술탄과의 신의를 저버리는 것이며, 독립된 조호의 지도자들에게 경각심을 일으킬 수 있기 때문이었다. 1909년 앤더슨은 연방위원회를 설립했고, 1910년 총사무관(Resident-General)의 권한을 낮추기 위해 수석비서관(Chief Secretary)으로 격하했다. 말레이연합국의 사업가들은 이것이 싱가포르가 연방 세입을 좌지우지하려는 계획의 첫 단계라며 반발했다. 앤더슨은 재정적 권한을 수석비서관에게 남겨두기로 동의할 수밖에 없었고, 총사무관의 권한을 낮추려는 그의 시도는 실패로 돌아갔다.

1911년이 되자 불황은 끝나고 교역이 회복되었고, 제1차 세계대전(1914~1918)이 발발하기 직전까지의 몇 년간 싱가포르는 전례 없는 번영의 시기를 누렸다. 경제 호황과 뒤이은 전쟁의 발발은 말라야 정치 재편에 대한 논의를 잠재웠고, 말라야는 10년 동안 정치적인 안정을 누리게 된다.

진일보한 인권 대책

처음엔 영국 식민성은 중국인 이주자 문제를 제대로 인식하지 못했다. 1867년 페낭에서 비밀결사의 폭동이 일어난 후에야 조사위원회가 구성되었고, 조사 결과 위험한 결사를 억압하는 조례가 통과된다. 그러나 이 조치의 실제 목적은 비밀결사를 억압하는 것이 아니라 단체를 등록하는 것에 그쳤다. 조례는 별다른 효과를 거두지 못했고, 비밀결사들은 쿨리의 대량 유입에 편승해 번성했다. 중국인 이주자들은 말라야의 영국 보호령과 네덜란드 동인도회사에서 일자리를 얻을 기회를 찾아 몰려들었다. 1870년대 중반, 11월부터 2월까지 이어지는 정크선 시즌 동안 싱가포르에 오는 중국인의 수는 매년 약 3만 명에 달했다. 이주자들 중에는 직업적인 폭력배들도 섞여 있었는데, 페락(Perak)의 주석광산을 비롯한 말썽 많은 지역에서는 싸움꾼들에 대한 수요가 있었기 때문이었다. 싱가포르에는 4천 명의 폭력배를 거느린 비밀결사가 존재했을 정도로 문제는 심각했다.

신참 이주자들은 쿨리 수송선에서 감시를 받았고, 해안에 있는 지저분한 비밀결사의 창고에 갇혀 있다가 수마트라 또는 동남아시아 다른 지역으로 가는 배에 강제적으로 태워지곤 했다. 그런 곳들의 상태는 너무나 개탄스러웠고, 1870년대에는 납치 관행이 성행하여 통행료를 지불한 자유민들까지 납치하는 일도 벌어졌다.

1872년 싱가포르에서 중국인들의 폭동이 일어난 것을 계기로 공적 위원회가 구성되었고, 위원회는 중국인 이주를 제한하는 조치를 권고했다. 왐포아(Whampoa)와 셰유친(Seah Eu Chin)을 비롯한 중국인 지도층은 쿨리 이주를 감독하고 신참 이주자들이 강제적으로 다른 곳으로 끌려가는 것을 막아야 한다고 정부에 청원한다. 오드 총독은 1873년 중국인 쿨리 이주법을 도입하여 쿨리 거래에서의 잔혹행위에 최초의 공격을 개시한다. 이 온건한 성격의 법은 이주자들을 등록하는 것 이상의 강제성을 띠고 있지 않았으나, 싱가포르의 생명선으로 여겨지는 자유로운 이주의 원칙을 깬다는 이유로 반대에 부딪혀 결국 시행되지 못하고 사문화된다.

영국 식민성은 노동력 착취 문제를 막기 위해 적극적인 행보에 나서라고 해협식민지 당국을 재촉했다. 1875년 해협식민지 총독이 된 저비스(Jervois)가 임명한 위원회는 산업의 중추를 이루고 있는 중국인들에 대해 정부가 알고 있는 것이 거의 없으며 중국인들 대부분도 정부에 대해서 잘 알지 못한다는 보고를 한다. 위원회는 새로운 이주자들을 공식적으로 보호함으로써 확고한 통제력을 가질 것을 권고했다. 위원회의 권고에 따라 1877년 중국인보호국이 설립되었고, 윌리엄 피커링(William Pickering)이 초대 중국인보호관으로 취임한다.

North Canal Road의 중국인 상점에 설치된 보호국은 싱가포르에서 그간 유지된 자유방임 정책과는 상충되는 기구였다. 보호국이 설립될 당시 주석광산의 인부 수요가 늘면서 중국인 이민은 최고에 달했다. 중국인 이민자 수는 1878년 3만 4천 명에서 1888년에는 10만 3천 명으로 증가했다. 1870년에서 1890년대까지 30년간 싱가포르의 중국인 인구는 세 배로 증가했다.

피커링은 1872년 싱가포르의 통역관으로 임명되기 전 중국에서 8년간 근무한 경력이 있었다. 그는 중국어를 읽고 쓸 수 있는 최초의 유럽인 관리였고, 법원 통역사들의 오역과 정부를 표현하는 데에 사용된 용어를 보고 질겁하게 된다. 예를 들어 정부 공식성명서의 중국어 번역본에 유럽인은 '붉은 머리를 한 야만

인'으로, 판사는 '악마'로, 경찰은 '커다란 개'라는 식으로 표현되어 있었다.

보호관으로서 피커링의 첫 임무는 쿨리 무역의 악용을 막는 것이었다. 1877년 중국인 이민 조례(Chinese Immigrants Ordinance)와 유괴에 관한 조례(Crimping Ordinance)가 통과되었고, 쿨리 고용 중개인에게 면허를 발급하고 입항하는 배에 승선해볼 수 있는 권한이 보호관에게 주어졌다. 통행료를 지불한 승객은 풀어주고, 지불하지 않은 승객은 정부 시설에 보내져 고용계약을 기록하게 되었다. 두 조례에 대한 반발은 미미했다. 오드 총독이 이 문제를 해결하려 나서기 4년 전부터 대중들은 이민자에 대한 가혹한 처우와 억압을 이미 인지하고 있었기 때문이었다.

처음엔 비밀결사의 대리인들이 입항하는 배로부터 쿨리들을 빼앗았고, 이로 인해 보호관 및 그 참모들과 충돌을 일으켰다. 그러나 이런 무질서한 장면은 점차 사라졌다. 1890년 노동위원회는 쿨리 노동력 고용에 있어 여전히 상당한 학대가 존재함을 확인했지만, 19세기 말이 되자 이주자 관리감독은 경찰간부 후보생이나 하급 관리가 담당하는 일상적인 행정절차가 된다.

보호국은 처음부터 싱가포르 사회에 큰 영향력을 미쳤고, 피커링은 그의 권한을 이주자 보호에서 더 나아가 중국인 공동체에 대한 전반적인 감독으로 확대했다. 싱가포르 매음굴의 잔학성이 폭로되자 1880년대에 들어 보호국은 중국인 여성들에 대한 감독으로 활동 영역을 넓혔다. 매춘 금지는 싱가포르에서 현실적으로 가능한 일이 아니었기 때문에 당국은 매춘을 금지하거나 자발적인 매춘부들의 이주까지 억제하려 하지는 않았다. 1884년 중국인 남성은 6만 명이었던 반면, 중국인 여성은 6천6백 명에 불과했고 그 중 최소 2천 명이 매춘부로 추정됐다. 만약 매춘을 금지할 경우 이미 여러 해 동안 하이난(Hainan, 海南) 출신 소년들을 조달해 이루어지고 있던 동성애 매춘을 더 조장할 가능성이 높았다. 보호국의 목표는 자발적이 아닌 강요된 매춘 행위에 제동을 거는 것이었다. 1870년대에 싱가포르에 온 중국인 소녀들 중 80퍼센트는 매음굴에 팔려온 것으로 추정되고 있었다.

1881년 보호국은 매음굴 등록을 위해 1870년 통과된 전염병 조례의 시행을 맡았다. 매춘부 등록제를 실시하고 유력한 중국인들의 조언을 받아 Po Leung

Kuk(保良局)을 설립했다. Po Leung Kuk은 팔려 왔거나 본의 아니게 꼬임에 빠져 매춘을 하게 된 소녀들을 보호했다. 이 조치는 자발적인 매춘부들의 활동을 금지하려는 것은 아니었지만 초기에 포주들의 극심한 반발을 샀다. 보호국은 많은 여성들을 매춘으로부터 구해냈으나, 피커링은 유럽인 배심원들이 유괴로 의심되는 사건에 대해서 유죄 선고를 꺼리는 것에 불만을 표출했다.

비밀결사 근절

중국인보호국은 비밀결사와 관련한 업무도 맡게 되었다. 중국인 지도자들은 정부의 활동에 반대해 중국인들을 규합하여 '우체국 폭동'을 일으켰다. 당시 중국인 이민자들이 본국의 가족에게 송금하는 업무를 대행하는 것은 떠쥬(Teochew) 상인들이 독점하고 있었는데, 이 업무를 담당하는 특별 우체국이 설립되자 떠쥬 상인들은 궐기했다. 그들은 "신설 우체국 관리자들의 목을 베어오면 포상금을 지급하겠다"는 살벌한 성명문을 게재했고, 이후 벌어진 폭동에서는 신설 우체국을 약탈했다. 경찰은 강경하게 대처해 폭동을 진압했다. 연루된 상인들은 체포되고 조직의 우두머리는 중국으로 추방되었으며, 우체국은 업무를 재개할 수 있었다.

1877년 피커링은 경무관 던롭(Samuel Dunlop)과 함께 호적담당관(Registrar of Societies)에 임명되었다. 피커링은 비밀결사에 대한 조치를 취하고 결사의 수장들을 정부의 중개인으로 편입시켰다. 그는 보호국을 영향력 있는 중재기관으로 만들어 비밀결사 우두머리들의 힘을 약화시킴으로써 중국인들을 정부가 통제할 수 있게 될 것이라 자신했다. 보호국은 점차 비밀결사를 대신해 금전과 가정 문제를 중재했다.

이주자와 매춘에 대한 장악력을 상실하자 비밀결사들은 도박으로 관심을 돌렸다. 1886년 조사위원회는 도박중독이 만연했음을 폭로했고, 중국인 쿨리들이 고향으로 돌아가는 시점에 사기도박에 속아 저축한 돈을 날리는 것이 다반사였다. 도박은 고도로 조직화되었고 도박을 금지하는 법은 노골적으로 무시되었으며, 경찰의 묵인을 얻기 위해 도박장으로부터 정기적인 상납이 이루어졌다.

조사위원회는 도박을 근절하는 것이 불가능하다고 여겼지만, 도박장을 다시 세입의 원천으로 활용하는 것은 도덕적인 일이 아니라고 생각했다. 피커링은 엄격한 조치를 재차 촉구했고, 이것은 떠쥬 출신 목수가 보호국 사무실에서 그를 도끼로 공격해 중상을 입힌 사건의 이유였던 것으로 추정된다.

이 단계까지도 해협식민지는 홍콩, 말레이 보호령, 네덜란드 식민지에서 이미 금지된 비밀결사의 존재를 유일하게 인정하고 있었다. 피커링과 던롭은 비밀결사를 점차적으로 제거할 때가 되었음에 동감했지만, 클레멘티 스미스 총독(Cecil Clementi Smith, 훗날 그의 조카인 Cecil Clementi도 총독을 지냈기 때문에 혼동을 일으킬 여지가 많다)이 제안한 즉각적인 제거를 받아들일 준비가 되어있지는 않았다. 뛰어난 학자였던 클레멘티 스미스는 동방에서 경력을 쌓은 사람이었다. 그는 홍콩 사관 후보생으로 식민당국에 합류했고, 실론(Ceylon, 지금의 스리랑카)에서 2년을 보낸 것을 제외하고는 1878년부터 1893년까지 계속 싱가포르에서 근무했으며, 서기관, 부총독을 거쳐 마침내 총독의 자리에 올랐다. 단호하고 유능한 행정가였던 클레멘티 스미스는 비밀결사를 근절하기로 결심한다.

피커링, 던롭과 입법위원회의 민간인 위원들은 총독의 생각에 동의하지 않았다. 총체적으로 진압하는 것은 성급한 일이며, 비밀결사를 지하로 숨어들게 하여 통제 수단에 대한 대안이 없는 상태에서 정부와 비밀결사 간의 접촉을 끊어버릴 것이라 우려했다. 그러나 클레멘티 스미스 총독은 식민성의 지원을 등에 업고 그의 정책을 고수했고, 점차 대중의 지지를 얻어갔다. 던롭과 떠쥬 출신 목수의 습격으로 인한 외상에서 완전히 회복되지 못한 피커링은 1888년에 퇴임했다. 이 듬해 클레멘티 스미스 총독이 중국인 자문위원회를 만들었을 때에 반대는 존재하지 않았다. 위험한 비밀결사를 억제하고 무해한 자선단체들을 등록하는 법이 1889년에 통과되었고, 그다음 해 이 법이 발효될 때에는 아무런 폭동이나 방해도 없었다.

비밀결사법이 모든 비밀결사를 제거하는 데에 성공한 것은 아니지만, 대규모 비밀결사를 붕괴시켜 작은 폭력집단으로 나눠 놓는 성과를 거둔다. 폭력집단들은 상점, 도박장, 아편굴, 매음굴, 노점상 등으로부터 소위 '보호비'를 뜯어내고 구역을 차지하기 위해 서로 싸우는 일을 계속했다. 그러나 다시는 대규모 조직을 재건하거나 1890년 이전에 행사했던 광범위한 권력을 회복하지는 못한다. 갱들의 싸움은 계속되었지만 싱가포르를 마비시킬 정도로 비밀결사가 대규모 폭동을 일으키는 시대는 막을 내렸다. 강제로 추방된 사람들이 중국으로 돌아가자마자 중국 정부가 구금하거나 처형하는 일이 많았기 때문에 추방은 아주 효과적인 억제 수단이었다.

비밀결사법은 싱가포르의 발전 과정에서 획기적인 사건이었다. 주요 관리들의 반대와 입법위원회 민간인 위원들의 만장일치 반대를 무릅쓰고 총독이 입법을 밀어붙인 것은 희귀한 사례였다. 그러나 권위와 재치, 그리고 동방에서의 오랜 경험을 가진 클레멘티 스미스 총독은 여론을 그의 편으로 끌어들일 수 있었다. 클레멘티 스미스 총독은 큰 명망을 얻고 모든 공동체들로부터 존경을 받으며 1893년 싱가포르를 떠났고, 중국인들이 그의 재임기간을 연장해 달라고 청원할 정도로 그의 인기는 높았다. 그가 떠난 후 중국인보호국의 활동은 평범한 국면에 접어들었지만, 피커링이 창조하고 설계한 전통은 제2차 세계대전이 발발할 때까지 계속 유지되었다. 보호관 피커링은 중국인들의 가슴속에 깊은 인상을 남겼고, 훗날 피커링이 사망한 후 한참이 지나고 나서도 중국인들 사이에서 보호국은 피커링의 중국식 발음인 피키링(Pi-ki-ling)으로 불리었다고 한다. 현재 차이나타운에는 피커링의 이름을 딴 도로가 존재한다.

중국인보호국의 설립과 비밀결사 억제는 싱가포르 사회에 법치와 질서를 가져왔다. 여기에는 1880년대에 이루어진 경찰 개혁도 많은 도움이 되었다. 이 당시 경찰관은 대부분 남인도 출신이었는데, 이는 비밀결사가 경찰에 침투할 우려 때문에 중국인 경찰관을 뽑지 않았기 때문이었다. 몇몇 시크교도(Sikhs)와 유럽인 전직 장교 등이 경찰에 충원되었고, 경찰 훈련 학교는 1881년 출범하였으며 독립적인 수사대가 3년 후에 설립된다. 1904년에는 간부후보생 시스템이 시작되어 젊은 영국인들이 경찰관으로 채용돼 특수 훈련을 받게 된다.

현대화된 항구

　교역량은 급격히 팽창했지만 싱가포르의 항만 시설은 그와 보조를 맞추지 못하고 있었다. 1870년대에 화물 처리량과 정박하는 선박의 수는 상당히 증가했지만, 항구의 접근성은 여전히 좋지 못했다. 습지를 가로질러 낸 울퉁불퉁한 흙길이 New Harbour와 시내 사이를 연결하는 유일한 통로였다. 1880년대에 들어 정부는 간척사업을 위해 해안의 언덕들을 평평하게 깎고 습지의 물을 빼낸다.

　1861년 New Harbour Dock Company의 전신인 Patent Slip & Dock Company가 설립되었다. 거스리(Gurthrie)와 탄킴칭(Tan Kim Ching)은 이에 대항해 1864년 Tanjong Pagar Dock Company를 설립했다. 두 회사는 1860년대의 무역 침체기에 일감이 부족해 여러 해 동안 고전했지만, 이후 수에즈 운하가 개통되고 국제 무역이 회복하면서 어려움에서 벗어났다.

　1872년에 Tanjong Pagar Dock Company는 처음으로 배당금을 지급할 수 있었고, 도크 확장에 나서 1878년에 빅토리아 도크(Victoria Dock)를, 1879년에는 앨버트 도크(Albert Dock)를 건설했다. 당시의 직원 수는 약 2천5백 명에 달했다. 19세기 말이 되자 자체 부두를 보유한 P&O Company를 제외하고는 New Harbour Dock Company를 포함한 모든 경쟁사를 합병한다.

1903년에 이르자 싱가포르는 화물 처리량 기준으로 세계에서 7번째로 큰 항구가 되었지만, 항구의 시설은 극도로 부족했고 좁고 혼잡했다. 항만 서비스 요금은 비쌌고, 서비스는 오래 지체되기 일쑤였다. 구역별로 각기 다른 시기에 건설된 부두는 접안면의 선이 불규칙해서 큰 배가 이용하기 어려웠고, 목재로 된 부두는 벌레가 먹어 위험한 상태였다.

팽창하는 교역량에 대처하고 홍콩 등 잠재적인 경쟁자가 될 항구들에 대응하기 위해서는 항구 시설에 대한 대대적인 현대화가 필요했다. 1904년 Tanjong Pagar Dock Company의 싱가포르 현지 경영진은 1천2백만 달러가 소요되는 항구 시설 개선계획을 제안했으나, 런던의 이사회는 배당을 유지하려는 욕구로 제안을 거부했다. 결국 정부가 나섰고, 1905년 Tanjong Pagar Dock Company는 수용되어 공영회사인 Tanjong Pagar Dock Board가 되었다. 이후 몇 년 동안 항구 현대화 작업이 본격적으로 벌어졌다. 낡은 부두는 대체되고, 새로운 도로와 창고가 건설되었다. 현대적인 기계설비가 설치되고 습식 도크(wet dock)가 건설되었으며 전력이 공급되었다. 1913년 Tanjong Pagar Dock Board는 싱가포르 항만공사(Singapore Harbour Board)로 변모했다. 세계에서 두 번째로 큰 건식 도크(graving dock)가 1913년 말에 개장되었고, 거대한 엠파이어 도크(Empire Dock)는 1917년에 완공되었다.

항구로부터 이어지는 육로 교통도 대폭 개선되었다. 부두에서 시내까지 상품을 운송하는 데에 화물차가 도입돼 우마차를 대체하였고, 철도의 개통도 항구 이용의 편의성을 증진했다. 1909년 조호 바루(Johor Baru)와 Province Wellesley를 잇는 말레이반도 철도가 완공되었고, 싱가포르 철도는 연장되어 항구에서 조호 바루를 마주 보는 크란지(Kranji)까지 연결된다.

이러한 항구 현대화는 적시에 이루어졌고, 말라야 내륙 개발이 빠르게 진행되고 세계 시장에서 고무와 주석의 수요가 급증하는 상황에 잘 대처할 수 있었다. 이후 싱가포르 항구는 발전을 거듭하며 20세기 후반에는 세계 1위의 물동량을 자랑하는 최고의 환적항이 된다.

코스모폴리탄 도시

싱가포르의 경제가 급속히 팽창하면서 19세기의 마지막 사반세기 동안 더 많은 이주자들이 몰려들었다. 1871년에서 1881년 사이에 인구는 40퍼센트 이상 증가했고, 1911년의 싱가포르의 인구는 18만 5천 명을 넘어섰다. 19세기 말의 싱가포르는 진정한 코스모폴리탄 도시의 모습을 가지고 있었다. 거의 4분의 3은 중국인이었지만, 말레이반도 출신의 말레이인, 자바인, 부기스인, 수마트라인, 인도인, 실론인, 아랍인, 유대인, 유럽인 등 상당한 숫자를 가진 다양한 소수 인종집단이 어울리고 있었다. 남초(男超) 현상은 여전히 심각했고, 1911년 인구조사에서 남녀 비율은 8대1에 달하고 있었다.

이주자들 중 가장 많은 수를 차지한 것은 변함없이 중국인들이었다. 1880년에 싱가포르에 상륙한 중국인의 수는 5만 명이었다가 1900년에는 20만 명으로 늘었고, 1912년에는 25만 명에 이른다. 그들 중 대부분은 말레이반도나 네덜란드 동인도회사 지역으로 건너갔다. 싱가포르의 중국인 거주자는 1871년 5만 5천 명, 1881년에는 8만 7천 명을 기록했고, 이후 20년 동안 거의 두 배로 늘어

16만 4천 명에 달하게 된다.

이 시기에 유일하게 수가 줄어든 인종집단은 인도인이었다. 1860년에는 1만 3천 명으로 중국인에 이어 두 번째로 큰 인종집단을 이루었으나, 20년이 지난 후에는 1만 2천 명을 약간 넘는 선으로 감소했다. 대부분의 인도인 노동자들은 싱가포르보다 말레이반도에서 일하기를 원했다. 19세기 말에는 영어로 교육받은 상업적 이주자들이 인도와 실론으로부터 점점 많이 유입되어 교사, 언론인, 무역상, 상점 점원 등의 직업을 차지했다. 인도인들은 특히 운송업에서 두드러진 활약을 했고, 1860년대까지 뱃사공, 도크 노동자, 우마차 운전수 등의 직종을 사실상 독점했다. 이후에 다른 인종들이 이러한 직종을 잠식했지만, 제2차 세계대전 이전까지도 여전히 인도인들은 운송, 항만 등의 직종을 지배하게 된다.

인도인 공동체는 여러 집단이 혼합되어 있어서 강력한 조직을 형성하지 못했다. 북인도 출신과 주류인 남인도 출신 사이에는 차이가 많았고, 무슬림, 시크교도, 소수의 기독교도 등은 제각기 종교 활동을 했다. 화이트칼라 계층을 비롯한 몇몇 인도인들은 싱가포르에 영구적으로 정착했지만, 대다수는 고향으로 돌아가기를 원했다. 이 시기 인도인들은 중국인보다도 뜨내기 성격이 더 강했다.

말레이반도와 수마트라로부터 온 말레이인 인구는 1860년 1만 2천 명에서 1881년 2만 2천 명으로 대폭 증가했다. 자바인과 부기스인을 합친 숫자는 같은 기간 4천 명에서 1만 1천 명으로 거의 3배 증가했다. 1890년대의 싱가포르는 중국인 노동자들뿐만 아니라 인도네시아인들의 기착지였다. 중개인들이 모집해 온 자바인들은 중국인들과 똑같은 방식으로 뱃삯에 대한 대가로 일정 기간 노동력을 제공했다. 19세기 말 고무 재배가 확대되면서 자바인 농업 노동자의 이주는 대폭 증가했다.

19세기의 마지막 사반세기에 싱가포르는 동남아시아 말레이 무슬림 세계의 경제적, 문화적 중심지로 기능했다. 말레이반도와 인도네시아 제도의 무역과 인도네시아인들의 이민이 싱가포르에 집중되었다. 싱가포르는 무슬림 종교서적 출판의 중심지였고, 말레이어는 이슬람 세계의 주요 언어 중 하나가 되었다. 증기선이 출현하면서 싱가포르는 메카 성지순례 사업의 중심지가 된다. 19세기 말까지 매년 7천여 명의 인도네시아인이 메카 성지순례를 떠났고, 그들 중 대부분은 싱가포르에서 출발했다. 성지순례 비용을 마련하기 위해 몇 달 또는 몇 년간 싱가포르에 머무르면서 돈을 모으는 사람들이 많았고, 그중에는 충분한 돈을 모으지 못해 싱가포르에 눌러앉는 사람들도 있었다. 또한 성지순례를 하느라 진 빚을 갚기 위해 돌아오는 길에 싱가포르에서 일을 하는 사람들도 많았다.

1901년 싱가포르의 범(汎) 말레이 무슬림 인구는 3만 6천 명 이상이었다. 약 2만 3천 명의 말레이반도 출신, 1만 2천 명이 넘는 인도네시아 제도 출신, 약 천 명의 아랍인, 6백 명의 자위 퍼라나칸(Jawi-Peranakan, 인도인과 말레이인의 혼혈)으로 구성되었다.

말레이인과 인도네시아인 이주자들은 눈에 띄지 않게 조용히 동화되었다. 그들은 수마트라의 말레이어를 공용어로 받아들였고, 이슬람교와 무슬림 전통을 고수했다. 모든 이주자들 중에서 인도네시아인들은 원래부터 고향과의 유대관계가 가장 약했고, 고향에 돌아가거나 고향에 있는 가족에게 송금을 하는 사람은 소수에 불과했다. 몇몇 인도네시아인과 말레이인 이주자들은 큰 부를 쌓았고, 수마트라의 미낭카바우족(Minangkabau)은 특히 상점 경영으로 성공을 거두었다. 다른 이주자들은 모스크 관리자, 종교 교사, 소규모 무역상 등의 직종에 종사했다. 그러나 대부분의 말레이인들은 경비원, 운전사, 조경사, 가정부, 경찰관 등 변변치 않은 직종으로 흘러 들어갔다.

19세기 말 토지 가격이 오르면서 신참 말레이인 이주자들은 도시에서 멀리 떨어진 곳으로 밀려났다. 도시 지역의 말레이인들은 유럽인들이 지배하는 중국인 도시에 묻혀버린 양상이었고, 상업적으로는 중국인들과의 경쟁에서 도태되었다. 대부분의 말레이인들은 문맹이거나 말레이 토착어로 수준 낮은 학교 교육을 받았기 때문에 사회의 상층부로 올라갈 기회를 잡기 어려웠다.

19세기 말 많은 말레이반도의 지도자들이 몰려들면서 싱가포르는 정치 활동의 중심지가 되었고, 영국의 개입으로 축출당한 말레이반도 지도자들의 도피처 역할도 하게 되었다. 페락(Perak)의 전 술탄 압둘라(Abdullah)가 그 대표적인 인물로, 그는 세이셸 군도(the Seychelles)에 유배되었다가 1894년 풀려나서 1922년 사망할 때까지 싱가포르에 거주했다. 싱가포르 술탄 알리(Ali)의 자손들은 여전히 캄퐁 글람(Kampong Glam)에 살고 있었고, 조호(Johor)의 새로운 술탄 아부 바카르(Abu Bakar)와 그의 아들 이브라힘(Ibrahim)은 싱가포르에서 사교활동을 즐겼다. 그러나 20세기로 접어들면서 이러한 유력인사들은 싱가포르의 말레이 무슬림 사회에 지배적인 영향력을 가지지 못하게 된다. 무슬림 사회의 리더십은 영어로 교육받은 자위 퍼라나칸, 중국인이나 유럽인과 경제적으로 경쟁할 수 있는 부유한 아랍인 등 새로운 계층으로 넘어간다.

알쥬니에드(Aljunied)와 같은 몇몇 아랍인 가문은 싱가포르가 설립되기 전부터 동남아시아에 정착했고, 아랍인 이주자들은 현지 무슬림 여성들과 결혼했다. 혼혈임에도 불구하고 싱가포르의 아랍인들은 아라비아와 밀접한 접촉을 유지하였고, 아들을 아라비아에 유학 보내는 경우도 많았다. 그들은 무슬림 전통을 엄격하게 지켰고, 순수한 아랍 혈통의 사위를 구하고, 아랍어를 사용하고, 아랍 의상을 입고, 아랍식 칭호를 사용했다. 20세기로 넘어오면서 아랍인들의 영향력이 최고조에 달했을 때에도 영어를 할 수 있는 아랍인들은 거의 없었다.

19세기 말 아랍인 공동체에는 하드라마우트(Hadramaut, 아라비아 반도 남부의 현재 예멘에 속해 있는 지역)로부터 새로이 이주해온 사람들이 보충되었다. 그들은 교육 수준이 높고 세련되고 신앙심이 독실한 사람들이었다. 주요 아랍인 가문들은 아주 부유했고, 유력한 아랍인들은 19세기 말의 존경받는 지도자로 인정받았다. 3대 아랍인 가문들은 자선사업에 활발히 참여했고, 병원과 학교에 기부하고 모스크를 지어주었으며 종교 축제에 필요한 자금을 냈다.

20세기에 들어 인도인과 말레이인의 혼혈인 자위 퍼라나칸들은 영어와 말레이어를 구사할 수 있는 능력 때문에 싱가포르의 상업 사회에 진입할 수 있었다. 사무원, 통역사, 학교 교사 등이 되는 사람들이 많았고, 일부는 언론과 출판업에 종사하거나 상점 경영으로 성공을 거두었다.

유럽인의 수도 증가하였으나 1881년에도 3천 명 미만에 그치고 있었다. 유라시안도 꾸준히 증가했다. 그들은 말라카 출신의 포르투갈인과 네덜란드인, 점점 수가 늘어가는 영국-인도 혼혈과 영국-중국 혼혈 등으로 구성된 집단이었다. 대부분 영어를 구사했고, 상업과 정부기관에서 일자리를 찾았다. 1870년대에 들어 중동 출신 유대인의 대거 유입이 일어났고, 20세기에 접어들면서 싱가포르 유대인의 수는 4백 명에 달했다.

중국인 사회의 변화

중국인 인구는 급속도로 증가했다. 20세기 초에는 신규 중국인 이주자들이 대규모로 유입되었고, 그 수는 말라야의 경제 상황과 중국의 곡물 작황에 따라 심한 변동을 보였다. 싱가포르에 온 중국인 이주자들의 수는 1907년 22만 7천 명에서 1909년에는 15만 2천 명으로 줄어들었다가, 중국 남부에 홍수와 기근이 들었던 1911년에는 27만 명이라는 기록적인 수치를 보였다.

제1차 세계대전이 발발할 시점에 중국인은 싱가포르 인구의 4분의 3을 조금 넘게 차지했고, 이 비율은 20세기 내내 거의 그대로 유지된다. 이 시점까지도 중국 태생이 압도적으로 많았고, 해협식민지 태생의 수는 호키엔(Hokkien), 떠쥬(Teochew), 칸토니즈(Cantonese) 이주자에 이어 네 번째에 그치고 있었다.

1860년대가 되자 싱가포르 태생의 이민 2세대 지도자들이 출현한다. 대부분은 호키엔이었고, 대표적인 인물은 탄톡셍(Tan Tock Seng)의 아들 탄킴칭(Tan Kim Ching)이었다. 전통적으로 무역과 해운을 선도했던 호키엔은 19세기 말이 되자 은행, 설탕 생산 등을 강력하게 장악했다.

떠쥬는 여전히 두 번째로 영향력 있는 방언 그룹이었다. 이미 후추와 아선약 (gambier) 생산을 장악했던 떠쥬 사람들은 고무 생산, 파인애플 통조림, 제제(製材), 정미(精米), 수산물 유통 등 새로운 형태의 사업을 주도했다.

싱가포르에 온 칸토니즈의 대다수는 기능공과 노동자였으나, 소수의 사람들은 주석으로 부를 쌓았다. 가난한 소수 집단이었던 하카(客家)는 20세기 초 하이난(Hainanese)에게 수적으로 추월당했다. 하이난 사람들은 대부분 선원, 가정부 또는 비숙련 노동자였고, 경제 계층구조에서 하층부에 있었다. 하이난 사람들은 싱가포르에 정착하는 비율이 특히 낮았는데, 1918년까지 하이난 여자들의 외국 이주가 금지된 것과 타지 출신들과 좀처럼 결혼을 하지 않는 특성 때문이었다.

식민정부는 해협중국인 지도자들과의 협력을 추구했고, 그들에게 치안판사와 입법위원회 위원의 직책을 주었다. 이런 사회적 활동을 수행하기 위해서는 영어를 구사하는 것이 필수적이었기 때문에 서구화된 해협중국인들을 끌어들였던 것이다.

이전과 마찬가지로 싱가포르의 중국인 지도자들은 자선사업, 학교 후원, 병원, 도로, 사원 등의 건설을 통해 그들의 명망을 높이려 했다. 그들은 각기 다른 방(幫, pang)과 방언 그룹 단체를 통해 영향력을 행사했다. 여전히 새로운 이주자들은 같은 방언을 사용하는 사람들을 찾아 직업, 주거 등의 문제에서 계속 협력을 해왔으며, 다른 방언 그룹과는 거의 접촉을 하지 않았다.

싱가포르의 중국인들 사이에서 사회적 서열을 정하는 기준은 여전히 부였으나, 19세기 말 대학교육을 받은 전문가 집단이 출현하면서 변화가 일어난다. 1889년 클레멘티 스미스 총독이 뛰어난 학생들을 영국에 유학 보낼 수 있게 조치한 것이 큰 영향을 미쳤다. 그 수혜를 받은 첫 번째 인물은 에든버러(Edinburgh)에서 의학을 공부한 림분켕(Lim Boon Keng)이었다.

20세기로 접어들면서 바바 차이니즈(Baba Chinese, 중국계 퍼라나칸) 지도자들과 식민당국 사이에서는 상호 존중과 협력이 이루어졌다. 이것이 가능했던 원인에는 영원할 것처럼 보였던 대영제국의 힘, 싱가포르의 번영과 안전에 대한 확신, 서구식 교육의 확산 등이 있었다. 많은 바바 차이니즈들은 영국 시민권에 높은 가치를 두고 있었고, 제1차 세계대전이 발발해 영국이 위기에 처했을 때에 해협식민지의 중국인들은 전쟁비용으로 거금을 기부하기도 했다. 점점 더 많은 해협 중국인들은 서구의 관습을 수용했고, 테니스, 당구, 크리켓, 하키 등의 유럽식 스포츠를 즐겼다. 기독교로 개종하는 사람들도 많아졌고, 특히 바바 차이니즈 여성들에서 개종 비율이 높았다.

유럽인들은 해협중국인들이 영어 교육을 받은 서구화된 집단이라고 생각하게 되었지만, 이는 19세기 말엔 상층계급에만 해당하는 것이었다. 대다수의 해협중국인들은 중국에서 이주해온 동시대인들보다 부유하거나 교육을 잘 받았거나 영국 지향적이지 않았다.

청(淸) 말기의 정치적 격변기였던 1890년대와 1900년대에 싱가포르의 중국인들은 대체 어디에 충성을 바쳐야 할지 혼란을 겪었다. 바바 차이니즈 지도자들은 영국의 힘을 존중하고 서구화된 교육을 추구했지만, 그와 동시에 중국 문화의 뿌리를 보존하는 것과 중국의 근대화에 관심이 많았다. 해협중국계영국인협회(Straits Chinese British Association)의 설립자들은 친영 성향인 동시에 중국의 무술변법(변법자강운동)의 열렬한 후원자이기도 했다.

가장 서구화된 중국인들조차도 전통적인 중국 관습을 고수했으며, 그들은 영국 식민정부와 우호적인 협력 관계를 유지하는 동시에 고향인 중국과의 유대를 강화했다. 중국의 이민법이 완화되고 영국 시민권이 중국 왕래의 안전을 보장하게 되면서 성공한 중국인들의 중국 왕래가 잦아졌다. 많은 중국인들은 혈연을 다시 찾고 아들을 중국에 있는 학교에 보내 공부시켰고, 나이가 들어 은퇴하면 중국으로 돌아가는 경우도 제법 많았다. 초기 중국인 이주자들은 현지 여성과 결혼하는 경우가 많았지만, 19세기 후반이 되자 중국에서 순수 중국 혈통의 며느리나 사위를 찾는 것을 선호하게 되었다.

특히 젊은 세대의 싱가포르 중국인들은 정체성의 위기를 겪었고, 그 전형적인 인물은 림분켕(Lim Boon Keng)이었다. 그가 충성을 바칠 대상은 무려 셋(영국, 싱가포르, 중국)이었다. 서구식 교육을 받은 림분켕은 영국 식민정부와 긴밀한 관계를 유지하는 한편, 중국의 전통을 서구 기준에 맞춰 현대화하고 낡은 관습을 버리려고 시도했다. 그와 동시에 유교적 가치관과 중국 전통에 대한 신뢰를 강화하려 하는 다중적인 모습을 가지고 있었다.

림분켕의 주된 관심 대상은 교육이었고, 대부분의 해협중국인 소년들이 영어 학교에 다니면서 중국어 교육을 등한시하는 상황을 개탄했다. 말로는 '학교'라 불리는 중국어 학교가 19세기 말에 50개 이상 있었으나, 대부분은 소규모였고 몇몇 학교는 부유한 상인들의 후원을 받고 있었다. 이 학교들의 교육 수준은 낮았고, 중국어 방언(대부분 호키엔)으로 교육이 이루어지고 있었다. 그 학교들의 목적은 최신식 교육을 제공하는 것보다는 후원자인 중국인 상인들의 자선정신을 충족하기 위한 것에 불과했다. 부유한 중국인 상인들은 자식들을 이런 중국어 학교보다는 영어 학교나 중국 본토로 보내기를 선호했다. 림분켕은 싱가포르의 중국인들에게 아이들을 먼저 중국 전통에 따라 교육할 것을 촉구했고, 그와 동시에 더욱 현대적이고 과학적인 교과과정을 추구했다.

바바 차이니즈 개혁 세력은 전통적으로 교육을 받지 못하고 결혼하면 전업주부가 될 준비만 해온 해협중국인 여성들에 대한 교육 기회를 열었다. 당시 해협중국인 여성들 대부분은 문맹이었고, 중국어나 영어는 전혀 못하고 바바 말레이(Baba Malay, 중국계 퍼라나칸이 사용하는 말레이 방언)만을 할 수 있었다. 중국인 여학생들을 위한 첫 번째 영어 학교는 1899년에 개교했고, 1911년에는 중국어 학교인 Chung Hwa Girls' School이 문을 열었다.

림분켕이 바바 차이니즈 개혁세력의 대변인으로서 벌인 활동은 다른 집단과 충돌을 일으키기도 했다. 기독교 선교사들은 림분켕이 아편 흡연이나 전족(纏足)과 같은 악습을 공격한 것에는 동조했지만, 유교적 가치관을 강화하려는 그의 시도에는 반발했다. 아편은 세입과 수익의 원천이었기 때문에 아편을 근절하려는 림분켕의 운동은 정부와 상공회의소로부터 거의 지지를 받지 못했다.

이러한 어려움에도 불구하고 바바 차이니즈 개혁가들은 공동체의 태도를 점진적으로 바꾸는 데에 성공했다. 아편 흡연은 악습으로 여겨지기 시작했고, 중국인 여성들의 지위와 중국어 교육의 수준은 차츰 개선되었다.

청(淸) 말기의 정치적 격변과 싱가포르

이전까지 청(淸) 왕조는 해외의 중국인들과의 접촉을 유지할 의사가 없었으나, 1876년에 정책을 바꾸어 난양(南洋)에 영사관을 설치하기로 결정했다. 그 목적은 중국 문화와 교육에 대한 관심을 고취하여 재외 중국인들의 충성심을 유도하는 것이었다. 첫 번째 중국 영사관은 1877년 싱가포르에 세워졌고, 왐포아(Whampoa)가 명예 영사로 위촉되었다. 1880년 왐포아가 사망하자, 노련한 유학자이자 외교관인 초핑룽(Tso Ping-lung)이 영사로 부임했다. 초핑룽은 10년의 재임기간 동안 중국과의 문화적 유대감을 강화하는 데에 집중했다.

주 싱가포르 중국 영사관의 주된 업무는 말라야, 네덜란드 동인도회사 지역 등의 해외 중국인들로부터 기금을 모금하는 것이었다. 해협식민지 정부는 홍수나 기근 구제와 같은 자선 목적의 기금 모금에는 반대하지 않았으나, 정치적 목적과 관련된 영사의 행동에 대해서는 불쾌감을 표출했다. 초핑룽 영사는 해협식민지 정부와 전반적으로 원만한 관계를 유지했다. 영사관의 활동은 정치적이거나 반영(反英) 성격은 아니었지만, 초핑룽은 싱가포르 중국인들이 북경에 대한 태도를 바꾸게 하려는 작업에 착수했다. 전통적으로 청(淸) 왕조에 대한 싱가포르 중국인들의 태도는 잘해야 무관심이고 공개적으로 적대적일 때도 많았으나, 1889년 광서제(光緖帝) 즉위 때 공개적으로 축하하고 이후 중국 해군이 싱가포르를 방문했을 때 환영하며 변화의 모습을 보인다.

1890년대에 접어들자 청(淸) 왕조는 해외 중국인들의 충성을 요구하면서 그들의 부와 재능을 중국을 위해 활용하려고 시도했다. 이 정책은 청 왕조가 착수했지만, 이후 왕정주의 개혁가, 혁명주의자, 더 훗날 국민당에 의해 50년이 넘도록 이어진다. 이것은 말라야에서 중국인 공동체 내의 긴장을 유발하고 불신을 조장했으며, 중국인들과 식민정부 사이의 관계를 악화시키는 결과를 낳는다. 1893년 청 왕조는 1860년대부터 사실상 사문화(死文化)된 해외이주 금지를 공식적으로 폐지했고, 자국 내의 인구 압력을 완화하고 해외 중국인들로부터 재정적인 지원을 더 얻기 위해서 해외이주를 적극적으로 권장하게 된다.

1891년 하카(Hakka, 客家) 출신의 열정적인 외교관 황쭌셴(黃遵憲, 「조선책략」의 저자)이 부임해오면서 싱가포르 영사관의 지위는 총영사관으로 격상되었다. 황쭌셴이 싱가포르를 난양(南洋) 일대에서 기금을 모금하는 중심지로 삼자, 해협식민지 정부는 영사관이 그 영향력과 대규모 모금 활동을 말레이 보호령에까지 확대하는 것에 불안감을 느꼈다. 영국 외무성이 황쭌셴을 제거할 수단을 강구하고 있던 1894년 황쭌셴은 중국으로 소환된다.

싱가포르에서 청 왕조의 명망은 황쭌셴의 활약으로 최고조에 달했으나, 청일전쟁에서 일본에게 완패하면서 흔들리게 된다. 싱가포르의 중국인들은 1894년 그들이 환영했던 중국 함대가 불과 11개월 후 일본에게 참패했다는 사실에 경악을 금치 못했다. 뒤이어 서구열강들의 침탈이 잇따르며 중국은 존재 자체를 위협받게 된다. 19세기의 마지막 몇 년간 싱가포르 영사관은 문화적인 활동을 제쳐두고 중국에서 철도 등의 사업을 벌이기 위한 투자금을 모금하여 외국 자본의 침투를 막는 것을 우선적인 업무로 했다. 그를 위한 한 가지 방법은 중국의 관직을 돈을 받고 파는 것이었고, 청 왕조가 멸망할 때까지 많은 관직이 싱가포르 중국인들에게 팔려나갔다. 황쭌셴의 후임 총영사는 전문적인 외교관이 아닌 난양(南洋) 출신의 중국인 상인이었고, 그는 중국 관직을 대규모로 팔아서 최대한 많은 돈을 뽑아냈다. 매관매직이 하도 심해서 해협식민지 정부는 영국 관직을 팔아 경쟁을 붙이자고 본국 정부를 설득하기에 이른다. 총영사가 경제적 사업에 집중하는 동안 문화적인 활동은 해외에서 유학한 싱가포르 중국인들의 손으로 넘어간다.

청 왕조는 정책적으로 재외 동포들의 상업 조직 설립을 장려했고, 1906년 총영사와 청의 관리가 주도하여 싱가포르 화교상공회의소(Singapore Chinese Chamber of Commerce)를 설립했다. 또한 1909년 청 왕조는 출생지와 해외거주 기간에 상관없이 부계(父系)가 중국인이면 모두 중국인으로 인정한다고 발표했고, 또 재외 중국인들을 대상으로 인적자원 확보에도 나서 귀국을 호소했다. 말라카 출생 변호사인 응아초이(Ng Ah Choy)는 1896년 주 워싱턴 중국 공사가 되었고, 페낭 출생 우리엔테(Wu Lien-teh) 박사는 1907년 의사 신분으로 중국에 귀국했다.

20세기 초 청(淸) 왕조는 뒤늦게 해외 중국인들의 교육을 장려했다. 1907년 난징(南京)에 해외 중국인들을 위한 특수학교가 설립되어 많은 싱가포르 학생들을 끌어들였다. 청 왕조는 관리를 파견하여 난양(南洋)에 중국인 학교를 설립하기 위한 돈을 모금했다. 중국에서 벌어진 개혁 운동은 중국에 있는 학교로 보내진 싱가포르 젊은이들에게 큰 영향을 미쳤고, 그런 학생들은 싱가포르에 현대적인 중국어 학교를 설립할 것을 촉구했다.

1898년 중국에서 무술변법(변법자강운동)이 교육 근대화에 중점을 두고 시작되었고, 이는 싱가포르의 개혁가들로부터 열렬한 호응을 받았다. 무술변법이 서태후를 중심으로 한 수구파의 쿠데타에 의해 백일천하로 끝난 후(이런 이유로 무술변법은 '백일유신'이라고도 불림) 싱가포르는 망명한 왕정주의자 개혁가들의 활동무대가 되었다. 초청을 받아 싱가포르에 온 무술변법의 지도자 캉유웨이(康有爲)는 중국 태생 또는 중국에서 교육받은 지식인 계층과 영어로 교육받은 바바 차이니즈에게서 상당한 지지를 받았다. 신임 중국 총영사는 스웻넘(Frank Swettenham) 총독에게 캉유웨이를 추방하라고 요구했다. 스웻넘 총독은 서태후가 캉유웨이를 제거하기 위해 자객을 보낼 것이라는 소문에 걱정했고 만약 캉유웨이가 자진해서 떠났다면 내심 기뻐했을 것이지만 추방 요구에는 응하지 않았다.

1900년 혁명주의자 쑨원(孫文) 박사가 싱가포르에 와서 캉유웨이와의 협상을 시도했지만, 캉유웨이는 쑨원과 엮이기 싫다고 거절했으며 싱가포르 당국은 쑨원을 추방했다. 캉유웨이는 1900년 초 싱가포르에서 보황회(保皇會, Protect Emperor Party)를 설립했고 얼마 안 있어 페낭으로 넘어간다. 이때는 지지자들이 가지고 있던 캉유웨이에 대한 환상이 이미 깨진 상태였다. 지지자들이 상당한 자금을 기부했던 한커우(Hankow, 漢口, 현재는 우한의 일부) 봉기가 실패로 돌아갔고, 왕정주의 개혁가들의 무능함과 부패도 드러났기 때문이었다.

개혁운동과 혁명운동은 의견 합치를 보지 못하고 각기 다른 길을 택했고, 청(淸) 왕조, 왕정주의 개혁가들, 혁명가들은 싱가포르 중국인들의 지지와 돈을 놓고 경쟁했다. 싱가포르의 중국인들은 그중 어느 편을 택할 것을 강요받았다. 부유한 싱가포르 사업가들 대부분은 온건한 개혁을 선호했고, 혁명운동에 돈을 대는 것을 조심스러워 했다. 싱가포르의 사업가들은 미래 중국의 통치자가 될 수 있을 사람들과 소원해지기를 원치 않은 한편, 성공에 대한 어느 정도의 확신을 받고 나서야 중국의 봉기에 돈을 대려고 했다.

쑨원은 곧 추방당했지만 그의 혁명동지 중 하나인 유리에(Yu Lieh)가 1901년 싱가포르에 건너왔다. 유리에는 노동자 단체를 창시하고 차이나타운에 진료소를 열었으며, 혁명운동이 자신들의 입지를 회복할 기회가 될 것이라 여긴 비밀결사 회원들을 끌어들였다. 또한 캉유웨이에게 환멸을 느낀 이전 왕정주의 개혁파를 포함한 몇몇 부유한 사업가들의 후원을 얻게 된다. 이 시기 쑨원은 일본에서의 정치활동에 집중했고, 국민당의 전신인 되는 동맹회(同盟會, '중국혁명동맹'이라고도 함)를 도쿄에 설립했다. 쑨원은 1906년 싱가포르를 다시 방문했고, 유리에의 노력을 보고 감명을 받았다. 쑨원은 동맹회의 싱가포르 지부를 설립하기로 결정했고, 15명의 회원으로 출발한 싱가포르 지부는 난양의 전초기지가 되었다. 쑨원의 혁명동지들은 근대적인 중국어 학교와 YMCA와 같이 겉으로는 순수해 보이는 단체들에서 활약했다.

1907과 1908년의 싱가포르는 중국 혁명봉기 계획을 수립하는 근거지였다. 같은 기간 상업 침체와 맞물려 봉기가 여러 차례 실패해 동맹회는 큰 타격을 입었고, 실패한 봉기에 참여했던 사람들이 싱가포르로 쏟아져 들어왔다. 이들이 온건한 개혁가들과 충돌을 일으키고 범죄에 연루되자 혁명운동의 위상은 떨어졌다. 이 무렵 쑨원은 주기적으로 싱가포르를 방문해서 하층계급 지지자들의 충성심을 계속 고취했지만, 부자들로부터 자금을 모으기는 점점 더 어려워졌다. 쑨원은 1909년 난양 본부를 페낭으로 옮겼지만 이듬해 그곳에서 추방당했다. 유리에는 1909년 체포되었고, 석방되자마자 말라야를 떠났다. 그가 떠난 후 그의 조직은 갱단으로 전락하여 탄압을 받았고, 싱가포르 중국인들은 혁명의 대의에 등을 돌렸다.

그러나 1911년 우창(武昌) 봉기가 성공하면서 분위기는 극적으로 변했다. 싱가포르 중국인들 사이에선 흥분과 기쁨이 휘몰아쳤고, 쑨원은 정복 영웅이 되어 중국으로 가는 도중에 싱가포르에 들러 떠들썩한 환영을 받는다. 호키엔과 칸토니즈 지도자들의 공동위원회가 중국을 위한 기금을 모금하기 위해 결성되었고, 젊은 싱가포르 중국인들은 혁명군에 합류하기 위해 몰려갔다. 싱가포르의 자금은 쑨원이 신해혁명(辛亥革命)을 완성하는 데에 중요한 역할을 했다. 극빈자들조차도 혁명군을 위해 기부했고, 대단원의 막을 내려가는 승리는 중국을 향한 애국심의 물결을 만들어냈다.

혁명의 어머니 쑨원은 싱가포르의 중국인들을 칭송했지만, 사실 혁명 막바지 단계를 제외하고는 싱가포르 중국인들의 역할은 미미했다. 쑨원이 싱가포르를 긍정적으로 대한 것은 이미 받은 호의에 감사하는 차원이 아니라 앞으로 받을 호의를 기대했기 때문이었고, 자신이 힘들었을 때 싱가포르 중국인들이 지원해주지 않은 것에 대한 섭섭한 감정을 잊지 않았다.

싱가포르의 중국인 사회는 중국 본국이 재외 동포에 가하는 압박, 중화민족주의에 대한 열망, 현대식 중국어 교육의 확산 등으로 인해 성격이 크게 변했다. 바바 차이니즈와 중국 태생의 이민자 간의 차이가 이전보다 더 두드러지게 되었다. 바바 차이니즈는 소수였지만 영어 교육을 받은 사람들로 상인, 전문직, 변호사, 의사, 교사 등의 직업군을 장악하고 있었다. 또 바바 차이니즈는 공공부문에서 선호를 받아 식민정부와 가까운 관계를 유지했고, 정치보다는 사회와 교육문제에 집중하고 있었다. 반면 중국 출신의 부유한 상인들은 화교상공회의소에서 뭉쳐 중국인 공동체에 막대한 영향력을 행사했다. 중국 태생들 중에는 난양

지역의 상업을 주도하고 막대한 부를 축적한 상인들도 있었으나, 대부분은 공교육도 받지 못하고 영어를 못했다. 그들은 싱가포르의 관직을 원하지도 않았고 영어도 못했기 때문에 관직을 얻을 기회를 얻지도 못했다. 그들의 관심사는 중국어 학교, 자선사업, 그리고 중국의 정치였다. 이렇게 이 시기 해협 태생과 중국 태생의 관심사와 열정은 갈렸지만 그들이 사사건건 충돌한 것은 아니었다.

이 당시 중국 태생으로 가장 돋보인 인물은 샤먼(廈門, Amoy) 인근 출신인 탄카키(Tan Kah-kee)였다. 그는 학교 교육을 거의 받지 못하고 16세의 나이에 싱가포르에 와서 아버지의 쌀가게에서 일하다 자신의 쌀가게를 차렸다. 이후 파인애플 공장, 고무, 정미(精米), 해운 등으로 사업 영역을 넓혔고, 제1차 세계대전이 발발할 무렵 탄카키의 회사는 싱가포르 최고의 중국인 기업이 되었다. 그는 검소한 생활을 했고, 좋은 곳에 쓰이지 않는 부는 악으로 여겼다. 그가 얻은 이익의 많은 부분은 싱가포르와 그의 고향에 학교와 대학을 세우는 데에 쓰였다.

보다 발전한 교육과 언론

이 시대의 교육은 여전히 경제의 발전과 보조를 맞추지는 못하고 있었다. 동인도회사 직할식민지 시절과 마찬가지로 식민정부는 말레이어 초등교육을 무상으로 제공하려고 했다. 정부가 다양한 인도 언어와 중국 방언으로 교육을 제공하는 것은 현실적으로 가능한 일도 아니었거니와 수요도 없었다. 그러나 말레이어 교육은 이전 상태에서 크게 나아진 것이 없었다. 말레이어-영어 이중 언어로 중등교육을 실시하고 말레이인 교사를 양성하려는 계획은 성공하지 못했다. 말레이어 중등교육은 뿌리를 내리지 못했고, 래플스 인스티튜션(Raffles Institution)에서 말레이어 학급을 다시 열지만 곧 폐쇄되었다. 말레이 소년들의 교육수준은 낮았고, 말레이 소녀들을 교육하려는 시도는 완전히 실패했다. 말레이어 교육의 비효율성을 개선하고자 소규모 학교들을 폐쇄했지만, 그랬다고 해서 남은 학교들의 수준이 개선된 것도 아니었다.

중국어 교육은 중국인 공동체의 몫이었다. 1873년과 1876년에 정부는 영어-타밀어 학교 둘을 설립했지만, 타밀 공동체의 교육 수요가 적어 결국 영어 학교로 전환된다. 19세기 말에는 정부 지원을 받는 학교 중에서 타밀어 학급을 개설한 곳은 하나도 없었다.

20세기 전까지 정부는 영어 교육을 직접 제공하지 않았고, 그 대신 주로 기독교 선교회가 운영하는 영어 사립학교에 보조금을 지급했다. 직업을 구하는 데에 있어 영어가 가지는 이점 때문에 19세기 말 영어 초등교육은 붐을 이루었다. 기존의 선교학교들은 교육의 수준을 높였고, 래플스 인스티튜션은 큰 발전을 이루었다. 1870년대부터 새로운 선교학교들이 잇따라 문을 열었다.

중등교육을 제공하는 유일한 학교는 1884년 중등 과정을 시작한 래플스 인스티튜션이었다. 클레멘티 스미스(Clementi Smith) 총독은 고등교육을 촉진하려 노력했지만 별다른 성공을 거두지 못했다. 1889년 의학학교가 문을 열었지만 두 명의 학생만이 등록하여 결국 그다음 해 폐교했다. 클레멘티 스미스 총독이 유일하게 성공한 것은 해협식민지에서 매년 두 명의 영국 왕실장학생을 선발하게 된 것이었다. 여러 해에 걸쳐 왕실장학생들은 의사, 변호사, 교사가 되어 싱가포르에 돌아왔고, 그들의 업종에서 지도자가 되고 입법위원, 치안판사 등으로 활약했다. 이렇게 영어로 교육받은 아시아인 엘리트들은 새로운 형태의 리더십을 제시하였고, 싱가포르 사회를 조금씩 서구화하고 현대화하는 데에 이바지한다. 왕실장학생이 될 만큼 성적이 좋지 않은 아이들을 자비로 영국에 유학 보내는 것이 부유한 싱가포르 부모들 사이에서 유행이 되었다. 소수의 영국 유학파, 그리고 싱가포르에서 영어로 교육받은 점점 더 많은 수의 사람들은 싱가포르 사람들의 태도와 특성에 점진적이지만 중대한 혁신을 가져온다.

20세기 초가 되자 정부는 말레이어 무상 초등교육을 제공함과 동시에 영어 교육에 대한 책임을 떠안으려 했지만, 중국어와 타밀어 교육은 계속 개인 자선가들의 몫으로 남았다. 1902년 제정된 교육법은 향후 20년 동안의 공식적인 교육정책의 기초를 설계했다. 교육법 시행 초기에 정부는 영어 초등학교들을 설립했고, 1903년에 래플스 인스티튜션을 인수하여 중등교육만을 담당하게 했다. 1909년에는 교육청(Education Board)이 설립되었다. 1904년과 1911년 사이에 영어 학교의 수는 두 배로 늘어났고, 영어 교육은 20세기의 첫 20년 동안 꾸준히 발전했다.

해협중국인들이 의학학교를 설립하자는 압력을 가하자, 싱가포르 당국은 초기 자금 7만 1천 달러를 모금해 오면 설립에 동의하겠다고 약속한다. 놀랍게도 하룻밤 사이에 무려 8만 7천 달러가 모금될 정도로 이 프로젝트에 대한 열의는 대단했다. 이 학교는 1920년 킹 에드워드 의과대학(King Edward College of Medicine)이라는 이름을 가지게 되고, 훗날 말라야종합대학(University of Malaya)의 첫 번째 구성원이 된다.

영어로 된 교육이 활발해지고 현대식 중국어 학교가 늘어남에 따라 싱가포르 사회는 크게 변화했다. 전문직 상류층과 글을 읽고 쓸 줄 아는 중산층이 등장한 것이다. 사회적 지위를 얻을 수 있는 수단이었기 때문에 교육의 가치는 높아졌고, 여성 해방의 움직임도 나타나기 시작했다. 영어 교육은 상류층 사람들을 이어주는 역할을 했다. 영어 교육을 받으면 전문직 종사자로서 명예를 쌓을 수 있었고, 소수는 공직에 진출할 수 있었으며, 대다수는 사무직이나 상업 관련 직종에 고용될 수 있었다.

그러나 영어로 교육받은 사람들과 토착어로 교육받은 사람들은 극명하게 구별되었고, 최상류층을 제외하고는 공동체 간의 격차도 심해졌다. 인종, 문화, 언어적 차이가 두드러졌고, 부자와 가난한 사람들의 격차도 커졌다. 아주 뛰어난 소수의 말레이 학생들은 영어 중등학교에 선발되기도 했지만, 기본적으로 말레이어와 타밀어 초등교육 수준은 너무 낮아서 교육을 통한 사회적 지위의 상승을 바라기 어려웠다. 중국어 교육은 싱가포르의 경제와 사회에서 중국인과 관련한 부분만 감당할 수 있었다. 중국어 방언 그룹 간의 분열은 여전히 심했고, 중국어 교육과 영어 교육을 받은 사람들 사이의 차이는 갈수록 벌어졌다.

글을 쓰고 읽을 수 있는 사람이 늘어나고 국제적인 사건에 대한 관심이 커지면서 언론은 큰 발전을 이루게 된다. 19세기의 마지막 사반세기 동안 영어 신문은 성장했고, 첫 번째 토착어 신문이 탄생했다.

싱가포르 프리프레스(Singapore Free Press)가 1869년 폐간된 후 싱가포르의 유일한 신문사로 남았던 스트레이츠 타임즈(Straits Times)는 화재로 인해 존재 자체가 소멸될 뻔했다. 신문사의 자산은 경매에서 40달러에 팔렸고, 사주 겸 편집장이었던 캐머론(John Cameron)은 파산했다. 그는 간신히 신문사를 다시 살리긴 했으나 경제적 어려움을 겪을 수밖에 없었다. 1881년 캐머론이 사망한 후 그의 부인이 스코틀랜드 출신 기자 레이드(Arnot Reid)를 편집장으로 영입했다. 레이드는 20년간 재직하며 판매 부수를 끌어올렸고, 그가 퇴직한 후 영국인 기자 스틸(Alexander William Still)이 18년간 편집장을 맡아 스트레이츠 타임즈를 성공적으로 이끌게 된다.

1887년에는 폐간되었던 싱가포르 프리프레스가 다시 창간했다. 부활을 이끈 사람은 클레어(W.G. St. Clair)로, 1916년까지 편집장으로 재직했다. 조간신문인 스트레이츠 타임즈와 석간신문(afternoon paper로 엄밀한 의미의 석간은 아님)인 싱가포르 프리프레스는 영어 교육을 받은 사람의 수가 늘어나면서 독자층을 확대할 수 있었다.

영어 신문의 발전과는 대조적으로 대부분의 초기 토착어 신문들은 어려운 시기를 겪어야 했다. 빈탕 티모르(Bintang Timor, 'eastern star'라는 뜻), 알 이맘(Al-Imam, 'The Leader'라는 뜻)과 같은 말레이어 신문들은 얼마 버티지 못하고 폐간되었다. 빈탕 티모르는 로마자로 인쇄된 최초의 말레이어 신문이었지만 채 1년을 가지 못했다. 싱가포르 최초의 개혁 성향 신문이었던 알 이맘은 1906년 창간되어 간신히 2년을 버티고 문을 닫았다. 그런 와중에도 1876년에 창간된 자위 퍼라나칸(Jawi Peranakan)은 거의 20년 동안 살아남았다.

19세기 말이 되자 말레이어 언론은 명성을 쌓았고, 말레이 저널리즘의 아버지라 불리는 모하메드 유노스(Mohammed Eunos bin Abdullah)가 등장하면서 약 25년간 융성했다. 1876년 부유한 미낭카바우(Minangkabau) 상인의 아들로 태어난 모하메드 유노스는 캄퐁 글람에서 자랐고 래플스 인스티튜션에서 공부했다. 1907년 싱가포르 프리프레스의 사주가 그를 초빙해 싱가포르 프리프레스의 말레이어판인 우투산 믈라유(Utusan Melayu)를 편집하도록 한다. 우투산 믈라유는 최초의 전국구 말레이어 신문으로, 해협식민지와 말라야에 판매되었다. 이 신문은 도시 말레이 독자들의 관심사를 주로 보도했다. 초기에는 자위어 판과 바바 차이니즈를 위한 로마자 판으로 주 3회 발행되다가 1915년에 일간지가 되었다. 싱가포르 프리프레스는 1918년 우투산 믈라유를 인도인 사업단에 매각한다. 이후 우투산 믈라유는 명예훼손 건으로 손해배상금을 지불하느라 금전적 어려움

모하메드 유노스

을 겪다가 1922년에 폐간되었다.

1914년 모하메드 유노스는 영자신문 말라야 트리뷴(Malaya Tribune)의 말레이어 판인 름바가 믈라유(Lembaga Melayu)의 편집장이 된다. 우투산 믈라유처럼 름바가 믈라유도 중도진보 성향의 신문이었고 도시 말레이 중산층을 주 독자층으로 삼았다. 식민통치를 전반적으로 지지했고, 말레이인을 대상으로 한 정책을 가끔씩 가볍게 비판하기도 했다.

Singapore Eurasian Advocate는 1888년 창간되었으나 3년 만에 폐간되었고, 영어로 된 두 번째 유라시안 신문은 1900년에 잠깐 나타났다가 사라졌다. 타밀어 신문 Singai Nesan은 1888년 창간되었으나 판매 부수가 얼마 되지 않았다.

최초의 중국어 신문인 Lat Pau는 1881년 창간되었으나, 1900년에도 발행 부수는 5백 부 미만이었고 1910년까지도 갈피를 잡지 못했다. 그러나 1910년대가 되자 중국어를 읽을 수 있게 교육받은 사람들의 수가 급증하면서 전기를 맞게 된다. Lat Pau는 상업을 주된 관심대상으로 했고, 식민정부에 대한 비판을 하지 않고 유교적인 가치를 지지하는 보수적인 성향을 가지고 있었다. 다수의 부유한 사람들로부터 지지를 받았으나, 개혁 성향의 유니온 타임즈(Union Times)가 창간되면서 지위에 도전을 받게 된다. 1909년에 Lau Pat은 주인이 바뀌어 부채 문제를 해결하지만, 1921년 주필이 사망한 이후 내리막길을 걷다가 1932년에 결국 폐간되었다.

불안한 방위 체계

　본국 직속 식민지로 전환되던 1867년 시점에 영국 정부는 싱가포르가 전략적인 중요성을 가지고 있음을 인정하지 않았고, 싱가포르가 독자적으로 방위비를 책임져야 한다는 입장을 고수했다. 총방위비 6만 6천 파운드 중 싱가포르 자체의 분담금은 5만 9,300파운드로 고정되었고, 이것은 대부분의 다른 식민지들에 비해 과중한 비율이었다. 사실 이 비용으로는 할 수 있는 것도 별로 없었다. 1869년 당시 방어시설 부감찰관이었고 훗날 해협식민지 총독이 되는 윌리엄 저비스(William Jervois)는 싱가포르의 방어시설이 외부의 공격을 방어할 능력이 없고 내부 폭동에만 대처할 수 있는 무용지물이라는 보고를 한다.

　수에즈 운하가 개통되어 말라카 해협이 동북아시아로 향하는 주된 항로로 떠오르자, 싱가포르는 지브롤터(Gibraltar), 몰타(Malta), 수에즈(Suez)를 거쳐 홍콩에 이르는 영국의 항구와 석탄 보급기지 체인에서 중요한 연결고리가 되었다. 1871년 영국 정부는 싱가포르 방위의 책임을 일부 떠맡는 것에 동의했고, 완전한 화력을 갖춘 유럽인 연대를 싱가포르에 주둔시키면서 주둔 비용의 45퍼센트를 부담하기로 한다. 그와 동시에 영국 전쟁성은 해상에서의 공격에 대비해 싱가포르를 요새화하고 무기조달 비용은 전쟁성이 감당하는 대신 건설비용은 싱가포르가 부담할 것을 제안했다. 그러나 당시 총독인 앤드루 클락과 입법위원회는 이러한 요구에 반대했고, 영국 국무성은 본국이 방위비를 모두 부담해야 한다는 그들의 주장을 받아들이지 않았다. 당장 눈에 보이는 적의 존재는 없었기 때문에 싱가포르 상인들은 건설비용 부담에 격렬히 반대했고, 이 문제에 대한 논의는 중단된 상태로 남게 된다. 1867년 싱가포르가 본국 직속 식민지로 전환될 당시 방위비를 부담하는 조건으로 자진해서 전환을 요청했기 때문에 싱가포르 측의 주장은 설득력이 약했다.

1880년대에 팍스 브리태니카(Pax Britannica)가 위협받으면서 방어에 대한 논의는 부활했다. 당면한 걱정거리는 해상 세력으로 다시 등장한 러시아였고, 영국과 러시아는 1885년 아프가니스탄을 놓고 전쟁의 위협에 휩싸였다. 런던의 해협식민지협회는 말라카 해협의 방어책을 준비하자는 청원을 식민성에 제기했고, 전쟁성이 무기를 공급하면 식민지 정부는 방어시설의 건설비용을 부담해야 한다고 권고했다.

싱가포르 상인들은 항구뿐만 아니라 도시에 대해서도 보호를 원했고, 1886년 영국이 New Harbour와 풀라우 블라캉 마티(Pulau Blakang Mati, 현재의 센토사 섬)에만 요새화를 하자 입법위원회는 격렬하게 항의한다. 식민성은 영국이 싱가포르에 해군 요새를 설치할 의향이 없고 항구를 소규모 공격으로부터 보호할 뿐이며, 싱가포르의 주 방어 임무는 영국 해군에게 맡길 것이라는 주장을 굽히지 않았다.

1890년 런던 본국 정부는 병영 및 신축 군사 건물의 건설비용으로 6만 파운드를 지불할 것을 싱가포르에 요구했고, 해협식민지의 연간 군사 부담금을 기존의 두 배인 10만 파운드로 인상할 것을 제안했다. 입법위원회는 병영 건설비용 지급에 동의했으나 민간인 위원들은 모두 부담금 증액에 항의했다. 영자신문들은 식민성의 요구가 '제국의 약탈'이라고 비난을 퍼부었고, 공청회가 열리고 영국 의회에 탄원도 제기되었다. 클레멘티 스미스 총독은 이 탄원을 지지하며 런던과 싱가포르의 좋은 관계에 금이 가기 시작했다고 식민성에 경고했지만, 런던은 상기 금액을 전부 지급하라는 입장을 고수했다.

1891년에 시작된 무역의 침체와 은 가치의 하락 때문에 식민지 정부는 군사비 부담액을 맞추기 위해 예비비를 당겨쓸 수밖에 없었다. 이 때문에 정부 부서는 축소되고 공공사업은 지연되었으며, 교육에 대한 투자도 삭감되었다. 1895년 영국 정부는 군사비 부담액을 다소 하향 조정하는 것에 동의했고, 이것은 1920년대까지 분담률의 기준으로 유지된다. 영국 정부가 새로운 해군기지에 대한 분담금 명목으로 액수를 올리려 하자 싱가포르는 다시 완강히 저항했다. 1920년대 내내 이 분쟁은 격렬하게 벌어졌고, 1933년이 되어서야 40년간에 걸친 다툼은 종지부를 찍었다. 식민정부는 마지못해 방위비로 매년 4백만 달러 또는 세입의 20퍼센트를 부담하기로 동의했다.

영국의 해상 패권은 인도차이나를 지배하게 된 프랑스에 의해 위협을 받게 되었고, 일본도 잠재적인 경쟁자로 떠올랐다. 1880년대 중반 국제관계가 불확실해지는 가운데 영국 해군은 동방에 도크(dock) 시설을 만들기 위해 많은 항구들을 조사했다. 한때 싱가포르가 선호되었으나 1889년까지 부지 선정과 토지 취득 절차가 지연되는 사이 당면 위기는 끝났고, 해군은 도크 시설에 흥미를 잃었다.

그러나 러시아-프랑스 동맹이 체결되고 경제력이 향상된 독일이 식민지 건설에 야망을 보이면서 영국의 근심은 깊어졌다. 이 때문에 1896년 분담금 인상 제안이 부활하게 된다. 1890년대에는 "국력은 해군력에서 나오며 해군력의 핵심은 전함에 있다"는 신해군주의 이론이 전 세계에 퍼져 있었고, 독일을 비롯한 많은 국가들이 해군력 강화 경쟁에 나서고 있었다. 해군 군비 경쟁과 영국의 상업 패권에 대한 도전으로 인해 싱가포르 해군기지에 대한 관심은 되살아났다. 그러나 국제정세가 새로운 국면에 접어들면서 결국 싱가포르 해군기지 계획은 폐기된다. 영국은 독일 해군의 위협에 직면하자 군함들을 본국 앞바다에 집중시켰고, 해외 식민지의 방어는 다른 열강과의 동맹을 통해 해결하려 했다. 1902년 영국은 일본과 방위조약을 맺었고, 그로부터 3년 후 일본은 러일전쟁에서 승리했다. 이로써 영국의 제해권에 대한 러시아의 위협은 동방에서 사라졌다. 1904년 영국과 프랑스 간에 체결된 우호조약은 프랑스의 위협을 제거했고, 영국은 함께 지중해 해로를 보호할 수 있는 동맹국을 얻게 되었다. 1904년 영국은 해군력을 북

해에 집중하고 동방과 지중해로부터 전함을 불러들였으며, 기존의 해외 해군 도크 시설을 폐쇄하고 싱가포르 해군기지 계획을 포기했다.

해군력을 본국 앞바다에 집결시킨 것은 제1차 세계대전에서 독일과 싸우는데에 아주 중요한 역할을 하였으나, 장기간에 걸쳐 싱가포르에 미칠 영향은 당시에는 대체로 인식되지 못했다. 그 이면에는 국제적인 전쟁이 벌어졌을 때 영국이 무역을 보호하고 동방에서의 식민지를 지키기 위해서는 프랑스와 일본과의 우호관계가 필요하다는 불편한 진실이 숨어 있었다.

빛과 어둠이 공존한
대영제국의 최전성기

싱가포르의 번영은 19세기의 마지막 사반세기 동안 도시의 외관을 바꿔놓았다. 교량, 종합병원, 래플스 박물관 도서관(Raffles Museum and Library), 중앙경찰서(Central Police Station) 등이 세워졌다. 1869년 싱가포르 강 하구 근방에 세워진 캐비나 다리(Cavenagh Bridge)는 인도인 죄수 노동력을 활용한 마지막 공공사업이었고, 1873년 인도인 죄수들이 모두 떠난 후 공공 건축은 공공사업부(Public Works Department)의 소관이 되었다.

성공한 중국인 사업가들은 중국 본토의 전통적인 양식으로 지어진 저택에서 살았다. 상업 건물들은 커머셜 스퀘어(Commercial Square)와 콜리어 키(Collyer Quay) 구역에 집중되었다. 콜리어 키에서는 망원경으로 선적 과정을 지켜볼 수 있었는데 20세기 초에 전화가 보급되면서 이런 방식은 구식이 되었고, 회사들이 상업 중심지를 떠나 외곽으로 이전하는 것이 가능해졌다.

19세기 말 좁은 도로는 소달구지, 마차, 인력거 등이 뒤섞여 혼잡했다. 1880년 상해로부터 인력거(rickshaw)가 도입되었고, 1882년에는 자전거가 최초로 등장했다. 상업지구의 배터리 로드(Battery Road)는 하루 종일 막혔고, 주차 제한이나 통행방향 규제가 전혀 없었다. 당시 교통사고의 주범은 인력거였다. 인력거꾼은 면허를 발급받아야 했는데, 인력거 소유주가 이 법을 악용해 장시간 노동을 시키거나 마음대로 면허증을 줬다 뺏었다 하는 등 인력거꾼들을 착취했다. 중국의 작은 마을에서 갓 도착해 경력이 없는 이민자들은 가장 싼 노동력이었기 때문에 인력거꾼으로 고용됐고, 장시간 노동에 시달리면서 난폭운전을 일삼았다. 1901 년 경찰이 사고 발생률을 낮추기 위해 교통 규제를 시행하려 하자 인력거 파업 으로 싱가포르가 마비된다. 할 수 없이 총독은 중국인 고용주들을 정부 청사로 불러들여 파업 중인 인력거꾼들을 업무로 복귀시키기 위해 도움을 요청했다.

시정 운영 지출은 1853년 6만 3천 파운드에서 1886년에는 50만 파운드로 급 증하였으나, 도시의 급속한 팽창에 대처하기 위해서는 행정 개혁이 필요했다. 이 시기 도시 지역과 교외 지역의 행정은 분리되었고, 교외 지역은 식민정부의 직 접적인 통제하에 놓였다. 총독은 시장(Municipal President, 현대의 시장과는 다소 개념 이 다른 지방자치 책임자)을 임명했고, 시의 재정은 일반 세입으로부터 분리되어 식 민정부는 더 이상 돈줄 역할을 하지 않게 되었다. 이러한 조치는 현대화를 위한 작은 발걸음이었지만, 시정위원회(Municipal Commission)는 주어진 한계 내에서 많은 것을 달성했다. 1880년대에 많은 개선 계획을 세웠고, 1888년에 있었던 최 초의 전문적 소방대 발족이 그 대표적인 예였다. 시정위원회는 기존의 수도사업 을 인계받아서 톰슨 로드(Thomson Road)에 저수지를 건설했고, 1889년에는 최 초의 정수장을 세웠다. 이런 공공사업의 대부분은 12년간 시의 엔지니어로 재직 한 맥리치(James McRitchie)의 작품이었다. 그러나 세계 경제가 침체에 빠지자 해 협달러의 가치는 폭락했고, 시정 계획들은 심한 타격을 받았다. 수입 원자재 가 격이 가파르게 상승했고, 공공부문에서 대폭적인 비용절감이 실행되었다. 시 관 리들은 해협달러의 가치 하락으로 사실상 봉급의 20퍼센트를 잃었고, 그들의 불 만은 폭발해서 사퇴하는 사람들이 속출했다. 뛰어난 선견지명을 가지고 공공사 업을 주도했던 맥리치는 1895년에 사망했다. 톰슨 로드 저수지는 그의 이름을 따서 '맥리치 저수지'라는 이름을 가지고 있다.

1890년대 말에 경제가 살아나자 시 당국은 계획을 재개한다. 톰슨 로드 저

대영제국의 전성기를 이끌었던 빅토리아 여왕이 서거한 후 여왕을 기념하여 지어진 빅토리아 극장
(Victoria Theater)

수지를 확장하고 새로운 저수지를 건설했고, 1909년 빅토리아 극장(Victoria Theatre)이 완공되었다. 1900년 시 당국은 가스회사를 인수했고, 1906년 시내 중심가의 가로등은 전기등으로 대체되었다. 1882년 Singapore Tramway Company가 설립되어 전차 운행이 시작되었으나 초기에 전차는 인력거와 경쟁하기 어려웠고, 많은 사상자가 발생할 것이라는 우려 때문에 반대하는 사람들이 많았다. 그러나 빠르게 확대되는 도시에는 효율적인 운송 수단이 필요했다.

19세기 말 대영제국은 최전성기를 누리고 있었고, 1901년 빅토리아 여왕이 서거하자 싱가포르는 침묵에 빠졌다. 당시 영국의 상업적인 능력과 해군력은 영원히 흔들리지 않을 것처럼 보였다.

표면적으로는 영국에 근거를 둔 서양 회사들이 싱가포르의 경제를 지배했지

래플스 호텔(Raffles Hotel)의 모습

만, 개인적으로 큰 부를 소유하고 있는 사람들은 중국인, 유대인, 인도인, 아랍인
들을 비롯한 아시아인들이었다. 부유한 사람들의 생활은 더욱 편안해졌다. 더 많
은 사람들이 마차를 소유했고, 도로가 개선되면서 교외의 널찍한 공간에서 편안
하게 살 수 있게 되었다. 1900년대는 말이 끄는 운송수단의 전성시대였다. 최초
의 자동차는 1896년 수입되었으나 여러 해 동안 희귀한 물건이었고, 1908년에
운전면허를 가진 사람은 214명에 불과했다.

　1905년 호주로부터 냉동육, 버터, 과일이 최초로 수입되면서 열대지방에서의
삶은 더욱 안락해졌다. 수입업자는 지금도 슈퍼마켓 체인으로 번창하고 있는 콜
드 스토리지(Singapore Cold Storage Company)였다. 1904년에는 정부 청사에 전
기 선풍기가 설치되었고, 1906년 이후 석유램프와 가정에서 사용하던 수동식 선
풍기를 대신해 전기등과 전기 선풍기가 보급되었다. 싱가포르 최초의 영화는 빅

토리아 여왕의 장례식을 다룬 것으로 1901년에 상영되었다.

21세기에도 남아있는 가장 오래된 호텔이자 지금도 여전히 최고급 호텔로 꼽히는 래플스 호텔(Raffles Hotel)은 1899년에 개장했다. 요트 클럽, 골프 클럽, 폴로 클럽 등이 1880년대와 1890년대에 걸쳐 속속 형성됐다. 1883년 싱가포르 레크리에이션 클럽(Singapore Recreation Club)이 설립되었고, 부유한 해협중국인들은 집에 테니스코트를 가지게 되었다.

그러나 가난한 사람들의 생활은 더욱 힘들어졌다. 20세기 초 몇 해 동안의 사망률은 1,000명당 44~51명으로 홍콩, 실론, 인도보다 높았다. 1872년 수석군의관은 도시 지역이 질병의 온상이라고 경고했다. 대규모 전염병은 드물었지만 각기병, 결핵, 말라리아, 장티푸스, 이질 등 치사율이 높은 풍토병이 존재했다. 그 원인은 빈곤, 인구과잉, 영양실조와 위생불량이었다. 상수 시설이 열악하고 하수처리 시설은 없었으며, 분뇨는 시장 정원에서 쓰는 용도로 개인들이 수거해갔다. 유력 중국인 상인 탄킴셍(Tan Kim Seng)은 1857년 상수도 공급을 위해 1만 3천 달러를 희사했지만 턱없이 부족한 액수였고, 더 필요한 금액을 어떻게 모금할 것인지에 대한 논의가 여러 해 동안 이어졌다. 결국 1879년에 공공기금으로 상수도 시설이 완성되었지만, 19세기 말에 인구가 더 증가하면서 물 부족 문제가 또다시 대두된다.

정부 병원은 열악했고, 공식적인 보건 서비스는 소수에게만 주어지고 있었다. 대중들은 의료혜택을 누리지 못하거나 탄톡셍 병원(Tan Tock Seng's Hospital)처럼 중국인 독지가들이 설립한 몇몇 자선병원에 의존했다. 아직 수는 적었지만 갈수록 늘어나는 여성 이주자들을 위한 의료시설은 더디게 발전했고, 초기에는 매춘부들 사이에서 흔한 성병 치료에 집중했다. 20세기 초반 영아사망률에 대중의 관심이 모이면서 1908년 General Hospital에 임산부 병동이 개설된다. 1905년 콜레라가 돌아 759명의 사망자가 발생했고, 20세기 초의 주된 사망 원인이 된 질병은 말라리아로 1909년 9,440명의 사망자 중 1,410명을 차지했다. 그러나 건강 악화의 원인 중 많은 부분은 아편중독 때문이었다.

1906년은 아편 거래의 분수령이었다. 그해 필리핀은 아편 거래를 전면 금지하였고, 인도와 중국정부는 10년 이내에 아편 거래를 줄이거나 근절하려는 운동에 동의했다. 영국 의회는 아편 거래를 도덕적으로 용납되지 않는 것으로 비난하는 결의를 통과시켰다. 당시 아편 소비세는 여전히 식민지 세입의 절반을 차지했고, 따라서 아편 반대 운동은 저항에 부딪혔다. 식민정부는 재정을 고려해야 한다는 편과 도덕적인 측면이 우선이라는 편으로 갈렸고, 영국 식민성은 1907년 아편 문제를 조사할 위원회 임명을 밀어붙인다. 위원회는 양질의 아편을 살 수 있는 부유한 사람에게는 아편 흡연이 크게 해롭지 않지만 아편 찌꺼기를 구입할 형편밖에 안 되는 가난한 사람에게는 치명적이라고 조언했다. 위원회는 아편중독이 기껏해야 35~45세 이상 살지 못하는 인력거꾼들 외에는 광범위하게 퍼지지 않았다는 결론을 내렸다. 앤더슨(John Anderson) 총독은 아편을 금지하고 세입의 대안으로 소득세를 도입하려 했지만 극심한 반발에 부딪혀 철회하고 만다.

결국 1910년에 정부가 아편 제조와 판매권을 인수하는 타협책이 도출되었다. 정부 소유의 공장에서 양질의 아편을 생산하고, 정부가 아편 찌꺼기를 모두 매입해 소각하기로 한 것이다. 이로써 최악의 아편 남용은 막았지만, 아편 판매는 1920년대 중반까지도 세입의 거의 절반을 충당했다. 1934년에 이르자 아편 소비세가 세입에서 차지하는 비율은 4분의 1로 줄었고, 담배, 석유, 알코올에 부과되는 관세가 아편 소비세를 추월했다. 아편을 점차적으로 근절하기 위해 구입면허가 있어야 살 수 있도록 제도가 정비되었으나, 제2차 세계대전 이전까지도 정부는 아편 생산을 지속했다.

제5장
영국 식민지 시대 후기
(1914~1941)

제1차 세계대전과 인도군의 폭동

싱가포르는 제1차 세계대전과 중국 신해혁명(辛亥革命)의 영향으로부터 한 발 빗겨나 있었으나, 이 두 사건은 복합적으로 작용하여 싱가포르 역사의 행로를 바꿔놓았다. 제1차 세계대전과 제2차 세계대전 사이의 기간 동안 영국의 위엄은 줄어들지 않았고, 싱가포르는 동방에서 대영제국의 기둥 역할을 했다. 그러나 비교적 평온했던 이 시기는 1942년에 있을 대재앙의 전주곡으로 볼 수 있었다. 또한 세계 경제의 호황과 불황, 중국과 일본에서 벌어지는 사건들 등의 외부적 요인에 의해 싱가포르의 미래가 결정되던 때였다.

1914년 8월 제1차 세계대전이 발발하자 싱가포르에 있던 독일인 거주자들은 억류되고 독일 선박과 독일인들의 재산은 압수되었다. 이에 대해 영국인들은 복잡한 심경을 가졌다. 전쟁 이전에 독일 상품들이 싱가포르에 넘쳐났고, 독일인 공동체는 급속히 성장했다. 독일인들은 대체로 친절하고 남과 잘 어울리는 사람들이었다. 그러나 이전 세대의 정중한 독일 상인들과는 달리 공격적인 성향의 젊은 독일 상인들이 20세기 초에 침투해 오자 영국 상인들은 불편함을 느꼈다.

전쟁 발발 초기 몇 개월 동안 싱가포르는 독일 동아시아 함대의 순양함 엠덴호(Emden)가 공격해 올 것을 두려워했다. 1914년 10월 엠덴호는 페낭을 습격했지만 싱가포르는 그냥 지나쳐갔고, 11월에 엠덴호가 격침되면서 독일이 해상에서 공격해올 염려는 사라졌다.

유럽은 피비린내 나는 전쟁의 소용돌이에 빠졌지만, 전쟁의 혼란은 싱가포르에게는 멀리 떨어진 곳의 일에 불과했다. 싱가포르 주둔군은 인도인으로 구성된 1개 보병대대로 축소되었고, 몇 명의 영국인 포병과 기술자들이 있었을 뿐이었다. 1914년에는 폐지되었던 싱가포르 자원병 소총부대가 450명이 넘는 규모의 포병대로 부활했으나, 독일의 해상 공격 위협이 사라지고 상황이 평온해지자 1915년 2월 인도인 보병대대는 홍콩으로 전출 명령을 받았다. 그런데 홍콩으로 출발하기 전날 몇몇 인도인 병사들이 폭동을 일으켰고, 공격은 당연히 외부에서만 있을 것이라 여기고 자체 주둔지에서의 폭동에 대한 대책은 없었던 싱가포르에 이 사건은 큰 풍파를 몰고 왔다.

사실 문제의 씨앗은 이미 잉태되고 있었다. 느슨한 군기, 장교들 사이의 불화, 약한 통솔력 등으로 인해 인도인 부대의 사기는 떨어진 상태였다. 이 부대는 편잡(Punjab) 출신의 무슬림으로만 구성되어 있었는데, 그들은 영국이 무슬림 형제국인 터키와 싸우는 것에 앙심을 품고 있었다. 병사들은 알렉산드라(Alexandra) 병영 근처에 살던 무슬림 커피 상인 카심 만수르(Kassim Mansoor)의 영향을 받게 된다. 카심 만수르는 말레이인 경찰관들의 이반을 도모하는 데에는 실패했지만, 인도인 병사들과 더 심한 일을 벌였다. 카심 만수르는 싱가포르에 전함을 보내 터키를 지지하는 인도 무슬림 병사들을 모아 가라고 청원하는 편지를 버마 랑군(Rangoon, 지금의 양곤) 주재 터키 영사관에 보냈다가 1915년 1월 체포된다.

인도인 부대는 독일 전쟁포로들을 감시하는 업무를 맡고 있었다. 독일인 포로들은 인도인 경비병들과 화기애애한 관계를 형성하게 되었고, 이때 포로로 있던 전직 엠덴호의 항해장 라우터바흐(Lauterbach)는 인도인 병사들에게 영국에 대한 적개심을 부추겼다.

홍콩으로 출발할 날짜가 다가오자 인도인 병사들 사이에서는 흉흉한 소문이 나돌았다. 홍콩이 아닌 프랑스나 터키의 전장으로 보내지거나 영국이 그들이 탄배를 고의적으로 침몰시킨다는 것이었다. 인도인 병사들 사이에는 적개심과 의심이 퍼져나갔고, 결국 1915년 2월 15일 인도인 병사들은 장교 몇 명을 살해하고 알렉산드라 병영을 접수했다. 그들은 독일인 전쟁포로들을 석방했고, 소규모 무리를 지어서 도시를 돌아다니며 마주치는 유럽인은 누구든 살해했다.

인도인 병사들은 음력 설(Chinese New Year) 휴가 기간을 틈타 식민정부 당국자들을 전격적으로 체포했고, 만약 제대로 된 지휘체계만 있었다면 8백 명 이상이었던 인도인 부대는 도시를 장악할 수 있었을 것이다. 그러나 초기에 성공을 거두고 나자 반란 주모자들은 어찌할 바를 몰랐고, 독일인들에게 지휘를 부탁했으나 거절당했다. 몇몇 독일인 포로들은 거의 완성된 터널을 통해 탈출할 태세였고, 라우터바흐와 장교 몇 명은 야반도주의 기회를 잡았다. 그들 중 다수는 독일로 돌아가는 데에 성공했고, 대담하지 못했던 대다수는 수용소에 남아있었다.

한번 크게 놀란 식민정부는 유럽인 여성과 아이들을 교외 지역으로부터 불러들여 도시의 안전한 호텔이나 항구의 선박으로 이동시켰다. 군대 책임자는 신속히 행동하여 경찰, 자원병 포병대, 영국 공병(工兵), 포수, 선원 등 잡다한 지원자들을 불러 모았고, 조호(Johor) 술탄 군대의 지원도 얻어냈다. 진압군의 수는 다 합쳐 5백 명 정도였고, 군사훈련을 받은 사람은 그중 절반에 불과했다. 식민정부는 4백 명이 조금 안 되는 민간인 특별 순경을 채용했고, 프랑스, 일본, 러시아의 연합군 함선이 싱가포르를 돕기 위해 몰려왔다.

반란 소탕 작업에는 열흘이 걸렸다. 반란군들은 싱가포르 섬의 서쪽과 북쪽으로 흩어졌고, 몇몇은 조호로 도망갔다가 술탄에 의해 체포되어 싱가포르로 압송되었다. 1915년 2월부터 3월까지 지속된 재판 끝에 배후 조종자 카심 만수르는 교수형에 처해졌다. 인도인 장교 둘을 포함한 41명의 반란군은 총살을 당했고 126명이 투옥되거나 유배에 처해졌다. 반란군의 처형은 공개적으로 시행되었고, 유럽인 고위 관리들과 그들의 부인들도 포함된 수천 명의 인파가 공개처형 광경을 지켜보았다. 인도인 대대의 부대장은 관리 소홀의 책임을 지고 해임되었고, 남은 부대원은 서아프리카로 보내졌다.

이 사건을 계기로 싱가포르 경찰은 재조직되었고, 유럽인 남자들은 의무적으로 군사훈련을 받게 되었다. 제1차 세계대전이 끝날 때까지 싱가포르에는 소규모 영국군 파견대가 주둔하고 자원병들이 보조 업무를 담당하게 된다.

또한 인도인 싱가포르 거주자들의 등록이 의무화되었고, 이 조치로 인해 인도인 공동체에 불편한 분위기가 조성되었다. 다른 인종의 사람들은 반란이 열흘짜리 꿈이라며 무시했다. 반란군은 오합지졸일 뿐 성과가 전무했고 대중의 지지도 받지 못했으나, 그 진압 과정에는 향후 중대한 문제를 일으킬 불편한 사실이 깔려있었다. 반란은 연합군 함선이 오고 나서야 진압됐고, 지원하기 위해 왔던 외국 전함 네 척 중 두 척은 일본 순양함이었으며, 급작스럽게 모집한 민간인 특별 순경의 절반 가까이를 일본인이 차지하고 있었다. 즉, 싱가포르의 안보는 일본에 지나치게 의존하고 있었고, 무력한 영국과 일본의 구원이라는 장면이 연출된 것이다. 제1차 세계대전 이후 일본은 싱가포르에서 상업 활동을 확대하게 된다.

전후의 경제 부흥과
사회간접자본 확충

싱가포르 개항 100주년인 1919년은 축하의 분위기였다. 제1차 세계대전은 끝났고 세계는 정상으로 돌아갔으며, 무역은 당분간 호황을 이루었다. 전쟁 기간의 결핍 때문에 수입품의 수요가 늘어났고, 특히 자동차 수입이 증가한 것은 고무 산업에 좋은 징조가 되었다.

그러나 이런 행복감은 오래가지 못했고, 1920년에 경제 침체가 오면서 전후의 호황은 끝났다. 1920년 2월 파운드당 1.15달러였던 고무 가격은 12월엔 30센트로 급락했다. 같은 기간 주석 가격은 피켈(약 60.48킬로그램)당 212달러에서 90달러로 떨어졌다.

1922년이 되자 말라야는 경기 침체로부터 빠져나오고 있었다. 고무에 대한 수출 쿼터제가 실시되면서 고무 가격은 안정되었다. 거스리스(Guthrie's)와 같은 회사들은 경기 침체기에 고무 재배지를 싸게 매입해서 기름야자 재배지로 전환했다. 1923년에는 어두운 시기가 끝나고 주석, 고무, 석유에 대한 수요가 증가했다. 그해 싱가포르와 말레이반도를 도로와 철도로 연결하는 둑길인 조호 코즈웨이(Johor Causeway)가 조호 해협 위에 놓이면서 싱가포르의 무역은 새로운 붐을 맞이했다. 1926년과 1927년에는 주석 가격이 정점을 찍게 되었고, 1927년에는 중국인 이주자 수가 역대 최고 기록인 약 36만 명을 기록했다.

잠깐 사이에 거대한 부가 축적되었다. 1920년대 중반에 사업의 절정기를 구가했던 탄카키(Tan Kah-kee)는 1925년 한 해 동안 8백만 달러를 벌어들였다고 한다. 그 외에도 또 다른 백만장자들이 등장했는데, 그중 언급을 빼놓을 수 없는 인물은 싱가포르에서 몇 되지 않는 하카(Hakka, 客家) 사업가인 오분호(Aw Boon Haw, 胡文虎)이다. 오분호는 버마 랑군에서 태어나 동생 오분파(Aw Boon Par, 胡文豹)와 함께 싱가포르로 이주했고, 우리에게 '호랑이 연고'로 잘 알려진 타이거밤(Tiger Balm)을 개발해 엄청난 성공을 거두었다. 이 형제들이 설립한 회사인 호파그룹(Haw Par Group)은 21세기에 들어서도 번창하면서 싱가포르 경제에서 큰 역할을 담당하고 있다.

호황기 동안 정부 지출은 급격히 늘어났고, 특히 그때까지 등한시되었던 경찰, 교육, 의료서비스 분야에 대한 지출이 늘어났다. 전쟁 기간 동안 중단되었던 시정위원회(Municipal Commission)의 활동은 확대되었고, 시정위원회는 인구증가에 대처하고 과거에 부족했던 것들을 개선하기 위한 대규모 계획에 착수했다.

제1차 세계대전 발발 직전의 몇 해 동안 시 당국은 말라리아를 옮기는 모기와의 전쟁을 시작했었고, 1911년부터 말라리아로 인한 사망자 수는 꾸준히 줄어들었다. 1913년에 처음으로 하수관이 설치되었고, 정부가 분뇨 수거를 담당하게 되었다. 1910년 1,000명당 345명이라는 끔찍한 수치를 기록했던 영아사망률은 1912년 간호사의 가정 왕진이 실시되면서 떨어지기 시작했다. 1920년대에 정부는 병원 건립 계획에 본격적으로 착수해 새로운 병원들이 속속 문을 열었고, 킹에드워드 의과대학(King Edward College of Medicine) 졸업생들이 의료진을 구성하게 된다.

제1차 세계대전 종전 무렵 자동차 통행량이 증가했고, 이로 인한 장점도 있었지만 문제 또한 많았다. 소방차가 마차에서 내연기관 자동차로 변하면서 화재 진압이 크게 수월해진 것은 대표적인 장점이었고, 붐비는 도심지에서 차를 타고 벗어나는 것도 가능해졌다. 그러나 차량 수가 1915년 842대에서 1920년

위 : 과거에 우체국 등 관공서로 활용되었던 풀러튼 호텔
아래 : 구 시청(City Hall)의 모습. 현재는 국립 아트갤러리로 활용되고 있다.

3,506대로 늘어남에 따라 교통 정체가 심각해진다. 주요 대중교통 수단은 트램과 인력거였으나, 종전 후 중국인이 운영하는 7인승 버스(mosquito bus)가 유행하게 된다. Singapore Tramway Company는 결국 경영난을 극복하지 못하고 도산했고, 1925년 싱가포르 최초의 내연기관 대중교통 업체인 Singapore Traction Company가 설립되었다. 1935년에는 중국인 소규모 버스 차주들이 모여 버스회사 두 개를 설립했다. 시 정부는 도로를 개편했고, 현대식 철도가 1932년 탄종 파가(Tanjong Pagar)에서 개통되어 말레이 철도는 싱가포르 시내 중심부까지 연결된다.

1920년대 초까지도 여전히 도시 지역을 벗어나면 전기등이 거의 없었지만, 1927년에 첫 번째 발전소가 세워지면서 전기 공급이 확대된다. 1929년에는 조호(Johor)의 풀라이 저수지(Pulai Reservoir)에서 물 공급을 받게 되었고, 1940년에는 셀레타 저수지(Seletar Reservoir)가 완공되었다. 시 당국과 협력하여 공공주택을 보급하기 위한 목적의 정부출연법인인 싱가포르 개발신탁(Singapore Improvement Trust)이 1927년 발족하여 빈민가 정리를 최초로 시도한다.

이 시기 다수의 새로운 공공건물들이 건설되었고, 그 대표적인 것은 풀러튼 빌딩(Fullerton Building)과 훗날 시청(City Hall)으로 활용되게 되는 뮤니시펄 빌딩(Municipal Building)이다. 풀러튼 빌딩은 중앙우체국을 비롯한 관공서로 활용되다가 지금은 특급호텔로 변모해 풀러튼 호텔(The Fullerton Hotel)이 되어 있다.

중화민국과 싱가포르

식민정부에 대한 싱가포르 중국인들의 태도는 제1차 세계대전과 제2차 세계 대전 사이의 기간 동안 근본적으로 변했다. 20세기 초에 중국인들은 중화민족주의에 적극적으로 동조하고 모국에 대한 애국심을 가지는 동시에 식민정부에 대한 충성도 함께 유지하고 있었다. 그러나 이들이 중화민국 건국에 느낀 환희는 건국 초기 몇 년 이내에 깨지게 된다.

제1차 세계대전 당시 해협중국인 지도자들은 영국을 지지했고 중국인 공동체의 자원을 모아서 지원했다. 그들은 해협 출신 중국인 청년을 모아 자원입대하게 했고, 전쟁기금 모금 활동을 전개했으며 통 큰 기부로 전투기 구입 등을 도왔다. 이들의 지지로 1917년에 전쟁세법(War Tax Bill)이 통과되어 소비세가 도입되었다. 이러한 도움에도 불구하고 영국은 해협중국인 중 극소수만을 챙겨줄 뿐이었다. 싱가포르 중국인은 기본적으로 중국 지향적이었고, 중화민국이 난양 중국인들의 충성을 요구하자 싱가포르 당국은 문제에 직면하게 된다.

쑨원의 동맹회(同盟會)는 신해혁명(辛亥革命)의 성공 후 국민당(國民黨)으로 재편되었고, 1912년 국민당 지부가 싱가포르에 설치되었다. 국민당 지부 설치의 목적은 난양(南洋)의 중국인들로부터 중국 경제 재건을 위한 재정 지원을 요청하는 것이었지만, 그러한 운동은 싱가포르 화교상공회의소(Singapore Chinese Chamber of Commerce)와 새로 구성된 Merchants General Chamber of Commerce 간의 경쟁관계 때문에 곧 말썽을 일으키게 된다. 전자는 나이든 왕정주의 개혁가들이 장악하고 있었던 반면, 후자는 상대적으로 덜 부유한 사업가들과 상점주들로 구성되었고 국민당의 조종을 받고 있었다. 1913년 중국에서 권력을 잡고 총통으로 취임한 위안스카이(袁世凱)가 국민당을 불법화하고 탄압하자, 내부적인 압박과 식민정부의 의심으로 침체를 겪던 국민당 싱가포르 지부는 그다음 해에 공식적으로 해산한다.

싱가포르의 중국인 사업가 집단은 많은 사안에서 중국의 명분에 동조했다. 1905년 미국이 중국인 이민금지법을 실시하자 미국과의 무역을 보이콧했고, 3년 후 일본과 중국이 분쟁을 일으키자 일본 상품 불매운동을 벌였다. 1915년 일본이 21개조의 특혜를 중국에 요구하자 또 한 번의 일본 상품 불매운동을 벌였다. 이러한 것들은 상인 집단에 국한된 평화적인 항의였으나, 1919년 이후에는 대중들이 중국 정치에 관심을 갖게 되면서 해외 중국인들의 관여 양상과 싱가포르 당국과의 관계는 변화를 겪는다.

1919년 조선의 3 · 1운동의 영향을 받아 중국에서 반제국주의 혁명운동인 5 · 4운동이 일어났을 때 두드러진 활약을 했던 호키엔(Hokkien) 젊은이들이 지지를 결집하기 위해 싱가포르에 왔다. 그들은 군중 시위를 유발했고, 시위는 폭력사태로 번졌다. 일본인 소유의 상점, 공장, 주택이 약탈당했고, 극도로 가난한 인력거꾼들도 일본인 승객을 거부했다. 식민정부는 폭동을 진압하기 위해 단호하게 행동했고, 1923년 일본이 중국 영토를 잠식해 들어왔을 때 싱가포르 화교상공회의소와 중국 총영사가 항의 표시를 위해 조직한 평화적인 불매운동도 못마땅하게 여겼다.

위안스카이에게 밀려났던 쑨원이 1920년대 초 중국 남부에 정부를 수립하고 혁명운동에 새로운 생명을 불어넣으면서 국민당의 기세는 되살아났다. 국민당은 난양(南洋)으로 중국 학교들을 옮겨 당의 지휘하에 두고 중국에서 교사

탄카키(Tan Kah-kee)

와 교과서를 보내는 작업에 착수했다. 또한 난양과의 긴밀한 관계를 유지하기 위해 1924년 외무부(Overseas Affairs Bureau)를 설립했다. 쑨원의 의도에 싱가포르 중국인들은 재빨리 응답했고, 싱가포르와 중국에 학교를 설립하는 데에 후한 기부금을 내고 중국의 산업에 거액을 투자한다.

중국 정치에 대한 관심 때문에 싱가포르에서는 정치단체들이 늘어났고, 중국어 신문은 수요가 신장되면서 처음으로 수익성 있는 사업이 되었다. 1923년 탄카키(Tan Kah-kee)는 Nanyang Siang Pau(南洋商報)를 창간했고, 1929년 오분호(Aw Boon Haw)가 Sin Chew Jit Poh(星洲日報)를 창간했다.

싱가포르 화교상공회의소는 중화민족주의를 고양하는 데 큰 역할을 했다. 제2차 세계대전 이전까지 상공회의소의 지도자들은 거의 다 중국 태생이었다. 탄카키, 오분호와 같이 중국식 교육을 받은 거부들은 식민정부에 대해서는 제한적인 영향력을 가졌던 반면 중국인 이주자들에게는 강한 영향력을 가지고 있었다.

싱가포르에서 중국어 학교는 중화민족주의의 요람과도 같았고, 애국적인 싱가포르 중국인들은 아이들을 중국에 있는 중학교에 보내는 일이 많았다. 1919년 탄카키는 싱가포르 최초의 중학교를 설립하기 위해 기금을 조성했고, 남학생들을 대학 과정 이전 수준까지 교육하게 되었다. 이 학교는 Hwa Chong Secondary School이라는 이름으로 현재까지도 남아있다. 새로 세워진 중국어 학교들은 싱가포르에서 통용되던 방언이 아닌 북경표준어로 교육했다. 청(淸)왕조, 왕정주의자 개혁가들 그리고 국민당에 이르기까지 중국을 통합하는 수단으로 북경표준어를 권장했기 때문이었다.

1919년에 있었던 반일 폭력시위에 중국인 학생들과 교사들이 적극 참여하자, 해협식민지 당국은 중국어 학교에서 정치적 전복 시도가 일어날 위험성이 있음을 느끼게 된다. 따라서 전통적으로 중국어 교육에 대해 무관심한 태도를 보이던 정책을 폐기할 수밖에 없었다. 모든 학교와 교사에 대한 등록을 실시하고 학교의 경영에 대해 정부가 규제할 권한을 가지는 내용의 교육법이 1920년에 통과되었고, 중국어 학교들은 이 조치에 강하게 반발했다. 1923년에 처음으로 중국어 학교들에 보조금이 주어졌을 때 보조금을 신청한 중국어 학교는 거의 없었다. 보조금을 받으면 정부의 감독을 더 받아야 하고 북경표준어가 아닌 방언으로 교육할 것을 약속해야만 했기 때문이었다.

좌익세력의 등장과 이민제한 조치

1920년대 중반에 들어 급진 좌익 사상이 중국인들 사이에서 세력을 키우고 처음으로 반영, 반식민 정서를 표출하자 식민정부의 우려는 더 커졌다. 중국에서 1924년부터 1927년까지 있었던 제1차 국공합작(國共合作) 기간 동안 공산주의자들은 국민당 싱가포르 지부의 좌익을 장악했다. 싱가포르에서 공산주의의 최초 기원은 명확히 알려지지 않는다. 제1차 세계대전 기간 동안 식민당국은 무정부 공산주의를 설파한 중국인 교사와 언론인을 추방했지만, 첫 번째 중국공산당 요원이 1922년 싱가포르에 들어왔다. 1925년에는 또 다른 중국공산당 요원과 코민테른(Comintern) 동남아시아 요원이 싱가포르에 잠입했고, 그들은 인도네시아에서 공산주의 반란을 획책하는 기지로 싱가포르를 활용했다. 공산주의자 교사들과 전문적 간부들은 1920년대 초에 대거 생겨난 야학(夜學)에서 하이난 (Hainanese) 출신 학생들을 대상으로 공산주의를 설파하는 데에 성공한다. 1926년 공산주의자들은 난양노동조합(Nanyang General Labour Union)을 결성했다.

비밀결사들은 1920년부터 1922년 사이의 경제 침체기 동안 하이난 출신 신규 이주자들을 많이 끌어들였고, 좌익 정치운동을 비밀결사가 다시 살아날 기회로 활용했다. 식민당국은 이에 대응하기 위하여 1924년 단체법(Societies Ordinance)을 제정하여 비밀결사 갱단에 대한 처벌을 강화했고, 공산주의자들과 비밀결사의 영향력이 확산되고 있던 국민당을 더 가혹하게 탄압했다. 1925년에 말라야 전역에 걸쳐 국민당 지부가 공식적으로 금지되었지만, 싱가포르에서는 좌익이 지배하는 비밀 지부가 여전히 존재하고 있었다. 1926년 식민당국은 12개의 말썽 많은 학교를 폐쇄했고, 몇몇 교사와 학생들을 추방하고 등록제를 더욱 강화했다.

이 당시 싱가포르는 차이나타운과 외곽 지역을 위협하는 총기 강도와 갱단 때문에 '동양의 시카고'라는 불명예스러운 별명을 가지고 있었다. 1927년의 살인 건수는 기록적인 수준이었고, 비밀결사의 폭력행위는 다반사였다. 경찰은 1919년 특수부를 신설하여 체제 전복 행위를 전담하게 했고, 경찰 모집을 늘리고 교육 및 신체적 수준을 향상시키기 위해 1924년 경찰훈련소를 설립했다. 그러나 경찰은 대규모 범죄에 대응할 준비가 되어있지 않았고, 경찰관은 수도 부족했고 부패했다. 또 싱가포르 내에서 벌어지는 범죄의 90퍼센트가 중국인과 관련되어 있었지만 영국인 경찰들은 중국어가 아닌 말레이어를 배웠다. 이는 경찰력이 얼마나 현실과 동떨어져 있는지를 보여준다.

국민당의 좌익 극단주의자들은 해협중국인들과 다수의 중국 태생들 간의 관계를 악화시켰다. 쑨원 서거 2주기 기념집회에서는 결국 폭력사태가 터졌다. 집회는 공식허가를 받은 것이었고 많은 군중들이 몰려들었는데, 그중에는 학생들이 많이 포함된 2천여 명의 하이난(Hainanese) 사람들이 끼어 있었다. 하이난 시위자들은 반식민주의 내용을 담은 책자를 배포했고, 행사 주관자들이 반공산주의 연설을 시작하자 항의했다. 하이난 사람들은 경찰이 해산 명령을 내린 이후에도 행진을 계속했고, 이에 공포를 느낀 경찰이 발포하여 6명이 사망한다. 이 사건을 조사하면서 식민당국은 특히 학교에서 공산주의자들의 영향력이 얼마나 큰지에 눈을 뜨게 된다. 식민정부는 야학을 대거 폐쇄하고 몇몇 교과서를 금지했으며, 이때부터 공산주의를 억제하기 위해 지속적인 주의를 기울인다.

1927년 중국에서 국공합작이 깨지고 자바에서의 공산주의 봉기를 네덜란드가 진압하면서 공산주의 정치운동은 동남아시아 전역에서 쇠퇴의 길에 들어섰다. 코민테른의 동남아시아 지부장은 미래의 희망이 도시 지역의 중국인들에 있다고 보고 싱가포르에서 공산주의 운동을 재조직하려 시도했다. 그들은 학교에 침투하고 파업을 조직했으나 경찰에 의해 분쇄된다. 난양노동조합은 금지되었고, 공산주의자 노동조합 지도부는 투옥되었다. 1920년대 말 난양 공산당은 바닥을 치고 있었다. 싱가포르 경찰에게 공격받는 와중에 코민테른은 프롤레타리아 혁명을 타협 없이 철저히 추구하라고 명령했지만, 공산당은 싱가포르의 가난한 중국인들을 제외하고는 모두로부터 외면당했다.

1930년 공산주의자들은 재정비를 시도하여 말라야 공산당(Malayan Communist Party)을 조직해 본부를 싱가포르에 두었고, 상하이에 있는 코민테른 극동지부 산하로 들어갔다. 그들은 싱가포르 중국어 학교 교사연맹과 학생연맹을 조직하고 학생들의 파업을 조종한다. 그러나 공산당의 성공은 오래 가지 못했다. 1931년 프랑스인 코민테른 요원이 말라야 공산주의 운동 재건을 감독하기 위해 왔다가 체포되어 추방당했는데, 그가 소지하고 있던 주소록 때문에 극동에서의 공산주의 운동의 실체가 드러난다. 그 결과 15명이 더 체포되어 말라야 공산당은 완전히 붕괴되었고, 1932년 초에는 공산주의자 소탕이 거의 완료되었다.

국민당은 공산당의 혼란으로 인해 반사이익을 얻었다. 1927년 국공합작이 깨지자 대부분의 싱가포르 중국인들은 국민당 편에 섰고, 국민당이 북진해서 중국을 재통일하려는 것에 감명을 받았다. 국민당은 본국에서의 입지를 굳히고 나자 보다 적극적으로 난양 중국인에게 영향력을 행사하려고 시도했다. 1929년 도입된 국적법은 부계가 중국인이면 모두 중국인으로 인정하는 혈통주의를 다시금 언급했다. 같은 해 난징(南京) 정부는 상공회의소 활동에 관한 법령을 발포했고, 1932년에는 Overseas Party Affairs Department를 설립했다. 당시 국민당이 내세운 구호는 "중국어 교육 없이 재외 중국인은 존재할 수 없다"는 것이었다. 국민당은 해외 중국어 학교의 교과과정을 감독하고 학생들이 고등교육을 중국에서 받도록 장려하기 위해 1927년 교육국을 설치해 해외 중국어 학교의 등록을 의무화했다. 중국 교육부는 1929년, 1930년에 각각 5개년, 20년 계획을 세워 해외 중국어 교육을 관리하기 시작했다. 그 비용은 부유한 개인 및 단체를 통해 조달했다. 북경표준어는 1935년 싱가포르 내 모든 중국어 학교에서 채택된다.

1920년대 후반 해외 중국인들로부터 충성심을 요구하는 국민당의 정책은 난양에서 긍정적이고 열정적인 응답을 받았다. 싱가포르에서 저명한 중국인들의 지원을 얻어냈고, 해협식민지 당국은 국민당의 반공산주의 활동에 대해 관대한 견해를 유지했다.

19세기 말에 총독을 지낸 클레멘티 스미스의 조카 세실 클레멘티(Cecil Clementi)가 1929년 말 총독으로 부임하면서 상황이 달라졌다. 홍콩 총독을 역임한 세실 클레멘티 총독은 북경표준어와 칸토니즈(Cantonese, 廣東語)를 유창하게 구사했고, 중국인들과 함께 일한 경험이 많았기 때문에 적합한 인물로 보였다. 말라야가 대공황의 타격을 처음 받던 중대한 시기에 부임한 세실 클레멘티는 중국 전문가이자 걸출한 행정가라는 평판을 받고 있었기 때문에 싱가포르에서 환영을 받았다. 세실 클레멘티가 홍콩에서 근무하던 시기는 중국의 문제가 홍콩까지 번진 격동기였고, 그것을 겪어본 세실 클레멘티는 국민당을 극도로 불신했다. 세실 클레멘티는 싱가포르에 오면서 폭동 선동을 억제하기 위해 단호한 조치가 필요하다는 확신을 가지고 있었다. 그러나 체제 전복 시도에 대처하고 경제난을 다루기 위해 세실 클레멘티가 취한 강력한 조치들은 인종 간의 분열을 초래했고 광범위한 반대를 불러일으켰다. 세실 클레멘티 총독은 주로 중국에 기원을 둔 반식민주의 선동을 억누르는 수단으로 토착어 신문에 대해 검열을 실시하였고, 싱가포르에서 국민당을 금지하고 중국을 위한 기금 모금을 불법화했다. 이전에 볼 수 없었던 강도 높은 금지조치는 다수의 저명한 말라야 중국인 지도자들에게 충격으로 다가왔고, 그들은 이구동성으로 반대했다. 식민정부는 타협책으로 싱가포르의 중국인들이 국민당 당원이 되는 것을 허용했으나 국민당 지부 설립 승인은 거부한다.

바바 차이니즈 지도자들은 대부분 국민당에 대한 제재에 대해서는 유감을 갖지 않았지만, 세실 클레멘티 총독의 인종차별적이고 반 중국인 성향의 교육과 이민 정책에 대해서는 격분했다. 1932년 대공황이 절정에 달했을 때 중국어와 타밀어 학교들에 대한 보조금은 철회되었던 반면, 말레이어 교육은 계속 무상으로 제공되었고 영어 초등교육에는 보조금이 지급되고 있었다.

이민제한 조치는 더욱 심한 반발을 초래했다. 경제 침체가 시작되기도 전에 이민제한법(Immigration Restriction Ordinance)의 초안이 만들어졌고, 그 목적은 비숙련 남성 노동자들의 유입을 제한함으로써 노동력 수준을 높이고 성비(性比) 균형을 맞추는 것이었다. 이 법안은 고용주들과 싱가포르 상공회의소로부터 반발을 사서 중지되었으나, 유럽 상인들의 반대에도 불구하고 실업률 증가에 대처하기 위해 1930년에 결국 시행된다. 비숙련 남성 노동자에 대한 쿼터가 도입되었고, 이 쿼터는 1931년에 줄어들고 1932년에는 더 축소된다. 쿼터 제도의 효과는 극적이었다. 중국인 이주자 수는 1930년 24만 2천 명에서 1933년에는 2만 8천 명으로 줄어들었다. 이 규제가 주로 겨냥했던 성인 남성에서 감소세가 특히 두드러졌고, 성인 남성 이주자 수는 1930년 15만 8천 명에서 1933년에는 불과 1만 4천 명으로 격감했다.

이민제한법은 1933년 외국인법(Aliens Ordinance)으로 대체되었고, 외국인에 대한 쿼터 제한과 상륙료 부과가 실시되었다. 여기서 외국인은 사실상 중국인을 의미했고, 대영제국 국민인 영국인과 인도인은 이 법의 영향을 거의 받지 않았다. 해협 태생과 이주해온 중국인들은 단결해 외국인법에 반대했고, 식민정부가 중립적인 정책을 버리고 중국인을 적극적으로 차별하는 것을 비난했다. 식민정부 당국자도 이민제한이 정치적 반체제운동을 억제하기 위해 고안되었음을 시인했다. 이 정책은 인종 갈등을 유발했고, 해협중국인들은 말라야에서의 그들의 미래에 대해 의문을 갖게 되었다.

식민정부는 이민 유입을 축소하는 것에 그치지 않고 경제 침체기 동안 많은 수의 중국인들과 인도인들을 그들의 나라로 돌려보냈다. 1931년에는 싱가포르 역사상 최초로 이민 유입보다 유출이 더 많았고, 이런 추세는 그 후 2년간 지속된다. 그러나 말라야로부터는 이주자들이 유입되었는데, 특히 실업 상태가 된 인도인 고무 농장 노동자들이 싱가포르로 밀려들었다.

노동운동의 형성과 전개 과정 또한 중국과 깊은 연관이 있었다. 국민당은 중국에 대한 지원을 결집하고 노동자들의 돈을 짜내기 위한 수단으로 난양에서 노동조합의 성장을 부추겼고, 공산주의자들은 중국인 노동계급의 지지를 놓고 국민당과 경쟁했다. 난양노동조합총연맹(The South Seas General Labour Union)은

1930년 말라야노동조합연맹(Malayan General Union)으로 이름이 바뀌었고, 그 후 말라야 공산당(Malayan Communist Party)이 결성되어 코민테른(Comintern) 지부와 제휴한다. 공산당은 주로 비숙련 노동자들, 특히 사회 하층부를 구성하고 있던 하이난(Hainanese) 출신들을 끌어들였다.

노동조합 운동은 국민당과 공산주의자 사이의 분열, 대공황, 말라야 공산당의 붕괴 등으로 인해 큰 타격을 입었다. 경기가 회복된 후에도 임금이나 근로환경은 개선되지 않아 1930년대 중반 많은 싱가포르 노동자들이 불만을 품었고, 1936년 공산주의자들이 노동자의 분노를 이용하려 해 심각한 노동문제가 발생한다. 시정, 교통, 파인애플 공장, 건설업 등에 종사하는 노동자들이 파업에 돌입했으나 곧 진압됐다. 1930년대에 식민당국은 노동조합에 공산주의자들이 영향력을 갖지 못하게 하는 조치에 착수했다. 경찰 특수부는 정치적 의도가 개입되지 않은 정당한 노동쟁의도 체제 전복 시도로 몰아갔고 고용주들은 이를 악용했다. 중국인보호국은 이런 상황을 어느 정도 완화시켰지만, 보호국 자체도 언론 통제와 체제 전복 행위의 감시에 깊게 관여했기 때문에 사람들로부터 지지를 잃게 된다.

유럽에서 제2차 세계대전이 일어나기 직전, 영국은 자국 특유의 노동입법을 식민지에 확대하는 일에 착수했다. 1940년에 노동재판소법(Industrial Courts Bill)과 노동조합법(Trade Union Bill)이, 1941년에는 노동쟁의법(Trade Disputes Ordinance)이 싱가포르에서 통과되었다. 이러한 입법들에는 고용주도 노동자도 열의를 보이지 않았고, 태평양전쟁이 발발할 때까지 말라야의 어떤 노동조합도 법에 따라 등록하지 않았다. 1941년 8월 식민정부는 기간산업과 대중교통에서의 파업을 불법화했고, 얼마 후 일본이 침략해 오면서 노동쟁의는 막을 내리게 된다.

대공황의 영향

1928년부터 심상치 않은 조짐을 보이던 세계 경제는 1929년 10월 24일 흔히 '검은 목요일'(Black Thursday)이라 불리는 미국 뉴욕 증권시장의 대폭락을 시작으로 공황 상태에 빠지게 된다. 싱가포르는 제1차 세계대전의 영향을 크게 받지 않았지만 대공황의 여파를 피할 수는 없었다.

대공황은 말라야의 주석과 고무를 미국으로 수출하는 주된 항구였던 싱가포르에 심한 타격을 입혔다. 대공황 이전에도 주석과 고무는 과잉생산으로 인해 많은 문제를 안고 있었다. 1926년과 1927년의 주석 가격 급등은 과잉생산을 유발했다. 고무 생산통제 계획은 부분적으로만 성공했을 뿐이고, 1928년에는 네덜란드 동인도회사가 협력을 거부해 폐지되었다. 세계 경제의 붕괴는 이러한 문제들을 중대한 위기로 전환시켰다. 고무 가격은 1929년 평균 34센트에서 1932년에는 역대 최저치인 4.95센트로 곤두박질쳤다. 1920년의 경제 침체기에도 피컬(약 60.48킬로그램)당 90달러를 유지했던 주석 가격은 60달러까지 떨어졌다.

싱가포르의 세입은 급감했지만 공공 지출은 1931년에 역대 최고치를 기록했는데, 정부가 공공사업에 착수해서 실업 문제를 막으려고 했던 것이 부분적인 이유였다. 다음 해 정부는 급료를 대폭 삭감하고 많은 관료들을 해고했으며, 공공사업과 의료서비스를 축소하는 동시에 과세를 늘렸다. 대공황기는 엄청나게 어려운 시기였고, 말라야에서 일자리를 찾아 남쪽으로 온 주석 광부들, 사업가, 상점주, 해고당한 공무원이나 상점 직원이든 누구나 할 것 없이 우울한 상태에 빠졌다.

전 세계의 경제가 점차 살아나면서 싱가포르도 불황에서 회복되었고, 식민정부의 예산은 1933년에 다시 균형을 맞추었다. 국제적인 주석 생산통제 계획이 1931년에 최초로 도입되었고, 주석 가격은 서서히 오르기 시작했다. 고무 생산통제는 협상이 더 어려웠지만, 결국 1934년에 고무 수출과 신규 재배를 규제하는 국제 협약이 체결되었고 이것은 제2차 세계대전이 일어날 때까지 효력을 유지한다.

대공황으로 인한 보호무역 조치는 격렬한 논란을 불러왔다. 1932년 영국 식민성이 식민지와 보호령들에게 특혜관세를 도입하라고 지시하자 극심한 반대가 일어났다. 싱가포르 상공회의소와 입법위원회는 외국 섬유에 대해 수입 쿼터를 부과하라는 영국의 요구에 완강히 저항했다. 이 조치는 저렴한 일본산 섬유를 주로 겨냥한 것이었고, 결국 1934년 입법위원회에서 통과돼 시행되었다. 앞서 살펴본 것과 같이 실업 문제를 해결하기 위해 이민제한 조치도 실시되었고, 이로써 싱가포르 개항 초기부터 신성하게 지켜졌던 양대 원칙인 자유무역과 이주의 자유는 대공황에 의해 깨지고 만다.

싱가포르 중국인들의 사업 방식도 대공황 때문에 크게 변했다. 대공황 전에 중국인들은 방언 그룹 협회와 가족 인맥에 의존하였고, 현대식 투자기구와 금융업의 발달은 미진했다. 19세기 말 말라야의 주석과 고무 산업에 유럽 자본이 넘쳐 들어오자 중국인들은 매판(compradore) 시스템을 이용하게 되었다. 매판원은 유럽 기업에서 봉급을 받는 중개상으로, 중국 무역업자의 신용을 보증하며 유럽인과 중국인 양측 당사자에게서 수수료를 받았다. 이 시스템 덕분에 경제발전과 투자가 원활히 일어났지만, 그 결과 중국인은 서양의 자본 앞에서 을의 입장이 되었다. 대공황 이후 중국인들은 1차 생산에 있어 유럽 자본에 의존하는 것이 위험함을 깨달았고, 2차 산업에서 직접 투자를 받기 시작하다가 현대식 금융을 도입하게 된다. 이전까지 중국은행들은 호키엔, 떠쥬, 칸토니즈만 상대하고 있었다. 1932년 호키엔 은행 세 지점이 합병하여 싱가포르 최대의 중국계 은행인 Oversea Chinese Banking Corporation(약칭 OCBC)을 형성했고, OCBC는 현재까지도 싱가포르 주요 은행 중 하나로 남아있다.

경제가 회복되었지만 싱가포르는 1920년대 말에 누렸던 번영의 정점을 회복하지 못했고, 제2차 세계대전 이전까지 많은 경제적 문제들에 계속 직면하게 된다. 특혜관세 조치와 네덜란드 동인도회사령에서 고무 압출 공정과 등급제를 도입하려는 네덜란드의 정책 때문에 싱가포르의 중계무역은 악화되었다. 대담한 싱가포르 중국인들은 이에 대응하기 위해 수마트라와 네덜란드령 보르네오에 고무 공장을 설립했다.

셴턴 토마스 총독의 시대

1934년 제2차 세계대전 이전의 마지막 총독인 셴턴 토마스 경(Sir Shenton Thomas)이 부임할 무렵 대공황은 종료되었고, 경제는 정상 상태로 돌아왔다. 이민제한과 인종차별적 교육정책으로 소외감을 느낀 중국인들, 그리고 세실 클레멘티 총독을 상대하기 불편해했던 유럽인 관료들 모두 총독 교체를 환영했다. 이 시기에 필요한 인물은 단호한 행정능력이 있으면서도 지난 3년간 심하게 헝클어진 감정을 달래줄 수 있는 수완을 갖춘 사람이었다. 신임 총독 셴턴 토마스는 이런 역할에 이상적인 인물이었다. 다가가기 쉽고 호감이 가는 사람인 셴턴 토마스 총독은 곧 유럽인 공동체와 편안한 관계를 구축했다. 셴턴 토마스 총독은 공공사업 계획을 부활하여 실업 문제를 완화했고, 중국어와 타밀어 학교에 대한 정부보조금을 회복시켰다.

부자들에게 1930년대 말의 삶은 어느 때보다도 더 편안했다. 특히 푸른 잔디밭으로 둘러싸인 아름다운 집에 살면서 많은 하인들의 시중을 받는 서양인들에게는 우아한 삶의 시기였다. 시내 중심부와 부유층 거주지는 세심하게 관리되고

센턴 토마스 총독의 초상화

있었다. 현재까지도 슈퍼마켓 체인으로 번성하고 있는 콜드 스토리지(Singapore Cold Storage Company)는 말라야에서 위생적인 식품 가공과 유통의 선구자였고, 일상생활을 예전보다 편안하고 건강하게 만드는 데에 일익을 담당했다. 이 회사는 1923년 싱가포르 최초의 아이스크림을 생산했고, 1926년에는 돼지 농장을 세우고 그 3년 후에는 부킷 티마(Bukit Timah)에 낙농장을 세웠다. 1930년에는 빵 생산을 시작했고, 1933년에는 식료품부를 설립했다. 말라야 중부의 캐머론 고원(Cameron Highlands)에서 고랭지 채소를, 뉴질랜드에서는 고기를, 남아프리카와 미국에서는 과일을, 유럽에서는 식료품과 잡화를 들여왔다. 싱가포르 사람들은 신선한 우유, 과일, 채소, 통조림 외에도 현지에서 생산한 맥주를 즐길 수 있게 되었다.

부자들은 클럽 활동을 통해 수영, 테니스, 골프, 비행 등을 즐겼고, 라디오와 영화가 오락 수단으로 추가되었다. 최초의 상업적 라디오 방송국은 1915년 설립되었으나, 1937년 British Malayan Broadcasting Company가 싱가포르에 최초의 상업 방송국을 세우고 나서야 라디오 수신기는 대중적으로 보급되었다.

점점 더 많은 사람들에게 보급된 자동차는 집을 벗어나 더 멀리 여행하는 것을 가능하게 했고, 예전과 다른 생활양식을 확산시켰다. 골프 클럽은 북서부 외곽 부킷 티마(Bukit Timah)의 넓은 부지로 이전했고, 경마장 또한 부킷 티마의 Turf Club으로 이전했다.

라디오와 비행기는 외부 세계와의 연락을 더 빠르게 했다. 1911년 프랑스인이 최초의 비행을 했고, 1919년엔 로스 스미스(Ross Smith) 대위가 영국-호주 간 비행경주에 참여해 장거리 단독비행을 하던 중 싱가포르의 패러 파크(Farrer Park)에 착륙했다. 1923년 영국 정부는 싱가포르 북부 슴바왕(Sembawang)의 해군기지 예정지 옆에 수상비행기 기지를 건설하고 공군기지를 셀레타(Seletar)에 건설하기로 결정했다. 셀레타 비행장은 1920년대 말에 완공되어 처음에는 군용기와 민간 항공기가 함께 이용했다. 정기 비행노선은 1930년대가 되어서야 개설되었다. 최초의 항공우편은 런던으로부터 배달되었고, 1934년 임페리얼 에어웨이즈(Imperial Airways)와 호주의 콴타스(Qantas) 항공이 주 1회 운항을 시작했다. 잔디 활주로를 갖춘 민간공항이 1937년 칼랑(Kallang)에 문을 열었고, 1930년대 말에는 싱가포르와 쿠알라룸푸르(Kuala Lumpur), 이포(Ipoh), 페낭 사이에 매일 항공편이 취항했다. 상업적 비행은 여전히 위험하고 신기한 여객운송 수단이었으나, 신속한 우편과 신문 서비스로 인해 싱가포르는 세계의 사건들을 긴밀히 접할 수 있게 되었다.

그러나 유럽인들은 여전히 편협했다. 싱가포르는 사람들이 품위 있게 사는 곳인 것처럼 보였지만, 실제로는 잘살지만 사고 수준이 낮은 사람들이 모인 곳이었다. 19세기 초에는 음악과 공연에 대한 애정도 식어버렸고, 제2차 세계대전 이전까지 문화 수준은 낮았다. 세계적 발레리나 안나 파블로바(Anna Pavlova)가 1922년 싱가포르에 자선공연을 하러 왔지만, 시청에서 쫓겨나 튜토니아 클럽(Teutonia Club)이라는 소규모 무대에서 공연할 수밖에 없었다. 공연 중에는 더 황당한 일이 일어났는데, 그에게 중국인 무대담당자가 폐지 박스를 쏟았고 화가 난 파블로바는 다음 공연을 거부했다.

상업, 행정, 교육, 기술의 발달과 군 기지의 증가 때문에 싱가포르에는 유럽인이 많이 들어왔다. 그러나 여타 동남아 식민지에서처럼 서양인의 유입과 정부의 개입이 증가할수록 지배자와 피지배자의 교류는 저해되었다. 아시아인과 거만한 유럽인 사이에 골이 깊어졌고, 지배계급은 이렇게 거리를 두는 것을 장려했다. 유럽인의 신비주의가 영화, 교육, 언론을 통해 빠르게 사라지고 있어서 이를 막기 위해서였다. 기독교 역시 아시아인들과 유럽인들을 함께 묶지 못했고, 인종에 따라 각기 다른 교회를 다니고 있었다.

유럽인의 삶은 가난, 슬럼, 도시범죄와 떨어져 있었다. 1930년대에는 부유한 아시아인들도 싱가포르에서 살기가 아주 좋았다. 문화생활은 저렴해졌고, 보건과 치안이 좋아짐에 따라 대중들도 혜택을 보았다. 그러나 빈곤층의 삶은 여전히 힘들었다. 구루병과 영양실조가 흔했고 어린이 각기병 사망률도 높았다.

갱들의 싸움은 사라지지 않았지만, 1930년대가 되자 경찰력은 한층 효율적이 되었다. 전화, 자동차, 라디오 통신 덕분에 경찰 업무는 더 용이해졌고, 이때쯤엔 경찰 고위직이 간부후보생 과정을 거친 경찰관들로 채워졌다. 1930년대에는 공공기금 중 많은 부분이 경찰 훈련에 투입되었고, 이 시기에 세워진 가장 인상적인 공공건물들은 경찰과 관련된 것들이었다. 경찰은 비밀결사의 활동과 체제 전복 시도를 저지하기 위해 경계태세를 강화했다. 경찰력은 2천 명 이상으로 확대되었고, 말썽꾼들을 추방하는 권한이 자주 사용되었다. 그 결과 싱가포르는 인구 대부분에게 평화롭고 안전한 장소가 된다.

아편 흡연이 규제되면서 1930년대에 들어 아편굴은 빠르게 사라지고 있었으며 매음굴은 불법화되었다. 1920년대까지 악명 높았던 말레이 스트리트(Malay Street)의 홍등가는 매춘부들의 집결지였는데, 그들 중에는 바닥까지 떨어져 동방의 싱가포르에 흘러온 동유럽 출신의 여성들이 많았다. 소녀들을 매춘부로 팔아넘기는 것은 1914년에 금지되었고, 1920년대에는 매음굴 포주들에 대한 규제가 강화되었다. 1927년에는 매춘부 수입이 금지되었으며, 3년 후에는 매음굴이 아직 합법이었음에도 많은 논란 끝에 폐쇄된다. 이러한 법적 조치는 부분적으로는 성공했으나 매음굴이 지하로 숨어들어가 비밀결사에게 휘둘리게 되는 부작용을 낳았다. 1930년대가 되자 말레이 스트리트의 홍등가는 쇠락했고, 그것을 대체할 신흥 강자들에게 고객을 빼앗겼다. 라벤더 스트리트(Lavender Street), 미들 로드(Middle Road)와 창이(Changi) 지역에 있는 일본 식당의 일본인 호스테스들, 그리고 도비곳(Dhoby Ghaut)에서 인력거 퍼레이드를 벌이며 호객행위를 하는 여성들이 새로운 주류로 등장한 것이다.

1930년대까지도 어린이를 사고파는 행위는 싱가포르에서 흔했는데, 정부는 이를 고쳐보려 했지만 별 효과를 거두지 못했다. 무이차이(muitsai, 칸토니즈 방언으로 'little sister'라는 뜻)는 잘사는 가정이 가난한 가정의 어린 딸을 입양하는 관습이었는데, 장점도 있었지만 무급 가사노동이나 매춘으로 악용되는 경우가 많았다. 어린 여자아이를 사고파는 행위와 10세 미만의 하인 고용을 금지하는 법이 1926년과 1933년에 통과되었으나, 아이의 나이와 데려온 경로를 증명하는 것이 불가능했기 때문에 효과를 거두지 못했다. 식민성은 말라야와 홍콩의 무이차이 문제를 조사하는 위원회를 만들었고, 해당 관습이 어린 여성을 착취한다는 보고서를 채택한다. 1939년 무이차이 관습을 철폐하고 어린 여성을 보호하는 법이 통과되었으나, 곧 제2차 세계대전이 발발하면서 시행되지는 못하였다.

여성의 법적 지위를 개선하기 위한 일은 거의 이루어지지 않았다. 많은 해협 중국인 지도자들은 서양 방식으로 혼인풍습을 개혁할 것을 지지했지만, 대부분의 중국인들은 전통적 관행을 유지하기를 원했다. 싱가포르 식민정부는 남자가 사망했을 경우의 첩(妾)과 그 아이들에 대한 법적 조항 외에는 중국식 혼인관습에 개입하는 것을 조심스러워 했다. 1940년 제정된 혼인신고법(Civil Marriage Ordinance)에는 자발적인 일부일처제 혼인신고 조항이 있었지만, 첩을 두는 중국의 전통적 혼인관습도 계속 인정되었다.

싱가포르 당국은 근로환경 개선에도 착수했다. 1914년에 중국인 연기계약노동(일정 기간 반노예 상태로 고용주에게 종속되던 관행)이 철폐되었고, 1920년, 1923년, 1930년에 일련의 노동 관련법들이 제정되었다. 1930년대에는 중국인 노동자가 중국인보호국에서 무료로 임금 분쟁 중재를 받을 수 있게 되었다. 식민정부는 서양식 노동조합이 싱가포르에 형성되는 것을 원치 않았고, 애초에 싱가포르는 조직화된 노동이 자리 잡기에 적합한 곳도 아니었다. 1916년에 말레이선원협회(Malay Seamen's Association)가 설립됐지만 직원 수가 많은 곳에 종사하는 말레이인은 거의 없었다. 인도인은 1938년 인도인 연기계약노동이 철폐되기 전까지는 노동조합 형성에 관심이 없었다. 중국인은 이미 무역 조합을 형성하고 있었고 가장 먼저 현대식 노동조합으로 방향을 잡으려 했다. 그러나 중국인의 초기 노동조합은 국민당 또는 공산주의와 동일시되어 정부의 탄압을 받았고, 제대로 된 노동운동이 나타나지는 못했다.

교육과 언론의 진보

이 시대에는 경제가 팽창하고 고용 기회가 늘어남에 따라 교육에 대한 수요도 증가했다. 교육에 대한 정부 지출은 여전히 세입의 6퍼센트 미만을 차지할 뿐이었지만, 1924년에서 1932년 사이 액수는 거의 두 배로 늘어났다. 대부분의 기금은 영어 교육에 투입되었지만, 해협중국인들의 교육 수요에 보조를 맞추지는 못했다.

1917년 해협중국계영국인협회(Straits Chinese British Association)는 고등교육과 기술교육의 필요성을 호소했다. 1919년 싱가포르 100주년을 기념하기 위해 기술과학대학을 세우기로 결정되었고, 1928년에 래플스대학(Raffles College)이 개교했다. 래플스대학의 졸업생들은 대개 중등학교 교사가 되거나 하급 관료로 취직했다. 래플스 인스티튜션(Raffles Institution) 이후 싱가포르 정부가 세운 두 번째 중등학교인 빅토리아 스쿨(Victoria School)이 1931년에 문을 열었다. 대공황 전까지만 해도 영어로 교육받은 싱가포르 사람들은 쉽게 직업을 구할 수 있었는데, 대공황으로 인해 갑자기 실업의 충격에 직면하자 영어 교육이 학문에 치우쳐 실용적이지 못하다는 비판이 처음으로 나온다. 1930년에는 실용적이고 직업적인 훈련과 현지 수요에 맞추는 교육 내용을 강조하는 분위기가 형성된다. 최초의 정부 직업학교가 1929년에 세워졌고, 1938년 공식적인 위원회에서 직업 교육과 과학교육의 확대가 권고되었다.

윌리엄 맥린 경(Sir William McLean)이 주도해 맥린위원회라고 불린 이 위원회는 말라야에서 고등교육의 현황을 조사하기 위해 구성되었다. 해협중국인들과 인도인들은 종합대학을 원했으나, 해협식민지 정부와 영국인들은 대체로 종합대학 설립이 시기상조라는 의견을 보였고 맥린위원회도 이러한 견해에 동의했다. 1937년 치과 학교가 부설된 의과대학은 동방에서 높은 평판을 얻고 있었지만, 맥린위원회는 래플스대학이 국제적인 종합대학 기준을 충족지도 못하고 현지의 요구조건에 적합하지도 못하다고 생각했다. 맥린위원회는 토착어 교육을 확대하기 위해 래플스대학이 중국어와 말레이어 학과를 설립해야 한다고 권고했고, 래플스대학 인근에 기술대학을 설립할 것을 제안했다. 위원회의 권고들은 실행되지 못했고, 고등교육의 문제에 대한 논의는 모두 중지 상태로 남게 되었다.

1939년이 되자 싱가포르의 학생 수는 총 7만 2천 명이었고, 중국어 학교 3만 8천 명, 영어 학교 2만 7천 명, 말레이어 학교 6천 명, 타밀어 학교 천 명으로 구성되었다. 정부가 운영하는 말레이어 학교 외에는 모두 수업료를 받았기 때문에 다수의 아이들, 특히 여자아이들은 학교 교육을 전혀 받지 못했다. 무상교육을 이용할 수 있는 말레이인들조차도 딸을 교육하는 데에 관심이 거의 없었고, 1916년 싱가포르의 학교에 다니는 말레이 소녀들의 수는 간신히 백 명을 채울 정도였다.

해협식민지 당국은 4년간의 무상 토착어 초등교육을 말레이인 아이들에게 제공하고 정부 영어 학교에 상당한 보조금을 지급하였지만, 중국어 학교와 타밀어 학교에는 소액의 재정보조금을 지급할 뿐이었다. 중등교육은 정부의 지원 없이 자립해야만 했다. 래플스 인스티튜션과 빅토리아 스쿨의 장학금은 아주 뛰어난 학생들에게만 지급되었고, 장학금 제도는 저명한 인물들을 배출하는 데에 도움이 되었지만 수혜자는 예외 없이 중산층이나 부유층 출신이었다.

1916년 윈스테드(Richard Winstedt)가 말라야와 해협식민지의 교육 책임자로 임명되면서 말레이어 교육은 탄력을 받았다. 1919년부터 똑똑한 말레이 학생이 영어 학교로 전학하여 무상교육을 계속 받을 수 있는 정책이 실시되었고, 이들은 1924년부터 영어 집중교육을 받게 되었다. 물론 말레이 초등학생이 영어 중학교로 가려면 엄청난 노력과 재능이 필요했다.

말레이어 교육은 싱가포르 자체의 필요성보다는 말라야의 정책과 연관이 더 깊었다. 윈스테드의 목표는 실용적인 농업, 어업 교육을 통해 말레이인들이 전통적 생활방식에 만족할 수 있게 하고 사회적 혼란을 방지하는 것이었다. 말레이어 학교는 학생들에게 상업과 주류사회에 진출할 길을 열어주지 못했다.

싱가포르에서 타밀어 교육을 받은 학생들은 비숙련 노동자가 되는 것 외에는 다른 탈출구가 없었다. 1920년 학교 등록이 시작되었을 때 타밀어 학교는 1개밖에 없었고, 1923년 정부가 보조금을 지급하자 몇몇 학교들이 생겨나 1941년에는 18개의 타밀어 학교가 등록되어 있었다.

중국어 학교들은 계속해서 정부와 가급적 거리를 두어 왔고, 통제를 수반하는 보조금을 받는 학교는 거의 없었다. 불만족스러운 학교를 폐쇄하고 말썽 많은 교사들을 추방하면서 정부가 감독을 시도했지만, 중국어 학교들은 여전히 교사와 교과서를 중국에서 들여오고 모국을 지향하는 학생들을 끌어모았다. 부유한 싱가포르 중국인 사업가들은 중국어 학교에 후한 기부를 했고, 정부와의 갈등에도 불구하고 1930년대 중국어 학교들은 많은 진보를 이루었다. 그러나 중국어 학교를 나와서는 중국인 공동체 이외의 상업 세계에 진입할 방법이 없었다. 중국어 교육을 받은 학생들 대부분은 초등교육을 끝으로 육체노동에 종사했다.

교육의 기본을 토착어 교육에 두려는 정부의 반복적인 시도는 19세기에 모두 실패했다. 토착어 교육은 상업적인 가치가 없었기 때문에 몇몇 중국어 학교들을 제외하고는 초등교육 과정 이상으로 확대되지 못했다. 1900년대에 정부는 영어 중등교육을 확대하자는 대중의 요구를 따랐고, 이는 서로 다른 인종집단의 뛰어나고 야심 있는 엘리트들 사이에 미약하나마 공통적인 유대를 형성했다. 그러나 종종 그들을 문화적인 뿌리와 자신이 속한 공동체의 다수로부터 떼어놓는 부작용을 가져왔다. 이러한 위험성은 1930년대에 인식되기 시작했고, 맥린위원회는 영어 학교에서 토착어를 제2언어로 가르칠 것을 권고했다. 그러나 이것은 아무런 결과를 가져오지 못했고, 제2차 세계대전 이전까지 교육시스템은 인종과 사회계층에 따라 분리된 상태로 남아있게 된다. 이런 시스템에서 영어 교육을 받은 소수는 유망한 직업의 기회를 잡고 토착어 교육을 받은 다수는 미숙련 노동을 할 수밖에 없었다.

영어 교육은 주로 직업을 얻기 위한 수단으로 여겨졌던 동시에 필연적으로 서양의 사상과 사고방식, 생활방식을 전하게 되었다. 영국과 미국의 영화, 크리켓, 테니스 등의 스포츠가 크게 유행했다. 싱가포르의 젊은 남성들 사이에서는 서양식 의복이 전통적인 복장을 대신하게 되었다. 많은 아시아인 여성들도 서양식 패션을 받아들였고, 민소매 드레스, 하이힐 등은 1930년대 해협중국인 소녀들 사이에서 교양의 척도로 통했다.

교육받은 아시아인 중산층의 성장은 영어와 토착어 신문에 자극제가 되었다. 1911년 창간된 페낭 스트레이츠 에코(The Penang Straits Echo)는 해협중국인들의 요구에 부응하는 첫 번째 영자 신문이었다. 싱가포르에서 더 영향력이 컸던 것은 1914년 창간한 말라야 트리뷴(Malaya Tribune)이었다. 기존의 영자 신문인 싱가포르 프리프레스(Singapore Free Press)와 스트레이츠 타임즈(Straits Times)가 유럽인들의 세계관을 반영했던 반면, 말라야 트리뷴은 영어를 구사할 수 있는 모든 인종의 관심을 끌었다. 1937년 말라야 트리뷴의 발행 부수는 1만 3천을 기록해 스트레이츠 타임즈를 한참 앞질렀다. 대공황 기간 동안 스트레이츠 타임즈의 발행 부수는 6천까지 떨어졌고, 가격을 말라야 트리뷴에 맞춰 5센트로 인하하고 나서야 발행 부수를 회복할 수 있었다. 1930년대 말에 스트레이츠 타임즈는 1만 5천 부를 판매하고 유럽인보다 아시아인 독자를 더 많이 보유하게 된다.

중국어 교육의 확대와 중국에서 벌어지는 일에 대한 관심의 증대 덕분에 중국어 신문의 판매가 신장되었다. 1935년이 되자 오분호(Aw Boon Haw)가 창간한 Sin Chew Jit Poh(星洲日報)는 말라야와 싱가포르에서 3만 명의 독자를 확보했고, 탄카키(Tan Kah-kee)의 Nanyang Siang Pau(南洋商報)는 1만 명에 약간 못 미치는 독자를 보유했다.

말레이어 언론의 성격은 변화했다. 모하메드 유노스가 언론인으로 활약할 때에는 말레이어 신문들이 영어 신문들에 연계되어 있었으나, 1930년대에 들어 싱가포르의 말레이어 신문은 아랍인들이 장악하게 된다. 아랍인들의 지배력을 흔들기 위해 말레이인 언론인들은 우투산 믈라유(Utusan Malayu)를 창간했고, 1939년부터 일본에 함락당할 때까지 싱가포르에서 일간지로 발행되었다. 말레이인에 의해 지배된 첫 번째 신문이었던 우투산 믈라유는 소작농, 택시기사 등 평범한 말레이인들로부터 광범위한 모금을 받아 자금을 조달했다. 1930년대에 말레이 언론은 성숙단계에 접어들고 전문적인 말레이 언론인들이 전면에 나서게 됐지만, 말레이어 신문의 주 관심 대상은 말라야의 일이었다. 말레이인들의 정치적, 문화적 삶의 중심은 싱가포르에서 페낭과 말라야로 옮겨갔다.

말레이인의 자각과 변화

양대 세계대전 사이의 기간 동안 급격히 상승한 토지 가격은 전원적인 생활방식의 유지를 원했던 말레이인들에게 가장 큰 부담을 주었다. 말레이인들은 영국과 중국인이 지배하는 도시에서 소외된 소수집단이 되었지만, 그들의 억울함은 광대한 토지를 사들인 부유한 아랍인들에게 향하곤 했다. 아랍인 공동체의 부는 이 기간에 정점을 찍었다. 부유한 아랍인들은 계속해서 자선사업과 공공시설에 돈을 기부했고, 새로운 세대의 아랍인들은 유럽 방식으로 생활하고 무슬림 공동체의 대중들로부터 거리를 두면서 이전 세대와 다른 모습을 보였다.

약 50년 동안 말레이 무슬림 공동체를 지배해온 아랍인들과 자위 퍼라나칸 (Jawi-Peranakan)은 새로운 세대의 말레이인들로부터 도전을 받게 된다. 그러한 말레이인들 중 다수는 영어로 교육받고 세속적인 서양 사상의 영향을 받은 사람들이었다. 모하메드 유노스(Mohammed Eunos bin Abdullah)는 그중 가장 두드러진 인물로, 치안판사를 역임하고 1922년 말레이인으로는 최초로 시정위원이 되었다. 그는 현대적인 교육을 받은 말레이인들을 규합하였고, 부자들의 클럽이었던 싱가포르 무슬림협회(Persekutuan Islam Singapura)에 반대하여 평범한 말레이인들의 요구를 대변하기 위해 무슬림 인스티튜트(Muslim Institute)를 새로 설립했다. 1924년 식민당국이 입법위원회에 아시아인 위원을 하나 더 지명하기로 했을 때 두 단체 간의 경쟁관계는 극도로 악화되었다. 싱가포르 무슬림협회는 무슬림 후보를 원했고, 무슬림 인스티튜트는 말레이인 후보자를 원했다. 영국인들은 종교보다는 인종을 기준으로 선택하기를 선호했고, 모하메드 유노스를 최초의 말레이인 입법위원으로 지명한다.

모하메드 유노스를 말레이 공동체의 대변자로 지지하기 위해 싱가포르 말레이연합(Kesatuan Melayu Singapura, Singapore Malay Union)이 1926년 결성되었고, 모하메드 유노스가 초대 회장으로 취임했다. 회원 자격은 말레이인으로 국한되었고, 아랍인과 인도인 무슬림은 배제되었다. 싱가포르 말레이연합의 첫 번째 관심사는 칼랑공항(Kallang Airport) 건설로 인해 이주할 수밖에 없게 된 말레이인들에 대한 대책이었다. 1927년 입법위원회에서 모하메드 유노스의 청원이 받아들여져 시 동쪽 변두리인 겔랑 세라이(Geylang Serai) 구역의 토지가 말레이인 거주지로 확보되었다. 1928년 이곳은 싱가포르 최초의 말레이인 보호구역으로 지정된 캄퐁 믈라유(Kampong Melayu, 말레이 마을)로 관보에 공시되었다.

싱가포르 말레이연합의 지도자들은 주로 영어로 교육받은 언론인, 정부 관료와 중산층 상인이었고, 말레이반도의 귀족 엘리트들과는 큰 차이가 있었다. 그들은 말레이인들이 처한 상황, 특히 교육 기회를 개선하라고 싱가포르 당국을 압박했다. 모하메드 유노스가 입법위원회에서 운동을 벌인 결과 1929년 말레이인들을 위한 직업학교가 열렸다. 모하메드 유노스가 1934년 사망한 후에도 싱가포르 말레이연합은 정부의 정책에 대해 온건한 비판만 하면서 정부와 협력관계를 유지했고, 인도네시아 출신의 급진주의자들을 배제했다.

싱가포르 말레이연합은 최초의 말레이 정치단체였지만 독립주의 정당으로 보기는 어려웠다. 영국의 지배에 반대하지 않았고, 해협중국인들의 정치적인 야심이 커지는 것에 대비해 말레이인들의 이익을 보호하는 데에 관심이 있었을 뿐이었다. 싱가포르 말레이연합의 지도자들은 우투산 믈라유(Utusan Melayu)의 창간에 중요한 역할을 했고, 우투산 믈라유는 반영 성향은 결코 아니었지만 자주 반

중국인 성향을 보였고 때로는 비 말레이 무슬림 공동체에 대해서도 비판적인 태도를 보였다. 주된 관심사는 특히 교육과 관련한 말레이인들의 문제였다.

싱가포르 말레이연합은 제2차 세계대전 이후의 말레이민족주의연합(United Malays National Organization, 약칭 UMNO. '암노'라고 읽음. 말레이시아 독립 이후부터 지금까지 줄곧 집권당임)의 모태가 된다는 점에서 정치적인 중요성을 가진다.

말레이인들은 도시에서 공무원, 점원, 운전사, 노동자 등으로 일했지만, 1930년대 싱가포르에서 캄퐁 믈라유(Kampong Melayu)나 겔랑 세라이(Geylang Serai) 같은 말레이인 구역에서 전통적인 생활방식을 상당 부분 보존할 수 있었다. 선적과 항구 관련 비즈니스가 초기 말레이인 거주지역인 텔록 블랑아(Telok Blangah)를 뒤덮자, 많은 말레이인들은 해안을 따라 더 서쪽으로 이주해 파시르 판장(Pasir Panjang)에 대규모 정착지를 형성했다. 말레이인들은 그곳에서 물고기를 잡고, 숯을 만들고, 항구 구역에서 우마차를 몰면서 살아갔다. 칼랑공항(Kallang Airport)이 확장되면서 더 많은 말레이인들이 살던 곳에서 쫓겨났고, 그들 또한 파시르 판장으로 이주했다.

남쪽의 섬들, 그리고 싱가포르 북부와 동부의 해안을 따라 형성된 말레이 마을은 현대의 발전에 영향을 받지 않고 남아 있었다. 해군기지를 비롯한 군사시설과 군 공항 등이 건설될 때마다 말레이인 주민들은 이주해야만 했고, 그들은 다른 해안에 정착해서 전통적인 직업을 유지했다. 공식적인 교육정책은 말레이인들의 이러한 성향에 맞추어 익숙한 생활방식을 고수하는 것을 장려했다.

중일전쟁과 중화민족주의

해협 태생 중국인의 비율은 제1차 세계대전과 제2차 세계대전 사이의 기간 동안 높아졌다. 1921년에는 중국인들 중 해협 태생의 비율이 4분의 1에 불과했으나 10년 후에는 36퍼센트로 증가했고, 1930년대의 이민제한 정책은 중국 태생의 유입을 감소시켰다. 1933년 성인 남성의 이주 쿼터는 1개월당 천 명이었고, 중국인 이주자들은 중국으로 돌아가면 싱가포르에 다시 올 수 없게 될 것을 우려하여 정착하는 경향을 보이게 된다. 1938년까지 여성 이주자에 대한 규제는 없었기 때문에 중국인 남성들은 싱가포르에서 결혼할 수 있는 기회를 예전보다 더 많이 얻게 되었고, 1930년대 중반 해협중국인들의 출생률은 다른 인종집단에 비해 높았다. 그렇지만 제2차 세계대전이 일어날 때까지도 중국에서 이주해온 중국인들의 수는 해협 태생보다 많았으며, 해협 태생들조차도 교육을 받는다면 대부분 중국어 학교를 택했다.

중화민족주의와 북경표준어 교육이 확산되면서 방언 그룹별 구분이 다소 완화되었다. 부유한 싱가포르 중국인들 사이에서는 자식을 중국, 영국, 홍콩의 대학교로 유학을 보내는 것이 유행했다. 1930년대에 홍콩의 영어로 교육하는 대학교에서는 싱가포르와 말라야의 학생 수가 홍콩 학생의 수와 거의 같아질 정도였다. 중국어 교육을 받고 정치에 관심 있는 사람들은 중국의 문제와 일본의 위협에 관심을 가졌고, 싱가포르에서 반일감정은 갈수록 커졌다. 1928년 국민당이 일본과 충돌하고 1931년 일본이 만주를 침략하자 싱가포르 중국인들은 일본 제품 불매운동을 벌인다.

싱가포르에서 국민당의 당세는 바닥을 치고 있었지만, 일본이 만주를 침략하고 뒤이어 1937년 중일전쟁이 일어나면서 상황은 달라졌다. 국민당이 난양(南洋) 중국인들에게 기금 모금과 젊은 자원병들의 파견을 요구하자, 탄카키(Tan Kah-kee)를 비롯한 싱가포르의 중국인 유력자들은 즉각적으로 반응했다. 제1차 세계대전 이후 교육사업에 재산을 많이 소비했던 탄카키는 1933년 대공황 때 파산했다. 탄카키는 고무, 파인애플, 은행 등의 사업에서 가산을 회복하는 일을 사위에게 맡기고 중국의 대의명분에 봉사하는 것에 열정을 바치게 된다. 중일전쟁이 발발한 다음 달인 1937년 8월, 화교상공회의소를 지배하는 호키엔(Hokkien) 집단이 중국 난민을 구제하기 위한 단체를 설립하고 탄카키가 회장으로 취임했다. 탄카키는 싱가포르를 중심으로 말라야에서 모금 운동을 개시했고, 국민당은 기부채권의 판매를 조직화하기 위해 전직 총영사를 파견했다. 국민당은 화교상공회의소와 같은 현지 단체들의 도움을 얻어 일본 상품에 대한 불매운동을 조직하기 위해 요원을 파견했고, 비밀결사들을 애국적인 대의명분에 끌어들이려 했다.

반일감정은 살벌할 정도로 커졌다. 중국인들은 일본인이 소유한 상점, 병원, 미용실 등에 발길을 끊었고, 1938년 말라야와 일본 간의 무역은 전년 대비 70퍼센트 감소했다. 중국인 건물주들은 일본인 세입자를 내쫓았고, 중국어 학교에서는 반일 선전물을 가르쳤으며, 중국인 아이들까지 가세해 일본인 학우를 괴롭혔다. 일본 물건을 판매하는 상점이라면 주인이 중국계든 인도계든 말레이계든 상관없이 불매운동을 피할 수 없었다. 일본과의 무역 보이콧을 어긴 중국인 무역업자들은 상점에 피해를 보거나 귀를 잘리고 살해당하기도 했다. 싱가포르 정부는 반일감정의 확산에 경각심을 느꼈고, 일본총영사가 항의하자 식민당국은 반일 시위, 반일 교과서 수입, 학교 내 반일 선전 교육과 중일전쟁 지원 모금을 금지한다. 또한 기부채권 판매가 난민과 유족을 돕는 목적이라는 탄카키의 주장에 식민당국은 회의적인 태도를 보였다.

영국인들은 반일운동에 공산주의자들의 침투가 늘어나는 것을 우려했다. 공산주의자들은 경찰의 지속적인 경계로 1931년 이후 침체되었으나, 1934년 베트남의 코민테른 요원인 웡킴걱(Wong Kim Geok, Lai Teck이라는 가명으로 널리 알려짐)이 들어오면서 다시 활기를 찾았다. 그는 말라야 공산당의 서기장이 되는데, 이후의 행적을 보면 처음부터 영국의 이중간첩이었을 가능성이 높았던 것 같다. 코민테른 극동지부는 먼저 노동자들에 대한 지배력을 확보하라는 지령을 내렸고, 공산주의자들은 1936년에 일어난 파업과 노동쟁의에서 큰 역할을 했다. 1935년에 코민테른의 정책에는 큰 변화가 있었고, 직접적인 프롤레타리아 혁명을 고수하지 않고 반제국주의 민족 투쟁과 협력하는 방향으로 선회했다. 그럼으로써 말라야 공산당은 일본의 침략에 대한 중국인들의 애국적인 저항을 이용할 수 있었다. 1936년 12월 중국 공산당이 국민당과 함께 일본에 대한 공동전선을 구축한 후, 공산주의자들은 난양(南洋) 중국인들의 본국 지원 운동에 급속히 침투했고 애국적인 색채를 띠도록 조직의 이름을 바꾸었다.

1937년 중일전쟁이 발발하자 말라야 공산당은 지지기반을 확대할 기회를 얻게 되었다. 공산당은 여전히 불법이었으나 말라야 민족주의 해방운동을 가장하고 활동했다. 1937년부터 1941년까지 공산주의자들은 학생과 노동자들로부터 저명한 공동체 지도자들에 이르기까지 영향력을 확대하기 위해 반일운동을 이용했다. 말라야 공산당은 중국 민족해방 전위군과 같이 순수해 보이도록 가장한 공개적인 조직도 만들어 탄카키를 비롯한 애국적인 지도자들을 끌어들였다.

일본이 중국 동남부를 휩쓸면서 싱가포르에서의 반일감정은 더 강해졌다. 1938년 일본은 호키엔(Hokkien)의 샤먼(廈門)을 점령했고, 칸톤(Canton)과 하이난(Hainan) 등에도 폭격을 가했다. 싱가포르에서 반일 시위와 항의 집회는 경찰에 의해 해산되었다. 행진과 거리 집회는 금지되었고, 많은 지하단체들은 경찰의 급습을 당했다. 그러나 체포와 금지 조치는 오히려 더 큰 소란과 사회 불안을 촉발했다.

탄카키는 중국 총영사와 화교상공회의소 회장 리콩치안(Lee Kong Chian)의 지원을 받아 각 방언 그룹이 공동체 내에서 기금을 모으도록 하는 등 모금활동을 체계화했다. 해협 출신을 포함해 싱가포르의 모든 중국인으로부터 임금의 1퍼센트 이상을 모금하는 것이 목표였고, 여기에 모금 공연과 국기게양일 등을 활용했다. 처음에 중국인 이민자들은 열성적이었지만, 기부 요청을 받았을 때는 고무와 주석가격이 낮아서 경제가 어려운 시기였다. 국민당은 탄카키에게 기부금 모금을 압박했고, 중국어 신문들은 기부자와 기부를 거부한 사람들의 명단을 공개했다.

1938년 10월, 난양의 사절들이 싱가포르에 모여 난양중국원조협회(Nanyang Chinese Relief General Association)를 설립해 애국활동을 조직화하기로 결정했다. 탄카키가 회장으로 선출되었고 Nanyang Siang Pau(南洋商報)는 협회의 대변기구가 되었으며, 말라야와 싱가포르 출신 중국인이 협회를 장악했다. 또 협회의 회원 수는 2만여 명이었고, 난양에 30개 하부 위원회를 두고 모금, 중국 국채 매입과 중국 산업 투자 장려 등의 활동을 펼쳤다. 그러나 협회는 곧 당파와 개인적 경쟁관계로 약화되었다. 탄카키가 가장 유력한 리더였으나, 호키엔 출신 탄이아키암(Tan Ea Kiam)과 칸토니즈와 하카로부터 지지를 받는 오분호(Aw Boon Haw)도 권력을 두고 경쟁했다. 호키엔이 장악한 협회는 칸토니즈와 반목이 있었고, 하카의 목소리도 잘 대변되지 못했다. 결국 오분호는 자기 소유의 Sin Chew Jit Poh(星洲日報)와 하카협회(Hakka Association)를 통해 독자적으로 모금활동을 조직했다. 협회 내에서 바바 차이니즈의 영향력은 전혀 없었고, 해협중국인들은 모금운동에 협조하기를 꺼렸다.

난양(南洋)의 중국 원조 운동은 1939년 최고조에 달했다. 1939년 왕징웨이(汪精衛)가 장제스를 배신하고 일본과 결탁하여 난징(南京)에 괴뢰정부를 수립하자, 난양의 중국인들은 왕징웨이에 반대하여 일치단결했다. 신해혁명 전부터 말라야와 오랜 유대관계를 가지고 있었던 왕징웨이는 난양 중국인들의 지지를 얻으려 했지만, 탄카키는 왕징웨이 지지를 거부하고 장제스에게 계속 싸울 것을 촉구했다. 싱가포르의 중국인들은 탄카키의 입장을 지지했고, 싱가포르의 중국어 신문들은 왕징웨이를 반역자로 규탄했다. 이 시점에서 싱가포르 중국인들 사이에서 장제스와 국민당의 명망은 최고조에 달했고, 중국인들은 일본에 대한 저항으로 대동단결한 것처럼 보였다. 그러나 겉으로 보인 단결과는 달리 뒤에서는 국민당과 공산주의자들이 권력 다툼을 하고 있었고, 이 분열은 결국 난양의 중국 원조 운동의 기반을 약화시킨다.

1939년 4월 말라야 공산당은 민주적 시스템을 쟁취하고 일본이 아시아의 주축이 되는 것에 반대하기 위해 All Races United Front라는 전선을 구축해야 한다고 촉구했다. 적극적인 반일 입장을 취했기 때문에 말라야 공산당은 크게 신임을 받았고, 1940년 5월 시점의 당원 수는 5만에서 6만 사이였다. 말라야 공산당은 탄카키처럼 사회주의자는 아니지만 중국에 대한 애국심이 넘치는 사람들의 지지를 받기 위해 국민당과 경쟁했다.

국민당은 해외 중국인들에 대한 장악력을 강화하려 했다. 1939년 장제스의 국민당 정부는 중국 투자를 유도하기 위한 기관을 설립하였고, 중국의 새로운 산업에 말라야의 투자를 늘리려고 노력했다. 반일 청년조직인 삼민주의(三民主義) 청년단이 결성되었고, 충칭(重慶)으로 옮겨간 국민당 정부는 말라야에서의 중국 원조 운동을 더 확고히 장악하려 했다.

유럽에서 제2차 세계대전이 터지면서 말라야 경제의 호황이 일어났기 때문에 싱가포르의 중국인들은 중국 산업에 대한 지원을 더 늘렸다. 그러나 국민당에 대한 환멸은 점차 커지고 있었다. 탄카키는 싱가포르에서의 운동에 충칭 국민당 정부가 개입하는 것에 심기가 불편했고, 중국의 상태에 대한 보고를 받고 우려를 금치 못했다. 탄카키는 국민당 정부의 초청을 받고 1940년 3월 충칭을 방문해 9개월간 널리 여행했는데, 난양에서 건너간 자원자들의 작업환경을 보고 괴로워했고 장제스 지지자들 중 다수가 부패한 것에 충격을 받았다. 그와 대조적으로 탄카키는 옌안(延安)에서 마오쩌둥(毛澤東)과 그를 추종하는 공산주의자들이 보여준 엄격한 규율에 감명을 받았다. 싱가포르에 돌아올 때쯤엔 탄카키는 국민당에 대해 공개적으로 비난하는 입장으로 돌아섰고, 중국 정부의 행태에 대해 심한 욕설을 퍼부으며 중국 총영사와 충돌하기도 했다. 난양 중국 원조 운동의 지도자였던 탄카키와 국민당 사이에 벌어진 균열은 원조 운동 전체를 망가뜨리게 된다.

바바 차이니즈는 영국 국민임을 자랑스러워했으며 중국 정치나 국민당의 활동에 개입하기보다는 싱가포르의 공직에 관심이 더 많았다. 바바 차이니즈 지도자들은 일관되게 영어 교육을 요구했고, 그들의 공동체는 1905년 의학학교 설립과 1928년 래플스대학(Raffles College) 설립에 필요한 자금 확보에 중요한 역할을 했다. 1930년대에는 무상 영어 초등교육과 영어 학교에서의 장학금 확대를 청원했다. 그들 중 몇몇은 영어 공용화를 원했고 종합대학 설립 운동을 펴기도 했다.

영어 교육 확대로 인해 해협중국인, 인도인, 유라시안의 상당수가 서양식 전문직 종사자나 사업가가 되었고, 성공한 사람은 행정위원회, 입법위원회, 시정위원회로 진출했다. 그러나 사회적 장벽은 높아졌고, 일반 대중들 사이에는 다문화가 퍼지지 않았다. 다른 인종과의 결혼에 대한 시선은 좋지 않았고, 아시아인은 말라야 공무원이 될 수 없었으며 유럽인 사교단체에 가입할 수도 없었다.

해협중국인들은 좌절감을 느끼긴 했지만 아직까지 분노를 조직적 행동으로 표출하지는 않았다. 아시아인은 관료가 될 수는 없었지만, 영어 교육을 받고 능력만 된다면 물질적 보상을 충분히 얻을 수 있었다. 그리고 식민정권은 거들먹거리고 남을 업신여기는 태도를 보이기는 했지만 결코 혹독하지는 않았다.

체제 개편 시도와 정치세력의 부재

제2차 세계대전이 발발하기 직전의 싱가포르 식민정부는 대중들의 삶과는 동떨어져 있었다. 최종적인 행정 권한은 말라야 공무원들이 쥐고 있었는데, 부모가 모두 유럽인인 영국 태생 국민만 말라야 공무원이 될 수 있었다. 1932년 해협 진료소가 아시아인의 지원을 개방했지만 아시아인 의사는 말단에만 머물 뿐이었다. 영국의 대학교를 졸업한 아시아인은 해협 공무원과 법률서비스직에 지원할 수 있었지만 실제로 받아들여지는 수는 극히 적었고, 말라야 공무원으로 진급할 수 있는 수단도 없었다. 말레이 지도자들이 비 말레이계 아시아인들이 공무원이 되는 것을 반대했기 때문이었다.

1867년 이래 원칙적으로는 변한 적이 없는 헌법에 따르면, 총독은 고위급 유럽인 민간인 위원과 영어 구사가 가능한 극소수 아시아인 부유층의 자문을 받도록 되어있었다. 능력은 조금 모자라도 변화를 추구하지 않은 총독이 성공한 총독으로 여겨졌다. 1919년부터 1927년까지 재임한 로렌스 길마드(Sir Laurence Guillemard) 총독처럼 진취적이고 혁신적인 총독들은 반대에 시달려야 했다.

제1차 세계대전과 제2차 세계대전 사이의 기간 동안 말라야에서의 비효율적인 영국 행정구조는 문제가 되었고, 두 명의 뛰어난 총독인 로렌스 길마드와 세실 클레멘티(Sir Cecil Clementi)는 헌법을 개정하고 행정을 효율화하려는 시도에 착수했다.

영국 재무성에서 활약한 후 1920년 총독으로 부임한 길마드는 쿠알라룸푸르에 대한 고등판무관(High Commissioner)의 권한을 강화했고, 싱가포르와 말라야의 행정체계를 보다 일체화하자는 제안을 검토했다. 1925년 길마드 총독은 수석비서관(Chief Secretary) 직제를 폐지했고, 쿠알라룸푸르의 권한을 말라야연합국(FMS) 소속 왕국들에 이양하며 고등판무관과 각 왕국들 간의 관계를 더욱 긴밀하게 하자는 제안을 한다. 길마드 총독은 이것이 싱가포르가 중앙집권화를 하려는 것이 아니며 식민지 합병 계략도 아니라고 강조했다. 그러나 이 제안은 말라야연합국(FMS)의 상업적 이익단체들의 강한 반대에 부딪히게 된다.

길마드 총독은 싱가포르의 개헌 추진에 한 걸음 더 다가갔다. 1920년대 전까지는 총독이 임명하는 시스템에 대한 변화 요구가 없었다. 제1차 세계대전 전에는 싱가포르 같은 곳에 딱 맞는 시스템이라는 평도 받았다. 민간인들의 참여를 늘리려 했던 길마드 총독은 1920년 입법위원회 개혁을 꾀하며 조사위원회를 꾸렸고, 조사위원회는 민간인 위원들이 입법위원회에서 수적 우위를 점하도록 하고 총독에게 위원회 활동 진행을 유보할 권한을 부여하라고 권고했다. 해협식민지는 이를 환영했으나 영국 식민성은 반대했다. 1921년 길마드 총독은 특정 단체들이 시정위원 후보를 추천하는 제도를 도입했고, 싱가포르 화교상공회의소와 무슬림, 힌두, 유라시안 단체들 등이 골고루 두어 명씩 후보를 추천했다. 1924년부터 총독이 입법위원회 민간인 위원 두 명을 최고위원회로 보낼 수 있게 되었고, 입법위원회의 관리 위원과 민간인 위원의 수가 같아졌으며 총독이 캐스팅 보트를 쥐게 된다. 총독이 입법위원회 위원 26명 중 유럽인, 중국인, 무슬림 등 다양한 인종을 아울러 24명을 임명했다.

초기 개헌 논의에 관심을 보인 것은 서양인들이었다. 유럽인 회원이 다수인 해협식민지협회 싱가포르 지부와 브리티시 말라야 협회(The Association of British Malaya)만이 싱가포르에서 정치적으로 활발한 단체였다. 브리티시 말라야

협회는 해협식민지협회를 이어받은 단체였는데, 해협식민지협회의 싱가포르 지부가 새로 생기자 회원을 넘겨주겠다고 제안했지만 싱가포르 지부는 자신들이 알아서 해협식민지의 이익을 챙길 수 있다며 거부했다. 그러나 1921년 길마드 총독이 해협식민지 소득세 법안을 상정하자 두 단체는 경쟁관계였음에도 불구하고 합심하여 반대했다. 해당 법안은 철회되었고, 이 사건을 통해 두 단체는 협력관계를 형성했다. 1927년 해협식민지협회 싱가포르 지부는 해협식민지에서 가장 큰 민간단체로 성장했다.

이 무렵 해협중국계영국인협회(Straits Chinese British Association)도 미약하게나마 정치적인 관심을 갖기 시작했다. 해협중국계영국인협회의 유력한 대변자는 말라카 출신인 탄쳉록(Tan Cheng Lock)으로, 말라카의 시정위원, 입법위원, 최고위원까지 역임한 인물이었다. 그는 길마드 총독이 물러나고 클리포드(Hugh Clifford)가 총독으로 재임하던 1928년 민간인 위원이 과반수를 차지하게 하고 입법위원회와 최고위원회에 해협식민지 거주 경험자에 의한 직접투표제를 도입할 것을 주장했지만 성과를 거두지 못했다. 이후 해협중국계영국인협회는 후임 총독 세실 클레멘티에게 위원회에서 중국인의 발언권을 늘리도록 압박했지만 역시 성과가 없었다. 탄쳉록은 1930년대 동안 말라야의 헌법, 교육, 사회 개혁을 도모했고, 클레멘티 총독의 중국인 차별 행위를 강하게 비판했다. 그러나 탄쳉록은 소수의 의견만을 대변하고 있었다. 아시아인의 싱가포르 공직사회 참여는 제한적이었지만, 1930년대에 많이 나아져 다들 만족하는 분위기였다. 싱가포르에서 태어나면 영국 국민이 되어 시정위원회, 입법위원회, 최고위원회에 지원할 자격이 주어졌으며, 해협의 의료, 법률, 관리 조직 등에도 지원할 수 있었다. 물론 기회는 주어졌지만 실제적으로 아시아인 공직자는 극소수였다. 상공회의소는 부유한 사업가 파벌이 장악했고, 그들 중에서도 영어 교육을 받은 소수만이 공직자가 될 수 있었다.

1930년 해협식민지협회는 최고위원회에서도 관리 위원과 민간인 위원의 수를 대등하게 만들자고 제안하며 민간인 입법위원을 영국 국민들의 투표로 뽑자고 했다. 그러나 이런 제안은 터무니없는 계획으로 여겨져 지지를 받지 못했다. 싱가포르는 다양한 인종, 종교, 언어로 나뉘어 있었고 외국인과 문맹자도 많았기 때문에, 일부 상인들의 이익만 대변하게 될 투표보다는 총독이 위원 임명권을 쥐는 것이 차라리 정의에 부합했다.

1930년 부임한 세실 클레멘티 총독은 대공황에서 중대한 시기였던 1931년에 말라야연합국(FMS) 소속 왕국에 권한을 분산하는 계획을 발표했다. 세실 클레멘티는 이것을 말레이반도 전체를 말라야연맹(Malayan League)으로 묶는 전주곡으로 여겼다. 말라야연맹은 말레이 왕국들이 각자의 역사적인 특성과 자치권을 지키면서도 말레이인들과 이주자들 모두에게 이익이 되는 사업에는 손을 잡고 협력해 형제애를 발현한다는 구상이었다. 클레멘티의 계획은 이론적으로는 합리적이고 깔끔했다. 말레이 술탄들은 지방분권이 강화될 것을 예상하고 환영했고, 자치권을 가진 말라야 국가를 만든다는 생각을 지지하는 사람들도 있었다. 그러나 이것은 소수의 의견이었고, 다수는 말라야연맹이라는 개념을 의심스럽게 보았다. 말레이비연합국(UMS)들은 독립성을 잃게 될까 봐 우려했다. 말라야연합국(FMS) 사업가들은 싱가포르의 통제 속에 들어가는 것을 꺼려했고, 싱가포르 사업가들은 말라야 공동시장에 역외관세가 도입될 것을 두려워했다. 1931년 세실 클레멘티 총독은 주로 싱가포르 사업가들로 구성된 위원회를 조직해 말라야 관세동맹의 이점을 조사하도록 했다. 그러나 위원회의 보고 내용은 "해당 동맹은 싱가포르의 이익에 근본적으로 위배되며 어떠한 경우에도 바람직하지 못하다"는 것이었다. 말라야의 소수 집단이었던 중국인들은 연합을 이룬 말라야에서 그들의 이익이 위협받을 것을 두려워했다. 이민제한, 토착어 신문 검열, 국민당 금지, 중국어 학교에 대한 정부보조금 삭감 등과 동시에 일어난 새로운 입헌 제안은 대공황의 어려움과 결합하여 싱가포르와 말라야 전역에서 다른 인종에 대한 전례 없는 적대감을 불러일으켰다.

영국 정부는 새뮤얼 윌슨(Samuel Wilson)을 보내 상황을 조사했다. 그는 1933년 보고서를 통해 "하나의 중앙정부 아래로 통합하는 것이 경제적으로는 타당할 수 있으나, 영국인들은 현재 상태를 유지하기를 원한다. 말레이 지도자들의 권위를 유지하는 것이 영국 정책의 핵심이어야 한다. 간접 통치를 장려해야 말레이의 정치적 침몰을 막을 수 있다"고 조언했다. 윌슨은 말라야연합국(FMS)의 상업 지도자들이 수석비서관을 고등판무관과 싱가포르 당국에 맞서는 존재로 여기고 있다는 점을 인식했다. 그래서 수석비서관의 지위를 낮추고 농업, 교육, 의료, 공공사업 등의 기술적 업무를 개별 왕국에 이양하도록 권고했다.

영국 식민성은 윌슨의 제안을 수용했고, 그것은 말라야에서 대체로 공정한 타협으로 받아들여졌다. 그것의 시행은 사람들을 잘 달래는 성격을 가진 후임 총독 셴턴 토마스(Sir Shenton Thomas)의 손에 의해 부드럽게 진행되었다. 1935년 수석비서관은 연합비서관(Federal Secretary)으로 격하되었다. 여러 업무가 개별 왕국에 이양되고 범 말라야 부서가 신설되었으며, 싱가포르 정부의 부서장들이 말라야에 자문하는 역할을 하게 되었다. 이로써 싱가포르의 정책 권한은 더 커지고 보다 통일된 행정이 가능해졌으나 정치적, 경제적 연합 제안은 사그라졌다.

은밀하게 활동한 말라야 공산당 외에는 제2차 세계대전이 터지기 전까지 싱가포르에는 정당이 존재하지 않았다. 정치 운동의 성장이 일어나지 못한 것은 싱가포르 내부의 일에는 무관심하면서 중국의 정치에만 활발하게 몰두하는 중국인들 때문이었다. 준(準) 정치단체는 셋이 있었지만, 싱가포르 말레이연합(Kesatuan Melayu Singapura)은 정치적인 계획을 명확하게 가지고 있지 않았고 나머지 둘은 수백 명의 회원을 가지고 있었을 뿐이었다. 이런 정치력의 부재는 제2차 세계대전 이후의 혼란을 수습하기 어렵게 만들고 공산주의자들의 준동을 가져오는 요인이 된다.

싱가포르의 정치구조는 식민지배의 목적을 나름 잘 충족하고 있었다. 부유하고 교육수준이 높은 사람들은 정부에서 목소리를 냈고 정부는 그들의 목소리에 주의를 기울였지만, 그들은 궁극적인 통제력을 가지지는 못했다. 대중들은 정부에 무관심했지만 적극적인 반대를 하지는 않았다. 싱가포르는 외국에 뿌리를 둔 이주자들의 집합체였고, 여전히 이주자들의 궁극적인 목표는 고향으로 돌아가는 것인 경우가 많았다. 싱가포르 사람들은 식민정부의 손에 행정을 맡겨두는 것에 만족했고, 이때까지만 해도 감수할 수 있을 정도의 효율성을 가진 행정이 이루어지고 있었다.

입법위원회의 다수를 차지하고 있는 정부 관리들이 민간인 위원들을 수적 우위로 누르는 수단이 동원되는 일은 흔치 않았지만, 입법위원회는 굳이 민주적인 척하지는 않았다. 입법위원회는 다양한 공동체의 의견을 표출하고 새로운 입법에 대한 대중의 반응을 실험하는 무대를 정부에 제공하기 위한 자문기관으로 설계되었고, 애초 공공이익의 수호자라기보다는 정부기관의 성격이 더 강했다. 다수의 정부 관리들은 입법위원회의 활력을 떨어뜨렸고, 회의 참석률은 저조하고 의사진행은 대부분 의례적이고 따분했으며 실생활과는 관련이 거의 없었다.

1930년대 말은 싱가포르의 서양인과 아시아인 상류층과 중산층에게는 편안하고 한가로운 시기였다. 개선된 공공시설의 혜택 중 일부는 일반 대중들에게도 퍼져나갔으나, 식민정부는 부와 안락을 누리는 소수에 의해 지배되고 있었다. 영국의 식민지배는 20세기 초의 특징이었던 열정과 활력을 상실한 채 현실에 안주하고 있었으나, 이때까지만 해도 싱가포르에 영원히 뿌리를 내릴 것처럼 보였다. 제국주의는 그것을 포기하는 것이 불가피하도록 만드는 외부의 힘에 의해 도전받지 않는 한 그 지배를 영속화하려는 성격을 가지고 있었다.

제6장
일본 점령기

예고된 재앙

싱가포르의 오랜 평화는 1941년 12월 8일 일본이 말라야를 침공하면서 깨졌고, 이때부터 70일도 지나지 않아 싱가포르는 일본군에게 함락된다. 이런 재앙의 기원은 20세기 초로 거슬러 올라간다. 제1차 세계대전 때 독일 해군의 위협과 인도인들의 폭동에 대처하는 과정에서 영국은 일본과의 동맹에 의존하게 되었고, 이것은 동방의 식민지들을 지킬 영국의 능력에 대한 의심을 불러일으켰다. 이후 동방에서 힘의 균형이 변화했고, 일본은 세력을 확장하면서 잠재적인 적으로 떠올랐다.

1919년 영국, 호주, 뉴질랜드가 연합해 함대를 구축하여 극동지역에 주둔시키자는 제안이 있었으나, 영국은 향후 큰 전쟁이 벌어지지 않을 것이라고 생각해 비용이 많이 드는 해외 방어 계획에 별 관심을 기울이지 않고 국내 재건에 전념했다. 영국은 1921년 영-일 동맹을 갱신하지 않고 소멸되게 두었다. 1922년 미국, 영국, 프랑스, 일본의 4개국은 워싱턴에서 해군 군축 조약을 체결해 해군력을 제한하고 태평양 지역에 해군기지를 설치하지 않기로 동의했다.

영국은 동방에서 위협이 발생할 경우 본국의 주력 함대를 파견해 대처하기로 하였으나, 함정 수리를 위한 도크 시설을 갖춘 지역 기지는 필요했다. 1921년 영국 정부는 싱가포르를 기지 설립 장소로 선택하는 것을 공식적으로 승인한다. 이미 혼잡한 케펠 항구(Keppel Harbour) 대신 싱가포르 북부의 조호 해협이 입지로 결정되었다. 1920년대에는 동방에서 전쟁이 벌어질 가능성이 낮았기 때문에 이러한 입지 선정은 전략적인 차원보다는 현지 사정이 더 반영된 것이었다. 당초에는 전쟁이 발생하면 지원군이 6주 후에 도착한다고 추정되었고, 그 기간 정도 버텨내기 위해서라면 소규모 주둔군과 바다 방향의 강력한 방어시설을 두는 것으로 충분하다고 여겨졌다.

영국에서 보수당과 노동당이 정권을 주고받는 사이 해군기지 건설은 느리게 진행되었다. 그러나 일본이 공격성을 더 강하게 드러내면서 상황이 바뀐다. 일본은 1931년 만주를 점령하고 그다음 해 국제연맹(League of Nations)을 탈퇴했다. 일본의 위협이 커지자 싱가포르 기지 건설은 재개되어 신속히 진행된다. 일본은 1936년에 런던군축회담에서 탈퇴했고, 1937년에는 중일전쟁을 일으켰다. 또한 유럽의 평화가 나치 독일과 무솔리니의 이탈리아에 의해 위협받자, 1937년 영국은 방위에 대해 전면적인 재검토를 실시하게 된다.

유사시에 신속하게 구원함대가 파견된다는 것이 방어 전략의 대전제였지만, 호주는 일찍이 1926년부터 전시에 충분한 함대를 동방에 보낼 수 있다는 영국의 가정에 의문을 표시했다. 1937년 대영제국회의(Imperial Conference, 영국과 영연방 국가들의 정상회의)에서 참모총장들은 함대가 없는 싱가포르 기지가 전쟁 억제 수단으로 적절치 않다고 경고했고, 호주와 뉴질랜드는 평화 시에도 극동지역에 함대를 주둔시켜야 한다고 호소했다. 그러나 영국은 해군력을 유럽에 집중하고 동방에서 전쟁이 발생할 경우에만 함대를 파견하겠다는 입장을 고수했다. 지원군이 42일 만에 싱가포르에 도착한다는 가정은 비현실적이라는 말라야 사령관 윌리엄 도비(William Dobbie) 소장의 경고에도 불구하고 이러한 입장은 그대로 유지되었다.

1937년 영국군 현장 사령관들은 해군기지의 방어가 말레이반도 전체의 방어와 밀접한 연관이 있다고 보고했다. 도비 소장과 그의 선임참모장교 퍼시발

(Arthur Percival) 대령은 영국 해군이 싱가포르에 제때 도착하지 못하는 상태에서 일본이 말레이반도에서부터 남하하는 전시 상황을 그려본다. 퍼시발 대령은 영국의 관점이 아닌 일본의 관점에서 계획을 세워보았는데, 이것은 4년 후 실제로 벌어질 일본군의 공격과 묘하게 닮아있었다. 그의 모의계획의 근간은 일본군이 말레이반도 북동부에 상륙하는 것이었는데, 이는 12월부터 3월까지 이어지는 말레이반도 북동부의 우기 동안 실행이 불가능하지 않으며 시계불량으로 인해 조기에 발각되지 않을 이점까지 갖추고 있다고 평가되었다. 1938년 도비 소장은 비행기의 작전범위를 확대하기 위한 목적에서 공군력을 강화하고 말라야 북부와 조호(Johor)에 방어시설을 건설해야 한다고 주장했다. 그러나 영국 전쟁성은 그의 주장을 기각했다. 비행장이 말레이반도 북동부의 코타바루(Kota Barhu)와 콴탄(Kuantan), 조호 동부에 건설되었지만, 그 입지들은 방어하기 곤란하다는 단점을 가지고 있었다.

반면 싱가포르의 해군기지 건설 작업은 전속력으로 추진되었다. 1938년 건식 도크(dry dock)가 완공되었고, 새로운 비행장이 건설되었다. 동쪽에서 해군기지에 접근하는 것을 차단하기 위해 창이(Changi) 지역에 중화기와 대공 방어시설이 설치되었다. 보병대대 병영이 완공되면서 해군기지와 그것을 보호하는 창이 요새(Changi Fortress)가 완성된다.

일본의 침략 야욕은 더욱 거세졌다. 일본은 1938년 10월 칸톤(Canton, 廣東)을 점령했고, 1939년 초에는 하이난(Hainan, 海南)을 점령해 싱가포르에 더 육박해 왔다. 그러나 1939년 3월 유럽에서의 긴장이 고조되자 영국은 싱가포르에 지원군을 파견하는 데에 소요되는 기간의 추정치를 42일에서 70일로 늘리는 조치를 내린다. 영국은 일본의 팽창에 대해 미국과 더 긴밀히 대응했으나, 여전히 일본과의 우호관계 유지를 원했다.

1939년 9월 유럽에서 제2차 세계대전이 발발하자, 싱가포르에서 위기가 발생할 경우 해군 지원군을 보내는 데 걸리는 기간의 추정치는 70일에서 다시 180일로 늘어났다. 당시 해군장관이었고 곧 수상이 되는 윈스턴 처칠(Winston Churchill)은 싱가포르, 호주, 뉴질랜드의 방위를 지중해보다 우선적으로 하겠다고 약속했으나, 이것은 지켜지기 어려운 약속에 불과했다. 유럽에서 전쟁이 터진 처음 몇 달간 극동에서의 분쟁 확대 가능성은 높지 않았고, 영국 정부는 말라야를 방어의 대상보다는 달러를 벌어들이는 곳으로 여겼다. 1939년 말라야는 전세계 고무 생산량의 거의 40퍼센트, 주석 생산량의 60퍼센트를 점유하고 있었고, 그 대부분은 미국을 수요처로 하고 있었다. 대공황기에 생산제한이 됐던 것과는 달리 이 시점에서 주요 전쟁 물자로 떠오른 주석과 고무는 최대치로 생산되고 있었다.

1939년 독일이 소련과 불가침조약을 체결하자, 코민테른(Comintern)은 영국의 전쟁 물자 조달을 방해하기 위해 노동쟁의를 부추기라는 지령을 말라야 공산당에 내렸다. 싱가포르에서 여러 건의 파업이 발생했고, 1940년 노동절에는 대규모 불법 군중집회가 열렸다. 그러나 싱가포르 당국은 재빨리 선동가들을 체포, 추방하고 체제 전복 활동에 관련된 노동조합들을 해산시키는 조치를 내린다.

식민정부는 말라야 공산당의 정책 변화와 그 한계점에 대해 잘 알고 있었다. 말라야 공산당은 친소련, 반영 입장을 취함으로써 반일 성향 중국인들의 지지를 잃었다. 1940년 9월 중국 공산당은 말라야 공산당에게 반영 활동을 중지하고 반일 전선을 확고히 하라고 지시했고, 이후 싱가포르에서 파업은 사라진다.

유럽에서 프랑스와 네덜란드가 독일의 수중에 떨어지고 이탈리아가 독일과 힘을 합치자, 지난 20년간 영국의 극동 전략이 토대로 했던 가정들도 모두 무너졌다. 영국은 이제 독일뿐만 아니라 이탈리아, 프랑스 비시(Vichy) 괴뢰정부와도 전쟁을 치러야 했고, 따라서 극동에 함대를 보낼 여유가 없었다. 1940년 영국군 참모총장은 방어 작전을 싱가포르에서 말레이반도 전체로 확장시켜야 하며, 공군력을 방어의 핵심으로 삼아야 한다고 결정했다. 그러나 전투기가 충분히 공급되기 전까지는 상당 수준의 육군 병력이 필요한 것은 사실이었다.

감도는 전운과 잇따른 오판

극동지역의 상황은 점점 더 위협적인 분위기로 흘러갔다. 1940년 7월 미국은 무기, 철, 석유, 기타 주요 원자재가 일본으로 흘러 들어가는 것을 막기 위한 첫 번째 경제 제재를 시행한다. 이것은 일본이 중국에서의 군사작전을 중지하거나 아니면 주요 전쟁 물자를 스스로 확보하는 양단간의 선택을 할 수밖에 없게 만들었다. 일본은 그해 9월 인도차이나 북부를 점령했고, 독일, 이탈리아와 동맹을 맺는다.

싱가포르의 민심은 극도로 예민해졌고, 모든 일본인 거주자들은 스파이로 의심받았다. 일본 정부는 나라의 위신을 떨어뜨린다는 이유로 한때 번성했던 매춘부들의 귀국을 명령했지만, 여전히 사업가, 언론인, 치과의사, 사진사, 이발사, 어부 등 약 4천 명의 일본인이 싱가포르에 남아있었다. 싱가포르 경찰 공안부는 그들을 철저히 조사했고, 1939년에 일본 총영사관의 언론 담당관 마모루 시노자키를 비롯한 몇 명이 간첩 혐의로 체포되었다.

퇴역 공군대장 브룩 포펌(Robert Brooke-Popham)이 극동지역 육군-공군 총사령관으로 부임하여 1940년 11월 싱가포르에 도착한다. 구원함대의 도착과 공군력 확충이 요원해지자 육군은 모든 방어를 짊어지게 된다. 1940년 말 인도 와 영국의 보병대가 추가로 들어오기 시작했고, 1941년 2월에는 호주군 8사단 과 두 번째 인도군 사단이 상륙했다. 말라야에 배치된 영연방군 병력은 1940년 과 1941년 사이에 세 배로 늘었지만, 대부분 전투경험이 없었고 대포와 탱크는 부족했다. 브룩 포펌 총사령관은 공군의 추가 배치를 호소했으나, 유럽에서 중동 으로 확장된 전선을 감당해야 했던 영국은 그의 요청을 받아들일 수 없었다. 영 미관계가 좋아지고 일본이 중국에서 고전을 면치 못하는 가운데 지상군이 속속 도착하자 싱가포르는 현실에 안주하는 분위기였다. 유럽과 중동은 매일같이 생 사의 기로를 넘나드는 데 반해 싱가포르는 평화롭기만 했다. 식민정부는 자원병 훈련과 방어시설 건축보다는 주석과 고무 생산을 우선시했다. 전쟁성이 임금을 비현실적으로 낮게 책정해 방어시설 건설에 지원하는 노동자도 없었으며, 주석 과 고무를 생산하는 노동자를 징집하려는 생각도 없었다.

1941년 초까지도 일본은 중국에서 어려움에 처해 있었고 소련의 공격도 우려 되었기 때문에, 일본이 동남아시아에서 새로운 행동을 개시하지 못하리라는 것 이 중론이었다. 1941년 초 영국과 미국은 비밀회담을 해 동방에서의 협력을 논 의했다. 영국은 미국 함대가 싱가포르에 주둔하기를 원했지만, 미국은 함대를 하 와이 진주만(Pearl Harbor)에 온전히 두기를 선호했다. 유럽을 최우선순위로 여 긴 것에서는 양국의 의견이 일치했다.

부참모장으로 승진해 말라야 총사령관이 된 퍼시발(Percival)은 1941년 5월에 돌아왔는데, 싱가포르의 풍요로움과 방어태세 구축 태만을 보고 경악했다. 아직 도 전쟁을 먼 곳의 일로 여기는 분위기였고, 아시아인들을 조직하여 방어태세를 갖추려는 시도는 없었다.

1941년 6월 독일이 소련을 침공하자 일본은 소련에게 배후를 공격받을 걱정 을 덜고 더 많은 행동의 자유를 누리게 되었다. 그러나 처칠은 일본이 동남아시 아에서 전선을 확장해 영국, 네덜란드, 미국과 충돌하기보다는 독일과 힘을 합쳐 소련을 공격할 것이라는 착각에 빠져 있었다. 독일과 소련 사이에 전쟁이 벌어 지자 싱가포르에서는 노동쟁의가 싹 사라졌고, 공산주의자들과 국민당은 다시 단결했다. 일본을 자극하기를 원치 않았던 식민당국은 중국인 공산주의 동조자들을 체포하고 반일 활동을 억제했다.

이 시점에서 일본의 주 관심사는 중국에서의 전쟁을 끝내는 것이었고, 이 목적을 달성하기 위해 필요한 원자재를 동남아시아에서 확보하려 했다. 일본은 바타비아(Batavia)의 네덜란드 동인도회사와 석유 공급을 논의했으나 1941년 6월 결렬되었고, 7월에는 영국과 네덜란드 동인도회사에 이어 미국까지 일본의 자산을 동결하여 일본의 해외 무역을 제한하고 석유 공급을 차단한다. 이전까지 말라야 식민당국은 일본을 달래기 위해 무역을 간간이 허용했으나, 이제 일본은 말레이반도에서 철, 보크사이트, 해운업자 등을 갑자기 잃게 된 것이다.

일본 정부는 인도차이나 남부에 기지를 제공하라고 프랑스 비시(Vichy) 괴뢰 정부를 압박했다. 일본은 싱가포르로부터 750마일 떨어진 베트남에 해군기지를 얻었고, 말라야 북부에서 불과 300마일 떨어진 곳에 비행장을 확보했다. 위기감을 느낀 퍼시발(Percival) 사령관은 본국에 병력 증강을 요청했으나, 활발히 전투가 벌어지고 있는 지중해 지역에서 아직 잠재적인 위협에 불과한 싱가포르로 자원을 돌릴 여지는 없었다. 싱가포르와 말라야는 공격에 매우 취약한 상황이었다. 비행기가 부족했고, 전함, 항공모함, 중순양함과 잠수함은 전혀 없었다. 안전을 확보하기 위해서는 일본과 평화를 유지하거나 아니면 지원 병력이 파견될 수 있을 것으로 예상되는 1942년 봄까지 전쟁을 연기해야만 했다. 그렇지만 싱가포르에는 위기의식이 결여되어 있었고, 영국 본국에는 낙관적인 보고가 계속 올라가고 있었다.

미국, 네덜란드와 비공식적인 협조는 있었지만 통합 지휘체계에 대한 합의는 이루어지지 않았고, 말라야의 영국군 지휘부에서도 지휘체계를 통합하고 능률화하려는 시도는 전혀 없었다. 1941년 9월 연합군의 복잡한 구조를 조직화하기 위해 극동군 총참모장을 임명해야 한다는 권고가 있었지만, 이것은 태평양전쟁이 터질 때까지 영국 정부의 고려대상으로만 남게 된다.

싱가포르 식민당국은 민간인들의 동요를 일으키고 사기 저하를 가져올 것을 염려해서 방어 작업에 인력을 투입하는 것을 주저했다. 1941년 10월 싱가포르 섬 북부 해안을 따라 방어시설을 구축해야 한다는 제안은 보류되었고, 이것은 얼마 후 치명적인 결과를 불러온다. 방공호를 건설하자는 제안 또한 지하수면이 너무 높다는 이유로 기각되었다. 여전히 위기의식은 없었고 일본이 영국을 두려워한다는 착각에서 빠져나오지 못하는 분위기였다. 심지어 태평양전쟁이 터지기 하루 전까지도 평화가 유지될 수 있다는 보도가 나돌았고, 영국 식민당국은 사기 유지에 도움이 된다는 이유로 이를 환영했다.

싱가포르 당국은 여전히 일본과 우호적인 관계를 유지하려 했다. 무역금지 조치로 사업이 중단될 때까지 많은 수의 일본인 사업가들은 싱가포르에 남아있었고, 10월 초 그들 중 6백 명이 대피선을 타고 본국으로 돌아갔다. 그 이후에도 사진사, 이발사, 치과의사 등의 일본인은 그대로 남아있었다.

1941년에는 소련의 지원 요청과 싱가포르와 말라야에 병력 증강을 해달라는 호주의 요청 사이에서의 의사결정에는 전략보다 정치적 고려가 우선시되었다. 싱가포르에 배치된 호주군과 영국군 총장들은 적이 침략해 거점을 확보하는 것을 막으려면 공군력이 필수적임을 깨달았다. 이에 참모총장은 전함 네 척으로 구성된 함대와 항공기를 극동으로 보내라고 권고한다. 그러나 영국 수상 윈스턴 처칠은 탱크와 전투기는 소련으로 보냈고, 싱가포르에는 프린스 오브 웨일즈(Prince of Wales)호, 순양함 리펄스(Repulse)호, 항공모함 한 척을 보내기로 결정했다. 처칠은 모든 전문가의 조언을 묵살하고 위와 같은 결정을 했고, 영국 해군이 일본을 저지하고 적에 대한 막연한 두려움을 일소할 수 있으리라 확신했다. 이 결정은 전략적인 측면에서 정당성이 결여된 것이었다. 방향 조종이 용이한 현대식 허리케인(Hurricane) 전투기는 싱가포르에서는 유용할 것이지만 러시아에서의 군사 작전에는 별 효용가치가 없었다. 프린스 오브 웨일즈호는 이미 외교적 논쟁을 끝내고 전쟁에 돌입할 준비를 마친 일본에게 별다른 억제 효과를 주지 못했다.

이렇게 영국이 착각에서 빠져나오지 못하고 오판을 거듭하는 동안 일본은 차근차근 말라야 침공 계획을 진행하고 있었다. 중국 침공에서 활약한 베테랑인 쓰지 마사노부 대령은 1941년 초 정글 전투의 문제점에 대한 검토에 착수했고, 1940년에 말라야를 방문했던 두 명의 일본군 장교들이 보고서를 제출했다. 그들은 북쪽의 말레이반도에서부터 싱가포르를 공격해야 한다고 조언했고, 말라야의 영국 공군력이 구식에 불과함을 정확히 보고했다. 쓰지 마사노부는 싱가포르를 전면에서 공격하는 것은 실현 가능성이 낮지만 뒷문은 활짝 열려있다는 것을 잘 인식했다. 이것은 이미 몇 년 전 퍼시발(Percival)이 모의계획을 세우면서 지적했던 것과 일치했다.

쓰지 마사노부는 열정적으로 일에 착수했다. 일본은 방콕에 스파이 부대를 설립했고, 태평양전쟁 발발 3개월 전에 말레이어, 영어, 칸토니즈(Cantonese), 호키엔(Hokkien) 방언을 유창하게 구사하는 스파이들을 싱가포르와 말라야에 파견해 정보를 수집했다. 일본군은 정글 전투 경험이 없었고, 추운 날씨에 익숙한 병사들을 열대 환경에 대처하도록 훈련해야 했다. 중국에서 이용했던 기갑부대는 열대 정글 전투에서 별 효용성이 없었고, 일본군은 진격 속도를 빠르게 하기 위해 영국이 상상조차 하지 못한 기발한 수단을 고안해낸다. 그것은 바로 자전거였다.

일본의 장기 전쟁 계획은 주로 소련을 공격하기 위해 설계되어 있었고, 일본 내각은 1941년 9월이 되어서야 경제 제재를 해제하도록 미국을 설득하지 못한다면 남쪽으로의 진출에 집중하기로 결정한다. 1941년 10월 일본 내각의 온건파들은 사임하고 강경파인 도조 히데끼 장군이 수상으로 취임했고, 공격 계획은 11월 초에 확정된다. 일본 제25군은 말라야 침공을 위해 급히 소집되었고, 야마시타 도모유키 중장에게 지휘권이 맡겨졌다. 야마시타는 도조 히데끼의 라이벌이었지만 일본에서 가장 유능한 장군이었다. 야마시타는 독일과 이탈리아에서 6개월간 체류하면서 독일군의 체계적인 면에 감명을 받았고, 독일에서 배운 정밀한 계획 기법을 말라야 작전에 도입한다.

총 4개 사단이 야마시타에게 주어졌으나, 야마시타는 그중 3개 사단만 활용하기로 결정했다. 남쪽으로 전선이 길어질 경우 보급을 감당할 수 있는 최대한의 병력이 3개 사단인 것으로 분석되었기 때문이었다. 제25군은 왕실근위대, 노련한 18사단, 그리고 일본 최고의 정예부대 중 하나였던 5사단으로 구성되었다. 총 2만 6천 명의 병력 중 1만 7,300명의 전투병이 즉각 활용될 수 있었다. 야마시타는 최초 상륙을 지원할 제공권과 제해권이 적절히 확보되기만 한다면 승리할 수 있다고 확신했다.

말라야 전투에서 자전거를 타고 진격하는 일본군의 모습

　이런 와중에도 영국의 지도자들은 여전히 일본이 소련을 공격할 것이라 확신했고, 말레이반도 동북부의 우기 동안에는 말라야를 공격하지 않을 것이라 생각했다. 그러나 일본군은 우기의 시계불량이 오히려 그들의 작전에 유리하게 작용할 것임을 알고 있었다. 영국은 일본군이 중국에서의 오랜 전투로 지쳐 있으며 비행기는 구식일 것이라고 믿고 있었으나, 실상은 전혀 그렇지 않았다.

　1941년 12월 2일 프린스 오브 웨일즈(Prince of Wales)호와 리펄스(Repulse)호가 조호 해협에 등장했고, 이것을 보고 싱가포르 사람들은 다시 안전을 확신했다. 그러나 이 전함들은 항공모함의 지원 없이 소형 구축함 네 척의 호위를 받을 뿐이었다. 더군다나 네 척의 구축함 중 두 척은 온전한 상태가 아니었다. 결국 이 함대는 공중에서의 지원 없이는 공격에 너무나 취약한 상태였다. 일본군의 침략이 코앞까지 다가온 12월 첫째 주말까지도 싱가포르는 태평한 분위기였고, 일본군의 전격전에 대비할 준비가 전혀 되어있지 않았다.

전격전

　일본은 미국 태평양함대에 심각한 타격을 입히고 말레이반도에 확고한 교두보를 확보하는 기습작전에 성패가 달렸음을 인식했다. 1941년 12월 7일에서 8일 사이에 일본이 일제히 기습을 감행하면서 태평양전쟁이 시작된다. 일본군은 하와이 진주만(Pearl Harbor)을 공격해 미국 태평양함대를 거의 궤멸 상태로 몰아넣었고, 홍콩과 필리핀을 침공했다. 거의 동시에 말레이반도 동북부에 상륙작전을 감행해 태국 남부 송클라(Singgora)에 군대를 상륙시켰고, 파타니(Patani)와 코타바루(Kota Bahru)에도 보조적인 상륙작전을 실시했다. 싱가포르에도 처음으로 폭격이 가해졌다.

　개전 초기부터 말라야 전투의 주도권은 일본에게 완전히 넘어갔다. 일본이 말라야를 공격하기 전에 태국 남부로 진입해 선제공격을 한다는 작전은 영국 정부가 우물쭈물하는 바람에 실행되지 못했다. 태국은 야마시타의 주력부대가 상륙하자 저항의 의지조차 보이지 않고 길을 열어 준다. 일본군은 몇 시간 만에 송클라, 파타니, 코타바루에 자리를 잡았다. 영국 해군의 필립스 제독은 싱가포르에

일본군의 말레이반도 상륙 지점

있는 자신의 함대 위치가 드러나자 북쪽으로 서둘러 이동하여 추가로 들어오는 일본군을 가로막으려 했다. 그러나 이것은 항공모함의 지원이 없이는 매우 위험한 작전이었는데, 필립스 제독은 함대를 출동시키고 나서 한참이 지나서야 코타바루 비행장을 일본이 이미 점령했고 공군의 지원을 받는 것이 불가능해졌다는 사실을 알게 된다. 일본군에게 발각된 필립스 제독은 퇴각을 시도했지만 때는 이미 늦었다. 12월 10일 오후 일본군 비행기의 어뢰 공격을 받은 프린스 오브 웨일즈(Prince of Wales)호와 리펄스(Repulse)호는 침몰했고 극동함대 총사령관 필립스 제독은 사망했다. 이로써 일본이 제해권을 장악했고, 영국군의 사기는 바닥으로 떨어졌다.

말라야 방어의 핵심은 제공권이었으나, 실제로는 영국의 공군력은 턱없이 부족했다. 1940년 가을 참모총장은 항공기 582대가 이상적이지만 실제 제공할 수 있는 수는 336대일 것이라 예상했다. 그러나 일본이 침략해 온 당일 말라야에는 항공기가 158대밖에 없었으며, 그나마도 24대는 구식 Vildebeestes 기종이었다. 일본군은 24시간 만에 제공권을 확보했고, 말라야 북부의 영국 항공기 절반 이상을 격추하고 북부 비행장을 접수했다. 지원함대가 도착할 때까지 육군은 해변을 확보하고 비행장을 보호하는 보조적인 역할을 하면서 해군기지와 싱가 포르 섬에 집중 배치되는 한편, 기본적으로는 제공권에 의존한다는 것이 영국의 방어 전략이었다. 그런데 전투 첫 이틀 동안 이 전략의 토대는 깨져버렸고, 제공 권을 상실하고 해군기지는 텅 비었으며 육군이 직격탄을 맞게 된 것이다.

전쟁이 터지자 셴턴 토마스 총독, 퍼시발(Percival) 사령관, 해군과 공군 장교 들, 호주 대표로 구성된 극동전쟁위원회(Far East War Council)가 소집되어 매일 회의를 가졌다. 일본 신문은 폐간되고 모든 일본인 거주자들은 체포되어 인도의 포로수용소로 보내졌다. 싱가포르에서의 전투는 시간문제였고, 지원군이 싱가포 르에 도착할 때까지 일본군을 말레이반도에 묶어놓을 수 있는지에 승패가 달려 있었다. 당시 말라야에는 3개 보병사단이 있었는데, 하나는 호주 사단이었고 둘 은 인도군 사단이었다. 그러나 군대의 대부분은 훈련 상태와 장비가 좋지 못했 다. 탱크는 없었고, 장갑차와 대전차 또는 대공 무기도 거의 없었다. 런던의 참모 총장은 중동으로 향하고 있던 영국 제18사단을 대전차연대, 대공연대와 함께 싱 가포르에 파견하기로 결정했다. 그러나 극동함대는 몇 달 동안 소집되지 못했고, 충분한 공군 지원을 받을 가능성도 거의 없었다.

과감한 전략과 하늘을 찌를 것 같은 사기에 행운까지 겹치면서 일본군은 말 레이반도를 휩쓸었다. 일본군은 서부 해안, 서부 내륙, 동부 해안의 세 갈래 길로 진격했고, 송클라에 상륙한 주력부대는 서쪽을 맡았다. 주력 병력은 중일전쟁에 서 함께 싸운 병사들로, 노련하고 강인하며 군기가 잡혀 있었고 육해 공동작전 의 경험이 있었다. 야마시타는 제공권과 제해권을 바탕으로 역동적인 전술을 펼 쳤다. 방어군을 포위하고 측면공격을 감행했고, 배후 차단을 피하기 위해서는 방 어군이 퇴각할 수밖에 없게 만들었다. 간선도로와 철도 하나가 통신 경로의 전 부였기 때문에 기동력이 부족했던 영국군은 일본군에게 각개격파를 당한다. 탱 크와 대전차포가 없었던 영연방군은 불가피하게 후퇴했고 일본군은 거침없이 남하했다. 자전거를 타고 진격하는 일본군을 피해 도보로 퇴각하는 것은 고단한 일이었다.

남쪽으로 떠난 피난민들이 싱가포르에 몰려들었고, 사기를 유지하기 위해 언

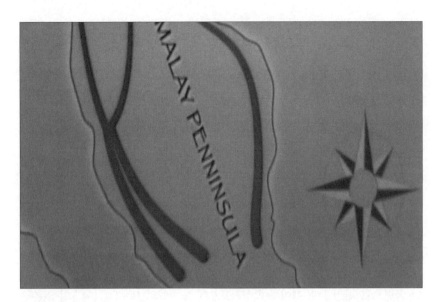

일본군의 진격로

론 검열이 실시되었다. 12월 18일 페낭이 함락되었다는 보도는 신문에 실릴 수 없었으나 곧 공공연히 알려졌다. 싱가포르 사람들은 페낭에서 유럽인들이 현지 주민들을 내팽개치고 대피했다는 사실을 알고 겁을 먹었다. 크리스마스에 일본 군은 페낭의 라디오 방송국에서 방송 선전을 개시했고, 3일 후에는 싱가포르에 삐라를 살포해 유럽인 지배자들에 대항한 아시아인들의 궐기를 촉구했다. 식민 당국은 평온을 유지하기 위해 노력했고, 인종차별 논란을 피하고자 외국인 여자 와 아이들의 대피 조치를 자제했다. 싱가포르 사람들 사이에서는 정확한 실상을 밝히지 않고 전투 준비를 게을리하는 것에 대한 비판이 널리 퍼지게 된다. 비판 의 주 대상은 민간인 행정가들이었고, 특히 셴턴 토마스 총독에게 강한 비판이 쏟아졌다. 평시의 셴턴 토마스는 정말 좋은 지도자였다. 그러나 남의 말을 잘 듣 고 타협과 조정에 능한 그의 성격은 전시에는 전혀 적합하지 않았고, 위기 상황 이 되자 그는 유약하고 결단력 없는 지도자로 전락하고 만다.

사람들에게 희망으로 떠오른 인물은 결단력을 갖춘 방송인이자 당시 극동전 쟁위원회 회장인 더프 쿠퍼(Duff Cooper)였다. 쿠퍼는 계엄령 선포를 제안했고,

셴턴 토마스 총독은 승낙을 망설이다가 12월 말 수정을 거쳐 계엄령과 통행금지령을 선포한다. 그러나 육군 원수 웨이블(Archibald Wavell)이 극동군 총사령관으로 임명되어 1942년 1월 7일에 싱가포르에 도착한 후 첫 번째로 한 일은 총사령관 직책이 생김으로써 존재가 불필요해진 쿠퍼를 런던으로 돌려보내는 것이었다. 대중들은 쿠퍼의 송환에 크게 불만을 표했다. 웨이블 총사령관이 본부를 자바에 세운 것도 이해하기 어려운 조치였다.

군과 민간 행정의 지도자들에 대한 기대가 깨졌음에도 불구하고 싱가포르는 여전히 평온했다. 오래전부터 '싱가포르 요새'라는 표현이 널리 퍼져있었고, 그런 말에 현혹된 사람들은 싱가포르 섬이 사방으로 방어되고 있다고 믿었다. 싱가포르에는 공습이 계속되었지만, 곧 상황이 좋아질 것이라고 믿는 분위기였다.

웨이블(Wavell)이 극동군 총사령관으로 임명될 무렵, 말라야 전투는 결정적인 국면으로 진입했다. 웨이블이 싱가포르에 도착하던 1942년 1월 7일 일본군은 인도군 11사단과 스코틀랜드 부대를 궤멸시켰고, 나흘 후에는 쿠알라룸푸르(Kuala Lumpur)를 점령했다. 개전 후 불과 39일이 경과한 1월 16일에는 말레이반도의 마지막 저지선이었던 무아르 강(Muar River)의 호주군 방어선을 돌파했다.

1월 19일 웨이블은 조호(Johor)가 함락되면 싱가포르를 지키지 못할 수 있다고 처칠에게 경고했고, 이 보고를 받은 처칠은 경악했다. 처칠은 일본군이 싱가포르의 요새를 공격할 포병대의 도착을 기다리면서 진군을 늦출 것이고, 그동안 영국은 병력을 증강할 시간을 벌 것이라 추정하고 있었다. 그때에서야 처칠은 싱가포르 북쪽 해안이 요새화되지 않았음을 처음으로 알게 된다. 이때까지도 영국의 정치지도자들은 싱가포르의 상황에 무지했고, '싱가포르 요새'의 환상에서 빠져나오지 못했다. 훗날 처칠은 싱가포르가 육지 방향의 방어시설을 가지고 있지 않을 것이라고는 꿈에도 생각하지 못했다고 털어놓는다.

처칠은 모든 남자들을 징집하여 방어에 나서고 끝까지 싱가포르를 사수하라고 명령했다. 그러나 일본군의 싱가포르 점령이 불가피한 일이라면 영연방군이 할 수 있는 최선의 일은 일본군이 많은 희생을 치르고 승리하게 하는 것일지도 모른다는 두려움을 갖게 되었다. 처칠은 싱가포르에서 손실을 최소화하고 온전한 지원 병력을 버마(Burma, 지금의 미얀마) 방어로 돌리는 것이 낫지 않을지 참모

총장들에게 물었다.

그러나 싱가포르 전투를 강행하기로 한 최종 결정은 군사적인 면보다는 정치적으로 이루어졌다. 싱가포르와 말라야에 대한 책임감, 자국을 방어하고 있는 영국-소련 연합군과 필리핀에서 항전하고 있는 미군의 요구에 응할 필요성을 놓고 저울질했다. 결국 처칠의 우선순위는 싱가포르와 가장 밀접한 관련이 있는 호주에 대한 의무를 다 하는 것이었다. 처칠은 12월 25일 호주 총리 커틴(John Curtin)에게 싱가포르를 가장 끝까지 지킬 것이라 약속한다. 그러나 1월 23일 영국 정부가 싱가포르를 버리려 한다는 보고를 받고 호주 전시내각은 긴급회의를 소집했고, 커틴 호주 총리는 영국이 배신행위를 한다며 처칠에게 강한 불만을 표출했다. 극동전쟁위원회에서도 호주 대표단은 영국의 추가병력이 버마로 가는 동안 호주 8사단만 싱가포르에 갇혀 희생당하게 생겼다며 개탄했다.

어쨌든 싱가포르 전투를 계속하기로 결정하면서 온전한 영연방군 병력이 증원되었다. 인도 45여단이 1월 초에 상륙했고, 7천 명의 인도 병사로 구성된 44여단이 1월 22일 도착했으며 3천 명의 호주 병사들이 이틀 후 도착했다. 영국 18사단의 주력부대는 1월 29일에, 나머지 부대는 2월 5일에 도착했다. 인도 병사들은 반쯤 훈련된 상태였고, 호주 병사들 중 다수는 입대 후 2주일 이내에 배치된 신병들이었다. 중동으로 가던 도중 싱가포르로 보내진 영국군은 강하지만 전투경험이 없었고, 일본군에 대한 경멸로 가득 차 있었다.

싱가포르 주민들을 방어에 동원하려는 시도가 뒤늦게 이루어졌다. 약 8천 명의 민간인들이 자원했고, 그들 중 약 2천 명이 해협식민지 자원부대의 싱가포르 대대를 형성했다. 또 다른 5천 명이 의료, 소방, 공습 대비 등의 보조업무에 배속되었고, 자원 예비경찰로 천 명이 더 지원했다. 탄카키는 식민정부의 요청을 받고 싱가포르 화교상공회의소의 회의를 소집했고 싱가포르 중국인 전시동원위원회를 구성했다. 여기에서는 공산주의자들의 참여도 환영받았다.

연령과 빈부를 막론하고 사회 모든 분야에서 수천 명의 중국인들이 돕기 위해 몰려들었다. 싱가포르 반일 자원부대가 형성되었고, 이 부대는 존 달리(John Dalley) 중령의 지휘를 받았기 때문에 달포스(Dalforce)라고 불리었다. 달리 중령은 중국어 학교에 본부를 세우고 래플스대학의 남녀 학생, 점원, 인력거꾼, 댄스

홀 호스테스 등 잡다한 지원병들을 모집했다. 그 결과 각 150명으로 이루어진 8
개 달포스 대대가 구성되었다. 달포스는 파란 제복과 노란 머리띠를 착용했고,
소매에는 빨간 삼각형을 그려 넣었다. 엽총, 단도, 수류탄 같은 기초적인 무기가
주어졌고, 자원병들은 열흘 과정의 단기집중훈련을 받았다. 2월 4일 달포스는
주롱 로드(Jurong Road) 방어 작전에 투입되었고, 2월 13일 달리 중령이 달포스
를 공식적으로 해산한 이후까지도 침략자들에 맞서 격렬히 저항했다.

전시동원위원회는 림보셍(Lim Bo Seng, 林謀盛)의 지휘하에 필수적인 기간서
비스와 방어시설 구축에 인력을 공급했다. 래플스대학과 홍콩대학(Hong Kong
University)을 나온 유명한 호키엔(Hokkien) 사업가 림보셍은 반일운동에 적극
적인 역할을 해왔다. 입법위원회는 뒤늦게 1월 29일에야 노동력 징발을 합법
화하는 조치를 서둘러 통과시켰고, 이틀 후 영국 정부는 더 높은 임금을 지급하
는 것에 동의했다. 탄카키는 자원경찰과 노동자들을 규합하려 했지만, 민간인들
을 무장시켜 일본군과 싸우게 하는 것에는 반대했다. 영국이 그들을 포기하고
비참한 상태에 버려둘 것이라 확신했기 때문이었다. 반대에도 불구하고 달포스
(Dalforce)가 조직되자 탄카키는 직원들의 급료를 지불하고 사업을 폐쇄한 후 2
월 3일 싱가포르를 떠났다.

1월 중순이 되자 공습이 강화됐다. 싱가포르의 유일한 반격 희망이었던 비행
장이 공습의 주된 목표였지만, 폭탄은 시내에도 투하되어 인구가 밀집된 거리에
서 끔찍한 희생을 초래했다. 그렇지만 주민들 사이에서는 공포감이 거의 없었고,
외국인들은 정상적인 일상을 유지하려고 노력했다. 대규모 피난은 1월 말이 되
어서야 시작되었고, 어린이와 자녀가 있는 여자들에게 우선권이 주어졌다. 유럽
인이든 아시아인이든 군 징집 연령대의 남자들은 피난할 수 없었다. 호텔과 가
정집들은 말라야에서 내려온 피난민들로 가득 찼다.

1월 27일 웨이블은 꼭 필요하다면 싱가포르 섬으로 퇴각하는 것을 퍼시발에
게 허락했지만, 싱가포르만큼은 어떤 희생을 치르더라도 사수해야 한다고 지시
했다. 1월 31일 3만여 명의 영연방군은 사상자 없이 코즈웨이(Causeway)를 질서
정연하게 건너왔다. 림보셍의 채석장 노동조합의 도움으로 코즈웨이에 60야드
폭의 틈을 내 일본군의 진격을 방해했다. 해군의 잔여 함정들은 생존자들을 실

어올 태세를 갖추고 있었고, 다행히 퇴각 행렬을 공격하러 온 일본 비행기는 없었다.

7주간에 걸친 계속된 패배와 퇴각으로 지치고 굶주린 병사들은 싱가포르의 상황을 보고 질겁했다. 비행장들은 계속 폭격을 받았기 때문에 남아있던 폭탄 전량과 대부분의 전투기들은 수마트라로 철수되었다. 8대의 허리케인(Hurricane) 전투기와 6대의 느린 브루스터 버팔로즈(Brewster Buffaloes) 기종으로 이루어진 전투기 편대가 칼랑공항에 남아있었지만, 폭격으로 활주로가 엉망이 되어 가동이 어려운 상황이었다. 싱가포르 섬 북쪽 해안에는 방어시설이 준비되지 않았고, 지친 병사들이 스스로 방어시설 구축을 맡아야 했다. 평상시 55만 명이었던 싱가포르의 인구는 피난민 유입으로 거의 두 배가 되었고, 이 때문에 방어가 복잡해지고 식료품과 물 공급에 부담을 받았다.

8일 동안 일본군과 영연방군은 폭이 채 1킬로미터도 되지 않는 조호 해협을 사이에 두고 대치한다. 일본군은 최후의 전투를 감행하기 위해 집결했고, 영연방군은 부랴부랴 방어를 준비했다. 야마시타는 싱가포르 섬과 해군기지, 텡아(Tengah) 비행장을 모두 관찰할 수 있는 높이에 있는 조호 바루(Johor Baru) 술탄 궁전에 본부를 설치했다. 게다가 일본군 정찰기가 자유롭게 싱가포르 상공을 비행할 수 있었기 때문에 영연방군은 방어 위치를 잡기가 쉽지 않았다. 본토에서 퇴각해오는 병사나 야간에 되돌아오는 호주 정찰병의 부상을 우려하여 해협을 따라 지뢰 설치도 이루어지지 않았다.

싱가포르 방위 계획의 중점 목표였던 해군기지 보호는 이미 물 건너간 일이었다. 반대쪽 해안이 적의 손에 들어간 상황에서 해군기지는 무용지물이었고, 보호 대상이었던 해군기지를 파괴하는 가슴 아픈 일이 지친 병사들에게 주어졌다.

이제 목표는 싱가포르를 가능한 한 오래 지켜내서 일본군에게 최대한의 피해를 입히는 것이었다. 싱가포르 방어 계획은 해군기지와 섬 남쪽의 항구를 바다로부터의 공격에서 보호하기 위해 고안되었고, 그러기 위해 싱가포르 섬 동쪽 창이(Changi) 지역부터 해군기지 입구와 케펠 항구(Keppel Harbour)로 들어오는 길목에 고정적인 해안 방어시설이 있었다. 그러나 북쪽 해안은 아무런 대비 없이 공격에 취약했다. 대포는 북쪽 방향으로 돌려놓을 수 있었지만, 철갑탄만 있고 대인 포탄은 없었다.

이런 비상상황에서는 역동적인 리더십과 융통성이 필요했으나, 셴턴 토마스 총독도 군사령관인 퍼시발도 그런 역할을 할 사람들이 못 되었다. 셴턴 토마스 총독의 주 관심사는 공포 확산을 방지하는 것이었다. 총독은 모두 제자리를 지키라고 명령했고, 페낭에서 있었던 것과 같은 유럽인들의 피난을 불허했다. 퍼시발은 용감하고 인간적이며 청렴하고 똑똑한 군인이었지만 타고난 현장 지휘관은 아니었다. 또 상황의 변화에 빠르게 적응하는 능력이 떨어졌다. 가냘픈 체격에 소심하고 과민했으며, 유약하다는 평가를 받기도 했다. 이후 적장인 야마시타는 퍼시발을 두고 "좋은 사람이지만 소심함과 망설임 때문에 지시를 내리지 못했다"고 평가했다.

퍼시발은 3개월 포위작전을 계획했지만 전투는 이미 패한 것이라고 믿고 있었다. 4년 전에 자신이 예상했던 것과 똑같은 방식으로 일본군이 말레이반도를 휩쓸고 내려온 것을 본 퍼시발은 최면에 걸린 듯 패배를 받아들였다. 그는 현장 전문가들의 조언이 무시되면서 기회를 놓치는 과정을 잘 지켜보았다. 1월 말 전쟁성이 가치 있는 것을 모두 파괴할 것을 확약하라고 요구하자, 퍼시발은 전투와 동시에 파괴까지 하는 것은 불가능하다며 반대했다. 퍼시발은 초토화 작전을 펴면서 끝까지 항전한다는 것이 모순적인 일임을 잘 알고 있었다.

이 당시 퍼시발에 대해서는 "어떤 계획의 가능성을 보기에 앞서 어려운 점만 본다"는 비판이 제기되고 있었다. 싱가포르 방어전은 사실 가능성이 전혀 없는 싸움은 아니었다. 싱가포르에는 석유와 탄약 공급이 적절히 이루어졌고, 6개월 동안 버티기에 충분한 식량이 있었으며 물 공급도 충분했다. 영연방군은 비록 여러 주 동안 퇴각하면서 지치고 사기가 흔들렸지만 상당한 수적 우위에 있었고, 전투가 재개될 때까지 원기를 회복하고 재조직할 약간의 시간이 있었다. 또한 싱가포르 자원부대, 말레이 연대, 그리고 패하면 모든 것을 잃게 되기 때문에 총력방어에 나설 태세를 갖춘 달포스(Dalforce)가 있었다. 극동군 총사령관 웨이블은 지원군이 도착할 때까지 싱가포르가 한 달 동안만 버텨줄 것을 요구했다. 기갑여단이 3월 초에 도착할 예정이었고, 더 많은 군함이 출발해 오고 있었으며, 51대의 허리케인 전투기가 조립 태세에 들어가 있었다.

싱가포르 함락
—The Fall of Singapore

영연방군이 맞닥뜨렸던 것은 중국에서의 오랜 전투로 지치고 장비가 열악할 것으로 예상되었던 일본군이 아니라, 노련하고 잘 훈련되었으며 최신식 항공기와 무기를 갖춘 부대였다. 처음 영연방군이 가지고 있던 일본군에 대한 경멸은 한바탕 혼쭐이 난 후 경외감과 적에 대한 과대평가로 바뀌었다. 필요 이상으로 적을 두려워하는 것은 적을 얕보는 것 못지않게 독으로 작용했다. 패배의식이 자리 잡으면서 적의 약점은 눈에 보이지 않았던 것이다.

일본인들은 뛰어난 야전군인들을 보유하고 있었지만 전통적으로 참모 업무와 보급에 약했다. 또한 계급과 개인의 명예를 중시해 육해공군 사이에 시기심이 팽배했고, 정해진 시간표대로 움직이려는 습성 때문에 예기치 못한 상황이 벌어지면 공황상태에 빠지곤 했다. 그러나 말라야 전투가 성공하면서 일본군은 희열을 느꼈고, 그러면서 그들에게는 흔치 않은 일인 화합도 일어났다. 다른 곳의 일본군에서 흔한 일인 시기와 언쟁은 없었다. 또한 워낙 빠른 진격 속도 때문에 도쿄나 사이공(Saigon)의 남방군 본부로부터 별 간섭을 받지 않고 밀어붙이는 것이

가능했다.

작전 초기부터 야마시타는 근위대 장군 니시무라의 불복종 가능성을 우려했다. 근위대는 엘리트 집단이었지만, 1905년 러일전쟁 이후 참전 경험이 없었고 집중훈련도 받은 적이 없었다. 그러나 니시무라와의 갈등은 크게 불거지지 않았고, 문제가 된 것은 다른 인물이었다. 야마시타는 육군대장 데라우치가 싱가포르 공격이 개시되기 전에 공군력 대부분을 수마트라로 돌린 것에 분노했다. 데라우치의 결정 때문에 영연방군은 코즈웨이에 도달하기 전에 격멸 당하지 않고 싱가포르로 무사히 퇴각할 수 있었다. 또한 병력 증강을 위해 싱가포르로 오고 있던 수송대도 격파하지 못했고, 2월 5일 수송선 엠프레스 오브 아시아(Empress of Asia)호만 침몰시킬 수 있었다. 이때 탑승했던 부대원 대부분은 탈출했으나, 영국군 18사단의 장비들은 배와 함께 가라앉았다.

일본 신문들은 야마시타의 성공을 극찬했고, 조호 해협에 당도할 때에 '말라야의 호랑이' 야마시타는 일본의 국민적 영웅이 되었다. 그러나 야마시타의 성공은 그의 상관인 육군대장 데라우치와 도조 히데키 수상의 질투를 유발했다. 야마시타는 본부로부터 더 이상의 협조를 얻을 수 없음을 알았고, 남방군 사령부로부터 받은 싱가포르 공격 지침을 찢어버리고 다시 계획을 세웠다.

싱가포르의 방어군은 일본군이 가지고 있는 이러한 문제들을 전혀 눈치채지 못했다. '혼동의 성(Confusion Castle)'이라는 조롱 섞인 이름으로 알려진 포트 캐닝(Fort Canning)의 본부에서는 온갖 알력이 벌어지고 있었다. 전쟁위원회 회의에서 호주인들과 영국인들의 사이는 틀어졌다.

2월 4일 북쪽 해안 1마일 밖으로 대피하라는 명령이 모든 민간인들에게 내려졌다. 이틀 후에는 해군기지의 파괴 작업이 개시되었고, 석유 저장소를 태우는 연기가 싱가포르 섬 전체의 하늘을 새카맣게 덮었다. 놀란 주민들을 진정시키기 위해 퍼시발은 기자회견을 열었고, 섬이 포위되었으며 지원군이 올 때까지 버텨내야 한다는 사실을 밝혔다.

일본군은 말라야 전투에서 많은 사상자를 냈지만, 야마시타는 보급 장교의 조언과는 달리 영연방군이 전투력을 회복하고 지원군을 얻기 전에 싱가포르를 빠르게 공격하려 했다. 영국은 정찰기를 보유하고 있지 않았고 말레이반도에 스파이를 두지 못했기 때문에 공격 지점과 시점을 선택할 수 있는 일본군이 주도권을 쥐고 있었다. 일본군은 탄약과 식량이 떨어져갔고, 보급선은 고갈되어 갔으며, 수적인 열세를 감수하고 조호 해협을 건너야 하는 어려운 일에 직면해 있었다. 그러나 일본군은 영국군이 특수 제작한 싱가포르 지도를 모두 포획했기 때문에 방어군보다 지형에 대해 더 잘 꿰고 있었다. 또한 정찰을 통해서 조호 해협과 반대쪽 해안에 지뢰가 매설되어 있지 않으며 방어군이 넓게 펴져 있음을 잘 알고 있었다.

적이 어디로 공격할 것인지를 알 수 없었던 영연방군은 공세적인 방어를 꿈도 꿀 수 없었고, 소극적이고 수세적인 방어태세를 취해야 했다. 일본군이 해안 교두보를 확보하지 못하게 하는 것이 가장 중요했고, 모든 해안을 지킬 수밖에 없는 입장이었던 퍼시발은 확대된 전선에 부대를 분산 배치하고 약간의 예비 부대만 남겨두었다. 퍼시발의 주력부대인 새로 도착한 영국 제18사단은 일본 군함이 접근하고 있다고 보고된 코즈웨이 동북쪽에 주둔했다.

야마시타는 성동격서(聲東擊西) 전법을 멋지게 구사했다. 일본 근위대는 조호 해협 동쪽의 우빈 섬(Pulau Ubin)을 점령하고 창이(Changi) 지역에 포격을 가하며 위장공격을 한다. 야마시타는 빈 수송선이 불을 켜고 요란한 소리를 내며 동쪽으로 갔다가 돌아올 때는 야음을 틈타 조용히 귀환하는 기발한 계책으로 위장을 강화했다. 진짜 맹공은 서북 방면을 향할 예정이었고, 텡아(Tengah) 비행장과 싱가포르에서 가장 높은 곳인 부킷 티마 힐(Bukit Timah Hill) 정상을 점령하는 것이 일차적인 목표였다.

2월 7일에서 8일로 넘어가던 밤 조호 쪽 코즈웨이의 서쪽 편에서 일본군이 집결하고 있음을 호주 순찰대가 보고했으나, 일본군이 신속하고 강력하게 기습해 오면서 그 보고의 효과는 없었다. 일본군 5사단과 18사단은 마지막 순간까지 정글과 고무 농장에 숨어 있다가 2월 8일 저녁 해안에 집결했다. 송클라(Singgora) 상륙작전 후 철도와 선박으로 운반해 온 접이식 보트를 타고 수천 명의 일본군이 야음을 틈타 조용히 북서 해안에 상륙했고, 작은 만으로 침투해 들어와 호주군을 측면에서 포위했다. 몇 시간 동안 필사적인 백병전을 치른 후 방어군은 크란지(Kranji)와 주롱 강(Jurong River) 사이의 지협(地峽)으로 퇴각할 수밖에 없었

일본군의 싱가포르 섬 상륙 지점

다. 방어 가능성은 있는 장소였으나, 반쯤 파다 만 대전차 참호 외에는 방어시설이 준비되어 있지 않았다.

2월 8일 새벽 일본군 2개 사단은 대포 일부를 가지고 싱가포르 섬에 확고히 자리를 잡았다. 텡아 비행장은 이날 일본군의 수중에 떨어졌고, 야마시타와 참모들은 그날 밤 해협을 건너왔다. 근위대는 크란지(Kranji)에 상륙을 감행할 계획이었는데, 만다이 강(Mandai River)을 타고 불타는 기름이 흐르며 앞서간 부대를 포위하자 니시무라가 공격을 미뤄달라며 부대를 뒤로 물리는 바람에 작전은 엉망이 된다. 기름은 사고로 유출된 것이었지만 적군이 작전을 펼친 줄 알고 지레 겁을 먹은 것이었다. 야마시타가 니시무라를 크게 꾸짖은 후 공격이 재개되었고, 일본군은 코즈웨이의 싱가포르 쪽 끝을 장악했다. 방어군이 코즈웨이에 낸 틈은 충분하지 못했고, 야마시타의 기술자들은 4일 이내에 코즈웨이를 완전히 복구할 수 있었다.

일단 일본군이 싱가포르 섬에 확고히 자리를 잡은 이상, 방어군의 유일한 희망은 일본군을 주롱-크란지 전선에 묶어두는 것이었다. 그러나 퍼시발이 최후의 전투에 대비해 잠정적으로 그어놓은 방어선을 한 장교가 즉각적인 명령으로 오해하면서 이 전선은 약화되고 만다.

2월 10일 처칠은 극동군 총사령관 웨이블에게 전보를 보내어 어떤 희생을 치르더라도 전투를 지속하고 끝까지 항전할 것을 독려했다. 그날에서야 싱가포르를 처음 방문한 웨이블은 퍼시발에게 항복은 절대 없어야 한다고 촉구하고, 크란지-주롱 전선을 지키기 위해 단호한 반격을 펼칠 것을 권고했다.

무기는 부실하지만 불굴의 의지를 가진 달포스(Dalforce)는 영연방군과 함께 싸웠고, 많은 달포스 부대는 마지막 한 사람이 남을 때까지 항전했다. 그러나 2월 11일 크란지-주롱 라인은 돌파 당했고, 일본군은 부킷 티마(Bukit Timah)의 마을을 점령한다. 이 마지막 방어선을 돌파한 것에 야마시타는 크게 기뻐했다. 일본군 비행기가 항복을 권고하는 삐라를 살포하였으나 격렬한 저항은 계속되었다. 다음날 퍼시발은 파시르 판장(Pasir Panjang)에서 칼랑(Kallang)까지 이어지는 도심을 둘러싸는 마지막 저지선으로 군대를 퇴각시켰다.

2월 11일 마지막으로 남은 영국군 비행기가 수마트라로 날아갔고, 이때가 되자 칼랑공항은 계속 포격을 받게 되었다. 이로써 일본군은 아무런 방해를 받지 않고 관측용 기구(氣球)에서 모든 것을 지켜볼 수 있었고, 페낭의 라디오 방송국은 사기를 꺾기 위해 선전 방송을 쏟아냈다. 도시는 혼란과 절망으로 가득 찼다. 도심에는 거의 백만 명의 인구가 해안으로부터 3마일 반경 안에 몰려 있었고, 방공호도 없이 끊임없는 폭격에 시달리고 있었다. 차이나타운의 과밀한 빈민가에서는 공습이 벌어지면 수많은 희생자가 발생했고, 마지막 며칠간의 전투에서 얼마나 많은 민간인이 죽었는지를 집계하는 것은 불가능했으나 하루에 5백에서 2천 명의 사망자가 발생했을 것이라 추산되었다. 목재 건물인 인도군 기지 병원이 불타서 2백여 명의 환자가 타 죽는 끔찍한 사건도 발생했다. 정규 병원은 이미 꽉 찼고, 호텔, 병원, 클럽 등이 응급 병원 역할을 맡았다. 파괴 작전으로 인해 불탄 석유 저장소에서 피어오른 검은 연기는 비가 오면 검댕이 되어 떨어졌다.

군대는 과밀한 도시에서 최후의 일전을 준비하는 동시에 초토화 작전까지 펴야만 했다. 총독은 고무 재고와 주석 제련공장의 파괴를 명했고, 중국에서처럼 침략군이 술에 취해 광란을 벌이는 사태가 일어나는 것을 막기 위해 엄청난 양의 알코올을 폐기하기로 했다. 이에 따라 약 150만 병의 증류주와 6만 갤런의 곡주가 폐기되었다. 소유주의 반대에도 불구하고 영국인 소유의 기계 설비들이 파괴되었고, 방송국도 파괴되었으며 대부분의 돈도 불태워졌다. 그러나 항만청의 핵심 기술자들이 정부에 알리지도 않고 피신했기 때문에 항구 시설의 파괴는 원활히 진행될 수 없었다.

2월 13일 말레이 연대의 제1대대가 격렬히 저항했지만 일본군은 파시르 판장(Pasir Panjang)의 능선 틈을 돌파했다. 그날 오후에는 도시 전체가 포격 사정권에 들게 되었고, 더 이상의 방어거점은 남지 않았으며, 과밀한 도시가 곧 최전선이 될 상황이었다. 모든 저수지는 일본군의 수중에 떨어졌다. 일본군은 점령 후 그들이 재가동하려 할 때의 문제점을 알았기 때문에 수도 공급을 끊지는 않았지만, 폭격과 포격으로 수도관이 심각한 손상을 입어서 대부분의 물은 흘려버려지고 있었다. 2월 14일이 되자 병원을 포함한 도시의 모든 구역에는 물이 떨어졌다. 잔해를 치우고 사망자를 매장할 인력이 없었기 때문에 도시는 오물과 시체가 풍기는 악취로 가득 찼다.

퍼시발은 학살을 막기 위해 항복할 것을 웨이블에게 호소했지만, 2월 13일 웨이블은 가능한 한 오랫동안 적에게 최대한의 피해를 입히기 위해 시가전도 불사해야 한다는 전보를 보내왔다. 그다음 날 셴턴 토마스 총독은 퍼시발에게 항복을 간청했고, 식민성에 전보를 보내 상황이 얼마나 급박한지를 알렸다. 그러나 웨이블은 계속 항전할 것을 고집했다.

총독과 군사령관들 전원이 더 이상의 항전은 무의미하다고 주장했고, 호주군 사령관 베넷(Gordon Bennett)은 적군이 도시로 진격하면 인명피해를 막기 위해 항복할 것이라는 전보를 퍼시발 몰래 호주 총리에게 보냈다. 퍼시발은 계속해서 항전을 명령했지만 이미 간호병, 핵심 장교 및 기술자들의 대피 준비는 끝난 상태였다. 항구에 몇 남지 않은 배들의 총 3천 석 중 절반 이상을 이들이 차지했고, 나머지는 민간인 유럽인 여성과 어린이, 반일운동과 싱가포르 최후 방어에서 활약했던 중국인들에게 배정되었다. 대피하는 모습이 처음으로 펼쳐졌고, 일부 탈영병들이 가세해 사람들의 눈살을 찌푸리게 했다. 사람들이 빠져나가던 클리포드 부두(Clifford Pier)와 도크는 일본의 폭격으로 아수라장이 됐고, 일본 해군은 방카 해협(Banka Strait)에서 대기하며 호주 방향으로 향하는 대피선을 격침하려 했다. 싱가포르를 떠난 지 이틀 만에 44척 중 4척만이 살아남았고, 난민 대부분이 포로로 잡히거나 살해되는 운명을 맞는다.

웨이블은 퍼시발을 계속 압박하는 동시에 2월 14일 처칠에게 전보를 보내 희망이 없는 상황임을 알렸고, 처칠은 계속 항전하는 것이 무의미하다면 항복할 것을 허락했다. 2월 15일 아침 퍼시발은 포트 캐닝에서 마지막 회의를 열었다. 석유 공급과 탄약은 거의 바닥난 상태였다. 학교와 클럽에 설치된 임시병원들은 부상자로 가득 찼고, 천 병상 규모의 종합병원에는 만 명의 환자가 수용되어 있었다. 수도 공급은 24시간 전부터 끊겼고, 전염병이 돌 위험이 임박해 있었다. 반격은 전혀 불가능한 상황이었다. 불필요한 대량학살을 피하기 위해 항복이 필요하다는 것에는 모두가 동의했고, 식민성 비서관인 휴 프레이저(Hugh Fraser)가 일본군과 강화 조건을 협상하기 위해 파견되었다.

격렬한 저항이 계속된 것을 보았던 야마시타는 영국이 강화를 원한다는 소식을 듣고 놀랐고, 처음에는 계략이 아닌지 의심했다. 퍼시발은 까맣게 몰랐지만 야마시타 역시 궁지에 몰려 있었다. 탄약은 거의 떨어져갔고 보급선은 말라버렸으며, 영국군이 치열한 시가전으로 끌어들일 것을 두려워할 수밖에 없는 상황이었다. 만약 시가전에 말려든다면 병력이 적은 일본군에게는 재앙이 될 수도 있었다. 그런 이유 때문에 고위 장교들은 철수를 촉구했지만, 야마시타는 그들의 의견을 기각했다. 그는 그날 밤 시내 중심부에 총공격을 개시하고 떨어져 가는 탄약을 모조리 쏟아부어 마치 탄약이 무한히 있는 것처럼 허세를 부릴 계획이었다. 그 목적은 방어군을 둘로 쪼개고 영국군에게 약점을 들키기 전에 항복을 강요하는 것이었다.

야마시타는 경계와 의심을 풀지 않으면서 부킷 티마(Bukit Timah)의 포드자동차 공장에 설치한 일본군 본부로 퍼시발이 직접 올 것을 요구했다. 두 적장은 동문서답을 하며 면담을 시작했다. 퍼시발은 항복을 기정사실로 생각하고 조건을 논하기 시작했고, 야마시타는 계속 테이블을 두들기면서 항복을 할 것인지 말 것인지 퉁명스럽게 따졌다. 야마시타가 어리둥절해 하는 이유를 오해한 퍼시발은 일본 장군이 자신을 모욕하려 한다고 생각했다. 한 시간 동안 혼란스러운 논쟁이 이어진 후 야마시타는 퍼시발에게 항복을 강요했지만, 다음 날 아침까지는 일본군이 시내에 진입하지 않게 해달라는 퍼시발의 요구를 수용한다. 퇴각을 고민해야만 했던 야마시타의 입장에서는 더 이상 피를 흘리지 않고 평화롭게 인수할 수 있는 것이 너무나 기쁠 따름이었다. 일본군이 인수할 때까지 영연방군 병사들이 질서를 유지했고, 모든 군대는 질서 있는 항복을 하기 위해 각자의 자리를 지켰다.

포성은 2월 15일 오후에 모두 멈췄고, 저녁 8시 반이 되자 완전한 정적이 찾아왔다. 일본과 동맹국들은 승리에 환호했다. 1년 전 독일 군부의 지도자들은 싱가포르를 정복하려면 5개 사단으로 18개월이 걸릴 것이라 예상했지만, 야마시타는 3개 사단으로 70일 만에 그 일을 완수한 것이다. 싱가포르를 잃은 것은 제2차 세계대전 동안 영국에게 가장 어두운 순간이었고, 영국 역사상 최악의 재앙이자 최대 규모의 항복으로 꼽는다.

퍼시발은 희생양이 되었고, 전도유망했던 그의 경력은 싱가포르에서 끝장났다. 그는 싱가포르, 일본, 만주에서 3년 이상 전쟁포로로 고초를 겪은 후 전쟁이 끝나자 풀려났지만 불명예스럽게 퇴역했다. 1966년 사망할 때까지 그에 대한 평판은 비난 일색이었으나, 그는 자신을 변호하려 하지 않고 그를 따랐던 사람들의 평판을 보호하려고만 했다. 퍼시발과 가장 심하게 충돌했던 사람조차도 싱가포르 함락은 퍼시발 개인의 문제라기보다는 시스템의 문제였음을 인정했다.

당시 웨이블은 딱 한 달만 더 버텼으면 병력 증강을 통해 일본군을 물리칠 수 있었다고 주장했고, 야마시타는 영국군이 3일만 더 버텼다면 일본군이 공격을 계속하지 못했을 것이라 보았다. 역사에 가정이란 없지만, 만약 퍼시발이 일본군의 약점을 알았더라도 저항을 계속했다면 대가는 더욱 처참했을지도 모른다. 반면 그래도 항전을 계속하는 것이 나았을 것이라고 볼 측면도 존재한다. 어차피 일본군의 점령 후 수많은 중국인이 살해될 운명이었고, 포로로 붙잡힌 병사들은 차라리 전장에서 죽는 것이 편했을지도 모른다.

말라야 전투는 시작 전부터 영국이 전략적 실수를 거듭 저지르면서 이미 승패가 결정되어 있었다고 해도 과언이 아니었다. 영국은 최악의 상황을 막을 수 있는 기회를 수도 없이 놓쳤고, '싱가포르 요새'라는 환상에 빠져 현실을 직시하지 못했다. '지피지기면 백전백승'이라 했지만, 영국은 시종일관 적을 몰라도 너무 몰랐다. 처음에는 적을 과소평가해서 만용을 부렸고, 이후에는 겁을 집어먹으면서 적의 약점이 눈에 들어오지 않았다.

또한 싱가포르는 불행히도 상황에 맞는 지도자를 가지고 있지 못했다. 설령 사람 됨됨이는 악독할지라도 단호하고 결단력 있는 지도자가 필요한 상황이었지만, 군부와 행정부의 수장 모두 그것과는 거리가 멀었다. 셴턴 토마스 총독과 퍼시발 사령관은 정말로 '좋은 사람들'이었지만, 그 상황에 맞는 역할을 맡을 수 있는 인물이 아니었다.

연합군은 말라야와 싱가포르를 잃으면서 막심한 피해를 보았다. 일본이 네덜란드 동인도회사령을 정복하고 석유, 고무, 주석 등의 전쟁 물자를 얻을 수 있는 길을 열어준 것이다. 그나마 다행히도 우려했던 호주 본토에 대한 침공은 현실화되지 않았다. 일본에게 해군기지로서의 싱가포르는 영국에게만큼 유용하지 못했다. 1942년 6월 일본은 미드웨이(Midway) 해전에서 패했고, 그 후 제해권을 상실하면서 싱가포르의 지리적 이점을 활용할 기회를 갖지 못했다.

이로써 대영제국의 지배가 완전히 끝난 것은 아니었고, 영국은 3년 반 후에 다시 돌아오게 된다. 그러나 1942년 초의 6주 동안 벌어진 일은 그간의 식민지배가 환상으로 가득 차 있었음을 폭로했다. 서양인의 인종적 우월성에 대한 오래된 가정은 처참하게 무너졌고, 가장 큰 문제는 식민지배자들이 피지배자들을 보호할 것이라는 믿음을 지키지 못한 것이었다.

달포스(Dalforce)와 중국인 비정규군이 보여준 영웅적인 행동, 말레이 연대와 해협식민지 자원부대가 보여준 끈질긴 투혼, 그리고 보통 시민들이 죽음의 공포 앞에서 보여준 불굴의 용기는 식민지배자들을 놀라게 했다. 또한 지배계급은 그들에게 골치 아픈 존재였던 탄카키, 림보셍 같은 인물들에게 도움을 요청할 수밖에 없었던 사실을 부끄러워했다.

숙청

   고통스러운 전투는 끝났고, 이제는 3년 반 동안 이어질 점령의 시련이 뒤따를 차례였다. 싱가포르 사람들은 무슨 일이 일어난 것인지 좀처럼 믿지 못하고 망연자실했다. 항복 다음 날인 1942년 2월 16일 아침 소규모 일본군 헌병대가 질서 유지를 위해 도착했지만, 일본군 본대는 뒤에 머물러 있었다. 질서 있는 항복 덕분에 싱가포르 북서부에서 겪었던 무차별적인 학살, 강간, 약탈이 다시 벌어지는 것을 모면할 수 있었다. 일본군이 영국군 병원에서 의사, 간호사, 환자들을 총검으로 찌르고 광란을 벌였던 추악한 사건은 전투의 마지막 며칠 동안은 반복되지 않았다. 그럼에도 불구하고 거의 모든 아시아인들은 항복 다음 날 집 밖으로 나오지 않았고, 모든 상점은 문을 걸어 닫았다. 콜드 스토리지(Cold Storage)만이 문을 열고 영업했고, 그마저도 없었다면 유령도시로 보였을지도 모른다.

   항복 이틀 후 일본군은 래플스대학에 본부를 설치했고, 군용차량들이 일본 국기를 휘날리며 부킷 티마 로드(Bukit Timah Road)를 따라 내려왔다. 야마시타는 개선행진 대신에 죽은 사람들을 위한 엄숙한 기념행사를 열었다.

일본군은 싱가포르의 이름을 '남방을 비추는 섬'이라는 뜻의 쇼난토(照南島)로 바꾸고 일본 남방군의 수도로 지정했다. 점령 후 일본군이 첫 번째로 한 일은 전투로 인한 피해를 복구하고, 사망자들을 매장하고, 잔해를 제거하고, 공공서비스가 다시 가동되게 하는 것이었다. 24시간 이내에 종합병원에 있는 모든 환자들을 다른 곳으로 쫓아내고 그들의 부상병을 수용했다. 일본군은 약탈을 신속히 저지했고, 약탈자들에게 발포하고 범죄자들을 즉결 처형했다. 인도인들과 말레이이인들은 대개 훈방조치를 받았으나, 중국인 약탈자들은 즉결 참수와 효수에 처해졌다.

며칠이 지나 수도, 가스, 전기 기사들이 업무에 복귀하도록 명령이 내려졌다. 의사들은 등록을 요구받았고, 개인 의원과 진료소는 3월 1일에 다시 문을 열었다. 전쟁포로들은 잔해를 치우는 작업에 동원되었다. 수도관은 복구되었으나 6주가 지나서야 수도 공급이 원래 상태로 돌아갈 수 있었다. 석유 저장소는 한 달 이상 동안 타올랐고, 그 연기로 인해 공기는 뿌연 상태를 유지했다.

일본은 신속히 정보통신 서비스를 설립하고 싶었다. 통신국 직원들은 업무에 복귀하도록 소환되었고 3월에 방송이 재개되었다. 프로그램들은 주로 뉴스와 일본군의 선전으로 편성되었다. 모든 수신기는 중파 방송만 들을 수 있도록 봉인되었고, 해외방송을 듣는 것은 엄격히 금지되었다. 신문들도 속속 발행을 재개했다. Sin Chew Jit Poh는 Syonan Jit Poh라는 이름으로 발행이 재개되었고, 스트레이츠 타임즈(Straits Times)는 쇼난 타임즈(Syonan Times)가 되었다. 쇼난 타임즈는 그해 12월 Syonan Shimbun(照南新聞)으로 이름이 바뀌고 일본어판과 영어판으로 발행된다.

일본은 아시아인의 평등과 대동아공영(大東亞共榮)을 열정적으로 설파했고, 일본이 서양인들의 압제로부터 아시아를 해방시킬 대표자라는 명분을 내세웠다. 이 목적을 위해서 신문, 방송, 영화가 동원되었다. 일왕 숭배가 강조되었고, 일왕의 생일은 국경일로 선포되었으며, 이날 모든 사람들은 도쿄를 향해 서서 1분간 묵도해야 했다. 싱가포르의 표준시는 도쿄에 맞추어 2시간 앞으로 당겨졌다. 또한 일본군은 '분할하여 통치한다'(Divide and Rule)는 영국 식민통치 관례를 비난하면서 아시아인들이 각자의 종교, 관습과 언어를 존중하며 형제애로 뭉칠 것을 촉구했다.

일본은 영국이 남겨놓은 관습들을 깨뜨리고 동양 문화를 부활시키는 작업을 해야 한다고 주장했지만, 자국 인력이 도착하기 전 몇 달간 영국인 의사, 간호사, 엔지니어, 기타 전문 인력들을 활용해야만 했다. 영국인 과학자들이 일본인들과 우호적인 협업을 하자 다른 싱가포르 사람들이 비난하기도 했으나, 전쟁 이전의 책이나 자료들, 과학 논문 등을 전쟁의 파괴로부터 지켜내고 전쟁 중에도 유익한 과학 연구가 계속될 수 있었다는 의의를 가진다.

일상생활은 차츰 정상상태를 회복해갔다. 항복 며칠 후 공식적으로 가격 고정 정책이 시행되었고, 말레이반도에서 내려온 피난민들은 고향으로 돌아가도록 명령받았다. 전염병 확산을 위해 집 안을 청소하고 모기를 없애는 작업이 펼쳐졌으며, 천연두와 콜레라 예방접종이 실시되었다. 그러나 이렇게 겉으로는 안정을 찾아가는 것처럼 보였던 싱가포르는 어마어마한 시련을 겪게 된다.

전략적, 경제적 중요성 때문에 일본은 싱가포르를 영구적인 식민지로 유지하려 했고, 경제를 재건하기 위해서는 중국인들의 협조가 필요함을 인식하고 있었다. 말라야 침공을 계획하고 있던 1941년 3월, 일본군 작전참모부에서는 적대적인 국민당과 공산주의 분자들을 제거한 이후에는 유화책이 필요함을 강조하는 내용의 비밀 정책협의가 이루어졌다. 그런데 이 정책은 명확한 용어로 정리되지 못했고, 세부적인 실행계획이 채 준비되기도 전에 일본군의 승리가 너무 빨리 이루어진 것이다. 그 결과 명확한 지침 없이 현장에 있는 일본군에 의해 시행된 소탕 작전은 싱가포르의 중국인들에게 비극을 가져왔다.

전투를 치르면서 수가 대폭 감소한 부대에 게릴라 공격이 가해질 것을 우려한 야마시타는 저항분자들을 즉각적으로 뿌리 뽑을 것을 명령했다. 쓰지 마사노부가 이 작전을 맡았고, 쇼난토 주둔군의 지휘관인 사무로 가와무라 소장은 헌병대와 협력하여 적대적인 중국인들을 엄벌하라는 지시를 받았다. 당시 일본 헌병대는 독일 나치 비밀경찰과는 달리 전쟁성 산하에 소속되었고, 군인뿐만 아니라 민간인에 대한 체포권도 가지고 있었다. 당시 싱가포르에 있던 일본 헌병대의 수는 2백에 불과했으나, 천 명의 헌병보조원이 군대에서 모집되었다. 헌병보조원은 대부분 젊고 거친 소작농 출신의 병사들이었고, 싱가포르 전투에서 중국인 비정규군의 격렬한 저항을 겪고 잔뜩 열이 받은 상태였다.

헌병대는 '군법의 조항과 정신에 따라서' 행동하도록 명령받았으나 그 지침은 너무 모호했다. 명확하지 못한 지시의 결과는 대량살상을 동반한 '숙청'이었다. 항복 사흘 후 18세에서 50세 사이의 모든 중국인 남자들은 일주일 치 식량을 가지고 등록 수용소에 와서 신고해야 한다는 명령이 떨어진다. 헌병들은 집집마다 다니며 총검을 들이대고 중국인 주민들을 끌어냈고, 때때로 여자, 아이들, 노인도 체포했다. 주민들은 다섯 곳의 수용소에 분산 수용되었고, 복면을 하고 신분을 노출하지 않은 사람들의 협조를 받아 헌병들이 검열하여 반일 활동 혐의가 있는 사람들을 골라냈다.

불행하게도 등록 수용소에는 질서와 조직이 전혀 잡혀있지 않았다. 헌병대의 대부분은 뭘 하고 있는지도 모르고 일본어만 할 줄 아는 무식한 보조원들이었다. 몇몇 등록 수용소는 비교적 효율적이었고, 여자, 아이들, 노인들은 돌려보내고 반일 활동에 적극적으로 가담한 사람들을 제외하고는 귀가 조치했다. 그러나 다른 곳에서는 수만 명의 사람들이 음식과 물도 없이 노지에서 일주일이 넘도록 억류되었고, 구타를 당하는 일도 흔하게 벌어졌다. 광적으로 반 중국인 정서를 가지고 있었던 헌병대는 제멋대로 유죄선고를 내렸다. 어떤 지역에서는 중국인 학교 교사와 언론인들, 새로이 중국에서 건너온 사람들이 모조리 체포되었다. 공산주의가 널리 퍼진 방언 그룹이라는 이유로 하이난(Hainanese) 출신들이 모두 붙잡혀가기도 했다. 문신이 있는 남자는 비밀결사 회원으로 여겨져 모조리 체포당했다. 어떤 곳에서는 옷을 잘 차려입었거나, 안경을 쓰거나, 이름을 영어로 사인하는 사람들을 색출했고, 유럽인들의 집에서 하인으로 일하던 사람들도 체포 대상이 되었다. 다행히 검열을 통과한 사람들에게는 중국어로 적힌 통과증서가 발급되거나 팔뚝 또는 셔츠에 잉크로 사각형 모양의 마크를 찍어주었다.

불운하게 검열을 통과하지 못한 사람들은 삼각형 마크가 찍혀진 채 끌려갔다. 일부는 감옥에 갇혔지만, 대부분은 포승에 줄줄이 묶여 배에 태워져 풀라우 블라캉 마티(Pulau Blakang Mati, 오늘날의 센토사 섬) 앞바다에 던져지거나 창이(Changi) 앞바다에서 기관총 난사를 당해 죽었다. 일본군 점령 후 처음 2주 동안 얼마나 많은 중국인들이 죽었는지를 정확히 알 방법은 없다. 나중에 일본은 5천 명을 죽였다고 시인했지만 그 숫자는 최소 2만 5천은 될 것 같았고, 중국인들은 더 높은 수치를 추정했다. 학살은 비밀리에 이루어졌고, 잔혹행위의 규모는 전쟁이 끝날 때까지 드러나지 않았다. 끌려간 사람들 중 생존자는 거의 없었지만, 대부분의 가족들은 실종자들이 징용되어 멀리 보내졌을 것이라는 희망의 끈을 놓지 않았다. 훗날 싱가포르 동북부 풍골(Punggol) 해변에서 희생자들의 유골이 대거 발굴되었고, 당시 희생자의 수는 최소 5만에서 최대 10만으로 추정된다.

2주일 후 숙청은 갑자기 취소되었고, 이때쯤엔 이런 방법이 야만적일 뿐만 아니라 효과적이지 못하다는 것을 일본군도 인식하기 시작했다. 수많은 평범한 사람들이 살육을 당했지만, 주요 인물은 일본군의 검거망을 빠져나갈 수 있었다. 일본군은 대량 검열을 철회하고 핵심인물 검거로 방향을 전환한다.

일본군이 지목한 핵심인물들 중 일부는 이미 사라졌다. 달포스(Dalforce)의 생존자들은 말레이반도로 피신하여 항일 정글 게릴라를 형성했다. 반일 활동의 핵심이자 일본군의 주 목표물이었던 탄카키는 수마트라로 피신했다가 자바로 옮겼고, 전쟁이 끝날 때까지 가명을 사용하며 숨어 지냈다. 일본군은 탄카키에 거액의 현상금을 걸었고, 그의 소재를 알아내기 위해 주변 사람들을 잡아다 고문했다. 그러나 평소에 덕을 많이 쌓았던 탄카키를 배신하는 사람은 없었고, 일본군에게 모진 고문을 받으면서도 아무도 탄카키의 소재를 발설하지 않았다. 림보셍은 항복 3일 전 작은 돛단배를 타고 피신했지만, 그의 가족들 중 다수는 헌병대에 붙잡혀가 다시는 볼 수 없었다. 림보셍은 수마트라를 거쳐 인도로 갔고, 말라야에서 지하운동을 펼치기 위해 사람들을 모집했다. 남아있던 다른 사람들은 체포되었고, 그중에는 화교상공회의소의 부회장이었던 고무 재벌 탄락셰(Tan Lark Sye)와 림분켕 박사도 있었다. 일본군 입장에서 가장 큰 수확은 말라야 공산당 서기장이었던 라이텍(Lai Teck)이었고, 이제 그는 일본군에게 비밀리에 협조하기로 한다.

싱가포르 중국인의 협조를 얻을 수 있을 것이라는 일본군의 희망은 대규모 숙청으로 인해 사라졌다. 싱가포르 중국인들의 가슴속에는 일본에 대한 씻을 수 없는 원한과 증오가 남게 되었다. 일본은 숙청 이후에도 중국인들의 돈을 쥐어짜며 그 원한을 더욱 증폭시키게 된다.

포로들의 운명

　항복 이틀 후인 1942년 2월 17일 아침, 유럽인들은 파당(Padang, 시청 앞의 넓은 잔디밭)에 소집되어 몇 시간 동안 검열과 취조를 받았다. 모든 영국인, 호주인, 유럽 연합국 포로들은 창이(Changi) 지역에 구금될 예정이었다. 민간인 포로들은 창이 감옥에, 군인 포로들은 인근의 슬라랑(Selarang) 병영에 구금되었다. 영국과 호주 군대는 이른 오후에 출발해 질서정연하게 대오를 맞춰 14마일을 걸어 늦은 밤에 포로수용소에 당도했고, 낙오자들은 비틀거리며 다음날 이른 아침에 도착했다. 길에 늘어선 아시아인들은 이 광경을 당혹스러운 침묵 속에 지켜보았고, 일본군이 기대했던 환호와 기쁨은 없었다. 유럽인 민간인들은 5마일 떨어진 카통(Katong)의 민가로 옮겨졌다가 3월 초 창이 감옥으로 이송되었다.

　항복 당일 밤 8명의 장교와 6백 명의 병사가 남은 말레이 연대는 케펠 골프장에 소집되었고, 2월 17일에 패러 파크(Farrer Park)로 보내져 4만 5천 명의 인도인 부대에 합류했다. 말레이인들과 인도인들은 '아시아 형제'로 환영받았고, 영국에 대한 충성을 단절하고 대일본제국에 충성하도록 요구를 받았다. 이를 거부한 말레이인 장교 다섯 명은 처형되고 많은 부하들이 체포되었으며, 나머지는 귀가 조치를 받았다. 백 명 규모의 첫 번째 집단은 트럭에 실려 기차역으로 가는 것처럼 보였지만 결국 집단처형을 당한다. 나머지는 흩어져서 말레이반도를 향해 북상하거나 군대를 따라 싱가포르에 온 가족들과 합류했다. 몇 명의 말레이인들은 나중에 일본의용군에 지원하기도 했고, 다른 사람들은 말레이반도로 도피하여 게릴라에 합류했다. 싱가포르에 남은 말레이 병사들은 전쟁이 끝날 때까지 일본 헌병대의 밀착 감시를 받아야 했다.

인도인 포로들은 인도국민군(Indian National Army)에 합류하여 인도 독립을 위해 영국과 싸우도록 요구받았다. 이러한 압력에도 불구하고 대부분의 인도군 정규 직업군인들은 영국에 대한 충성을 변함없이 지켰고, 구르카(Gurka, 용맹하기로 유명한 네팔의 부족) 용병들은 전향하라는 회유에 끝까지 저항했다. 일부는 구타, 고문, 살해를 당했고, 전향을 거부한 사람들은 전쟁포로의 지위를 박탈당하고 투옥되었다. 그 외의 다수는 그들을 내팽개친 예전 주인에 대해 충성을 유지하는 것은 부질없다고 생각했다. 인도군은 말라야 북부의 격렬한 전투에서 적의 예봉을 맞았고, 새로 도착한 인도 예비군은 제대로 훈련받지도 못한 채 열악한 장비가 주어진 상태로 조호 전투에 몰아넣어졌다. 자신을 지키기 위해서였든 아니면 인도를 영국의 지배로부터 해방시킬 기회로 보았든 간에 약 2만 명이 인도국민군에 자원 합류했다.

일본은 전쟁포로의 인도적인 대우를 보장하는 1929년 제네바 협약(Geneva Convention)을 비준한 적이 없었다. 일본은 야만적인 형벌을 주저 없이 가했고, 고문으로 정보를 뽑아냈고, 개인이 범한 잘못에 대해 단체로 벌을 주었으며, 탈출 시도를 하는 사람을 처형했다. 민간인 포로들은 이론적으로는 더 나은 대우를 받을 권리가 있었지만, 실상은 군인 수용소와 민간인 수용소 사이에 별 차이가 없었다.

처음에 일본은 행정원의 수가 부족했기 때문에 유럽인 포로들이 스스로 체계를 세워 생활하도록 내버려 뒀다. 군인 포로들은 싱가포르 동부 끝에서 비교적 자유롭게 다닐 수 있었다. 그러나 수용소 병원의 환경은 열악했다. 몇 주 동안 2천 명이 넘는 환자들이 수용되었고, 이들 중 4분의 1 이상이 1942년 가을까지 사망하여 창이에 매장되었다.

　군인 포로들은 퍼시발이 실시한 정기 훈련에 불만을 가지긴 했지만, 2달이 지나자 어느 정도의 질서와 규율이 정립되었다. 일본은 몇몇 포로들을 항구 복원, 선박 물품 하역작업 등에 징발했고, 1942년 4월에는 그 수가 8천 명을 넘었다. 일당은 10센트에 불과했지만 이런 작업들은 인기가 많았고, 배급품을 살짝 빼돌려 거래할 수 있었기 때문에 식품 하역작업이 특히 선호되었다.

　1942년 8월이 되자 수용소의 경비가 강화된다. 퍼시발과 셴턴 토마스 총독을 포함한 4백 명의 고위 민간인과 군인 포로들은 타이완으로 이송되었고, 일본군이 수용소의 관리를 직접 관장했다. 1942년 9월 1만 5천 명에 달하는 모든 군인 포로들은 슬라랑 광장(Selarang Square)에 소집되어 탈출하지 않겠다는 서약서에 서명할 것을 명령받았다. 포로들이 완강하게 거부하자 3일 동안 노지에서 음식이 주어지지 않은 상태로 방치되었고, 결국 탈출하다 다시 붙잡힌 포로 4명을 일본군이 공개 처형한 후 장교 포로들은 선언서에 서명할 것을 부하들에게 명령했다. 이 슬라랑 사건은 군인 포로들의 사기를 떨어뜨리지 못했고 오히려 그들 사이의 일체감과 공동체 의식을 불러일으켰다. 포로들은 다양한 재능을 공유하고 발전시켰다. 채소를 재배하고, 가축을 기르고, 비누, 종이, 치약 등 생필품을 만드는 모임을 조직했다. 1943년 초반에는 '수용소 대학'이 120명의 교사와 2천 명이 넘는 학생들을 갖추었고, 연극부, 잡지부, 호주인 콘서트 팀이 오락거리를 제공했다. 처음에는 쇼난 타임즈(Syonan Times) 구독이 허락되었지만, 런던, 뉴델리, 미국 등 바깥세상과 비밀 무선전신기로 은밀히 접촉한 것이 발각된 이후로 금지되었다.

　구르카 용병들 역시 수용소의 규율을 잘 유지했으나, 인도인 수용소의 상태는 처참했다. 인도인 부대는 영국인 장교들을 모두 잃었고, 많은 인도인 장교들이 처형되거나 인도국민군에 합류하면서 통솔이 이루어지지 못했다. 힌두교도, 무슬림, 시크교도 사이에 끊임없는 갈등과 의심이 존재했고, 규율은 느슨하고 사기는 엉망이었으며, 질병과 사망자 발생률이 매우 높았다.

　수용소에서 탈출하는 것은 사실상 불가능했고, 전직 공군이었던 맥코맥(McCormac)의 탈출이 거의 유일한 사례였다. 맥코맥은 17명의 탈출조를 구성했고, 포르투갈계 유라시안 경비병의 묵인하에 작은 배를 타고 달아났다. 4명의 생존자는 말라카 해협에서 네덜란드 비행정에게 구조되었고, 맥코맥은 결국 호주에 당도했다.

첫해에 창이 감옥의 상태는 참을 만했다. 민간인 포로감독관이었던 이소시 아사히는 런던 주재 일본 대사관에서 8년 동안 근무한 사려 깊은 사람이었고, 학대를 가하는 것은 시크교도와 인도인 경비병들뿐이었다. 주된 어려움은 식량 부족이었지만 아직까지는 심각하지 않았다. 1942년 10월 일본은 모든 군인 포로와 민간인 포로의 배급량을 줄였으나, 이후 12개월 동안 양은 적더라도 일정하게 식사가 제공되었다.

군인 포로와 민간인 포로는 전혀 접촉할 수 없었고, 창이 감옥의 남자 구역과 여자 구역 사이의 접촉도 거의 없었다. 민간인 남성 포로들은 이따금 수용소 밖에서 노역에 동원되었으나, 일시적인 임무로 도시에서 일했던 두 명의 여의사를 제외하고는 여자들과 아이들은 수용소를 벗어날 수 없었다. 여자 수용소의 생활은 엄격하고 암울했으나, 그들은 학교를 운영하고 수용소 소식지를 18개월 동안 발행했다.

군인 포로든 민간인 포로든 과밀 수용, 질병, 영양실조에 시달렸다. 음식과 의약품이 심하게 부족했고, 포로들은 강도 높은 장시간 노동을 견뎌야 했다. 남자들은 라디오를 소지하기만 해도 스파이 활동을 의심받는 등 사소한 일로 구타당했고, 항상 헌병대의 감시 속에 두려움에 떨며 살아야 했다.

최악의 사건은 1943년 10월에 터졌다. 일본은 항구의 배에서 일어난 사보타지에 민간인 포로들이 연루되었다고 의심했다. 사실 이것은 제이윅(Jaywick) 작전이라는 이름으로 영국-호주 Z 특수부대 소속 6명의 군인과 선원에 의해 수행된 것이었다. 그들은 낡은 배를 타고 와서 접이식 카누로 갈아타고 야음을 틈타 싱가포르 항구에 잠입했다. 그들은 선체 부착 폭탄을 이용해 대형 유조선을 비롯한 7척의 배를 침몰시키거나 거동 불능 상태로 만들었고, 조용히 사라져서 호주로 안전하게 귀환했다. 싱가포르의 민간인 포로들은 이 사건과 아무런 연관이 없었지만, 일본은 도시의 민간인과 창이 감옥의 수감자들이 제공한 정보를 바탕으로 말레이반도에서 내려온 영국 게릴라가 저지른 일이라 확신했다.

이 일을 계기로 악명 높은 쌍십절(10월 10일, 신해혁명 기념일) 사건이 일어났다. 헌병대는 감옥을 급습하여 하루 종일 수색하고 용의자를 체포했다. 이후에도 수색과 체포가 이어졌고, 전직 영국 고위 관리들을 포함한 총 57명의 민간인 포로들이 헌병대에 끌려갔다. 용의자들은 이후 다섯 달 동안 헌병대 감방에 갇혀 굶주리면서 계속된 심문과 고문에 시달려야 했다. 헌병대는 사보타지와의 연관성을 밝혀내지 못했지만, 용의자 한 명이 처형되었고 15명의 민간인 포로가 고문 후유증으로 사망했다.

아무리 심문을 해도 헌병대는 제이윅 작전에 대해서 아무것도 밝혀낼 수 없었다. 그러나 감옥과 도시의 민간인들 간에 메시지를 주고받고, 비밀 라디오로 얻은 뉴스를 전달하고, 음식, 돈, 라디오 부품 등을 공급하는 접촉이 있었던 증거를 잡아냈다. 이 결과 약 50명의 싱가포르 사람들이 항구 사보타지를 공모한 혐의로 체포되었고, 그들은 장기간 투옥되어 잔혹한 구타, 전기 쇼크, 물고문 등에 시달렸다. 1944년 12월 두 번째 영국-호주 기습조인 리마우(Rimau) 작전 팀이 싱가포르 앞바다에서 붙잡히고 나서야 일본은 제이윅 작전의 진실을 알게 된다.

쌍십절 사건 이후 민간인 포로들의 생활은 더 엄격해졌으나, 군인 포로들에 비해서는 그나마 나은 편이었다. 군인 포로들 수천 명은 일본의 공장, 광산으로 끌려가거나 태국과 버마를 잇는 철도 공사에 동원되었다. 이러한 군인 포로들의 처지도 뉴기니(New Guinea)와 기타 네덜란드 동인도회사령으로 노역을 하러 보내진 수천 명의 인도인 포로들에 비하면 그나마 나은 것이었다.

1943년 3월 말레이반도 슬라랑(Selarang)의 수용소에서 6백 명의 군인 포로들이 처음으로 버마-태국 간의 '죽음의 철도' 공사장으로 보내졌다. 1943년 내내 더 많은 사람들이 태국, 보르네오, 일본 등지로 보내져 슬라랑 수용소에는 멀쩡한 사람은 하나도 남지 않게 되었다. 1943년 말 일본은 포로 노동력을 활용해 창이 지역에 비행장을 건설하기로 결정했다. 1944년 5월 민간인 포로들은 창이 감옥에서 다른 수용소로 옮겨지고 창이 감옥에는 군인 포로들이 수용되었다.

태국에서 돌아온 잔여 작업부대는 철도 공사 현장의 끔찍한 상태를 전했고, 그들의 이야기에 따르면 공사에 투입된 포로들 중 3분의 1 이상이 죽었다고 한다. 이때 태국-버마 철도 공사에 투입된 포로들의 이야기를 다룬 고전 영화가 바로 '콰이강의 다리'(The Bridge on the River Kwai)이다. 2014년 개봉된 콜린 퍼스, 니콜 키드만 주연의 '레일웨이 맨'(The Railway Man) 또한 싱가포르 함락과 죽음의 철도를 주제로 한 영화이다.

6백 명 수용 규모로 지어진 창이 감옥에는 거의 1만 2천 명의 군인 포로들이 수용되었다. 배급량은 1944년 감축되고 1945년에 또 줄어들었고, 인플레이션은 걷잡을 수 없을 정도여서 포로들의 얼마 안 되는 임금으로는 암시장에서 아무것도 살 수 없었다. 굶주림을 이길 수 없는 배급량에 중노동이 겹치면서 탈진했음에도 불구하고 포로들은 꾀병 부린다는 이유로 구타당했고, 구타를 피할 수 있을 정도로 적당히 열심히 일했다가 일본의 전쟁 노력을 훼방 놓기 위해 작업을 지연시키는 줄다리기가 끊임없이 벌어졌다. 그렇지만 비행장을 건설한 포로들의 노고는 헛된 것이 아니었다. 1945년 5월 완공된 비행장은 종전 이후에 확장, 보강되어 영국 공군기지가 되었고, 훗날 창이국제공항(Changi International Airport)이 된다.

가혹한 통치와 항일 게릴라 투쟁

전략적, 경제적 중요성 때문에 일본은 싱가포르를 영구적인 식민지로 삼으려했다. 1942년 3월에 군정을 수립해 책임자로 와타나베 대령을 임명했고, 새로운 시 정부를 세우고 시게오 오다테를 시장으로 임명했다. 시 정부는 일반적인 시 정부 기능뿐 아니라 중앙정부의 몇몇 부처를 인수받았고, 이후 리아우(Riau) 제도까지 관할구역을 넓혔다.

싱가포르는 난양(南洋)에서 일본의 가장 중요한 거점이었으나 일본인 민간인 상급 관리의 수가 20명이 넘은 적은 없었고, 민간인 당국자와 군사 당국자 사이에는 항상 불화가 있었다. 이따금 오다테가 와타나베를 계급으로 눌러버리는 데에 성공할 때도 있었지만, 사실상 시 정부는 군정에 종속되어 있었다.

고위직의 부족 때문에 군정은 일본인 하급 관리, 그리고 타이완인(Taiwanese)과 한국인을 불러들일 수밖에 없었다. 참으로 부끄럽게도, 타이완인과 한국인은 일본인보다 더 잔인하고 인정사정없기로 악명이 높았다. 타이완인들은 대부분 호키엔(Hokkien) 방언을 구사했기 때문에 통역으로 특히 가치가 높았던 반면, 중국어도 영어도 못하는 한국인들은 주로 수용소 경비병으로 활용되었다.

일본 점령기 동안 싱가포르 사람들은 공포와 멸시 속에 살아야 했고, 매일 구타, 체포, 투옥, 고문, 죽음의 공포에 떨었다. 사법체계는 군에 종속되어 있었고, 1942년 4월 일본은 정치적 사건의 재판을 목적으로 대법원 내에 군사법원을 설치했다. 민사법원과 형사법원도 다음 달에 열렸고, 군정과 충돌하지 않는 범위의 법률들에 관한 사건을 심판했다. 하지만 신변보호법은 폐지되었고, 재판은 공개되었지만 대부분 막후의 뇌물거래로 판결이 이루어졌다.

반일분자들을 뿌리 뽑기 위해 주로 동원된 수단은 헌병대였다. 헌병대는 생사여탈권을 가졌고, 반일 활동이 의심되는 사람들을 밀고하는 정보원들과 비밀 요원을 고용했다. 시민들은 영국 식민정부와의 관련을 입증하는 증거를 모두 제거하는 것이 현명한 일임을 알고 영어책과 서양 레코드판을 없애 버렸다. 영어로 교육받은 사람들, 기독교도, 부유한 전문직업인들은 밀고자들의 공갈협박을 받기 쉬웠다.

전쟁 이전의 정규 경찰관들은 일을 그만두었고, 새로운 경찰들은 잔인하고 부패한 경우가 많았다. 경찰 공안부는 사실상 무한한 권력을 가지고 있었고, 동포들에게 헌병대만큼이나 전횡을 일삼았다. 일본은 과거의 공동체 안보 시스템을 부활시켰다. 1942년 7월 모든 가족 구성원을 등록시키고 세대주에게 평화유지서가 발급되었다. 세대주는 가족 구성원의 행동을 책임져야 했다. 몇몇 사람들에게는 좀 더 넓은 범위를 관할하는 시당(sidang)이라는 직책이 부여되었다. 1성급 시당은 30개 가구를 관할하고 2성급 시당에게 관할 보고를 해야만 했고, 10명의 시당이 한 그룹을 이루었다.

일본의 통치는 잔혹할 뿐만 아니라 제멋대로였기 때문에 싱가포르 사람들은 지속적인 긴장상태에 놓였다. 사람들은 왜 체포되었는지 또는 무슨 혐의로 기소되었는지 모르는 경우가 많았다. 헌병대의 각기 다른 지부는 용의자 색출을 놓고 서로 경쟁했고, 한 헌병대에서 석방되었다고 해서 다른 헌병대의 체포를 면할 수는 없었다. 라디오를 가지고 있거나, 일본을 비판하거나, 심지어 높은 물가에 대해 투덜거리는 것도 정치적인 범죄로 다루어졌다. 정보원의 말 한마디로 체포되거나 어떤 사람들은 순전히 개인적인 양심 때문에 헌병대에 밀고당하기도 했다. 아무도 감히 기소된 사람의 편을 들 수가 없었다. 체포된 사람들은 가족들이 뇌물을 바치고 석방시키지 않는다면 재판 없이 투옥되어 굶어 죽거나 고문당할 수 있었다. 일본 점령기는 공포와 비밀, 의심과 밀고의 시대였다.

승리에 도취한 일본인들은 인종적 우월감을 가지게 되었고, 동남아시아 국가들이 존경을 표하며 그들을 따를 것이라 자신했다. 일본이 내세우는 희생정신, 대의를 위한 죽음, 왕에 대한 충성, 가족 위의 국가주의 등은 어느 정도 존경을 받았다. 그러나 많은 관료들

항일투사 림보셍

과 군인들이 보인 부정행위, 비능률성과 불공정함은 긍정적인 면들을 희석시키고 말았다.

일본은 그들이 내세운 대동아공영의 이상을 달성할 좋은 기회를 제 발로 차버렸다. 일본이 조금만 더 상식을 갖추고 있었다면 그들의 목적은 싱가포르 사람들을 끌어들일 수 있었을 것이고, 일본과 동아시아의 역사는 달라졌을지도 모른다. 그러나 그들이 싱가포르에 가져온 것은 아시아인의 형제애가 아니라 잔인함과 폭압이었다.

면적이 좁은 싱가포르 내에서는 저항이 불가능했고, 달포스(Dalforce)의 생존자들은 말레이반도의 정글로 피신하여 게릴라 부대인 말라야 인민항일군(Malayan People's Anti-Japanese Army, 약칭 MPAJA)의 핵심을 구성했다. 일본 점령기 말기에 이르자 말라야 인민항일군(MPAJA)은 수천 명의 추종자들을 끌어들일 수 있었다. 말레이인과 인도인들을 끌어들이려는 시도는 성공하지 못했고, 모집된 사람들의 대부분은 중국인이었다. 다수는 순수한 반일 애국자들이었지만 지

도부에는 공산주의자들이 많았다.

게릴라 부대는 1942년 9월 라이텍(Lai Teck)의 배신으로 18명의 수뇌부가 일본군에게 살해당하면서 지도부를 모두 잃게 된다. 이듬해 말라야 인민항일군(MPAJA)은 젊은 공산주의자 친펭(Chin Peng)의 지휘하에 재조직되었다. 1943년 5월 림보셍을 위시한 영국군 136부대 요원들이 말라야에 도착해 말라야 인민항일군과 연계를 구축했고, 136부대와 말라야 인민항일군 간에 말라야 해방을 위해 협력하는 협정이 맺어졌다. 결국 림보셍은 일본군에게 붙잡혀 모진 고문을 당한 끝에 몇 달 후 사망하지만, 조직의 기밀을 하나도 누설하지 않고 꿋꿋이 버텼다. 곱상한 외모를 가진 엘리트 사업가 림보셍은 이렇게 항일운동에 모든 것을 바치다가 장렬한 최후를 맞았다.

그러나 일본 점령기 동안 항일 게릴라 부대의 활약은 미약했고, 일본이 민간인들에게 보복할 것을 염려하여 운신의 폭을 제한적으로 가져갈 수밖에 없었다. 훗날 전쟁이 끝나자 그들의 총구는 서구 제국주의로 향하게 된다.

IGEST **64**

일본군의 인종별 대책

점령 초기 2주간의 공포통치 기간 동안 중국인들은 겁에 질렸고, 중일전쟁 때 싱가포르의 중국인들이 중국을 지원한 것에 대한 추가적인 보복조치가 예상되었다. 비교적 온건한 일본인들은 중국인들과의 합의 도출을 원했고, 창이 감옥에 억류되어 있다가 막 풀려난 시노자키에게 주도권이 넘어갔다. 그는 중국에서 돌아와 5년 전 싱가포르에서 은퇴하였고 이제는 72세의 노인이 된 림분켕을 중재자로 지목했다. 림분켕은 일본과의 협력에 끌어들여지기를 극도로 꺼려 여러 차례 술주정뱅이 행세를 했으나, 결국 설득되어 쇼난화교협회(Syonan Overseas Chinese Association)를 설립하여 회장에 취임했다. 시노자키는 협회를 인정하고 탄락세(Tan Lark Sye)를 비롯한 저명한 중국인들을 석방하여 협회에 참여시키도록 헌병대를 설득했다. 결국 약 250명의 유력 중국인들이 창립 모임에 참여하게 되었다.

시노자키는 쇼난화교협회가 중국인들을 지키기 위해 시작된 것이라 주장했지만, 이후 협회는 극우 민간인이었던 토루 타카세에게 넘어갔다. 타카세는 전쟁 전 싱가포르 주재 일본 회사의 관리자였던 무자비한 타이완인 킴위트위(Kim Wee Twee)를 끌어들였고, 중국인을 협박하고 그들의 부를 갈취하기 위해 쇼난 화교협회를 이용했다.

도쿄의 일본 본국 정부는 싱가포르 현지 군정이 수익을 증대시키기를 바랐고, 군정은 자신들의 관리비용을 충당하고 중국인들이 과거에 가졌던 적개심을 뉘우치게 하려고 말라야 중국인들에게 과세를 하였다. 타카세는 중국인 지도자들을 날마다 불러 협박했고, 겁에 질린 중국인들은 일본에 대한 지원을 약속했다. 일본 군정 책임자 와타나베는 '선물'로 한 달 내에 5천만 달러를 가져올 것을 요구했다.

일본이 아무도 납부를 피할 수 없도록 세금과 자산 기록을 공개하자, 싱가포르의 중국인들은 3천 달러 이상의 모든 개인 자산에 8퍼센트, 회사 자산에 5퍼센트의 세금을 부과하기로 결정했다. 그러나 5천만 달러는 말라야 총 유통 화폐의 4분의 1에 해당했기 때문에 그러한 금액을 모으는 것은 엄청나게 힘든 일이었다. 한 달 기한 내에 모인 금액은 목표치의 3분의 1에 그쳤다. 말라야의 중국인 지도자들은 싱가포르로 소환되어 보복 위협을 받았고, 마감 기한은 한 달 더 연기되었다. 연기된 기간이 지나서도 목표치를 채우는 데 실패하자 싱가포르에서 또 한 번의 살벌한 모임이 열렸고, 기한은 6월까지로 다시 연기되었다. 그때까지도 5천만 달러의 절반이 채 모이지 않았고, 중국인들은 요코하마 정금(正金)은행으로부터 1년 기한으로 차입해 액수를 맞춰야만 했다. 중국인들에게 '선물'을 받던 자리는 야마시타가 싱가포르에서 마지막으로 모습을 보인 공식 석상이었다. 데라우치가 일본 남방군 본부를 사이공에서 싱가포르로 옮기기로 결정했던 1942년 7월 야마시타는 만주로 부임지를 옮기게 된다.

와타나베는 그 '선물'이 유통되는 잉여 화폐를 회수하여 인플레이션을 막을 것이라 주장했고, 그 세입이 다시 싱가포르에 투자되었기 때문에 이 주장은 부분적으로 정당화될 수 있었다. 그러나 대규모 학살 직후에 이런 강요와 협박까지 겹치자 싱가포르 중국인들은 일본의 지배에 대해 불타는 증오를 가지게 된다.

초기 몇 달 동안 군부는 중국인에 대한 유화책을 주장한 일본 관리들이 유약하고 애국적이지 못하다고 여겼다. 그러나 중국인들의 '선물'이 납부되고 일본 25군이 떠나면서 군부와 민간인 관리들 사이의 불화는 사라졌고, 중국인에 대한 군부의 광적인 압박은 부드러워졌다.

일본 점령기 동안 중국인협회는 일본 당국과 중국인 공동체 간의 중재자 역할을 했지만 불화로 분열되어 있었다. 특히 해협 태생과 중국 태생 간의 불화가 심했는데, 태평양전쟁 이전 중국에 대한 지원에 미지근한 반응을 보였던 해협 태생 중국인들은 중국 태생들의 행동이 일본의 보복을 불러왔다고 비난했다. 중국 태생들의 경우 전쟁 전의 중국 지원 활동에 깊이 개입했기 때문에 목숨을 부지하기 위해서는 일본군에게 더 협조적일 수밖에 없었다.

일본은 협조적인 중국인들에 대해서는 불리한 차별을 하지 않겠다고 약속했지만, 싱가포르와 말라야의 중국인들은 동남아시아 다른 곳에 있는 중국인들보다 훨씬 가혹하게 다루어졌다. 싱가포르에서 중국인들은 항상 돈을 쥐어짜고 사소한 범죄에 대한 의심으로 체포할 첫 번째 대상이었다. 젊은 중국인들은 노동자로 징용되었고, 수많은 중국인들이 헌병대에 의해 고문과 죽임을 당했다.

대부분의 중국인들에게 생존은 새로운 지배자에게 적응하는 것을 의미했다. 중국인들은 일본의 전쟁기금에 기부하고 선물과 접대를 했지만, 그것은 단지 평화를 사기 위한 목적이었다. 점령 기간 동안 일본에 의해 겪은 고통, 특히 점령 초기 2주간의 잔혹한 숙청과 거액의 선물을 쥐어짠 것은 일본 지배자에 대한 중국인들의 증오를 뿌리 깊게 했다.

인도인들, 유라시안(Eurasian)과 말레이인들은 일본이 중국인들을 쥐어짜는 것에 대해서는 별다른 유감이 없었으나, 다음에 자신들의 차례가 오지 않을까 두려워했다. 일본은 다양한 인종집단이 새로운 체제에 순응하게 만들기를 원했지만, 각 인종집단에 대한 태도는 크게 달랐다.

이 단계까지 일본은 싱가포르에 말레이 민족주의를 조성하는 것에 관심이 없었고, 영국이 그랬던 것처럼 말레이인 공동체를 내버려 두는 척했다. 반면 유라시안은 심각한 문제에 직면했다. 영국인들은 유라시안을 동등하게 받아들이지 않았지만, 유라시안은 대개 아시아인들과 거리를 두고 있었다. 영어로 교육받고, 기독교도이고, 대개 영어를 사용했기 때문에 유라시안은 중산층 화이트칼라 직업에 종사했다. 일본은 그들의 반(半) 우월주의 의식을 깨려 했다. 직접적인 유럽인 선조가 있는 유라시안들은 억류되었고, 나머지는 3월 초 파당(Padang)에 소집되어 일본군의 장광설을 들어야 했다. 그들은 자신을 아시아인으로 여기고 인종적 우월감을 버리며 화이트칼라 직종 대신 블루칼라 직종에 종사하도록 명령받았다. 일부는 이러한 일본의 요구에 순응했으나, 대개의 유라시안들은 새로운 지배자와 불편한 관계를 유지하며 불신받고 불행한 집단으로 남게 된다.

아시아계 유대인에 대한 일본의 정책은 자주 바뀌었다. 1942년 3월 중순 모든 유대인들은 등록되었고, 몇몇 부유한 유대인들은 체포되었다가 거액을 지불하고 풀려났다. 그러나 결국 모든 유대인 거주자들은 억류되고 만다.

인도인들에 대한 일본의 태도는 다른 인종과는 판이하게 달랐고, 그들을 우대하면서 한편으로는 이용했다. 일본은 1941년 말라야를 침공하기 이전부터 영국의 배후를 교란하기 위해 인도의 독립운동을 지원하기로 방침을 세웠다. 일본은 인도독립연맹(Indian Independence League)과 접촉했고, 말라야 북부에 주둔한 인도군 부대의 동요를 일으키기 위한 목적으로 첩자를 파견해 모한 싱(Mohan Singh) 대위의 지지를 얻어냈다. 일본군에게는 인도인들을 동맹자로 대우하고 보복을 삼가라는 명령이 떨어졌고, 인도인에 대한 유화책은 상당한 성공을 거두어 일본 편에 서는 인도인 병사들이 속출했다. 싱가포르 함락 후 모한 싱은 수용소에 억류된 인도인 부대를 방문했다. 그는 일본과 협력하여 인도 독립을 위해 싸우자고 포로들을 설득했고, 절반을 인도국민군(Indian National Army)에 끌어들이는 데에 성공했다. 인도독립연맹은 싱가포르에 지역본부를 두고 말라야 전체에 결성되었고, 지도부 몇몇은 인도국민군 대표자들과 함께 1942년 일본에서 회의를 하기도 했다.

그러나 대부분의 인도인 무슬림들은 인도국민군을 상대하지 않으려 했고, 인도인 무슬림 협회를 세워 그들의 공동체를 보호하려 했다. 일본은 이것을 불허했지만 1943년 말 인도인 복지협회의 설립은 승인했다. 다수의 시크교도들과 자유인 신분의 인도인들은 경찰관, 도크 순찰관, 포로수용소 경비병 등으로 고용되었다. 협력을 거부한 인도인들은 일본군보다 인도독립연맹과 인도국민군 소속 동포들로부터 더 괴롭힘을 당해야 했다.

1942년 5월 인도독립연맹의 수장이었던 라쉬 베하리 보세(Rash Behari Bose)가 일본에서 싱가포르로 건너왔다. 보세는 1921년 도쿄에서 인도독립연맹을 설립했고, 일본 여자와 결혼해 1923년 일본 국민이 된 사람이다. 싱가포르에서 보세는 모든 인도인들에게 독립운동에 참여할 것을 촉구했다. 무력으로 영국을 인도에서 몰아내자는 보세의 호소는 상당한 호응을 얻었고, 특히 힌두교도와 시크교도의 호응이 높았다. 그러나 첫 번째 인도국민군은 실패로 돌아갔다. 일본은 인도국민군이 효율적인 군사력을 가지는 것을 꺼렸고, 인도인들을 소규모로 쪼개 일본군에 배속했다. 순진한 애국자였던 모한 싱은 처음엔 일본을 인도의 해방자로 믿었지만, 곧 인도국민군이 일본의 선전수단에 불과했음을 깨닫게 된다.

인도인 공동체는 분열되었다. 인도인 무슬림들은 다수파인 힌두교도에게 종속될 것을 두려워했고, 인도국민군의 구성원들과 지지자들조차도 모한 싱과 지도부의 온건한 태도를 비판하기 시작했다. 모한 싱을 비롯한 지도부가 누린 편안하고 호화로운 생활은 추종자들의 고단한 삶과는 대조적이었다. 모한 싱이 개인적인 야망과 사익 추구를 위해 독립운동을 이용하고 있다는 비판이 거세졌다.

결국 1942년 12월 일본은 모한 싱을 가택연금에 처했고, 첫 번째 인도국민군은 해산되고 만다. 재결성의 움직임이 없지는 않았으나 이미 열기는 시들해진 상태였다. 라쉬 베하리 보세는 인도 독립운동을 살리려 했지만 별다른 호응을 얻지 못했고, 당시 그는 인도인이라기보다는 일본인 같았고 도쿄의 꼭두각시로 간주되었다.

1943년 7월 새로운 지도자인 수바스 찬드라 보세(Subhas Chandra Bose)가 싱가포르에 오면서 상황은 극적으로 변했다. 수바스 찬드라 보세는 영국에 의해 가택연금을 당했으나 탈출을 감행해 독일로 갔고, 잠수함을 타고 싱가포르로 밀입국했다. 늙은 라쉬 베하리 보세를 대신해 지도자가 된 수바스 찬드라 보세는 인도인 공동체에 독립운동의 새 바람을 불어넣었다. 그는 도착 직후부터 싱가포르에서 대규모 집회를 열어 큰 호응을 받았고, 일본이 점령한 곳들을 돌며 자원자와 기금을 모았다. 1943년 10월 싱가포르에서 다시 집회를 열고 영국과 미국에 대한 전쟁을 공식적으로 선포했다.

첫 번째 인도국민군에 참여했던 사람들뿐만 아니라 많은 민간인과 전쟁포로들이 새로 조직된 인도국민군에 몰려들었다. 인도인 실업자들은 대거 인도국민군에 휩쓸려 들어갔다. 어린 소년과 소녀들도 모여서 소년병을 조직했고, 부유한 사업가들은 귀금속과 현금을 기부했다. 무슬림들은 열의가 가장 덜했으나, 불참할 경우 가해질 보복에 대한 두려움도 있었고 기부금을 내면 일본 헌병대의 강압에서 어느 정도 벗어날 수 있었기 때문에 대부분 기부에 동참했다.

1943년 말 인도국민군은 2개 사단을 갖추었다. 장비와 훈련 상태는 열악했으나 사기만큼은 드높았던 첫 번째 사단은 버마 전선으로 보내졌다. 1944년 2월부터 4월까지 내내 버마 전투에서의 성공 소식이 싱가포르 신문 지면을 채우게 되었다. 인도국민군이 인도 국경을 넘었다는 소식이 도달하자 새로운 지원자와 이전까지 형세를 관망하던 사람들의 지원이 물밀 듯했고, 인도인 사업가들은 열정적으로 기부에 동참했다. 싱가포르의 인도인들은 임팔(Imphal, 인도 동북부 지역) 함락을 예상하고 축하할 태세였지만 성공 소식은 영원히 들려오지 않았고, 몇 주간 버마로부터의 소식은 끊긴다. 결국 일본군은 퇴각하였고, 낙오자들은 대규모 탈영 사태가 일어나면서 인도국민군이 와해되었다는 소식을 가지고 싱가포르에 도착했다.

수바스 찬드라 보세는 낙담하지 않고 1945년 5월 싱가포르에 돌아와 독립운동을 되살리려 했으나, 다시는 예전의 힘을 회복하지 못했다. 이미 예견된 미래에 그들의 목숨이나 자본을 투자하고 싶은 사람들은 거의 없었다. 1945년 8월 수바스 찬드라 보세는 타이완에서 비행기 사고로 사망했고, 인도독립연맹은 싱가포르에서 그의 장례식을 치렀지만 대중들로부터 큰 관심이나 애도를 받지는 못했다.

인도인들의 습성을 모르는 사람들의 눈에는 인도국민군이 식민통치에 대항한 영웅적인 투쟁으로 보일 수 있겠지만 실상은 전혀 그렇지 못했다. 더 이상의 언급은 생략하지만, 인도인들을 겪어본 경험이 있는 독자들은 무슨 의미인지 충분히 이해하실 것이다.

일본 점령기의 경제, 사회, 교육

　식민지 경제 체제를 무너뜨리고 대동아 공동번영지역으로 편입시키려는 일본의 정책은 서구 경제와 긴밀히 연결된 수출입 무역항이었던 싱가포르에 큰 시련을 안겨주었다. 일본의 표면적인 목표는 싱가포르를 자급자족 국가로 만드는 것이었지만, 실질적으로는 전쟁을 위한 수단으로 이용하려 했다. 일본은 자국의 대기업들이 선박, 교통, 고무, 광산 등 말라야의 주요 산업을 관리하도록 만들었다. 소규모 무역과 산업은 일본인이나 타이완인 민간 사업자에게 넘겨졌고, 일본인이 아닐 경우 특별허가증이 필요했다. 1942년 중반부터 일본 사업가들이 대거 유입되었다.

　일본인들은 조합단체(kumiai)를 결성해 필수품 공급을 조절했다. 이 시스템의 표면적 목적은 군대 내의 수요를 효과적으로 공급하기 위한 것이었지만, 실제로는 정부의 보호를 받는 암시장을 만들어내고 소수의 일본인 사업가들과 현지 기업가들이 통제하도록 만든 것이었다. 일본의 규제는 중국인 사업가들의 독자적인 사업 운영에 어려움을 가져왔지만, 시간이 지날수록 중국인들은 중개상으로서의 역할을 되찾았다. 싱가포르 경제는 위세를 부리는 일본인과 눈치 빠르게 대응하는 중국인이 결합하는 양상을 띠었다. 일본인은 주로 얼굴마담 역할을 했고 중국인이 뒤에서 실질적인 힘을 가졌다.

점령 초기 몇 달 동안 사치품 가격은 저렴했다. 약탈자들이 체포를 피하기 위해 약탈한 물건들을 풀었고, 부유한 중국인들은 일본인들에게 상납할 돈을 마련하기 위해 재산을 처분했기 때문이었다. 반면 생필품은 매우 귀했다. 싱가포르의 경제는 중계무역과 수입 식료품에 대한 의존도가 매우 높았다. 1942년 4월에 이미 상점의 진열대는 거의 비었고, 가정에서는 물건을 저장해 쌓아놓고 있었으며, 투기꾼들은 상품을 사재기하고 있었다. 암시장이 성행했고 모든 것이 불법으로 거래되었다. 물가는 치솟았고, 식료품 가격은 말레이반도의 도시들보다 두세 배 비쌌다. 1943년 8월 군부는 엄격한 부당이득 규제를 발표했으나, 구매자들이 위험수당까지 지불하게 됨으로써 물가가 더욱 치솟아 오르는 부작용을 낳았다.

영국 화폐를 대체하는 일본 군화폐가 밀려들어오면서 싱가포르는 만성적인 인플레이션을 겪게 되었고, 전황이 일본에게 불리해지자 지폐의 가치는 계속 하락했다. 흔히 '바나나' 또는 '코코넛'이라 불렸던 지폐는 최초 발행분에만 일련번호가 있었고, 조악한 인쇄품질 때문에 위조가 쉬웠다. 지폐가 과잉 공급되어 그 액면가는 무의미했다. 사람들은 전쟁이 끝나면 일본 화폐가 쓸모없게 될 것임을 알았기 때문에 재빨리 상품으로 바꿔두었고, 그 결과 보석류, 부동산, 기타 내구재의 가격은 치솟았다. 일본은 1944년 초 부동산 거래를 억제하기 위해 거래에 중과세를 했으나, 이 세금은 회피하기도 쉬웠고 오히려 가격만 더 올려놓는 결과를 낳았다. 1945년의 부동산 가격은 전쟁 전에 비해 적게는 30배에서 많게는 60배까지 올랐고, 헤네시 위스키 한 병은 암시장에서 4~5천 달러에 거래되었다.

이러한 상황은 탐욕과 투기를 부추겼다. 협잡꾼들이 돈을 벌었고, 부패와 뇌물이 성행했으며, 착취당한 사람들은 다른 사람을 착취했다. 사업가들은 양심의 가책을 꾹 눌러 두고 일본인 관리들과 친하게 지내면서 뇌물과 보호비를 상납하고 군자금을 기부하면 돈을 쉽게 벌 수 있었다. 돈은 저축할 가치가 없었기 때문에 사람들은 빠르게 벌어서 빠르게 소비했다. 물자 부족에도 불구하고 카페, 놀이공원, 도박장, 극장 등은 사람들로 가득 찼고, 이용자들은 주로 일본인들, 암시장 상인들과 부역자들이었다.

일부 사람들은 지배자들과 관계를 맺거나 일본인 밑에서 일하는 것을 거부했고, 모든 재산들을 팔아치우면서 검소하게 생활했다. 그러나 대다수는 가족이 굶어 죽도록 두는 것을 미덕으로 보지 않았다. 암시장에서 장사하는 것은 불가피한 일이었고 부끄럽게 여길 대상이 아니었다.

싱가포르의 사회 체계와 가치관은 뒤죽박죽이 되었다. 모험적인 기업가, 협잡꾼, 도박꾼 등의 신흥 부유층이 상층부로 올라갔다. 노점상, 인력거꾼, 레스토랑, 극장, 놀이공원의 직원 등 이전의 하위계층에 있던 사람들은 중간상으로 올라설 수 있었다. 반면 이전에 선망받던 사무직, 교사 등의 화이트칼라 직종은 고정된 봉급을 받았기 때문에 살기가 매우 어려워졌다.

예전에 싱가포르의 부자들은 자신의 부를 드러내는 것을 자랑스러워했지만, 이제는 가난한 척 위장해서 일본군의 표적이 되지 않는 것이 현명한 행동이었다. 자동차를 소유했던 사람들은 자전거를 탔고, 넥타이를 매고 양말과 구두를 신는 대신 반바지와 넥타이 없는 셔츠를 입고 고무 샌들을 신었다.

인플레이션을 막고 자금을 전쟁 물자로 돌리기 위해 일본은 저축을 장려하고 여분의 돈을 복권과 도박으로 걷어 들였다. 1943년 8월 싱가포르에서 복권이 최초로 발행되었고, 도박은 그해 말 한 세기 만에 처음으로 합법화되었다. 둘 다 인기가 있었지만 인플레이션 방지 대책으로는 별 효과가 없었다. 1944년 2월에 저축 장려가 시작되었고 1944년과 1945년 사이에는 약 2억 8천만 달러가 모였다. 저축으로 돈을 쉽게 모을 수 있었던 것은 돈의 가치가 거의 없었을 뿐 아니라 저축한 돈을 일본에게 선물로 줘버리고 평화와 안정을 사는 것이 낫다고 여겨졌기 때문이다.

주식인 쌀은 버마에서의 수입이 끊기고 일본이 군사작전을 위해 군량미를 비축하면서 귀해졌다. 일본은 싱가포르 사람들이 자신의 식량을 직접 재배하는 것을 장려했고, 별다른 반응이 없자 장려에서 협박으로 방향을 전환했다. 자급운동에 대한 비협조는 사보타지로 간주되었고, 공무원들은 강제로 채소를 재배해야만 했다. 사람들은 텃밭을 가꿔 채소를 생산했지만, 1945년 전쟁이 막바지에 이르자 이런 모습도 사라졌다.

일본은 대용품 산업을 성공적으로 촉진했고, 이것은 싱가포르에 건설적인 창의성을 불어넣었다. 대부분의 제품들은 조달이 불가능한 수입품을 대체하기 위해 고안되었다. 파인애플 섬유로 노끈과 로프를, 대나무로 종이를, 야자 기름으로 윤활유를 만들었다. 소규모 비누공장들이 속속 생겨났고, 한동안 싱가포르는 태국에 비누를 수출했다. 그러나 대용품들 중 경제성을 갖추고 일본 점령기 동안 살아남은 것들은 별로 없었다. 예외적으로 택시를 대체하기 위해 고안된 트라이쇼(trishaw, 자전거로 끄는 인력거)는 1970년대 초까지도 저렴하고 인기 있는 교통수단으로 살아남았다.

전쟁 기간의 생산 장려 운동은 피상적이고 수명이 길지 못했으나, 그 과정에서 싱가포르 사람들은 독창성과 미래의 산업화를 추진할 수 있는 능력을 보여주었다. 중국인들은 여전히 싱가포르 경제의 중추였고, 그들은 전통적인 상호부조 시스템과 지연(地緣) 덕분에 일본 점령기의 역경을 이기고 생존할 수 있었다.

일본은 버마-태국 간 철도 건설을 위해 군인 포로뿐만 아니라 민간인 노동자도 필요로 했다. 노동자들이 직업을 얻기 위해서는 노동부에 등록하고 등록증을 받아야만 했기 때문에 노동력 징발은 어려운 일이 아니었다. 군사 작업이나 강제징용을 위해 소집할 첫 번째 대상은 실업자들이었다. 1943년 12월 군정은 말라야 전역에 강제징용 서비스 조합을 만들었다. 150명의 조합원이 한 무리가 되어 15~45세 사이의 남자 20명을 공급해야만 했는데, 나중엔 여성들에게까지 징용이 확대되었다. 1944년 12월부터 군 복무 연령대의 남자들은 웨이터, 사무실 잡역부, 영업, 요리사, 재단사, 행상 등의 일에 종사하는 것이 금지되었고, 해당 직종들은 모두 여성으로 대체되었다.

싱가포르에서 태국-버마 간 철도 공사에 모집된 민간인 노동자는 6백 명에 불과했다. 1943년 5월에 파견된 첫 2백 명은 높은 임금에 유혹되어 자발적으로 갔고, 몇 달 후 두 집단이 더 파견되었다. 그러나 8월이 되자 철도 공사의 끔찍한 작업환경에 대한 소식이 싱가포르로 흘러들어왔고, 이후에는 실업 상태의 부랑자 집단이 소규모로 보내졌을 뿐이었다.

1943년 8월 일본 군정은 악화되는 식량 사정과 불만 고조에 대응하여 보안을 강화하기 시작했고, 싱가포르 인구의 대폭 감축을 요구했다. 또 한 번의 대규모 학살에 의해 이 목적이 달성될 것을 우려한 민간인 관리 시노자키는 말레이반도의 농업정착지를 개척하여 자발적인 이주를 장려했다. 첫 번째 시도는 해외 중국인협회와 협력하여 조직되었다. 일본은 새로운 정착지가 자치권을 가질 것이며 소출이 나올 때까지 쇼난 시 정부가 식량을 지원할 것이라 약속했다. 유력 중국인 집단이 조호(Johor)를 탐사하여 엔다우(Endau)에 입지를 선택했고, 이 사업을 위해 1백만 달러를 모금하여 정글을 정리하고 자발적인 개척자들을 모집했다. 1944년 9월이 되자 1만 2천 명이 정착하였고, 이 정착지는 비교적 잘 돌아갔다. 식량 생산은 적당히 만족스러웠으며 건강 지표도 나쁘지 않았다. 그러나 대부분의 싱가포르 사람들은 농업에는 흥미가 없는 도시인이었고, 전쟁이 끝나자 엔다우 정착지는 버려진다. 다른 곳에서도 정착지가 건설되었지만 끔찍한 재앙을 남긴 채 버려지고 만다.

교육 또한 많은 변화를 겪었다. 일본은 점령 초기에 가능한 한 빨리 학교를 다시 열려고 했지만, 모든 유럽인과 현지인 교사들이 억류되거나 살해당했고 학교 건물을 일본군이 점령했기 때문에 쉽지 않았다. 그렇지만 1942년 4월이 되자 학교들이 속속 다시 문을 열었다.

일본은 교육을 체제 선전의 핵심 수단으로 여겼다. 일본 점령기 초기의 학교는 거리의 아이들을 모으고 교사들에게 일자리를 제공하기 위해서 다시 개교했다. 1942년 중반 일본은 좀 더 일관성 있는 교육정책을 도입하려 했다. 특히 직업학교와 초등학교에 집중했는데, 초등교육은 일본처럼 8년 과정을 목표로 삼았다. 일본인들은 영국인들이 강조했던 인성교육, 체육활동 등을 배제했다. 일본 정부는 통일된 교육제도 설립을 목표로 했지만, 현실적으로는 전쟁 전에 여러 형태로 존재하던 각기 다른 언어를 사용하는 학교들을 인수해야만 했다. 일본은 영어, 말레이어, 중국어 학교들을 직접 인수했고 몇몇 인도어 학교를 세웠다. 인도어 학교들은 자질이 부족한 교사들로 채워졌고, 주로 인도 독립운동에 대한 선전을 전파하기 위해 활용되었다. 토착어인 말레이어 교육은 허용되었지만, 다른 학교들에서는 일본어 교육을 장려했다. 군정 책임자 와타나베는 처음부터 학교에서 영어 사용을 금지하기를 원했지만, 오다테가 이는 비효율적인 방법이니 서서히 일본어를 도입하자고 와타나베를 설득했다.

전쟁 전에 영어 학교의 교사들이 더 높은 봉급을 받았던 것과는 달리 모든 교사들에게 똑같은 급여 체계가 적용되었다. 모든 초등학교에서는 1943년에 수업료가 폐지됐고, 일본식 교과과정이 도입되고 매일 아침 일본 국가를 제창하게 되었다. 교사들을 일본에서 불러들였고, 현지인 교사들은 일본어를 배우도록 요구받았다. 무료 일본어 야학이 개설되고, 일본어 강좌가 라디오로 방송되었다. 일본어를 배우는 교사와 정부 고용인들은 보너스를 받았고, 특별히 장래성이 보이는 사람들은 도쿄로 보내져 추가적인 언어교육을 받았다. 많은 교사와 학생들이 일본어를 배우기를 원했고, 1944년이 되자 영어 학교와 중국어 학교의 수업들이 일본어로 이루어졌다. 이 시기 부모들은 아이들을 학교에 보내는 것을 꺼렸고, 학교의 총학생 수는 7천 명을 넘어본 적이 없었으며 1945년에는 수백 명으로 줄어들었다.

일본은 기술교육과 직업교육에 중점을 두었고, 1943년 3월이 되자 싱가포르에는 6개의 기술학교가 존재했다. 이 학교들의 교과과정은 일본어 교육, 세뇌 교육, 전쟁 기간의 필요 사항을 충족하기 위한 기초적인 단기집중과정으로 구성되었다. 의과대학은 1943년 탄톡셍 병원(Tan Tock Seng Hospital)에서 문을 열고 이전 학생들을 다시 받아들였지만 몇 달 후 말라카로 이전했다. 교사 양성을 위해 사범학교 두 곳이 1943년 문을 열었다.

일본은 영국의 흔적을 지워버리기 위해 영어 사용을 금지하려 했고, 일본어와 말레이어만을 공용어로 인정했다. 그러나 현실적으로 영어를 사용하지 않는 것은 불가능했다. 다른 점령지에서 일본은 영어를 대체하기 위해 일본어와 토착어를 장려했으나, 싱가포르에는 공통적으로 사용하는 토착어가 없었고 일본어는 배우기 어려운 외국어였다. 종교에 대한 관용은 보장되었으나, 기독교를 비롯한 종교 단체들은 감시를 받았다.

제2차 세계대전의 종전과
무혈 수복

갈수록 전황은 일본에게 불리해졌다. 일본의 패배에 대한 언론 보도는 엄격히 금지되었지만, 두꺼운 선전 장벽을 뚫고 서서히 전황이 알려졌다. 1944년 11월 미국 공군은 싱가포르 항구에 첫 번째 공습을 감행했다. 그때부터 연합군 비행기가 자주 출현했지만, 수복 후에 유용하게 쓸 시설을 손상시키는 것을 원하지 않았기 때문에 폭격은 제한적으로 이루어졌다.

일본군이 퇴각할 징조가 서서히 보이면서 환영하는 분위기였지만, 싱가포르 사람들은 함락 때보다 해방이 더 많은 피를 부르지 않을까 두려워했다. 일본군은 방어시설 구축을 위해 주민들을 징집하고 포로 노동력을 집중시켰고, 이는 결사항전을 하기 위한 것이었다. 포로들은 최후의 저항이 벌어질 때 학살당할 것을 두려워했다. 영어로 교육받았거나 영국에 동조하는 것으로 의심되는 사람들은 모두 블랙리스트에 올랐고, 영국이 싱가포르를 공격하면 블랙리스트에 오른 사람들은 살해될 것이라는 소문이 돌았다. 싱가포르 사람들은 일본이 마지막 한 사람까지 항전할 것이고 협조를 거부하는 민간인들을 모두 제거할 것이라고 확신했다. 일본군은 불필요한 희생을 막기 위해 항복을 선택했던 영국군과는 성격이 완전히 달랐다.

전쟁 말기 사람들의 삶은 견디기 어려운 지경에 이르렀다. 끔찍한 태국-버마 간 철도 공사에 동원되었다가 돌아온 포로들조차도 싱가포르의 상태를 보고 충격을 받을 정도였다. 쌀을 배급받기 위해서 긴 줄이 늘어섰고, 많은 사람들이 영양실조로 죽어갔다. 수도, 가스, 전기와 같은 필수적인 서비스들은 기계가 낡고 수리가 되지 않아 작동하지 않았다. 병원에는 장비와 약품이 없어서 만연한 질병에 대처할 수 없었다. 전일 근무를 하는 직업을 가진 사람들조차 암시장에서 가격이 치솟는 식품과 의약품 등을 구하기 위해서는 부업을 해야만 했다. 가장 불쌍한 사람들은 일본이 강제징용으로 끌고 온 약 1만 명의 자바인 노동자들로, 그들은 일을 할 수 없는 상태가 되면 유기견처럼 길에 버려져 죽어갔다.

포로들의 상태는 바닥까지 떨어졌고, 일본 점령기의 마지막 몇 달 동안 굶어 죽을 정도까지 배급량이 줄어들며 많은 사람들이 사망했다. 1945년 초 일본은 싱가포르와 조호에 방어시설을 건설하기 위해 거의 6천 명의 포로들을 소집했고, 5월에는 여자를 포함한 민간인을 대상으로 강도 높은 군사훈련이 실시되었다. 영국과는 달리 일본은 싱가포르 사람들을 전투에 끌어넣을 것이 확실했다.

1945년 5월 유럽에서 전쟁이 끝나고 버마 랑군이 수복되었다는 소식이 싱가포르에 흘러들어왔고, 싱가포르 사람들은 비밀리에 조용히 축하했다. 7월이 되자 거의 매일같이 연합군 비행기가 머리 위에 날아다녔고, 해방은 시간문제로 보였다.

싱가포르에서 일본의 지배는 조용히 끝났고, 끔찍한 참상이 예상되었던 수복 전투는 벌어지지 않았다. 일본에 두 개의 원자폭탄이 투하된 후, 일본군 고위 장성들에게도 비밀로 부쳐진 상태에서 평화 교섭이 이루어졌다. 1945년 8월 15일의 갑작스러운 종전은 싱가포르에 있는 일본인 관리들 대부분에게 예기치 못한 충격으로 다가왔다.

창이 감옥에 수감된 포로들은 8월 15일 비밀 라디오 수신기로 일본의 항복 소식을 들었으나, 일본군의 공식발표는 이틀 후에야 이루어졌다. 일본군은 무조건 항복이라는 언급을 하지 않고 단지 일왕이 전쟁을 끝내기로 선언했다고 포장했다. 이 발표가 나자 사람들은 서로 앞 다투어 일본 화폐를 써버리려 했고, 며칠 동안 물가는 치솟았다.

8월 21일 싱가포르 언론은 최초로 일본의 항복을 공식적으로 보도했다. 친일 단체들은 자진 해산했고, 경찰관, 관리, 부유한 부역자들은 조용히 사라졌다. 호키엔(Hokkien) 방언을 구사할 수 있는 타이완인들은 호키엔으로 가장하고 대중 속으로 숨어들었다. 일본이 비축물자를 떨이 가격에 풀어버리면서 며칠 동안 갑작스러운 물가하락이 일어났고, 일본인 고용주들은 환심을 사기 위한 마지막 노력으로 쌀과 의복 배급량을 늘렸다.

일본인들은 영국과의 인수인계를 맡을 몇 명의 관리들만 남겨둔 채 소지품을 가지고 주롱(Jurong) 지역에 준비한 수용소로 들어갔다. 일본이 정식으로 항복하기 전까지는 상륙 또는 점령을 금한다는 연합군 총사령관 더글라스 맥아더(Douglas McArthur)의 명령 때문에 3주간의 애타는 기다림이 계속되었다.

건설 작업에 동원되었던 포로들은 창이 감옥으로 돌아왔고, 영국 비행기는 그곳에 그대로 있으라는 전단지를 살포했다. 8월 말에는 의사와 물품들이 낙하산으로 수용소에 투하되었다. 그러나 총독을 비롯한 식민정부의 고위 관리들이 죽거나 다른 곳으로 끌려갔기 때문에 행정력 회복은 쉽지 않았다. 항일 게릴라 활동은 말라야의 정글 지대에서만 있었기 때문에 일본의 패망과 영국 복귀 사이의 공백기 동안 싱가포르에서는 말라야에서 벌어진 것과 같은 대규모 유혈 복수극이 일어나지 않았다. 대신에 3주 동안 싱가포르는 조용한 공포에 휩싸여 있었다. 인민재판이 열려 몇 명의 부역자들이 처형당했고, 일부 시크교도 경비병들과 말레이인 경찰관들이 살해당하고 대부분은 달아났다. 인도국민군 병사들은 수용소에서 공포에 질려 있었고, 달아나는 자들도 많았다.

행정 체계는 무너지고 화폐는 쓸모없어졌으며 약탈이 만연했다. 대부분의 싱가포르 사람들은 영국이 돌아오기를 참을성 있게 기다렸지만, 일본군의 보복을 우려하여 공개적인 축하는 자제했다. 마침내 9월 5일 영국 군함이 도착하여 떠들썩한 환영 속에 연합군이 상륙한다. 3마일 거리에 걸쳐 환호하는 군중들이 늘어서 영국, 미국, 소련, 국민당 깃발을 흔들었다. 일주일 후인 9월 12일 운집한 군중들의 야유 속에 다섯 명의 일본군 장군과 두 명의 해군 제독이 대표단을 이

끌고 연합군 동남아시아 총사령관 마운트배튼(Louis Mountbatten) 장군에게 정식으로 항복했다.

전쟁 기간 동안 수용소에 억류되어 있던 센턴 토마스 총독의 부인이 유니온 잭을 게양했다. 그 유니온 잭은 1942년 영국이 항복할 당시 사용했었고 이후 일본군 몰래 창이 감옥에 숨겨져 있던 것이었다.

영국의 귀환은 당장에는 악몽의 끝을 의미했다. 영국의 통치는 일본처럼 잔인하지 않고 부드러웠기 때문에 영국의 복귀는 환영받았다. 그러나 식민지배를 궁극적으로 정당화할 수 있는 것은 보호 능력이었고, 이 점에서 영국은 치명적인 문제를 노출했다. 이 시점부터 싱가포르는 전후에 일어나는 거센 변화의 바람을 거쳐야 했고, 영국의 통치에 도전하게 될 새로운 세대의 지도자들이 출현하려면 앞으로 10년이 더 지나야 했다.

만주로 부임지를 옮겼던 '말라야의 호랑이' 야마시타는 2년이 넘도록 별다른 작전에 참여할 일이 없었고, 1944년 10월 미군에 대항해 필리핀 방어전을 할 때 호출되었다. 처절한 전투 후에 야마시타는 1945년 9월 미군에 정식으로 항복했고, 그 자리에서는 얄궂은 재회가 벌어졌다. 얼마 전 포로수용소에서 석방된 퍼시발이 배석해 야마시타의 항복을 지켜봤던 것이다. 두 사람 모두에게 싱가포르 함락은 비극의 시작이었고, 야마시타의 최후는 더 극적이었다. 그는 미국에 의해 전범재판에 회부된 첫 번째 일본 장군이었고, 싱가포르에서의 일이 아닌 그가 사실상 통제권과 책임을 전혀 가지지 못했던 필리핀에서의 잔혹행위로 기소되었다. 야마시타는 1946년 2월 교수형에 처해졌고, 미국 대법원 판사 두 명은 이것을 '사법 린치'라고 묘사했다.

제7장
전후의 격동과 말레이시아 연방

혼란스러운 영국 군정 기간

1945년 9월 싱가포르에는 마운트배튼(Louis Mountbatten) 사령관을 수장으로 하는 영국 군정(軍政)이 실시되어 8개월 동안 이어지게 된다. 싱가포르 사람들은 영국군을 해방자로 환영했지만 신속한 복구의 희망은 곧 사라졌다. 전쟁의 종료가 굶주림과 결핍으로부터의 탈출을 의미하지는 않았다. 식료품은 부족했고 주변의 쌀 생산국들에는 수출할 여유 물량이 없었다. 생활필수품의 가격은 전쟁 전 수준보다 10배 올랐고, 쌀, 생선, 채소 등에 대한 가격 규제는 실행되기 어려웠다.

철도와 항만 도크는 연합국의 폭격으로 손상되었다. 6척의 난파선 때문에 항구는 마비되었고, 창고의 70퍼센트가 파괴되었으며 크레인은 하나도 작동하지 않았다. 항만공사의 기계설비 중 절반 이상이 파괴되거나 유실되었고, 예인선과 준설선은 모두 사라졌다.

도시는 더럽고 방치되어 허물어져 갔다. 도로는 움푹 파인 자국으로 가득했고, 수도, 전기, 가스, 전화 서비스는 멈췄다. 만성적인 과밀, 빈곤, 질병은 해결되지 않았고, 일본 점령기 동안의 엄청난 거주 수요 때문에 수많은 사람들이 비위생적인 판잣집에서 불법 거주하고 있었다. 1945년의 사망률은 전쟁 전의 두 배 수준이었고, 병원에는 의약품과 기자재가 거의 없었고 병상조차 부족했다.

가장 시급한 문제 중 하나는 법과 질서의 회복이었으나, 경찰력의 상태는 엉망이었다. 경찰은 일본 점령기에 벌인 횡포 때문에 미움과 경멸을 받았고, 해방 직후 첫 주에 경찰서는 문을 걸어 닫고 보복을 염려하여 경비 태세를 취했다.

일본 점령기가 남긴 최악의 유산은 부정부패였다. 일본이 합법화한 도박과 매춘이 성행했고, 아편 흡연과 강도가 만연했다. 이기적인 냉소주의가 퍼졌고, 정직, 근면, 검소의 가치를 경멸하는 풍조가 만연하고 있었다. 일본 점령기 하의 부역자들과 협잡꾼들은 잘살았던 반면, 정직한 공무원들은 일자리에 복귀하기 전에 모욕적인 조사를 받기 일쑤였다. 새로 들어온 영국 군정은 과거 식민당국에서 일한 사람들이나 일본 점령기에 적응했던 사람들에게 의존했다.

영국 상급 관리들은 자질을 갖춘 정직한 관료들이었지만 하급 관리들은 그렇지 못했다. 부패한 유럽인들은 암시장 거래에 매혹되었고, 싱가포르 사람들 사이에서 "그렇게 형편없는 유럽인들이 있는 줄은 몰랐다"는 이야기가 나올 정도였다. 영국 군부는 제멋대로 사유재산을 징발했고 쌀 배급도 제대로 관리하지 못했다. 영국 군정(British Military Administration)의 약자인 BMA는 'Black Market Administration'으로 불렸다. 영국에 대한 호감은 사라졌고, 영국에 대한 지지도는 1942년 2월보다도 낮아졌다.

군정에 부정적인 면만 있는 것은 아니었다. 최소한 일본 점령기에 있었던 야만성을 걱정할 필요는 없었고, 영국 군정은 몇몇 긍정적인 성과를 이뤄냈다. 수도, 전기, 가스 공급을 회복하는 것에 최우선순위가 두어졌고, 8주 이내에 항구가 다시 민간 관리체제로 이양되었다. 법정이 다시 열렸고, 부역자와 부적격자들이 경찰에서 제거되고 새로운 경찰관 모집 계획이 출범했다. 군정은 교육 회복에도 박차를 가했다. 3주 이내에 14개의 말레이어 학교와 14개의 영어 학교가 다시 문을 열었다. 학교 건물은 방치되어 있었고 기자재도 부족했지만 교사들은 열정적으로 재건에 나섰다. 중국인들도 서둘러 학교를 다시 열었고, 1945년 말에는 66개의 중국어 학교, 37개의 영어 학교, 21개의 말레이어 학교가 운영되고 있었다. 정상적인 신입생 외에도 일본 점령기 동안 교육을 받지 못한 나이 많은 학생들도 학교에 유입되었다. 1946년 3월이 되자 학교의 학생 수는 6만 2천 명으로 늘어났다. 고등교육을 복구하는 데에는 시일이 조금 더 걸렸다. 1946년 6월에 의과대학은 이전 학생들을 다시 불러들였고, 래플스대학은 그해 10월에 새로운 신입생을 받았다. 군정은 교육에 대한 갈증을 해소하는 것과 더불어 식료품을 비롯한 생필품들을 공급하여 사회의 고통에 대처했다.

망가진 말라야 경제를 부활시키는 것이 복구의 핵심이었고, 주 목표는 사기업들과 자유무역항 체계를 가능한 한 신속히 복구하는 것이었다. 그러나 이것은 쉬운 일이 아니었다. 처음에 군정은 주요 산업과 교통, 광산 분야에서 7개의 회사를 골라 우선권을 부여했다. 1946년 초까지 극소수의 외국 기업만이 다시 문을 열었고, 해외로 도피했던 아시아 기업가들의 귀국은 어려웠다. 회사들은 많은 직원들을 잃었고, 회사 자산은 강탈당하고 시설물들은 황폐해진 상태였다.

일본 점령기 동안 벌어진 잔혹행위를 조사하기 위해 전쟁범죄위원회가 설립되었고, 1945년 10월 잔혹행위에 대한 재판을 열기 위해 특별 법정이 개설되었다. 헌병, 수용소 경비병, 기타 일본인들이 잔혹행위로 기소되어 창이 감옥에 수감돼 재판을 기다렸다. 7천 명 이상의 나머지 일본인들은 주롱(Jurong)에 있는 수용소에 수용되어 있었다. 이후 주변 국가로부터 일본군 포로들이 이송되었고, 다음 2년 동안 약 1만 2천 명이 노역에 처해졌다. 인도국민군 병사와 인도독립연맹 지지자들은 검열을 받았다. 대부분은 무죄를 선고받았고, 이전 영국 정규군 소속 병사들 중 다수는 석방되고 장교들은 델리로 보내져 재판을 받았다.

부역자들을 처벌하라는 대중의 요구가 거세지면서 많은 부역자가 체포되었다. 대부분의 기소는 공갈협박을 자행한 자들과 정보원에 대한 고소의 형태로 이루어졌다. 법정에서 개인적인 양심과 진짜 혐의를 구분하기가 어려울 때가 많았고, 영국 군정은 물리적인 잔혹성이 입증되지 않는 부역행위를 용인해 주기로 한다. 가장 악명 높은 부역자인 라이텍(Lai Teck)은 말라야 항일인민군 동료들 몰래 이후 2년 동안 영국에 몸을 의탁하고 협조하면서 말라야 공산당의 서기장 자리를 유지했다.

1946년 1월 싱가포르에서 열린 첫 번째 전범재판은 인도인 전쟁포로들에 대

전쟁기념공원(Civilian War Memorial)

한 잔혹행위를 다루었다. 3월에 열린 다음 재판은 '쌍십절 사건' 때의 고문과 살해 혐의로 기소된 21명의 헌병들에 대한 것이었다. 범죄는 구체적이었고 생존자들의 증언이 압도적이었으며, 피해자들은 가해자들을 잘 알고 있었다. 재판 결과 14명이 유죄 판결을 받아 8명은 처형되고 6명은 투옥되었다.

영국 군정이 끝난 이후인 1947년 3월에 마지막으로 열린 전범재판은 1942년의 '숙청' 사건에 대한 것이었다. 이 재판은 다른 사건들과는 달리 구체적인 혐의 입증에 난항을 겪었다. 개인적인 혐의의 증거가 결정적이지 못했고, 책임이 있다고 주장된 주요 인물들 중 다수가 이미 세상에 존재하지 않았다. 야마시타는 이미 처형되고 쓰지는 사라졌으며, 그 외의 용의자들도 전사한 경우가 많았다. 범죄를 구체적으로 증언할 수 있는 생존자도 거의 없었다. 또한 실제로 살해를 한 사람들은 신원을 알 수가 없거나 전쟁 중에 사망한 잔챙이들이었다. 쓰지가 고의적으로 수만 명의 중국인들을 학살하려 했다고 볼 수 있는 강력한 정황은 있었으나, 명령의 정확한 출처와 해석이 모호했다. 재판 결과 가와무라 대령과 오이시 소장이 사형선고를 받고 다섯 명이 종신형에 처해졌으나, 중국인들은 범죄의 규모와 심각성에 비해 판결이 너무 관대하다며 격분했다. 그러나 구체적인 범죄에 대한 확증이 충분하지 않았기 때문에 재심 요청은 기각되었다. 법 절차에 따라 더 이상의 처분이 어려운 것이 현실이었지만, 중국인들의 눈에는 영국이 자국민에게 가해진 범죄에만 관심이 있고 중국인들에게 벌어진 더 큰 잔혹행위에는 관심이 거의 없는 것으로 비쳐졌다.

여러 해가 지난 1962년 3월, 싱가포르 동부의 시글랩(Siglap) 지역에서 건설 공사를 하던 중 유골이 대거 발견되었고, 이것은 전쟁 중에 이 지역에서 대량학살이 벌어졌다는 소문이 사실이었음을 밝혀주었다. 이후 풍골(Punggol) 해변에서도 대량의 유골이 발굴된다. 이로 인해 중국인들의 감정은 북받쳐 올랐고, 중국어 언론과 화교상공회의소는 유족들에게 '피의 보상금'을 지급할 것을 일본에 요구한다. 이 시점에서 싱가포르의 정치 상황은 위험한 기로에 서 있었고, 리 콴유는 좌익세력이 인종적인 이슈로 이용할 것을 염려하여 중국인이 아닌 모든 싱가포르 사람에 대한 잔혹행위로 규정한다. 싱가포르 공화국 출범 두 달 후인 1965년 10월, 일본은 싱가포르 정부에 '피의 부채'를 지급하기로 동의했다. 1967년 싱가포르 정부와 화교상공회의소는 건설비용을 분담하여 전쟁기념공원(Civilian War Memorial)을 건립했고, 그 아래에는 '숙청'에서 살해당한 수천 명의 유해가 묻혀 있다.

말라야연합의 출범과
직속 식민지로 돌아간 싱가포르

싱가포르의 영국 군정은 1946년 4월에 막을 내렸다. 말레이반도에서는 완전한 독립 이전 단계의 말라야연합(Malayan Union)이 발족되었고, 싱가포르는 영국 본국 직속 식민지로 되돌아가 짐슨(Franklin Gimson) 총독이 부임했다.

영국 식민성은 1942년 말라야와 싱가포르를 잃은 직후부터 수복에 대비해 말라야에 정치적 연합체를 구성하여 자치권을 확대하는 내용의 'British Malaya' 계획 수립에 착수했다. 이것의 주된 목적은 미국과 중국이 동남아시아에서 영국의 식민지배를 완전히 해체하도록 요구하는 것을 미연에 방지하기 위함이었다. 최초 계획은 말레이반도, 해협식민지, 북 보르네오(Sabah), 사라왁(Sarawak), 브루나이(Brunei)를 묶는 것이었다. 싱가포르까지 포함하는 안은 시기상조로 여겨져 폐기되었고, 그 대안으로 해협식민지를 해체하여 4개의 말레이연합국(FMS), 5개의 말레이비연합국(UMS), 페낭, 말라카를 묶어 말라야연합을 형성하고 싱가포르는 따로 떼어 영국의 식민지로 두는 안이 채택되었다.

싱가포르를 연합에 포함시키는 것에는 분명한 장단점이 있었다. 싱가포르와 말레이반도는 경제적으로 밀접한 관계가 있기 때문에 싱가포르를 분리하는 것은 경제적 측면에서 적절한 조치가 아니었다. 반면 싱가포르를 연합에 포함시키기 곤란한 이유도 있었다. 중국인이 다수를 차지하는 싱가포르가 포함될 경우 인구 구성이 깨질 우려 때문에 말레이 술탄들의 반대가 예상되었고, 안 그래도 복잡할 말라야연합 설립 협상이 더욱 난항을 겪게 될 우려가 컸다.

1945년 5월 유럽에서 전쟁이 끝나자 영국은 싱가포르부터 수복하려 했고, 목표로 한 수복 시기는 1946년 초였다. 그러나 1945년 8월 일본이 항복하면서 태평양전쟁이 갑작스럽게 끝나자 영국은 명확한 계획을 완성하기도 전에 말라야와 싱가포르에 복귀하게 되었다. 영국 전시내각은 싱가포르를 떼어내기로 결정했고, 싱가포르의 미래보다는 말라야의 복잡한 문제에 집중하기로 한다.

1945년 10월, 말레이연합국(FMS), 말레이비연합국(UMS)과 2개의 본국 직속 식민지(페낭, 말라카)를 합병하여 단일 말라야연합(Malaya Union)이 발족했다. 말라야연합에서의 정부는 영국의 통제하에서 9개의 말레이 왕국 통치자들이 자치권을 양도받는 형태였다. 말레이인, 중국인, 인도인과 다른 기타 민족들은 현지에서 태어나거나 규정된 일정 기간 거주하면 말라야연합의 시민권 자격을 얻을 수 있었다. 시민권자는 모든 정치적 권리를 가지지만, 만약 그들이 영국, 중국, 인도 국적을 유지하고 싶다면 그렇게 할 수도 있었다.

이러한 새로운 체제는 이해당사자 간에 많은 이견을 일으킬 수밖에 없었다. 전쟁 종료 후 새로 집권한 영국 노동당 정부는 해협식민지를 해체하기로 한 전시내각의 결정이 내키지 않았지만 마지못해 동의했다. 말레이 왕국들은 항상 싱가포르의 영향력을 두려워했기 때문에 싱가포르를 연합에서 배제한 것을 환영했다. 싱가포르가 없는 말라야연합에서는 말레이인들이 대다수를 차지했지만, 만약 싱가포르의 백만 명에 달하는 중국인들이 포함된다면 중국인의 정치적 영향력이 커질 것이었다. 또한 말라야연합은 관세로부터 세입을 확보하기를 원했지만, 자유무역항의 전통을 가진 싱가포르는 말라야 관세연합(Malayan Customs Union)에 가입하기를 원치 않았다. 대부분의 싱가포르 사람들은 이 문제에 별 관심이 없었지만 소수는 다양한 각도에서 싱가포르의 분리를 반대했고, 반대의 주된 이유는 경제적 측면이었다. 한편 영국은 나머지 말라야 국가가 독립한 이후에도 싱가포르의 해군기지를 유지하고 싶었다.

　말라야연합(Malayan Union)에 대한 제안은 최초의 싱가포르 토착 정당인 말라야민주연합(Malayan Democratic Union, 약칭 MDU)의 형성에 영향을 미쳤다. 말라야민주연합(MDU)은 말라야연합의 기본 구상을 따르되 싱가포르도 포함되어야 한다고 주장했다. 1945년 12월에 말라야민주연합은 중도 성향의 정당 선언서를 발표했다. 입법부의 권한을 늘림으로써 자치정부를 구성하고, 시민권 획득의 규제를 완화하고, 최종적으로는 싱가포르를 영연방 내 말라야 자치구로 만드는 것을 그 내용으로 했다. 대부분의 말라야민주연합 당원은 영어로 교육받고 대학에서 전문적인 교육을 받은 중도 성향의 중산층이었고, 그들은 통합된 독립 말라야 건설에 동의했다. 그러나 시작부터 실질적인 당권은 당 설립자인 존 에버(John Eber) 등 급진 좌파의 손에 있었다. 1948년에 이르자 말라야민주연합은 말라야 공산당의 비밀활동 조직이 된다.

　한편 말라야에서는 말라야연합(Malayan Union) 운영 안이 반대파를 자극했고, 1946년 3월 말레이민족주의연합(United Malays National Organization, UMNO, 이후 '암노'라 함)이 결성되었다. 암노(UMNO)는 말라야연합 협정에 강력히 반발하며 연합 출범 기념식을 보이콧했다. 술탄들이 강압에 의해 그들의 권리를 넘겨주는 내용의 협정에 서명했기 때문에 말레이 왕국들에게 자치권을 넘겨주는 것은 무효이며, 이주민에게도 동등한 정치적 권리를 제공하는 시민권 관련 법안은 말레이인들에게 불공평하다고 암노는 주장했다. 이처럼 격렬한 반대가 일어나고 모든 계층의 말레이인들이 암노의 반대의견을 지지한 것은 영국인들에게 충격을 주었다. 사실 영국은 이미 암노 지도부, 말레이 술탄들과 함께 제안서를 수정하는 비밀회의를 했는데 암노로부터 뒤통수를 맞은 격이었다. 해당 제안서에는 엄격한 시민권 획득 요건, 말레이인들과 술탄을 위한 더 강력한 보호 조치 등이 포함되어 있었다.

　말레이 민족주의의 부상은 싱가포르에서 그에 대항하는 운동을 야기했다. 공산주의자들은 새로운 연합 안이 영국 제국주의의 산물이라고 비난했고, 1946년 9월 말라야의 자치, 그리고 말라야와 싱가포르를 터전으로 삼고 있는 모든 사람들에게 동등한 권리를 줄 것을 요구하는 대규모 집회를 열었다. 1946년 10월 말라야민주연합(MDU)은 새 제도 제정을 논의할 때 모든 정당과 공동체가 참여할 수 있는 위원회를 임명해줄 것을 식민정부에 요청했다. 서로 각기 다른 입장이 었던 단체들은 공동전선을 형성했고, 1946년 12월 '공동행동을 위한 범 말라야 위원회'(Pan-Malayan Council of Joint Action, 이하 '범 말라야 위원회'라 표기)를 만들었 다.

영국은 비 말라야 입장의 대표자로서 의견을 개진하겠다는 범 말라야 위원회 의 주장을 거부했고, 암노 지도부와 말레이 통치자들과만 협상하겠다는 입장을 고수했다. 1947년 4월 범 말라야 위원회는 말레이 민족주의 정당의 좌파가 만든 Pusat Tenaga Ra'ayat과 공식적으로 연대한다. 범 말라야 위원회는 말라야연 합 내에 싱가포르를 포함하고 말라야 내에 거주하는 모든 성인들이 선거로 뽑은 입법의회를 만들 것을 주장했다. 단 15년간의 과도기 동안은 의회 내에서 말레 이인의 수적 우세를 보장하는 보호 장치를 둘 것을 제시했다.

범 말라야 위원회는 대규모 집회를 조직했고 1947년 10월 싱가포르와 말라 야의 화교상공회의소로부터 지지를 얻었다. 대규모 집회는 말라야연합을 반대 하는 연합체에 중요한 분수령이 되었고, 이민자 집단으로부터도 열성적인 지지 를 얻으며 말레이에 대한 적대감을 강화했다. 이렇게 되자 영국은 공동체 간의 의견 차이가 너무 커서 즉시 하나의 자치국을 만드는 것이 불가능하다는 말레이 지도자들의 의견을 인정했다. 또한 영국은 이민자들을 영국의 지도 아래 말레이 국가 안으로 점차적으로 동화시키겠다는 암노의 제안을 받아들였다. 이를 토대 로 말라야연합(Malayan Union)은 1948년 2월 말라야연방(a Federation of Malaya, 1957년 영국으로부터 완전히 독립한 말라야연방과는 다름)이 되었고, 싱가포르는 단독으로 영국 직속 식민지로 남게 되었다. 여러 단체가 연합해 형성된 범 말라야 위원회 는 싱가포르 분리, 제한적인 시민권 등의 문제로 내부 갈등을 겪다가 급속도로 와해되고 만다.

전후의 사회 변화

1946년 말라야연합에서 싱가포르가 분리되는 것이 확정된 후 식민당국은 점진적인 자치 확대를 추구했고, 주민들이 싱가포르를 영구적인 정착지로 여기게 하도록 분위기를 조성했다. 이 시점에서 주민의 약 78퍼센트는 중국인, 12퍼센트는 말레이인과 인도네시아인, 7퍼센트는 인도인, 약 3퍼센트는 유라시안, 유럽인, 기타 소수 인종집단으로 구성되어 있었다. 과거에 영향력이 많았던 소수집단인 아르메니아인(Armenian), 아랍인, 유대인의 다수는 이후 싱가포르 공화국 독립 초기에 다른 곳으로 떠나게 된다.

1930년대에 이민제한법이 도입되고 뒤이어 전쟁의 혼란이 오자 인구의 성격과 세계관은 변화했다. 일시적으로 머무르는 성격은 약해졌고, 여자, 아동, 노인의 비율이 높아지면서 성비와 연령 비율에 균형이 잡혀갔다. 1931년에는 성인 남성의 비율이 절반이었으나 1947년에는 그 비율이 3분의 1로 줄어들었다.

특히 중국인들은 정착하는 경향이 높아진 모습을 보였다. 1931년 인구조사에서 싱가포르 중국인의 38퍼센트가 해협 태생이었으나, 1947년이 되자 그 비율은 60퍼센트로 올랐고 1950년대 중반에는 70퍼센트가 되었다. 1947년의 조사 결과 중국 태생 이주자의 절반 이상이 중국을 다시 방문하거나 중국에 있는 가족들에게 송금한 적이 없는 것으로 드러났다. 중국 본토와의 유대는 생각보다 훨씬 약해졌던 것이다.

반면 인도인들은 모국과 더 강한 인적 유대를 유지했다. 인도인 남성이 홀로 싱가포르에 일하러 오는 것은 일반적인 관례였고, 인도인 공동체는 다른 인종 집단보다 여성 비율이 더 낮았다. 대다수의 인도인들은 인도에 있는 가족들에게 송금하고 자주 인도를 왕래하고 있었다. 1947년과 1957년 사이에 싱가포르의 인도인 인구는 급속히 증가했다. 인도인 이주자의 3분의 2는 말라야연방으로부터 왔는데, 그들은 높은 임금과 더 많은 고용 기회에 끌리거나 공산주의자들의 위협을 피하기 위해 싱가포르에 건너왔다. 싱가포르 인도인의 주류는 남인도 출신이었지만, 인도 독립 직후의 혼란기인 1947년과 1948년에는 북인도인들의 대량 유입이 있었다. 대부분의 인도인, 파키스탄인, 실론인들은 여전히 그들의 모국에 자부심을 가지고 결혼, 교육, 은퇴 등의 목적으로 귀국했지만, 싱가포르에 영구적으로 정착하는 수는 점차 늘어났다. 이민제한이 강화되는 1950년대 말부터 인도인 이주자는 줄어들었고, 이주자의 구성은 소수의 전문 인력과 부유한 사업가들로 국한된다.

제2차 세계대전 이전까지 싱가포르에서 사회복지는 거의 모두 자선의 영역이었고 이따금 정부의 보조금이 주어지는 정도였지만, 1946년에 사회복지부(Social Welfare Department)가 설립된다. 처음에는 급식소, 피난민을 돕기 위한 상담소 등을 통해 전후의 어려움에 대처했다. 전쟁 후유증 수습 후 정상적인 상태로 돌아오자 사회복지부는 더 영속적인 서비스를 제공하기 위해 업무를 확대했다.

1947년에 있었던 조사는 끔찍하고 만성적인 과밀 문제를 잘 드러냈다. 1931년 56만 명이었던 인구는 94만 명으로 늘어났고, 인구증가 속도는 매우 빨랐다. 인구는 시내 중심부에 빽빽하게 몰려 있었고, 대다수의 가구는 방 한 칸에 모든 가족이 살고 있었다. 영구적인 주거 공간이 없는 사람들도 있었으며, 상점 종업원들이 폐점 후 가게 바닥에서 자는 일이 흔했다. 과밀 문제가 가장 심했던 차이나타운에서는 같은 공간을 주간 노동자와 야간 노동자가 나눠 쓰기도 했다.

도시 인구 중 만족스러운 주거 공간을 가진 비율은 3분의 1을 간신히 기록했고, 주거 상황은 점점 더 나빠지고 있었다. 싱가포르 개발신탁(Singapore Improvement Trust)이 추진한 건축 계획은 매년 늘어나는 인구의 3분의 1만을 감당할 수 있을 뿐이었다. 1948년 식민정부는 3만 6천 명에게 주택을 공급하는 잠정 계획을 세웠고, 위성도시를 건설하는 마스터플랜을 제안했다. 당시 입법위원회의 집권당이었던 진보당은 주택신탁(Housing Trust)의 설립을 제안했고, 이는 훗날의 주택개발청(Housing and Development Board, 약칭 HDB)의 전신이 된다.

식민정부는 교육에 대한 책임을 강화했다. 일본 점령기 동안 악화되었던 교육을 회복시킬 필요가 있었고, 자치정부가 되었을 때를 대비해 시민의식을 심어주고 늘어나는 아이들의 수에 맞게 시설을 확장할 필요도 있었다. 1947년 4개의 주요 언어 중 부모가 선택하여 6년의 초등교육을 제공하는 내용의 10개년 계획이 발족했다. 정부는 말레이어 학교에 계속 자금지원을 했고, 자격기준을 충족하는 타밀어와 중국어 학교에도 보조금을 지급했다. 물론 대부분의 자원은 수요가 많은 영어 교육을 확장하는 데에 투입되었다. 1957년 영어 학교의 학생 수는 1941년에 비해 네 배로 늘어났다. 이 단계에서는 초등교육 확대에 중점이 두어졌지만 고등교육에서도 발전이 있었고, 고등교육을 받은 엘리트들은 더 많은 기회를 누릴 수 있었다. 1949년 킹 에드워드 의과대학은 래플스대학과 합병해서 말라야대학(University of Malaya)이 되었고, 그다음 해에는 싱가포르사범대학이 개교했다.

교육과 기타 사회 서비스를 확대할 수 있었던 재원은 새로 도입된 소득세와 한국전쟁 특수로 일어난 세입이었다. 1951년의 교역액은 기록적인 수치를 보였고, 고무와 주석의 가격은 전쟁 이전에 비해 큰 폭으로 올랐다.

사회 서비스 개선에서의 진보는 아주 대단한 것은 아니었지만 나름의 성과를 거두고 있었다. 1949년 청소년법(Young Persons Ordinance)이 강화되었고, 소년법원이 설립되고 보호관찰 제도가 실시되었다. 같은 해 보건서비스와 병원 시설을 확대하기 위한 10개년 의료 계획이 발족되었고, 5개년 사회복지 계획이 채택되어 노인, 장애자, 맹인, 부양자녀가 딸린 과부 등에게 혜택이 주어졌다. 1954년 진보당은 중앙후생기금(Central Provident Fund, 약칭 CPF) 법안을 통과시켰고, 이것은 1955년 5월 다음 정부에 의해 시행되었다. 이것은 퇴직 후에 대비한 간단한 연금 계획으로, 고용주와 피고용인이 공동 부담하여 의무적으로 저축하는 시스템이었다. 중앙후생기금(CPF)은 독립 이후 싱가포르 복지시스템의 근간을 이루며 사회에 엄청난 변화를 가져오게 된다. 세금으로 국가가 연금을 지급하는 시스템이 아닌 적립식 연금시스템을 채택했기 때문에 싱가포르는 과도한 복지비용을 쓰지 않을 수 있었다. 독립 이후 연금, 주택, 의료보험을 아우르도록 중앙후생기금(CPF) 제도를 정비, 확대하여 큰 성공을 거둔 것은 리콴유였지만, 적립식 연금이라는 올바른 방향을 잡은 것은 진보당이 남긴 업적이라 평가해야 마땅하다.

공산주의자의 준동과
중국 공산화의 영향

일본으로부터 해방될 당시 공산주의자들은 영웅으로 묘사되었다. 공산주의자들이 지배한 말라야 인민항일군(MPAJA)은 대중들뿐만 아니라 중산층 중국인들 사이에서도 반일 애국자로 명망을 얻었다. 말라야 공산당은 당분간 온건한 노선을 약속하면서 무장 조직을 해산하고 정치적인 전복으로 목적을 달성하려 했다. 말라야 인민항일군은 1946년 1월 싱가포르에서 마지막 행진을 한 후 공식적으로 해산했고, 마운트배튼 사령관은 인민항일군 지도자들에게 메달을 수여했다. 무기와 탄약은 영국군에게 넘겨졌으나, 상당량의 무기는 비밀리에 유지되었다.

전후 싱가포르의 분위기는 공산주의자들이 영향력을 넓히는 데에 아주 적합했다. 영국 군정의 수장 마운트배튼 사령관은 정치적 의견의 자유로운 표출을 장려했고, 전쟁 기간 동안 영국에 협력한 것에 대한 보상으로 말라야 공산당을 합법화했다.

일본 점령기 동안은 일본이 노동쟁의를 근절하면서 노동조합이 존재하지 않았으나, 해방 직후 노동조합들이 속속 설립되었다. 실업, 인플레이션, 물자부족

등으로 인해 불만이 가득한 상황이었기 때문에 말라야 공산당은 빠르게 세력을 확장할 수 있었다. 공산주의자들은 노동조합에 침투해 영향력을 넓히고 파업을 조종했다. 마운트배튼 사령관은 무력을 사용하지 않고 원만한 협상에 의해 해결하기를 원했으나, 공산주의자들은 점점 더 공격적인 전술을 사용해 노동쟁의를 확대하였다.

공산주의자들의 책동이 강화되자 영국 군정의 태도는 달라졌다. 1946년 2월 범 말라야 노동조합연맹(Pan-Malayan Federation of Trade Union)이 공식적으로 발족하고 행진 승인을 신청했으나 영국 군정은 승인을 불허했고, 27명의 공산주의자 지도부를 체포하고 그중 열 명을 재판 없이 추방했다. 이후 공산주의자들은 직접적인 행동을 포기하고 조용히 노동조합 운동에 영향력을 확대하면서 기타 급진세력을 지원하는 방향으로 선회한다.

여전히 대부분의 싱가포르 사람들은 일상생활에서 어려움을 겪고 있었다. 식량은 절대적으로 부족했고, 1947년 5월의 쌀 배급량은 일본 점령기의 가장 낮은 수준과 같았다. 싱가포르 사람들은 다시 타피오카를 먹을 수밖에 없었고, 빵, 깡통 우유, 기타 식료품들을 구하기 위해 긴 줄을 서야 했다. 영양실조와 결핵이 만연했고, 임금 상승은 물가 상승을 따라잡지 못했다. 비밀결사가 다시 번성하고 폭력이 최고조에 달하자 전쟁 전의 비밀결사법이 1947년 4월에 부활한다. 말라야 공산당은 이런 상황을 그들의 정치적인 목적을 달성하기 위해 이용했고, 다시 노동조합에 영향력을 넓히며 파업을 조종했다. 대부분의 파업은 임금 인상을 얻는데 성공하였고, 더 많은 노동자들이 노동조합에 가입하게 된다. 1947년 초 싱가포르 노동조합 연맹은 전체 노동자 조직의 4분의 3을 산하에 두었고, 공산주의자들이 노동조합을 강력하게 장악했다.

그러나 고무와 주석 수요가 늘어나면서 싱가포르 경제는 회복되고 생활수준이 개선되기 시작했다. 1947년이 되자 교역량은 전쟁 전보다 확실히 많아졌고, 말라야의 고무 생산량은 1940년의 최고치를 갱신했다. 교역이 증가하고 배급과 가격 통제가 효과적으로 실시되었으며, 1948년에는 곡물 작황이 크게 좋아지면서 최악의 궁핍은 종료되었다. 1949년이 되자 사회 기간서비스는 전쟁 전 수준으로 회복되었고, 전반적인 사망률은 역대 최저치를 기록했다. 노동자들의 불만을 조장하는 데에 상당 수준 성공했던 공산주의자들의 선동은 생활 여건이 꾸준히 개선되면서 효과를 잃어갔다. 1947년 말이 되자 많은 싱가포르 노동자들은 말라야 공산당이 근로조건 개선보다는 정치적인 목적을 위해 노동조합을 이용하는 것에 환멸을 느꼈다. 노동자들은 파업에 참여하거나 조합비를 내는 것을 달갑지 않게 여겼고, 1947년 후반 싱가포르 노동조합연맹이 일으킨 파업은 별 효과 없이 소멸했다.

말라야 공산당은 내부의 불화와 추문으로 분열되었다. 1947년 3월 말라야 공산당은 라이텍(Lai Teck)이 이중첩자라는 소문 속에 당의 자금을 가지고 사라지면서 충격으로 휘청거렸다. 라이텍은 결국 방콕에서 발각되어 살해된다. 공산당의 새로운 지도자 친펭(Chin Peng)은 당의 실패를 만회하기 위해 강경한 노선을 택했으나, 이는 1948년 2월 말라야연방이 설립되면서 끝장이 났다.

1948년 2월 싱가포르 항만공사가 중개업자를 통하지 않고 부두노동자들을 직접적으로 고용하면서 첫 번째 힘겨루기가 발생했다. 이는 노동자들에게는 득이 되었지만, 말라야 공산당은 노동자들에게 행사하던 영향력을 위협받게 되었다. 공산당이 영향력을 가지고 있던 항만공사 노동조합은 파업을 개시했지만, 노동자들의 지지를 받지 못하고 48시간 만에 막을 내렸다. 조합 지도부는 체포되었고, 공산주의자들과 연관되어 있다는 증거물도 발견된다.

이를 계기로 말라야 공산당은 노동운동의 장악력을 잃었고, 1948년 5월 공산당 지도부 대부분은 싱가포르에서 말라야연방으로 넘어가 이전의 말라야 인민 항일군을 부활시켰다. 1948년 5월과 6월에 있었던 공산주의자들의 폭력 행동으로 인해 말라야연방에는 비상계엄령이 선포되었고, 계엄령은 이후 12년 동안 지속된다. 일주일 후 비상계엄은 싱가포르까지 확대되었고, 집회와 결사, 파업에 제한이 가해지고 재판 없이 구금이 가능해졌다. 싱가포르 노동조합연맹은 말라야 연방에서 봉기가 일어나기 전날 이미 해산하였고, 경찰이 급습했을 때에는 사무실은 버려졌고 아무런 서류도 남아있지 않았다.

무장 충돌은 말라야에 국한된 일이었지만, 비상계엄은 싱가포르에 큰 영향을 끼쳤다. 초기 몇 년 동안 비상계엄이 철저히 시행되었고, 경찰 공안부는 정치적 전복의 기미가 있는 것이라면 무엇이든 단속해 수백 명을 체포했다. 기존 조직들은 불법화되어 지하로 숨어들어갔고, 새로운 조직이 등장하기는 어려웠다.

말라야 공산당은 말레이반도에서의 무력 투쟁에 집중했다. 그들은 집단농장 (plantation)과 광산의 관리자들, 노동자들을 주 목표물로 삼아 암살을 일삼았다. 1952년 10월 공산주의자 테러리스트들의 매복공격에 의해 영국 고등법무관이 었던 헨리 거니(Henry Gurney)가 사망한 사건은 큰 충격을 주었다.

말라야에서 테러가 자행되던 동안 싱가포르에서는 반영동맹(Anti-British League) 등 반식민주의 단체들이 속속 등장했다. 이들이 총독에게 폭탄공격을 하여 경상을 입히는 사건도 발생했다. 말라야민주연합(MDU)은 와해되었지만, 좌파 급진주의자인 전 당원들은 정강을 유지하면서 접촉을 계속했다. 그들 중에 는 존 에버(John Eber), 데반 나이르(Devan Nair), 그리고 라자라트남(Sinnathamby Rajaratnam)이 포함되어 있었다. 이때만 해도 라자라트남은 격렬한 반식민주의자 였으나 이후 싱가포르 공화국의 1세대 핵심 지도자 중 하나가 된다.

경찰은 체제 전복 세력을 검거하는 데에 열을 올렸다. 새로운 학교등록 조례 가 제정되었고, 경찰은 문제 학교들을 검열해 휴교 조치하고 교사들을 해고하거 나 학생들을 퇴학시켰다. 1950년 12월 존 에버, 데반 나이르를 포함한 급진 좌 파 33명이 체포되었고, 일부는 은신하거나 해외로 피신했다. 1948년부터 1953 년까지 약 1천2백 명이 비상계엄하에서 체포되고 반영동맹은 사실상 와해된다.

이런 와중에 1950년 12월 유명한 '허토프 폭동'(Hertogh Riot)이 발생한다. 당 시 13살인 마리아 허토프(Maria Hertogh)는 네덜란드계 유라시안 소녀였는데, 일 본 점령기에 부모님이 수용소에 갇혀있는 동안 무슬림 가정에 맡겨져 성장했다. 수용소에서 풀려난 친부모가 양육권을 주장하는 소송을 내 생물학적 부모와 길 러준 가족 사이에 양육권 싸움이 벌어졌고, 법원은 소녀를 네덜란드로 돌려보내 라는 판결을 내려 친부모의 손을 들어줬다. 이는 무슬림 관습과 상반되는 판결 이었고, 싱가포르의 말레이인, 인도네시아인, 인도인 무슬림들의 분노를 촉발시 켰다. 마리아 허토프가 수녀원에서 기도하는 모습을 담은 사진이 언론에 대서특 필되자 폭력시위가 일어났다. 경찰총장은 상황이 걷잡을 수 없이 커지도록 방치 했고, 이틀간의 폭동에서 유럽인들과 유라시안들은 무차별적으로 폭행당했다. 사망자 18명, 부상자 173명이 발생했고, 차량 72대가 불타고 199대가 훼손되었

'허토프 폭동'(Hertogh Riot) 당시

다. 말라야 공산당은 이것을 기회로 활용하려 했고, 싱가포르에 있는 모든 인종이 영국 식민지배에 대항하여 집결하기를 촉구했다. 그러나 말라야 공산당은 불시 체포를 피하지 못했고, 치안은 곧 재정비되었다.

공산주의자들의 준동은 비교적 잘 막아졌지만, 1949년에 중국이 공산화된 것은 더욱 심각한 문제를 초래했다. 싱가포르 중국인들 사이에서는 국민당 지지자와 공산당 지지자 사이의 틈이 다시 벌어졌으나, 정치적 성향과 관계없이 대부분의 중국인들은 모국에서 공산당이 승리하여 오랜 내전을 끝낸 것에 고무된 분위기였다. 영국 식민정부는 싱가포르 사람들이 중국 정치에 관여하는 것에 대해 더욱 강경한 태도를 보였고, 중국 공산정권이 식민정부에 저항하도록 말라야 중국인들을 선동할 것을 염려하여 공산 무장 게릴라에 대한 탄압을 강화했다.

중국 공산정권은 해외 중국인들의 충성을 요구하는 국민당의 정책을 그대로 차용했다. 난양(南洋) 중국인들과의 유대를 강화하고 아이들을 중국에서 교육하도록 초청했으며, 모국 재건을 위한 모금과 유능한 인재 파견을 호소했다. 싱가포르 식민당국은 중국 공산정권의 이러한 시도가 싱가포르 시민으로서의 일체감 형성을 방해하고 말라야와 싱가포르의 안보를 위협할 것이라 생각했다. 이에 식민당국은 중국과 싱가포르 중국인들 사이의 접촉을 단속하고 중국 방문자가 싱가포르에 돌아올 수 없도록 하는 법을 1950년에 통과시켰다. 탄카키가 중국을 방문했다가 돌아왔을 때 식민당국은 재입국을 불허했고, 탄카키는 싱가포르 땅을 다시는 밟을 수 없었다. 결국 탄카키는 중국에서 명예직을 수여받고 살다가 1961년 고향에서 세상을 떠났다. 중국어로 교육받은 중국인 지도자들은 자신들이 애국심이라고 생각하는 것을 가혹하게 다루는 식민정부의 처사에 분개했다.

싱가포르 중국인들의 가장 강력한 대변 기구인 화교상공회의소의 지도자들은 영어를 구사하는 소수의 해협 태생 또는 영국 시민권자에게만 정치 참여의 기회가 주어지는 것에 불만이 많았다. 1946년 화교상공회의소는 중국어를 공용어로 인정할 것을 요구했고, 1951년부터는 중국 태생의 2년 이상 장기 거주자에게도 선거권을 부여하라는 운동을 펼쳤다. 화교상공회의소는 1950년 중국 방문을 제한하는 이민법이 통과되자 격분했다. 이 법안의 주 목적은 공산주의 동조자들의 입국을 차단하는 것이었으나, 결과적으로 중국인 공동체 전체를 자극하게 된다.

식민정부의 정책 중 중국인들에게 가장 걱정스러운 면은 중국어 교육에 대한 위협이었다. 말라야연방에서 1952년 새로 발족한 교육 정책은 영어와 말레이어 교육에 집중했고, 중국인들은 싱가포르에서도 중국어 교육이 묻혀 버릴까봐 염려했다. 중국어 학교들은 여전히 통합된 교육시스템 속에 편입되기를 거부하고 독자적인 운영을 고수했다. 하지만 중국어 학교들의 상황은 열악했다. 학급은 과밀했고, 교사들의 수준은 낮았으며, 교사들이 받는 봉급은 영어 학교의 3분의 1 수준에 불과했다. 더 많은 기회를 보장하는 영어 학교가 많은 수의 학생들을 끌어들였지만, 1954년에 처음으로 중국어 학교의 신입생 수가 영어 학교를 앞질렀다. 중국어로 교육받은 학생들 대부분은 여전히 초등교육을 끝으로 비숙련 또는 반(半)숙련 직업에 종사했다. 싱가포르에서 중국어 중학교는 9개에 불과했고, 중국어로 고등교육을 받을 기회는 전혀 없었다. 많은 수의 중국인 젊은이들이 교육을 더 받기 위해서 중국으로 건너갔지만, 이민법 때문에 그들은 싱가포르에 돌아올 수 없었다.

탄카키와 같은 마을 출신으로 싱가포르에 무일푼으로 건너와 고무 재벌이 된 화교상공회의소 회장 탄락셰(Tan Lark Sye)는 중국어 대학 설립을 주도했다. 중국어 교육 진흥에 열정적이었던 탄락셰는 거액을 기부했고, 부유한 중국인들이 기금 조성에 동참했다. 그러나 중국어 교육에 대한 탄락셰의 열정은 싱가포르 사회에 두고두고 골칫거리가 되었고, 탄락셰 자신에게도 엄청난 재앙을 가져온다.

1953년이 되자 강력한 정치 탄압 분위기는 풀어졌고, 말라야연방 정부가 공산주의 반란자들에 대해 우위를 점하면서 싱가포르에서의 긴장도 완화되었다. 말라야 공산당은 탄압이 누그러지는 틈을 타 다시 준동했고, 특히 중국어 학교와 노동조합에 침투해 학생들과 노동자들의 불만을 이용했다. 중국어 중학교 졸업생들은 영어로 교육이 이루어지는 말라야대학이나 해외 대학에 진학할 자격을 가질 수 없었고, 정부 또는 준 정부기관에 취업할 기회도 없었다. 교육을 더 받기 위해 중국 본토에 있는 대학에 진학하면 영영 싱가포르에 돌아올 수 없었다. 일본 점령기 동안 교육을 받지 못하고 뒤늦게 학교에 들어온 20대 초반의 나이 많은 학생들의 수가 많았던 것도 위험요소였다. 중국어 학교 학생들의 좌절감은 중국 공산화에 대한 자긍심과 결합하여 친중국 반식민 정서를 불러일으켰고, 공산주의 이념이 먹혀들기 딱 좋은 분위기가 형성되었다. 중국어 학교 출신 중 뛰어난 학생들은 공산주의 반식민 운동의 지도자가 되었고, 그 대표적인 인물은 림친시옹(Lim Chin Siong)과 퐁스위수안(Fong Swee Suan)이었다.

2천5백 명의 젊은이들을 시간제 병역에 등록하기로 한 정부의 결정은 1954년 5월 학생들의 대규모 항의시위를 촉발했다. 경찰은 시위대를 해산시켰고 많은 학생들이 체포되었다. 체포된 학생들의 석방을 요구하는 추가 시위가 발생했고, 거의 모든 학생들이 병역 등록을 거부했다. 이때 리콴유는 체포된 학생들의 변호에 나섰고, 이것은 좌익 변호사로서 리콴유의 명성을 높이는 계기가 되었다.

중국어 학교의 소요에 대응하기 위해 1954년 9월 식민정부는 폐교 권한을 확대한 '학교등록 개정 조례'를 통과시켰고, 이와 동시에 영어 학교에 지원하는 금액과 동일한 1천2백만 달러를 중국어 학교에 지원했다. 물론 지원금에는 조건이 따랐다. 학교의 일상적 업무는 독자적으로 운영하는 대신, 정부가 지명한 9

명(정부 관리 3명, 중국인 대표자 6명)으로 구성된 이사회에서 보조금 배분, 교과과정과 교과서를 감사하고 총독이 최종 결정하도록 하는 것이었다. 화교상공회의소는 중국인이 위원회를 지명하고 운영해야 한다고 주장했고, 학생들은 정부가 책정한 신규 지원금을 거부했다. 학생들은 교육 내용과 방식에 대해서는 아무런 언급을 하지 않는 정부에 분개했고, 결국 협상은 결렬되고 대부분의 중국어 학교들이 보조금을 거부했다. 공산주의자 학생들은 싱가포르 중국인 중학생연합(Singapore Chinese Middle School Students' Union)을 만들었지만 정부는 등록을 불허했다.

1954년 중반에 공산주의자 지도부는 노동쟁의에 학생들을 끌어들이기 시작했다. 비상계엄 기간의 탄압은 공산주의자들의 노동조합 장악을 막고 민주적인 노동운동을 육성하는 것이 목적이었지만, 실제로는 적법한 노동조합의 성장을 저해하고 이후 노동운동에 공산주의자들이 침투할 분위기를 만들어주었다.

중국인 대중은 그들이 겪는 어려움을 식민지배의 탓으로 돌렸고, 영어로 교육받은 사람들의 특권적인 지위에 분개했다. 공격적인 성향의 신세대 학생 지도자들은 노동운동과 반식민주의 명분을 결합하기 시작했다. 소년 같은 외모와는 달리 극단적이고 카리스마 넘치는 웅변가인 림친시옹은 1954년 5월 새로 결성한 공장-상점 노동조합(Singapore Factory and Shop Worker's Union)의 의장이 되었다. 공장-상점 노동조합은 파업을 지원하고 파업 참여자들에게 구체적인 이익을 가져다주면서 영향력을 확대했다. 1954년에는 소규모 파업을 여러 차례 일으키는 데 그쳤지만, 1955년의 첫 대규모 파업이었던 파야 레바 버스회사(Paya Lebar Bus Company) 파업을 계기로 잇따라 파업을 일으켰다. 파업으로 인해 임금과 작업 여건이 개선되는 것에 유혹당한 노동자들은 대거 노동조합에 가입했다. 1955년 말이 되자 30개의 산업별 노조가 결성되었다. 노동조합원의 다수는 중국인이었고, 지도부에는 중국어 교육을 받은 강경파와 영어 교육을 받은 강경파가 섞여 있었다.

점진적인 체제 변화 시도

　제2차 세계대전 종료 후 처음 2년 동안 싱가포르 총독은 관리들과 지명된 민간인들로 구성된 자문위원회의 도움을 받아 통치했다. 처음엔 6명의 민간인을 지명했으나 나중에 그 수는 11명으로 늘어서 처음으로 민간인 위원의 수가 관리들보다 많아졌고, 아시아인들의 수가 유럽인을 추월했다. 자문위원회는 여전히 자문기관이었지만, 소득세 문제를 제외하고는 짐슨(Gimson) 총독이 직권으로 밀어붙이는 일은 없었다. 1860년, 1910년, 1921년 세 차례에 걸쳐 소득세를 부과하려는 시도는 모두 거센 저항을 받고 실패했고 전쟁 기간 동안에만 소득세가 부과됐으나, 1947년 11월 민간인 자문위원들의 반대에도 불구하고 소득세법이 제정되었다.

　1947년 인구조사 결과 싱가포르 태생의 비율이 예상보다 높게 나타났고, 이는 정치적 책임과 자치를 강화하는 주장에 힘을 실어 주게 된다. 식민당국은 자문위원회의 협조하에 싱가포르 사람들에게 단계적으로 권력을 이양할 계획을 세웠다. 첫 번째 단계로 관리들이 다수를 차지하는 행정위원회, 9명의 관리와 13

명의 민간인으로 구성된 입법위원회를 설치했다. 13명의 민간인 입법위원 중 4명은 총독이 지명하고, 3명은 상공회의소들이 선택하며, 나머지 6명은 선거 이전 최소 1년 이상 싱가포르에 거주하고 영국 시민권을 가진 성인들의 투표로 선출하게 되었다.

식민당국은 인종집단에 따른 의원 선출(인종선거구)을 기대했지만 말라야민주연합(MDU)의 강력한 반대를 받았고, 자문위원회는 만장일치로 지리적인 선거구(지역선거구)에 의해 선출되어야 한다고 주장했다. 헌법 개정 과정에 불만을 가진 말라야민주연합(MDU) 내의 과격파는 선거를 보이콧하고 대규모 반대 집회를 개최했다.

이로써 당분간 싱가포르 정치는 1947년 8월 설립되어 1948년 선거를 노리고 있던 싱가포르 진보당(Singapore Progressive Party)의 독무대가 되었다. 변호사 출신들이 설립한 진보당의 당원들은 전통적으로 식민당국에 우호적인 상업과 전문직 종사자 계층이었다. 진보당은 영국과의 협력에 호의적이었고, 점진적으로 당선 의원 수를 늘려가며 헌법 개정을 추진하는 것을 목표로 삼았다. 말라야공산당이나 말라야민주연합(MDU)과는 다르게 진보당은 싱가포르의 토착 정당이었고, 말라야와의 통합 전에 자치권을 확립하는 것을 목표로 했다. 오로지 영국인들에게만 가입이 허용되었고, 당원의 4분의 3이 중산층 또는 중상위 계층이었다.

진보당은 1948년 선거에서 선출직 입법위원 6석 중 3석을 차지했고, 나머지 3석에는 무소속이 당선되었다. 당선된 후보자는 모두 변호사였고, 인도인이 3명, 중국인, 유럽인, 말레이인이 각각 1명씩이었다. 이 시기의 정치 무대에서는 인도인들의 약진이 눈에 띄었고, 인도인들은 다른 인종집단에 비해 정치에 대한 열의가 높았다. 총 20만 명의 유권자 중 실제 투표에 참여한 것은 2만 3천 명에 불과했으나 이 중에 인도인이 1만 명이었고, 15명의 후보자 중 8명이 인도인이었다. 인도인들이 정치에 열의를 보인 이유는 자치권을 가지게 될 미래의 싱가포르에서 소수 집단인 그들의 입지에 대한 염려 때문이었고, 1947년 인도 독립의 영향도 있었다. 싱가포르 정치에서 인도인들이 이렇게 발군의 모습을 보인 것은 전무후무한 일이다.

또한 영국은 자치를 위한 훈련 과정으로 시정위원회(Municipal Commission) 소속 지역자치위원회(Rural Board)의 권한을 확대하고 민주화할 계획을 가지고 있었다. 시정위원회 위원의 3분의 2를 영국 시민권자와 일정 조건의 재산과 거주 자격을 가진 사람들의 투표로 선출하게 된다. 1949년 열린 첫 번째 시정위원회 선거에서 진보당이 승리하여 18석 중 13석을 차지했지만, 대중의 관심은 미미했고 유권자의 10퍼센트 미만이 투표에 참여했다.

1948년 새로운 입법위원회가 구성될 때쯤에 싱가포르는 획기적이진 않지만 꾸준한 체제 개혁을 이루어가고 있었다. 1951년 식민당국은 입법위원회의 선출직 위원 수를 9명으로 늘렸고, 민간인 입법위원 중에서 2명을 행정위원회 위원으로 선출할 수 있도록 했다. 비록 총독이 캐스팅 보트를 쥐고 있기는 했지만, 이때 행정위원회에서 민간인 위원과 관리 위원의 수는 최초로 같아졌다.

1951년 선거에서 진보당은 선출직 9명 중 6명을 차지했고, 최초의 여성 입법위원이 탄생했다. 말라야연방에서는 암노(UMNO)의 새로운 당수 툰쿠 압둘 라만(Tunku Abdul Rahman)이 연방의 독립(Merdeka)을 부르짖었고, 이런 상황은 싱가포르에서 더 효과적인 자치로 이행하는 속도를 더 빠르게 해야 한다는 인식을 불러일으켰다.

1953년 진보당은 싱가포르의 자치권을 얻는 데에 10년의 목표 시한을 설정하고, 이후 말라야연방과의 합병을 통해 완전한 독립을 이루고자 했다. 식민당국은 진보당이 경제 혼란을 야기하지 않고 평화적이고 순차적으로 자치정부를 세울 수 있는 믿음직한 정당이라고 여겼다. 그러나 영국은 대중의 무관심이 민주주의 정부를 구성하는 데에 장애물이 될 것을 우려했고, 현재의 제도가 중국인들의 기대에 미치지 못한다는 사실을 인정했다.

1953년 조지 렌들(George Rendel)이 중앙정부와 시 정부 간의 관계, 그리고 식민지 헌법을 검토하는 위원회의 수장으로 임명되었다. 렌들 위원회는 법률 자문가, 시 의회의 수장, 입법위원회의 민간인 위원들이 지명한 중국인, 말레이인, 인도인 대표들, 총독이 지명한 유럽인 민간인 1명으로 구성되었다.

렌들 위원회는 향후 말라야연방 내에서 싱가포르를 자치적인 하나의 개체로 발전시키는 것을 목표로 했다. 사실 말라야연방과의 관계를 고려하는 것은 위원회의 권한 밖에 있는 일이었지만, 렌들 위원회는 말라야연방과 싱가포르가 지리, 경제, 정치, 국방에 있어 연관성이 많기 때문에 양쪽을 모두 고려하지 않고 한쪽의 문제에 대한 해법을 얻는 것은 불가능하다고 생각했다. 그러면서도 위원회의 권고가 싱가포르와 말라야연방의 친선관계를 해치지 않도록 유의했다.

그와 동시에 과반수로 선출된 정부에 국내 정책을 시행할 실제적인 권력을 넘겨줌으로써 정치의식과 책임감을 심어주는 것을 목표로 삼았다. 그 정부가 실질적인 힘과 권한을 가지고 책임을 다하게 되면 향후 제도 발전에 탄탄한 밑거름이 될 것이었다. 렌들 위원회는 중앙정부와 지방정부를 분리할 것을 권장했다. 중앙정부에는 25명의 선출직 의원, 직권을 가진 3명의 장관과 4명의 임명된 민간인으로 구성된 총 32명의 단원제 입법의회를 제안했다. 이럼으로써 상공회의소는 특별 투표 권한을 잃게 되고, 유권자들은 인종 기반이 아닌 거주지 선거구에 따라 자동적으로 등록되게 된다.

위원회는 행정위원회를 9명의 장관(3명은 총독이 임명, 6명은 입법위원회의 다수당 당수가 추천)으로 구성된 내각으로 대체할 것을 제안했다. 내각은 외교, 안보, 국방을 제외한 모든 문제에 대한 권한을 가지게 될 것이었다. 위원회는 다중언어 사용 요구를 반대하고 영어를 유일한 공용어로 사용할 것을 권장했다.

영국 정부는 렌들 위원회의 중앙정부 안을 받아들였고, 1955년에 새로운 헌법을 시행하기 위해 선거를 치를 준비에 들어간다. 지역 행정을 재조직하는 최종 결정은 다음 정부의 몫으로 남겨진다.

이렇게 점진적으로 체제 변화를 시도하고 자치권을 서서히 강화한 것은 분명 긍정적인 방향이었으며, 비상계엄으로 공산주의자들을 억누른 것은 정치적 평화를 가져왔다. 그러나 이 시기 싱가포르 정치의 문제점은 대중으로부터 괴리되었다는 것이었다. 중국인 입법위원회 위원들은 모두 영어로 교육받은 사람들이었고, 대다수의 중국인들보다는 지배계급과 가까운 세계관을 가지고 있었다. 입법위원회와 시정위원회의 모든 업무는 영어로 이루어지고 있었고, 부유한 전문가 집단이나 상인들의 이익을 대변하고 있었다. 정치 기관들은 실제적인 문제들과 동떨어져 있었고, 대중들의 정치에 대한 관심을 불러일으키지 못했다. 따라서 식민정부는 시대의 흐름을 접할 수가 없었다. 민간인 입법위원들의 협조는 오히려 식민정부가 수면 아래에서 끓고 있는 사회적 불만을 볼 수 없게 만들었다. 중국어로 교육받은 사람들과 영어로 교육받은 소수 급진파에게는 입법위원회에서 하는 일들이 비현실적으로 보였고, 이 시대의 진짜 정치적인 이슈들은 제도권 밖에 놓여있었다.

새로운 정치세력의 등장과
잠룡 리콴유

앞에서 살펴본 것처럼 좌익 정치운동이 심각한 손상을 입으면서 보수적인 정
치인들의 무대가 열렸고, 진보당(Singapore Progressive Party)은 7년간 제도권 정
치의 선두에 섰다. 그러나 진보당의 천하는 계속되지 않았고, 새로운 정치세력이
속속 등장하게 된다.

진보당의 경쟁상대로는 가장 먼저 싱가포르 노동당(Singapore Labour Party)이
떠올랐다. 노동당은 데반 나이르(Devan Nair)를 비롯한 세 명의 영어로 교육받은
인도인들이 1948년 선거 직후에 결성했고, 해협중국인 3세인 입법위원 림유혹
(Lim Yew Hock)이 당수로 영입되었다. 노동당은 영국 노동당을 모델로 하였고,
노동자들의 실질적인 권익과 작업여건을 개선하고 부를 더욱 공정하게 분배함
으로써 노동운동에서 공산주의자들의 영향력을 깨부수고자 했다. 또한 1954년
에 싱가포르의 자치권을 획득하고 그 이후 말라야연방과 합병하여 완전한 독립
을 이루는 것을 목표로 했다. 노동당은 고무와 주석 산업을 국유화하여 말라야
사회주의국가를 건설하려 했다.

다른 정당들과 마찬가지로 노동당 지도부는 다인종으로 구성되었으나, 진보당에 비해 저소득 계층 출신이었다. 지도부 대부분은 영어로 교육받았고 일부는 대학교육을 받았으나, 당원 대다수는 노동조합원 또는 사무원이었다. 느슨한 규율과 재정적 배경의 결여는 노동당의 큰 약점이었고, 곧 개인적인 질시와 야심의 충돌로 약화되고 만다. 급진파와 림유혹으로 대표되는 온건파는 곧 사이가 벌어졌는데 1951년 시정위원회 선거를 앞두고 공천을 놓고 다툼을 벌인 후 당은 둘로 쪼개졌다. 결국 1952년 급진파에게 주도권을 빼앗긴 림유혹은 쫓겨났으며, 그 후에도 노동당은 계속해서 혼란을 거듭하면서 진보당의 독무대를 막지 못했다.

제2차 세계대전 이후 유럽에서는 정부의 역할에 대한 태도가 크게 변했고, 시민들은 사회서비스 제공과 생활수준의 향상에 정부가 적극적으로 관여할 것을 요구하기 시작했다. 애틀리(Attlee)가 이끄는 영국 노동당 정권이 편 페이비언 사회주의(Fabian socialist) 정책은 싱가포르에 즉각적인 반향을 일으켰다.

영국에 유학 간 말라야와 싱가포르 학생들은 정치 토론에서 마음이 잘 통하는 분위기였고, 이들 사이에서 새로운 유형의 싱가포르 정치인들이 등장하게 된다. 1949년 6명의 학생들이 런던에서 말라야 포럼(Malayan Forum)이라는 토론 모임을 결성했는데, 이 모임의 의장은 훗날 싱가포르 공화국의 1세대 핵심 지도자가 될 고켕스위(Goh Keng Swee)였고 말레이시아의 총리가 될 툰 압둘 라작(Tun Abdul Razak)도 가담하고 있었다. 말라카 태생인 고켕스위는 래플스대학 경제학과를 졸업했고, 전쟁이 끝난 후 공부를 더 하기 위해 런던으로 건너갔다. 고켕스위는 1950년 싱가포르에 돌아오면서 또 다른 말라야 출신 래플스대학 졸업생인 토친차이(Toh Chin Chye)에게 말라야 포럼의 의장 자리를 넘겨주는데, 토친차이(Toh Chin Chye) 역시 훗날 싱가포르 공화국의 1세대 핵심 지도자가 된다. 이들은 영연방의 일원으로서 말라야의 독립, 인종적 평등과 부의 공정한 분배를 추구했다. 주로 런던에서 모임을 가졌던 말라야 포럼은 케임브리지 대학에서 법학을 공부하고 있던 리콴유(Lee Kwan Yew, 李光耀)와 접촉하게 된다.

리콴유는 영국에서 변호사 자격을 취득하고 1950년 8월 싱가포르에 돌아왔고, 곧 변호사로서 명성을 얻게 된다. 리콴유는 1951년 선거에서 진보당의 선거운동에 잠시 참여했지만, 진보당의 너무 더딘 행보를 참을 수 없었다. 그는 미래가 영국 시민권자인 중국인들(Queen's Chinese)의 것이 아니며 더 넓은 지지를 얻을 수 있는 사람들의 것임을 인식하게 된다. 리콴유는 점차 영향력과 접촉 범위를 넓혀갔고, 데반 나이르(Devan Nair)와 교분을 쌓게 되면서 그를 통해 극좌 성향의 중국인 학생 지도자들을 만나게 되었다.

리콴유는 여러 노동조합의 법률 자문을 해주다가 1952년 5월 집배원과 전화 교환수 노조의 노동쟁의를 평화적으로 중재하면서 변호사로서의 명성을 드높였다. 이 사건을 통해 훗날 그의 핵심 참모 중 하나가 되는 라자라트남(Rajaratnam)과 교분을 쌓게 된다.

1954년 2월 렌들 위원회의 보고서가 출간되고 다음해에 자치 정책을 확정하기 위한 선거가 열릴 것으로 예상되자, 새로운 정당과 동맹을 결성하기 위한 협상과 토론이 활발히 일어난다. 이 단계에서 노동당은 명목상으로만 존재했다. 1954년 7월 림유혹(Lim Yew Hock)은 저명한 유대인 변호사 데이비드 마샬(David Marshall)을 당수로 하여 사회주의자들을 끌어모아 노동전선(Labour Front)을 결성했다. 당시 47세였던 마샬은 1930년대 중반 영국에서 변호사 자격을 취득했고, 일본이 침략해 왔을 때 싱가포르 의용군에 참여해 싸웠고 전쟁포로로 홋카이도(北海道)의 탄광으로 보내져 노역을 한 경력이 있었다. 따뜻한 성품을 가진 웅변가인 마샬은 1950년대 초부터 뛰어난 형사사건 변호사로 명성을 얻었고 약자들을 열정적으로 대변했다.

그동안 또 다른 정치인들이 주말마다 리콴유의 집에서 회합을 가졌고, 리콴유의 집이 옥슬리 로드(Oxley Road)에 있었기 때문에 그 모임은 '옥슬리 서클'이라고 불렸다. 1953년 런던에서 돌아온 토친차이(Toh Chin Chye)도 여기에 참여했다. 노동전선 지도부는 리콴유에게 접근했으나, 리콴유는 극단적인 과격파와의 동맹이 더 이롭다고 보았기 때문에 협상은 결실을 맺지 못했다. 불법화된 말라야 공산당은 영어 교육을 받은 좌익을 정치의 전면에 내세워 궁극적으로 무장투쟁을 준비하는 데에 이용할 수 있었기 때문에 좌익 인사들을 환영했다. 리콴유 일파는 공산당과의 연합이 위험하기는 하지만 중국어로 교육받은 다수 대중들의 불만을 이용하여 정치적 성공을 거둘 수 있는 유일한 길이라고 인식했다.

비상계엄 때 체포되었다가 석방된 데반 나이르(Devan Nair)도 리콴유가 주도하는 회합에 합류했다. 이 모임의 규모는 너무 커져서 정치 집회의 규모를 제한하는 비상계엄 조치를 어길 수 있었고, 토친차이는 이를 피하기 위해 정당 등록을 하는 것이 답이라고 제안했다. 이렇게 인민행동당(People's Action Party, 약칭 PAP)이 탄생하였고, 리콴유가 당서기를 맡고 토친차이는 의장이 되었다. 영어와 중국어로 교육받은 급진파들과 노동조합원들로 위원회를 구성했고, 1954년 10월에 열린 창당식에는 1천5백 명이 넘는 사람들이 참석했다. 인민행동당은 말라야연방과 연합한 즉각적인 독립, 비상계엄의 해제, 공통적인 말라야 시민권, 모든 공무원직에 현지인 채용, 무상 의무교육, 지역 산업의 진흥, 노동조합법의 개정, 근로자 헌장 등을 선거에서 주장할 당론으로 채택했다.

부유한 중국 태생 사업가 집단은 렌들 헌법이 중국어로 교육받은 사람들에게 주는 새로운 정치적 기회를 늦게 인식했지만, 화교상공회의소의 영향력 있는 집단이 1955년 선거 직전 민주당(Democratic Party)을 창당했다. 민주당은 조직력이 약했지만 탄락셰(Tan Lark Sye)로부터 든든한 재정지원을 받았다. 당론으로는 중국어 교육과 중국 문화의 진흥, 중국어의 공용어 인정, 중국 태생의 자유로운 시민권 취득 등을 채택했다. 당의 명칭과는 달리 민주당은 경제적인 면에서 보수적인 성향을 가지고 있었으며, 흔히 '백만장자당'이라는 별명으로 불리었다.

이렇게 싱가포르 발전의 새로운 시대를 열 선거 경쟁을 위한 전선이 그려졌고, 이 정당들은 1955년 선거에서 치열하게 맞붙게 된다.

의외의 결과를 낳은
1955년 선거

그간 대다수의 싱가포르 사람들은 정치에 별 관심을 보이지 않았지만, 1955년 선거는 활발한 정치적 각성이 일어나는 계기가 된다. 새로운 헌법을 시행하기 위해 1955년 4월에 열린 선거는 싱가포르 역사상 최초의 활기찬 정치 경쟁이었고, 비상계엄이 일시적으로 완화되어 선거의 열기가 더해졌다. 가장 강력한 정당으로 보였던 진보당과 민주당은 많은 후보자를 내며 의회의 절대다수를 차지하려 했다. 그러나 진보당과 민주당은 서로만을 경쟁자로 여겼으며, 전통적인 지지층인 중산층 공략에 주력하면서 대중의 지지를 구하려는 시도를 거의 하지 않았다.

대중들을 자극한 것은 좌익 정당인 인민행동당(PAP)과 노동전선(Labour Front)이었다. 인민행동당의 극좌파는 선거를 보이콧하자고 주장했으나, 결국 인민행동당은 형식적으로 4명의 후보자를 내기로 결정했다. 인민행동당은 선거운동을 강력하게 펼쳤고, 이전 선거에서는 별 관심을 보이지 않았던 다수의 중국인을 대상으로 대중 집회를 개최했다. 노동전선은 17명의 후보자를 냈고, 새로운 입법의회에서 강력한 야당이 되는 것을 목표로 했다. 노동전선은 말라야와 싱가포르의 합병을 통한 즉각적인 독립, 22만 명의 중국 태생 거주자에게 싱가포르 시민권 확대, 계엄령 철폐, 입법부에 다중언어 채택 등을 공약으로 내걸었다. 당수 마샬은 법정에서 썼던 화려한 기법을 선거운동에 사용해 대중들을 흥분시켰다.

선거 결과는 승자와 패자, 그리고 영국에게도 충격적이었다. 마샬의 노동전선은 10석을 차지하여 단일 정당으로는 최다 의석을 확보했고, 인민행동당은 4명의 입후보자 중 3명이 당선되는 성과를 거두었다. 그러나 이전까지 정치 무대를 독차지했던 진보당은 4석을 얻는 데 그쳤고, 민주당은 고작 2석을 얻었다. 이전 입법위원들은 림유혹을 제외하고는 새로운 입법의회에서 의석을 얻는 데에 모조리 실패했다. 식민정부와 친분이 두터운 진보당 인사들이 새 의회의 최전선을 차지할 것이라는 영국의 예상은 처참하게 깨졌다.

우익 정당들의 패인에는 중도보수 성향의 표를 그들끼리 찢어 가진 것도 있었지만, 유권자들의 변화된 성향을 인식하지 못한 것이 가장 치명적인 요인이었다. 유권자 자동등록 제도로 인해 유권자의 수는 7만 6천 명에서 30만 명 이상으로 늘었고, 그들 중 대부분은 노동자계층의 중국인이었다. 좌익 정당들은 새로운 유권자들의 지지를 호소했지만, 진보당은 과거의 친식민적, 보수적 정책을 고수하여 패배를 자초했다. 이 선거 결과는 보수 정치에 사망선고나 다름없었고, 화교 상공회의소가 직간접적인 정치권력을 행사하던 시대는 막을 내렸다. 이듬해 진보당과 민주당은 합병하여 자유사회주의당(Liberal Socialist Party)을 결성했으나, 어울리지 않는 이름을 가진 이 정당은 더 이상 대중적인 지지를 얻지 못하고 다음 선거에서 완패했다. 미래의 정치 무대는 조속히 식민 지배를 벗어나 자치를 얻는 것을 목표로 하는 좌익 정치인들의 몫이었다.

마샬의 노동전선은 지명직 의원들 다수와 동맹을 맺어 연립정부를 구성했고, 노동전선 동맹은 총 32석의 의석 중 18석을 차지했다. 최대 다수당이 총 의석의 3분의 1 미만을 차지한 상황 때문에 연립정부의 입지는 불안했지만, 야당들도 분열되어 자유사회주의당 6석, 인민행동당 3석, 무소속 3석, 지명직 민간인 2석으로 구성되어 있었다. 좌파 소수여당 정부는 보수와 극좌파가 섞인 야당들과 함께 의회를 운영해야 했다.

렌들 헌법에는 의회 책임내각이 규정되었지만, 총리의 권력이나 위치에 대해서는 특별히 정의된 것이 없었다. 마샬 총리는 자신이 아무런 기반도 없이 명목상의 권력만 가지게 되었음을 곧 깨달았다. 마샬은 그의 공약 이행에 필요한 과반수를 안정적으로 확보하지 못했을 뿐 아니라 인민행동당과는 좌파의 맹주 자리를 놓고 경쟁해야만 했다. 또한 마샬은 정치나 의회 경험이 없었고, 그 상황에 대처하기 위해 필요한 자질인 자제력과 외교력을 갖춘 인물도 아니었다. 처음부터 리콴유는 렌들 헌법이 식민지배의 또 다른 얼굴일 뿐이라며 맹렬히 비난했고, 마샬 또한 렌들 헌법이 민족주의적 열망을 달래기 위한 기만적인 장치에 지나지 않는다고 느꼈다. 그러나 마샬은 스스로도 비판하는 헌법을 책임지고 운영해야만 하는 진퇴양난의 처지에 놓였다. 이러한 복잡한 상황에서 정국이 잘 돌아가려면 총독과 총리 양측의 상호간 공감과 미묘한 정치 수단이 필요했지만, 두 사람 모두 그런 면을 전혀 갖추지 못하고 있었다.

영국은 다른 식민지에서는 강력한 민족주의 지도자들을 빨리 인정했다. 1955년 7월 말라야연방 선거에서도 의외의 결과가 나왔고, 툰쿠 압둘 라만의 암노(UMNO)가 1석을 제외한 모든 의석을 휩쓸었다. 영국 정부는 말라야연방의 독립 절차를 가속화하는 것에 동의했으며 말라야연방은 1957년 8월 31일 완전한 독립국가가 되었다. 말라야연방은 세계 최초로 식민종주국과의 평화적인 협상에 의해 독립을 이룬 국가로 기록된다.

그러나 싱가포르의 새로운 정치 상황에 대한 영국의 반응은 매우 달랐다. 소수 정부는 확고한 기반이 없었고 니콜(John Nicoll) 총독은 마샬이 승리했다고 해서 그가 명확한 권한을 갖게 되는 것이 아님을 분명히 보여주었다. 렌들 헌법에는 총독이 총리와 협의하도록 규정되었지만 총리의 조언에 따라 행동해야만 한다고 명시되지는 않았다. 뻣뻣하고 창의적이지 못한 인물이었던 니콜 총독은 마샬 총리를 명목상의 우두머리로 취급해 두 사람은 여러 면에서 갈등을 빚었다. 니콜 총독은 한동안 마샬에게 집무실을 마련해 주지도 않았으며 마샬이 사무국 앞 나무 그늘 앞에 놓인 그의 책상을 엎어버리겠다고 위협한 후에야 집무실 문제는 해결되었다.

마샬의 승리로 인해 인민행동당의 온건파들은 당내 급진파로부터 정부보다 더 급진적으로 나가라는 압력을 받았다. 처음부터 인민행동당은 반식민주의, 사회주의 정당이었으나, 리콴유로 대표되는 온건파와 림친시옹(Lim Chin Siong)이 주도하는 극좌파로 갈렸다. 공산주의자와 비공산주의자의 연합은 1950년대 중반의 싱가포르에서 아주 위험한 게임이었다. 영어로 교육받은 사람들의 눈에는 리콴유가 가장 목소리 높은 인물로 보였지만, 초기에는 좌익 학생들의 지지를 받고 노동자와 중국인 대중을 조직화한 림친시옹과 극단주의자들이 인민행동당의 실세였다. 리콴유를 중심으로 한 온건파들은 처음부터 이것을 잘 알고 있었고, 공산주의자들의 손에 당권이 넘어가지 않도록 끈질기게 버티면서 그들을 타도할 때를 기다렸다.

점잖은 정치 토론의 시대는 끝났고, 의회에서는 두 라이벌 마샬과 리콴유 간의 격렬한 설전이 불붙었다. 강한 개성을 가진 두 웅변가에게는 몇 가지 공통점이 있었다. 영어로 교육받은 중산층 출신이었고, 영국 유학파 변호사라는 점도 같았다. 그들은 거칠고 진취적이며 회복력이 강하기로 유명한 소수집단인 유대인과 하카(Hakka, 客家) 출신이었다. 영국의 헌법 수단을 통해 말라야의 일부분으로 독립된 비공산주의 싱가포르를 추구한다는 것도 같았다. 그러나 닮은 점은 여기까지였고, 두 사람은 신조, 스타일, 방법론 등에서 근본적으로 달랐다. 마샬은 충동적이고 급한 성질을 가지고 있었고, 타협을 기만행위로 여기면서 정면돌파를 선호했다. 반면 리콴유는 선견지명을 가지고 세심한 계획을 하는 사람이었고, 냉정하고 분석과 계산에 능했다. 마샬은 말라야 공산당에 대한 반감을 공공연하게 밝혔던 반면, 리콴유는 당분간은 반공을 표방할 여유가 없다고 보았다. 또한 리콴유는 노동조합과 중국어 학교의 좌익 지도자들과 연합하는 것이 중국어로 교육받은 다수 대중들의 지지를 얻기 위한 유일한 길로 인식했다. 누가 최후의 승자가 될 것인지는 이런 대목에서 이미 잘 드러나고 있다.

싱가포르의 정국은 극심한 혼란에 빠졌고, 마샬은 서서히 무능함을 드러내게 된다. 림친시옹을 중심으로 한 인민행동당의 극좌파는 합법적인 수단을 무시한 채 폭력적이고 극단적인 학생운동과 노동운동을 조종했다. 중국어 학교 학생들은 수업거부, 폭동, 파업을 계속 일으켰다. 최악의 사태는 1955년 5월에 일어났는데, 혹리버스회사(Hock Lee Bus Company)의 파업에 학생들이 가담하여 폭력

혹리버스 폭동 현장에서 폭동을 분산시키기 위해 고압의 물을 분사하는 모습

시위로 발전시킨 것이다. 마샬 총리는 총독의 충고를 무시하고 군대 동원을 거부했고, 결국 이 파업은 버스노동자 노동조합과 공장-상점 노동자 노동조합 연합의 승리로 끝났다. 건실한 기업이었던 혹리버스회사는 이 파업으로 인해 순식간에 도산했다.

노동전선 정권은 몇몇 학생들을 체포하였고, 주모자들을 내쫓지 않으면 소요에 연루된 학교들을 폐쇄하겠다고 위협했다. 이것은 미흡하고 뒤늦은 조치였지만, 2천 명의 학생들이 학교에 바리케이드를 치고 지도자의 석방을 요구했고 공장-상점 노동조합은 총파업을 일으키겠다고 협박했다. 그렇지만 마샬 총리는 중국인 학생들의 명분에 심정적으로 동조했으며 문제의 근원이 식민당국의 교육정책에 있다고 보았기 때문에 단호한 조치를 취하기를 거부했다. 이런 마샬의 행동은 유약함으로 보였고, 승리감에 도취한 학생들은 대규모 행진을 벌였다.

마샬은 정치에 개입하지 않는 조건으로 중국인 중학생연합(Singapore Chinese Middle School Students' Union)의 등록을 승인했지만, 그 조건이 지켜질 리가 없었다. 말라야 공산당은 중국어 학교에 침투해 조직을 강화하고 그들의 혁명사상에 동조하지 않는 교사들에게 물리적인 공격을 가했다.

1955년 5월과 6월 사이 극단주의자들의 조장 속에 노동쟁의는 최고조에 달했다. 극단주의 노동조합 지도자들은 6월에 있을 항만공사 파업을 총파업으로 이어가려 했으며, 노동전선 정권은 이를 미연에 방지하기 위해 퐁스위수안(Fong Swee Suan)을 포함한 5명의 지도부를 체포했다. 1955년에 발생한 거의 3백 건의 노동쟁의 중 3분의 1만이 임금 인상과 노동조건 개선에 관한 요구였고, 나머지는 동조파업 또는 체포된 노동조합원의 석방을 요구하기 위한 것이었다.

식민당국은 폭동을 다루는 마샬의 유약한 방식을 개탄스럽게 여겼다. 마샬이 반체제 노동자와 학생들에게 동정심을 품고 있다는 점은 식민당국과의 관계를 더 어렵게 만들었다. 소수여당의 총리라는 취약한 입지에서 극단주의자들에게 지지 않기 위해 마샬은 더 큰 권력을 가지기를 원했다. 마샬은 1955년 식민정부에 4명의 각료 임명 권한을 요구했으나, 당시 총독인 로버트 블랙(Robert Black)은 마샬의 요구를 거절했다. 이에 마샬은 만약 싱가포르가 즉각적인 자치권을 얻지 못하면 사임하겠다고 협박했다. 마샬의 집권기 몇 달 동안 벌어졌던 일을 생각하면 이것은 주제넘은 협박이었지만, 식민당국은 마샬의 사퇴로 인해 더 극단적이고 무책임한 정부가 들어설 것을 우려했다. 결국 영국 식민성은 총독이 마샬의 요구를 들어주고 의회 개회 첫 해 말에 헌법 논의를 하는 것에 동의했다. 식민성과 총독은 마샬을 그들이 어쩔 수 없이 끌어안고 가야 할 짐으로 인식하고 있었다.

마샬의 실각과
신임 총리 림유혹

싱가포르 식민정부는 1956년 4월 런던에서 헌법 논의를 조심스럽게 시작했다. 영국 국무장관은 싱가포르가 중국 공산정권의 전초기지 또는 사실상의 식민지가 되기를 원치 않는다고 경고했고, 독립이 공산주의에 대항해 대다수의 사람들을 결집시킬 것이라는 마샬의 견해가 모순적이라고 보았다. 1957년 4월 마샬은 국방과 외교의 권한은 영국이 유지하면서 싱가포르가 내정에 대한 완전한 자치권을 갖기를 요구한다.

영국 정부는 대형 거래를 준비하고 있었다. 의회 의석 전체를 선거에 의해 뽑고 지명직 의원 제도를 폐지하며, 특수한 싱가포르 시민권을 부여하고 무역과 상업을 싱가포르 현지에서 통제하는 내용이었다. 대신에 국방위원회에서는 영국과 싱가포르가 동수의 대표자를 가지고 영국 고등판무관(British High Commissioner)이 캐스팅 보트를 가질 것을 고수했다. 식민정부는 이 권한이 비상시에만 발동될 것이라 약속했지만 캐스팅 보트를 없애자는 마샬의 요구는 거부되었고, 논의는 이 대목에서 중단되었다.

싱가포르 대표단은 영국 정부의 제안을 받아들일지를 두고 의견이 나뉘었지만, 마샬은 자신이 먼저 선수를 쳐서 주장한 것을 고수하며 협상의 여지를 남겨두지 않았다. 타협을 거부한 마샬은 빈손으로 싱가포르에 돌아왔고, 언론의 신랄한 비판과 입법의회에서의 적대적인 토론에 시달리게 된다. 결국 마샬은 내정 자치권을 얻은 후 1956년 6월에 퇴임할 것을 약속했다. 이것은 동료들에 의해 강요되지 않은 마샬 스스로의 결정이었고, 노동전선에 균열을 전혀 일으키지 않았다. 총리직은 부총리이자 노동부 장관인 림유혹(Lim Yew Hock)이 물려받는다.

신임 총리 림유혹의 입지는 결코 강하지 않았다. 노동전선은 1955년 선거를 위해 급조되었고, 그 당시 당원 수는 3~4백 명에 불과했다. 정권을 잡은 후 조직 강화에 나섰지만, 1955년 말에도 당원 수는 5천5백 명 정도에 불과했다. 집권 첫 해의 난관과 불화로 인해 노동전선의 취약한 구조에는 엄청난 압박이 가해졌다. 2명의 노동전선 의원이 무소속으로 탈당하여 반대편에 섰고, 1956년 9월 림유혹은 25명의 선출직 의원 중 단 11명으로부터 지지를 받았다. 그나마 반대파가 분열되어 있었기 때문에 림유혹은 정권을 유지할 수 있었다.

1956년 9월 림유혹 정권은 체제 전복 시도에 대처하기 위한 일환으로 중국인 중학생연합을 포함한 7개의 공산주의 전위조직을 해체했고, 중국어 학교 두 곳을 폐쇄하고 142명의 학생을 퇴학시켰다. 그중에는 20대 중반에 이른 '직업적' 학생들도 있었다. 림유혹 정권의 조치에 대항하여 림친시옹과 좌익 지도자들이 배후에서 조종한 5천 명의 학생들이 6개 중국어 학교에서 항의 연좌농성에 들어갔다. 교사들과 부모들은 그들을 귀가시키는 데에 실패했고, 결국 경찰이 최루탄을 쏘며 진입해 학생들을 끌어냈다. 학생들은 행진에 나섰고 이는 시내 곳곳에서 폭동으로 이어져 이틀 동안 싱가포르에 통행금지령이 내렸다. 폭동을 진압하는 것을 돕기 위해 말라야연방에서 경찰과 군대를 파견했고, 경찰은 공장-상점 노동조합을 급습하여 노동조합 지도부가 학생 시위에 연루되었다는 증거를 찾아냈다. 그 결과 공장-상점 노동조합은 1956년 10월 해산되었고, 림친시옹을 비롯한 극단주의자들이 체포되었다. 림유혹의 공산주의자 대책은 전임 총리 마샬의 유약한 대응보다는 분명 나았다. 그러나 문제는 림유혹의 강경책이 공산주의자에 대한 공격이 아닌 중국인 사회 전체에 대한 공격으로 받아들여졌다는 것이었고, 이 때문에 림유혹은 차츰 정치적 입지를 상실하게 된다.

이 단호한 조치 덕분에 1957년 3월 두 번째 여야 대표단을 이끌고 자치 논의를 재개하러 런던에 간 림유혹의 입지는 강화되었다. 영국 식민성은 뻣뻣한 마샬과는 달리 겸손하고 유연한 림유혹에게 호의적인 반응을 보였다. 1957년의 협상은 말라야연방의 독립이 임박했기 때문에 더 쉬워졌다. 영국 식민성은 7명으로 이루어진 치안위원회(Internal Security Council)를 구성하고 영국과 싱가포르가 3명씩의 대표단을 가지며 말라야연방이 1명을 지명할 것을 제안했다. 이것은 싱가포르의 자존심을 충족하는 동시에 싱가포르에서 체제 전복을 방지하려는 영국의 관심을 잘 반영했다.

입법의회에서 이 제안이 토론에 붙여졌을 때 마샬은 대표단, 그중에서도 특히 리콴유를 비난했다. 심한 다툼 후에 마샬과 리콴유 둘 다 의원직에서 사임했고, 리콴유는 곧 보궐선거에서 승리해 복귀하지만 마샬은 당분간 정치 무대를 떠난다. 진통 끝에 입법의회의 다수가 영국의 제안을 수용하기로 동의했고, 총 의원의 3분의 1로 구성된 사절단이 새로운 헌법의 최종 조항을 확정하기 위해 1958년 런던으로 갔다.

영국과 보수 성향의 말라야연방이 치안 유지권을 가지는 싱가포르 자치가 예상되자 공산주의자들은 새로운 형태의 강경책에 나섰다. 좌익 학생운동의 중심은 중학교에서 새로 개교한 난양대학(南洋大學, Nanyang University)으로 옮겨갔다. 난양대학은 캠퍼스 공사가 진행 중이던 1956년에 처음으로 입학생을 받았고, 1958년 3월 공식적으로 개교했다. 개교식에는 2천 명이 초청받았으나 실제로는 10만 명이 몰려들어 기록적인 교통 정체를 유발했다. 정치 성향, 연령, 빈부와 관계없이 모든 싱가포르 중국인들은 난양대학의 개교에 열정적인 반응을 보였다.

이러한 열정과는 달리 학교 경영은 효과적이지 못했고, 학문에 몰두하는 분위기는 더더욱 아니었다. 학교 설립자이자 난양대학협의회의 의장인 고무 재벌 탄락셰(Tan Lark Sye)는 난양대학을 개인적인 영지처럼 취급했다. 탄락셰는 부유하지만 대개 교육을 받지 못한 그의 동료 후원자들과 함께 현명하지 못한 인사를 단행했고, 비효율적인 학교 경영으로 학생들은 공부보다 정치에 더 관심을 두게 되었다. 난양대학은 곧 온갖 말썽의 온상이 되었고, 불법화된 중국인 중학생연맹

현재의 난양공과대학(구 난양대학)

의 이전 회원들이 난양대학 학생연맹을 조직하여 폭력 행동에 나서게 된다.

이와 동시에 말라야 공산당은 노동조합에 영향력을 회복하고 인민행동당을 장악했다. 공산주의자들은 1955년 전당대회의 중앙집행위원회 선거에 입후보하지 않았고, 1956년 연례 전당대회에서는 12석 중 4석밖에 확보하지 못했으나 림친시옹은 이때 가장 높은 개인 득표를 기록했다. 그러나 1957년 8월 열린 3차 연례 전당대회에서는 온건파와 강경파 사이에서 당권을 둘러싸고 전면전이 벌어졌다. 강경파들은 리콴유가 런던에서 수용한 자치권과 치안위원회 조항, 말라야연방과의 합병을 통한 독립 추구 원칙 등에 강력히 반대했다. 강경파가 의석의 반을 차지하게 되면서 온건파의 입지는 취약해졌고, 토친차이와 리콴유는 지도부에서 물러났다.

림유혹 정권은 광범위한 공산주의자들의 위협에 맞서 35명의 공산주의 과격 분자들을 체포했다. 여기에는 새로 선출된 인민행동당 중앙집행위원 5명과 인민행동당 지구당 간부 11명, 노동조합 지도부, 학생과 언론인 등이 포함되어 있었다. 림유혹의 목표는 노동조합과 학생운동에서 극단주의자들의 영향력을 제거하는 것이었다. 결과적으로 이 검거 조치는 인민행동당 내 극단주의자들의 권력에 심각한 손상을 입혔고, 온건파가 당권을 회복할 기회를 주게 된다. 이런 극적인 변화는 위기에 몰렸던 리콴유 일파에게 아주 유리하게 작용했고, 많은 사람들이 림유혹과 식민당국의 의도를 리콴유가 미리 알고 있었을 것이라 짐작했다.

다시 입지를 회복한 인민행동당 온건파는 당권을 공고히 하기 위해 집행위원회 입후보 자격을 입당 후 2년 경과로 늘리고 간부단 시스템을 만들었다. 이로써 인민행동당의 당원은 네 그룹으로 나뉘게 되는데, 그들 중 간부단 자격을 충족한 사람들만이 중앙집행위원회에서 투표권을 가지게 되었다. 간부단은 만 21세 이상의 문맹이 아닌 싱가포르 시민이어야 했고, 이로써 대부분의 학생과 많은 수의 중국 태생 노동자계층 당원들이 집행위원회에서 배제되었다. 여전히 당원의 다수는 중국어로 교육받은 사람들이었지만, 영어로 교육받은 온건파 지도자들이 지배권을 굳히게 되었다. 표면적으로 온건파는 계속 좌익 동료들을 지원하고 투옥된 관계자들의 석방을 요구하면서 대중의 인기를 쌓아갔다.

영국 정부는 림유혹 정권이 체제 전복 시도에 대응해 거둔 성과에 기뻐했다. 1957년 8월에는 말라야연방이 독립했고, 싱가포르와 말라야연방과의 합병, 시민권, 교육 등 중대한 문제에 대한 논의가 꾸준히 진척되었다. 시민권에 대한 논란은 1957년 제정된 시민권법(Citizenship Ordinance)에 의해 해결되었다. 싱가포르와 말라야연방에서 태어난 모든 거주자와 2년 이상 거주한 영국 시민에게 싱가포르 시민권을 부여하기로 정해졌고, 싱가포르에 10년 이상 거주하고 싱가포르에 충성을 서약할 모든 사람들에게 귀화 요건을 주게 된다. 이것은 해외에서 태어난 22만 명의 중국인들 중 다수에게 선거권을 주는 결과를 가져온다. 1957년 12월에 도입된 교육법은 네 개의 주요 언어에 동등한 자격을 부여하였고, 이는 다음 30년 동안 싱가포르 교육정책의 근간이 되었다.

1958년 4월 세 번째 여야 대표단이 런던을 방문했고, 새로운 헌법의 조항들에 대한 합의가 신속히 이루어졌다. 영국 의회는 1958년 8월 싱가포르 자치주법 (State of Singapore Act)을 통과시켰고, 이로써 싱가포르는 식민지에서 모든 내정 권한을 가진 자치주로 변신하게 되었다. 51명의 입법의회 의원은 성인 싱가포르 시민의 투표로 선출되고, 입법의회에서는 영어, 말레이어, 중국어(북경 표준어), 타밀어로 토론을 진행할 수 있게 되었다. 총리(Prime Minister)는 내각을 구성할 수 있고, 치안은 싱가포르, 영국, 말라야연방의 대표자로 구성되는 치안위원회의 소관이 되었다. 영국이 외교와 국방에 대한 통제권을 유지하지만, 긴급 상황에 한해서만 고등판무관(High Commissioner)의 직권으로 헌법과 정부의 권한을 정지할 수 있었다. 유일한 쟁점은 새로운 헌법 실행을 위해 1959년 5월 실시할 선거에서 체제 전복 분자들의 배제를 영국이 고수한 것이었는데, 이는 창이 감옥에 수감된 정치범들의 입후보를 차단함을 의미했다.

이 무렵 대중의 관심은 입법의회에서 지금까지는 활약이 없었던 시청으로 옮겨졌다. 영국은 민주주의를 훈련하는 기반으로써 지방정부를 강조했다. 렌들 위원회는 렌들 헌법의 틀 안에서 지방정부를 구상하고 하나의 '싱가포르 지역총괄 시정위원회'(one island-wide City and Island Council)를 꾸려 업무를 간소화할 것을 제안했다. 마샬은 이러한 기관이 입법의회에 대항하는 조직이 될 것을 두려워했고, 1955년 지방자치장(Municipal President) 아래에 시정위원회와 지방위원회를 분리할 것을 계획하는 새 위원회를 만들었다.

새로운 지방정부법(local government legislation)이 1957년부터 7월부터 시행되었다. 싱가포르 개발신탁(Singapore Improvement Trust)과 항만청(Singapore Harbour Board)은 독립적인 지위를 유지했고, 시정위원회(City Council)의 권한도 비슷하게 유지되었다. 그러나 지역위원회(Rural District Councils)들은 고문단 역할을 넘어서서는 안 된다는 방침이 고수되었다.

시정위원회와 유권자의 구성은 급변했다. 시정위원회는 전원 선거를 통해 선출되는 32명의 위원으로 구성되며, 그들 중 1명이 시장이 되기로 정해졌다. 후보자들은 공용어 4개 중 하나를 구사할 수 있어야 하고, 공용어 4개는 모두 위원회 토론장에서 사용이 허용되었다. 일정 거주 요건을 충족한 모든 성인은 자동적으로 유권자로 등록되었고, 이로 인해 50만 명의 신규 유권자가 생겼다. 1957년

12월에 열린 시정위원회 선거는 처음으로 큰 관심을 불러일으켰다. 이전 시정위원회의 다수당이었던 자유사회주의당(Liberal Socialist Party)은 7석을 지키는 데에 그쳤고, 부패와 싸우고 시민들에게 봉사하도록 시정위원회를 재조직하겠다는 공약을 내건 인민행동당은 14명의 후보자 중 13명이 당선되면서 제1당이 되었다.

조호(Johor) 태생이고 호주에서 교육받은 회계사인 인민행동당 창립 멤버 옹잉관(Ong Eng Guan)이 시장(Mayor)으로 선출되었다. 과격한 반식민주의자이지만 공산주의자는 아닌 옹잉관은 중국인 대중이 좋아하는 사람이었다. 그러나 옹잉관은 정통파가 아닌 예측불능인 사람이었고, 시장직에 오른 후 온갖 전횡과 상상하기 어려운 기행(奇行)을 저지르며 물의를 일으켰다. 옹잉관의 전횡을 참지 못한 다른 당 소속 위원들은 그의 행동을 저지하기 위해 단결했다. 결국 1959년 3월 정부는 시정위원회 기능의 일부를 인수했고, 그다음 달 옹잉관과 인민행동당 소속 위원들은 사임했다.

리콴유의 1959년 총선거 압승과 자치정부 수립

리콴유는 1958년 3월 8년간 은신해 있던 팡추안피(Fang Chuan Pi)와 비밀회합을 가졌다. 당시 20대 후반의 젊은이였던 팡추안피는 말라야 공산당으로부터 전권대사(plenipotentiary) 권한을 부여받았고, 그래서 플렌(Plen)이라는 별명으로 불린다. 플렌의 임무는 인민행동당의 급진파와 온건파 간의 관계를 회복시키는 것이었고, 비록 공산주의자들이 몇 년간 쇠퇴하기는 했지만 여전히 막후에서 강력한 영향력을 가지고 있음을 온건파에게 이해시키려 했다. 이 회합은 인민행동당이 공산주의자들의 활동을 자유롭게 둔다는 양해하에 공산주의자들이 인민행동당을 지원하기로 한 몇 차례의 회합 중 최초의 것이었다. 그러나 그 회합들은 상호 간의 몰이해를 강화했던 것으로 보인다. 리콴유는 극좌파의 힘을 과대평가했고, 공산주의자들은 리콴유가 극좌파에 공감하고 있다고 과신하게 된다.

새로운 헌법 시행과 자치정부 수립을 위한 총선거를 앞두고 인민행동당은 집권을 위한 노력을 개시했다. 인민행동당은 포괄적인 정치, 경제, 사회 프로그램을 수립했고, 1959년 2월 매주 대중 집회를 열어 당의 정책을 홍보하며 선거 전운동에 착수했다. 인민행동당은 노동전선 정권의 부패 의혹을 폭로하면서 강력히 공격했다. 결국 노동전선은 내부 이탈자가 나오며 와해되었고, 림유혹은 신당인 인민동맹당(Singapore People's Alliance Party)을 창당하였으나, 자유사회주의당의 일부 인사들이 합류한 것을 빼면 사실상 이름만 바꾼 것에 불과했다.

1959년 5월 총선거 직전 불미스러운 소문과 혐의가 청문회에서 밝혀지면서 이전 정권에 대한 불신이 커져갔다. 이와 대조적으로 인민행동당 후보자들은 청렴의 상징으로 흰옷을 입고 건설적인 경제, 사회 개혁 프로그램을 유권자들에게 제시했다. 인민행동당 지도부는 정직하고 효율적인 정부를 약속했으며 말라야연방과의 합병을 통해 독립을 달성하겠다는 공약을 내세웠다. 인민행동당의 첫 번째 목표는 다인종 사회에 단일국가에 대한 소속감을 불어넣는 것이었고, 두 번째 우선순위는 싱가포르를 교역 중심의 사회에서 산업사회로 변화시키는 것이었다. 이에 대해 큰 회사들은 두려움과 의심을 가졌지만 유권자들은 감명을 받았다. 인민행동당의 선거 전략은 잘 먹혀들었고, 51개 선거구 모두에 후보자를 내어 43석을 휩쓸었다. 이제 싱가포르에는 처음으로 강력한 다수당을 가진 전원 선출직으로 구성된 정부가 등장하게 된다.

이전의 지도자들은 1959년 이후에는 싱가포르 정치에서 더 이상 중요한 역할을 하지 못했다. 림유혹은 위신이 땅에 떨어졌지만 새로운 의회에 진입하는 것에는 성공했으나, 마샬은 낙선의 고배를 마셨다. 노동전선은 대중의 지지를 얻을 강력한 조직을 갖추지 못했고, 지난 4년간 거둔 나름 괜찮은 성과를 뒤덮어버린 불화와 추문에 휩싸여 소멸하고 만다. 노동전선 정권의 업적으로는 완전한 내정 자치권 획득, 싱가포르 시민권 제도, 공식적인 다중언어 원칙 확립, 그리고 말라야연방과의 합병의 길을 개척한 것 등을 들 수 있다. 그리고 싱가포르의 미래를 위협할 중대한 문제인 공산주의자들을 억압함으로써 안전판 역할을 했던 공로도 있었다.

선거에서 인민행동당이 압승하자 사업가들과 자산가들은 공포감을 느꼈다. 그들은 이 선거 결과로 인해 무책임하고 보복적 성향의 정부가 등장할 것이라 예상했고, 궁극적으로는 공산주의의 전주곡이 될 것이라 생각했다. 이때까지만 해도 겉으로 드러난 인민행동당의 행동은 선동적이었고, 리콴유는 극단주의자들의 과도한 요구를 공개적으로 지지하고 있었다. 인민행동당의 강력한 선거운동과 고용주에게 맞서라고 노동자들을 선동하는 행위에 전문가 집단과 상인들은 겁을 먹을 수밖에 없었다. 부동산 가격은 하락하고 자본의 유출이 일어났으며, 다수의 외국 회사들과 언론사들은 쿠알라룸푸르로 본부를 옮겼다.

선거 직후에 벌어진 일들은 이러한 두려움을 증폭시켰다. 리콴유는 인민행동당 소속의 수감자들이 석방되기 전까지 취임을 거부했고, 그들 중 몇 명에게 정부에 자리를 내주었다. 6천 명의 공무원들은 수당 삭감을 당했고, 일요일마다 말로만 자발적인 육체노동에 동원되었다. 서양 문화에 대한 적대적인 분위기가 조성되었고, 영국 시민권자가 자유롭게 싱가포르 시민권을 취득하는 조항도 폐지된다.

그러나 상황은 생각보다 나쁘게 전개되지 않았고, 자본주의와 식민주의에 대한 보복의 공포는 현실화되지 않았다. 선거운동 과정에서 리콴유가 급진적인 성향을 띠었던 것은 표를 얻고 당권을 장악하기 위한 수단이자 장기적인 정치 구상에 입각한 전술이었을 뿐이었다. 리콴유는 진짜 발톱을 뒤에 감춰놓고 있었다.

리콴유는 고도의 정치 기술을 발휘하여 인민행동당의 당권을 장악해 나갔다. 림친시옹, 데반 나이르 등 극좌파들이 수감되어 있는 시기를 적절히 이용했고, 당규 개정을 통해 그들의 힘을 약화시켰다.

새로운 내각에는 다양한 재능을 가진 인물들이 포진했다. 총리(Prime Minister) 리콴유를 보좌하는 핵심 집단은 토친차이(Toh Chin Chye), 고켕스위(Goh Keng Swee), 라자라트남(Rajaratnam)으로 구성되었다. 토친차이, 고켕스위, 라자라트남, 그리고 이들보다 약간 아래 연배인 옹팡분(Ong Pang Boon)의 4인방은 리콴유의 핵심 참모로 오랜 세월 동안 맹활약하게 된다. 토친차이는 헌신적인 당의 장이었고, 고켕스위는 실용적인 경제학자였으며, 라자라트남은 상상력이 풍부한 사상가이자 언론인이었다. 이들 셋은 능력이 뛰어난 사람들이었지만, 리더의 자리와 세상의 주목을 카리스마 넘치는 리콴유에게 기꺼이 넘겼다. 리콴유는 원래 영어만 할 줄 알았지만, 대중과 직접 대화하는 것의 중요성을 인식하고 언어 습득에 나섰다. 타고난 언어 습득 능력과 여러 해에 걸친 각고의 노력이 더해져 리콴유는 말레이어, 북경표준어, 호키엔(Hokkien) 방언까지 유창하게 구사할 수 있게 된다.

인민행동당의 지도자들은 모두 실용주의자였으며, 비슷한 부류의 경제학자, 은행가, 건축가 등을 끌어들였다. 그들은 어떠한 사상에도 묶이는 것을 거부했고, 사람들이 원하는 것은 일자리, 주택, 교육, 보건 등 실질적인 문제를 해결할 수 있는 좋은 정부라고 믿었다.

전 총독이었던 윌리엄 구드(William Goode)는 6개월 동안 Yang di-Pertuan Negara(이원집정부제의 대통령처럼 정치적 실권은 없는 상징적인 국가수반)의 역할을 하면서 새로운 정부를 도와 순조로운 권력 이양에 힘썼다. 1959년 12월 구드를 대신해 그 자리에 오른 사람은 말레이인 유소프 빈 이샥(Yusof bin Ishak)이었다. 유소프 빈 이샥은 새로운 우투산 믈라유(Utusan Melayu)를 창간한 언론인이었고, 검소하고 근면하며 현대적인 생각을 가진 무슬림이었다. 원래 유소프 빈 이샥은 리콴유와 정적 관계가 될 수 있었으나, 그의 인품에 감명을 받은 리콴유가 함께 일할 것을 권하여 정부에 합류하게 된다.

자치정부가 수립되고 총독의 사무실이 폐쇄되자 영국인 고위당국자들은 판무관(Commissioner)이 되었다. 영국 판무관은 막후에서 상당한 권력을 행사했고, 내각 회의의 의제와 서류 일체를 열람할 자격이 있었다. 고등판무관(High Commissioner)은 치안위원회 의장직을 유지하면서 비상시에 헌법을 정지하고 정부의 책임을 떠맡을 권한을 가졌다.

새로운 입법의회의 첫 번째 회기를 시작하면서, 정부는 식민주의를 종식시키고 민주적인 비공산 사회주의 독립 말라야를 건설하겠다고 서약했다. 또한 싱가포르는 말라야연방과 합병하여 독립국가의 자치주가 될 것이라고 천명했다.

처음부터 인민행동당은 말라야와의 합병 문제에 있어 편이 갈려 있었다. 재무장관 고켕스위의 경제 계획은 말라야연방과 공동시장을 형성하고 산업화를 촉진하는 것을 목표로 했다. 좌익세력들은 자본주의 경제가 자리 잡을 것이라는 전망과 강력한 반공 성향을 가진 말라야연방과의 합병에 두려움을 느꼈다. 인민행동당 정부는 4년의 재임기간 동안 합병을 달성하겠다고 약속했고, 영국 정부역시 말라야와 싱가포르의 궁극적인 재결합을 원했다.

좁은 조호 해협을 사이에 둔 물리적 간격은 작았지만, 말라야와 싱가포르 사이의 심리적인 간격은 계속 넓어지고 있었다. 처음에 말라야연방 총리 툰쿠 압둘 라만(Tunku Abdul Rahman)은 싱가포르를 하나의 주로서 연방에 받아들일 용의가 있었으나, 싱가포르 지도자들에게 이것은 받아들일 수 없는 것이었다. 1955년 당시 싱가포르 총리 마샬과 툰구 압둘 라만 사이의 회담은 아무런 합의를 이루지 못했다. 1957년 말라야연방이 영국으로부터 독립할 때쯤에 싱가포르는 정치적 다툼으로 분열되어 있었고, 툰구 압둘 라만은 더 이상 어떤 방식의 합병도 예상하지 않고 있었다.

급진적으로 보였던 인민행동당이 1959년 선거에서 승리하자 말라야연방 지도부는 합병에 반대하는 입장을 더 강하게 굳혔다. 그러나 싱가포르의 새로운 정부는 따로 독립하는 어떠한 제안에 대해서도 거부했다. 사실 합병을 추진한 진짜 이유는 경제적인 측면이었으며, 말라야연방이라는 배후지가 없으면 싱가포르의 생존과 경제발전은 어려웠기 때문이었다. 1959년의 싱가포르는 여전히 중계무역과 말라야에서 생산되는 원자재 취급, 그리고 영국 해군기지에서 나오는 수입에 대한 의존도가 높았다. 인구는 급속히 늘어나고 있었고, 세계에서 인구증가율이 가장 높은 편에 속했다. 이미 많은 수의 미숙련, 반(半)숙련 노동자들은 실업 상태에 있었고, 실업률은 공식적인 수치로도 13퍼센트에 이를 정도였다. 전통적인 식민경제는 점점 늘어나는 고용, 교육, 보건, 주거 등의 수요를 충족할 수 없었다. 이러한 문제들을 타개하기 위해서는 산업화를 추진해야 했지만, 내수시장이 너무 작았기 때문에 든든한 배후지가 반드시 필요했다.

싱가포르의 새로운 정부는 중국인이 다수를 이루는 싱가포르가 연방에 합류하는 것에 대한 말레이인들의 두려움이 해결되어야 함을 알고 있었다. 그러기 위해서 인민행동당 정부는 여러 가지 유화책을 편다. 이미 1956년에 인민행동당 온건파는 말라야연방과 싱가포르가 함께 시행하는 통합 교육시스템에 찬성했다. 1958년의 헌법은 말레이인들을 토착 민족으로 인정했고, 새 정부는 말레이인 유소프 빈 이샥을 첫 Yang di-Pertuan Negara로 임명했다. 그리고 말레이어를 싱가포르의 국어(national language)로 인정했다. 1959년 말레이어 교육 자문위원회가 발족되었고, 그다음 해 말레이어 중등학교가 처음으로 개교했으며, 말레이계 거주지에 더 많은 학교가 설립되었다.

이러한 조치에도 1960년 범 말라야 경제공동체의 가능성을 논의하기 위한 말라야연방 지도자들과의 회담은 아무런 결실을 맺지 못했다. 인민행동당 정부는 말라야연방 정부의 지지를 얻는 것과 당내 극단주의자들을 만족시키는 것을 동시에 이룰 수 없음을 깨달았다. 인민행동당 온건파들은 치안위원회를 말라야와의 첫 번째 연결고리로 보았던 반면, 급진파들은 그것을 식민주의와 억압의 상징으로 보았다. 좌익들은 정부가 말레이어를 국어로 수용한 것도 비난했다.

인민행동당 정부의 당면 과제는 재정적 안정과 신뢰를 구축하는 것이었다. 경제 계획을 도입하고 인구증가율을 억제하며 노동자들을 훈련시키기 위해서는 강력한 정부가 필요했다. 압도적으로 승리하긴 했지만 사실 인민행동당은 결속력을 가진 정당이 아니었고, 선거에서의 승리 직후 온건파와 급진파 사이의 내부 갈등에 직면했다. 온건파는 경제 부흥을 위해 말라야연방과 자본가들의 지지를 원했고, 반면 급진파는 자본주의를 파괴하고 독립 사회주의국가를 건설하려 했다. 새로운 정부의 처음 2년 동안 정치적인 격동이 끊이지 않았고, 불확실성과 노동쟁의 때문에 산업화를 위해 필요한 투자는 좀처럼 일어나지 않았다.

인민행동당 온건파는 노동조합을 기득권층의 파트너로 변화시키기를 원했다. 리콴유는 산업화로 증대된 부를 더 높은 임금과 좋은 근로조건의 형태로 공정하게 분배할 것을 약속했고, 자본과 노동 사이의 싸움은 경제에 해가 된다고 경고했다. 1960년 제정된 노사관계법(Industrial Relations Ordinance)은 파업 없는 단체교섭을 통해 산업의 평화를 지키는 것이 그 목적이었고, 조정, 중재, 단체교섭에 의한 분쟁 해결 조항을 두고 있었다. 중재재판소가 설립되었고, 그 결정은 법적 구속력을 가지게 되었다. 그러나 정부가 추구하는 방향에 대부분의 노동조합들은 거부감을 표출했고, 평화적인 노사관계 구축은 여전히 요원했다.

노동운동뿐만 아니라 학생운동도 새 정부에 강력한 위협요소로 작용했다. 난양대학(Nanyang University)을 중심으로 한 급진적 학생연맹들은 말라야연방과의 합병에 반대했다. 극좌파들은 난양대학 학생연합을 장악했고, 그들의 간행물에는 중화인민공화국의 선전이 대폭 포함되어 있었다. 1959년 7월 프레스콧 위원회(Prescott Commission)가 난양대학에 대한 보고서를 발행하자 난양대학 학생들의 불만은 하늘을 찔렀다. 프레스콧 위원회는 난양대학의 학교 운영, 교과과정, 교육수준 등에 대해 혹평하면서 난양대학의 학위를 인정하지 않을 것을 권고했다. 이것은 학생들에게 엄청난 충격이었다. 그들의 학위가 대학졸업자를 대상으로 하는 직업을 얻거나 학업을 더 이어가기 위한 자격이 되지 못함을 의미했기 때문이다. 난양대학 설립자 탄락셰는 눈물을 흘렸고 몇 달간 격렬한 맞대응을 한다. 학교 운영 실태를 조사하도록 지명된 두 번째 위원회가 똑같이 부정적인 보고서를 제출하자, 1960년 5월 탄락셰는 난양대학위원회의 의장직에서 사임했다. 쓸모없는 학위를 가지고 좌절한 채로 노동시장에 던져지는 수백 명의 난양대학 졸업생들이 향후 엄청난 위험요소가 될 것이라는 점에서 인민행동당 정부는 경각심을 가지게 된다. 타협책으로 정부는 난양대학 졸업생들을 견습형태로 행정직에 채용하고 개인의 성과에 따라 관리직으로 승진시키기로 결정했다. 그러나 이러한 양보도 학생들을 만족시키지 못했고, 이미 격렬했던 불만과 정치적 극단주의에 기름을 붓게 된다.

위기의 리콴유가 던진 승부수

인민행동당 내의 첫 번째 공개적인 다툼은 좌익이 아닌 문제아 옹잉관으로부터 비롯되었다. 시장직에 있으면서 온갖 분탕질을 친 이후에도 옹잉관의 당내 입지와 대중적 인기는 여전했다. 인민행동당 정부는 시정위원회를 중앙정부로 흡수했고, 좋든 나쁘든 지방자치 민주주의는 끝나게 된다.

대부분의 시정위원회의 기능은 국가개발부(Ministry of National Development)로 이관되었다. 국가개발부는 항만청(Harbour Board)과 싱가포르 개발신탁(Singapore Improvement Trust)을 인수하였고, 경제 계획을 수립하고 주택청(Housing Board)을 감독하는 역할도 겸하게 되었다. 시장 시절의 불미스러운 경력에도 불구하고 옹잉관은 핵심부서인 국가개발부의 장관직을 맡게 되었고, 치안위원회의 싱가포르 측 위원 3명 중의 하나로 지명되었다.

이러한 인사는 곧 충돌을 불러왔다. 옹잉관은 떠오르는 스타 리콴유가 자신의 야망에 위협이 된다고 여겼고, 인민행동당 집행부는 옹잉관이 중국인의 맹목적 애국심을 선동하는 것이 말라야연방의 반감을 사고 경제 부흥 정책을 위태롭게 할 것이라고 보았다. 게다가 옹잉관은 국가개발부 운영에서도 시장 시절과 똑같은 분열적 행태를 보였으며, 그 결과 산업화는 지지부진하고 주택 건설 역시 이전 몇 년의 수준에도 못 미치게 되었다. 몇 달 후 지역정부와 항만청이 그의 업무영역에서 제거되면서 옹잉관의 권력은 줄어들었고, 이에 옹잉관은 인민행동당 집행부에 도전하기로 결심했다. 1960년 6월 옹잉관은 당 지도부가 비민주적인 당 구조를 만들고 독립과 사회주의를 향해 나아가는 속도가 느리다며 공식적으로 비난한다. 당내에서 거의 지지를 받지 못하고 온건파와 급진파 모두로부터 배척당한 옹잉관은 장관직에서 해임되고 당에서 쫓겨났다.

옹잉관은 입법의회 의원직을 사임했지만, 옹잉관의 선거구인 홍림(Hong Lim) 지구의 유권자들 사이에서는 그의 카리스마 넘치는 매력이 여전히 먹혀들고 있었다. 옹잉관은 1961년 4월 홍림 지구 보궐선거에 입후보해 중국인들의 맹목적 애국심과 반식민 정서를 이용하기 위해 영국으로부터 즉각적이고 무조건적으로 독립할 것을 요구했다. 공산주의자들이 인민행동당 후보를 지원했음에도 불구하고 옹잉관은 보궐선거에서 압도적인 승리를 거뒀고, 1961년 6월 연합인민당(United People's Party)을 창당했다.

홍림 보궐선거는 중대한 사건이었으며, 정부는 실각의 위기에 몰렸다. 그러나 결과적으로 이 위험은 오히려 인민행동당 지도부에게 행운으로 작용했다. 이때까지 말라야연방 총리 툰쿠 압둘 라만은 격동하는 싱가포르의 정치 상황과 거리를 두었지만, 싱가포르 정부가 더 극단적인 좌익세력의 손에 떨어질 가능성이 보이자 태도를 전환한다. 툰쿠 압둘 라만은 싱가포르가 공산국가로 독립을 달성하여 '제2의 쿠바'가 될 것을 염려했다. 그는 여전히 싱가포르와의 합병을 마땅치 않게 생각했지만, 적대적이고 공산주의자들이 지배하는 독립 싱가포르가 훨씬 더 위험하다는 결론을 마지못해 내렸다. 1961년 5월 싱가포르에서 열린 해외특파원 모임의 오찬 연설에서 툰쿠 압둘 라만은 조만간 말라야, 싱가포르, 북 보르네오가 더 긴밀한 정치적, 경제적 협력을 위해 나아가야 한다고 잠정적인 제안을 한다. 이 예기치 못한 비공식 제안에 대해 싱가포르 정부는 공식적인 환영을 표했으나, 인민행동당의 좌익은 실망감을 표출했다. 이것은 인민행동당 내의 온건파와 극단주의자 사이에 공개적인 대치를 촉발하게 되었다. 싱가포르의 좌익세력은 강한 반공 성향을 가진 말라야연방의 영향력 아래에 들어가는 것을 두려워했기 때문에 싱가포르가 따로 독립하는 것을 원했다.

인민행동당 내의 집행부와 좌익 간의 갈등은 필연적으로 올 수밖에 없었고, 이 단계에서 온건파는 그들의 목을 죄는 장애물을 제거하고 싶었다. 말라야연방과의 합병은 공산주의자들과 결별하기 위한 완벽한 이슈였다. 인민행동당의 온건파는 합병 문제를 놓고 피할 수 없는 한판 전투를 벌임으로써 두고두고 부담이 되었던 짐을 덜게 되었고, 합병에 대해서는 반대파가 대중의 감정을 움직이기 어려웠다. 그러나 뒤따르는 투쟁은 인민행동당을 거의 박살 내는 결과를 가져왔다.

1961년 7월에 열린 안손(Anson) 지구 보궐선거는 격랑을 불러왔다. 인민행동당 좌익의 수장인 림친시옹은 자기 당이 낸 후보자를 지지하지 않았으며 다른 좌파 인민행동당 의원들, 노동조합 지도자들과 함께 상대 후보자를 노골적으로 지원했다. 그 상대 후보자는 노동당(Workers' Party)의 당수였던 전 총리 마샬이었다. 마샬은 보궐선거에서 근소한 차이로 승리했고, 즉각적인 독립과 치안위원회 해체, 그리고 영국군 기지의 철수를 주장했다. 림친시옹 일파는 이러한 주장들을 지지하고 말라야와의 합병에 반대했으며, 정치적인 이유로 구금된 사람들의 석방을 요구했다.

림친시옹과 그의 일파인 우드헐(Sandra Woodhull), 퐁스위수안(Fong Swee Suan)은 영국 경찰청장이었던 셀커크(Selkirk)에게 긴급 면담을 신청한다. 이 모임은 에덴 홀(Eden Hall)에서 열렸기 때문에 흔히 '에덴 홀 티 파티'(Eden Hall tea party)라고 불린다. 그들은 리콴유가 영국과 협업 관계를 유지하고 있다고 생각했고, 리콴유가 투표로 총리직에서 해임되어 그들이 권력을 이양 받더라도 영국이 헌법 효력을 유지하겠다는 확실한 약속을 받고 싶었다. 셀커크는 그의 개방 정책에 따라 4명의 인민행동당 좌익 인사들을 만났고, 헌법은 어떠한 것에도 얽매이지 않는 것이므로 존중해야만 한다고 강조했다.

영국은 헌법 체제를 유지하고 계획된 일정을 지킬 작정이었지만, 리콴유는 에덴 홀 티 파티가 위험한 사건이며 영국의 계략이라고 인식해 분노했다. 공산주의자들이 제멋대로 행동하게 만들어 리콴유가 나서 그들을 완전히 제거하든지, 아니면 리콴유가 사임하게 만들고 영국이 직접 개입하여 헌법 효력을 중지시킬 구실을 만들기 위한 것이라는 해석이었다. 반대파는 리콴유의 주장을 비웃었지만, 리콴유는 이를 이용해 대중들을 자극하고 입법의회의 재신임투표를 요구했다. 당내 이탈자가 속출할 것이 분명한 상황에서 재신임투표는 엄청난 위험을 감수한 일이었고, 만약 패할 경우 리콴유는 정치적으로 재기하기 어려운 상황에 몰리게 될 것이었다.

재신임투표를 앞두고 의회에서 밤새 격렬하게 이어진 토론에서 극단주의자들은 합병을 제국주의의 음모로 비난했다. 당내 반대파의 이탈을 감안했을 때 과반수를 얻는 일은 결코 쉽지 않았고, 병원에 입원한 온건파 인도계 여성 의원을 구급차로 이송하여 표결에 참가시키는 비상 대책까지 동원해야 했다. 이 비상 대책은 결정적인 한 수가 되었는데, 표결 결과는 한 표 차이의 초박빙 승리였다. 26명의 의원이 정부 안에 찬성하고 25명이 기권 또는 반대한 것이다. 반대표 25명 안에는 인민행동당 소속 좌익 13명이 포함되어 있었다. 이탈표를 던진 인민행동당 의원들은 바리산 사회주의전선(Barisan Sosialis)을 창당했고, 림친시옹이 당서기장에 취임한다. 바리산 사회주의전선은 노동조합과 난양대학 학생 조직 등에서 영향력을 확대했다.

간신히 재신임투표에서 승리하여 실각의 위기는 면했지만, 의회 밖에서 인민행동당 집행부의 상황은 훨씬 더 위태로웠다. 1957년부터 당 중앙집행위원회는 온건파가 장악했지만, 당의 하부 조직에는 여전히 공산주의자들의 영향력이 강했다. 1961년 7월 분당의 결과 지구당의 핵심인물들 대부분은 바리산 사회주의전선으로 떠났고, 인민행동당 하부 조직은 거의 붕괴되고 만다. 리콴유의 탄종파가(Tanjong Pagar) 지구당을 포함한 다수의 지구당이 완전히 사라졌으며, 탈당자들이 기물을 가져가버리는 일까지 발생했다. 1962년 인민행동당에 당비를 납부한 당원의 수는 이전 당원 수의 20퍼센트에 불과했다.

이러한 위험한 국면은 결과적으로 리콴유와 인민행동당의 운명에 전환점이 되었다. 인민행동당 정부는 내부적인 위기를 맞아 말라야연방과의 합병 협상에 필사적으로 나섰다. 그러나 연방정부 총리 툰쿠 압둘 라만은 말라야와 싱가포르가 단순 합병하게 되면 인종 구성이 깨질 것을 염려했다. 중국인이 43퍼센트를 차지하여 41퍼센트에 그치는 말레이인을 넘어서 최대 인종집단이 될 것이었고,

싱가포르와 중국인들에게 너무 많은 권력이 넘어갈 우려가 있었다. 그래서 툰쿠 압둘 라만은 영국령 보르네오 북부 3개 지역(Sabah, Sarawak, Brunei)을 포함해 더 광범위한 연방을 추진하기로 결정한다.

1961년 7월 싱가포르에서 열린 영연방 의회협의회의 지역 회의에서 말라야, 싱가포르, 북 보르네오(Sabah, 사바의 주도는 한국인들에게 잘 알려진 Kota Kinabalu), 브루나이, 사라왁의 대표단이 참여한 가운데 합병 원칙이 승인되었다. 1961년 11월 싱가포르는 연방의 다른 자치주보다 더 많은 자치권을 갖는 특별자치주가 된다는 내용의 합의가 이루어졌다. 그러나 말라야에서 이주자의 시민권 취득 요건이 더 엄격했기 때문에 싱가포르 시민이 자동적으로 연방의 시민이 되는 것은 아니었다. 싱가포르는 인구 비율에 비해서는 연방정부에서 대표권을 적게 가지게 되었지만, 대신에 자치정부를 유지할 수 있었다. 영국은 싱가포르의 군사기지에 대한 통제권을 유지한다는 전제하에 이러한 합병 조건에 동의했다.

바리산 사회주의전선은 합병에 대한 정부의 접근법에 반대했고, 특히 시민권 제한 조항을 강력히 비판했다. 공산주의자들은 그들이 싱가포르를 장악하는 것을 막기 위해 설계된 보수적인 연방의 일부분이 되는 것을 원치 않았다. 리콴유는 방송을 통해 바리산 사회주의전선을 모든 계획을 훼방 놓기로 작정한 공산집단으로 묘사하면서 합병에 대한 대중의 지지를 요청하기 시작했다. 싱가포르 정부는 합병 형태에 대한 세 가지 대안을 제시하고 합병 자체에 대한 선택권은 주지 않는 국민투표를 실시하기로 결정했다. 싱가포르, 말라야, 보르네오의 합병 반대 세력들은 공조체제를 구축했고, 국제연합(UN)에 사절단을 파견해 합병 저지를 호소했다. 그러나 리콴유는 1962년 7월 뉴욕을 방문해 이 문제를 성공적으로 방어해냈고, 런던으로 건너가 영국과 말라야와 최종 세부 조율을 한다.

1962년 9월 국민투표를 앞둔 정치운동은 총선거만큼이나 열기가 뜨거웠다. 정부의 생존은 국민투표 결과에 달려있었다. 결국 유권자의 71퍼센트가 정부 안에 찬성표를 던졌고, 25퍼센트는 무효표 또는 백지 투표의 형태로 반대를 표시했다. 국민투표라는 관문을 넘어섰지만 인민행동당의 문제가 모두 끝난 것은 아니었다. 그 무렵 한 여성 의원이 탈당하여 바리산 사회주의전선에 합류하면서 의회 다수당의 지위를 상실한 것이다. 이때부터 정부는 림유혹과의 연합에 의존해야 했으나, 림유혹은 합병 문제에 대해서는 인민행동당을 지지했지만 그 외에는 어떤 것에도 협조하지 않았다. 상황은 너무나도 좋지 못했고, 정부는 의원의 사망으로 인해 발생한 공석을 채우기 위한 보궐선거를 추진할 엄두도 내지 못했다. 만약 보궐선거를 한다면 그 의석은 바리산 사회주의전선이 차지할 것이 거의 확실했다.

말레이시아 연방 출범과 공산주의자 소탕

말레이시아 연방에 참여하기로 했던 브루나이(Brunei)는 막판에 연방 가입을 철회하게 된다. 함께 보르네오에 있지만 브루나이는 석유와 천연가스를 보유하고 있어서 사바(Sabah)와 사라왁(Sarawak)보다 부유했다. 브루나이의 술탄 오마르(Omar)가 말레이시아를 마음이 잘 맞는 동지로 여겼기 때문에 브루나이는 말레이시아의 적극적인 파트너로 당연시되었다. 하지만 1962년 12월 유일 정당인 브루나이 사회주의당이 말레이시아 연방에 반대하며 술탄 오마르에 대항한 쿠데타를 일으켜 상황이 변했다. 누가 봐도 인도네시아의 사주를 받은 것이 분명했던 이 반란은 영국군에 의해 곧 진압되었다. 그러나 이 사건을 겪은 브루나이 술탄은 만약 연방에 가입한다면 인도네시아가 계속해서 불만세력을 부추겨 혼란이 지속될 것이라 확신했다. 결국 막판에 브루나이는 말레이시아 연방 가입을 철회했고, 영국의 보호령으로 남았다가 1984년이 되어서야 독립하게 된다.

말레이시아 연방의 정식 출범에 앞서 말라야 연방정부와 싱가포르 정부는 공조체제를 구축하여 공산주의자 소탕에 나섰다. 1963년 2월 치안위원회는 '냉동 창고 작전'의 첫 단계에 착수했고, 합병에 반대하고 브루나이 사회주의당과 관련한 혐의가 있는 백 명 이상의 좌파 정치인, 노동조합원, 학생 지도자들을 구금했다. 이때 림친시옹을 포함한 바리산 사회주의전선 중앙집행위원의 절반이 잡혀들어갔다.

냉동 창고 작전은 항의 폭동을 불러일으켰고, 이에 또 한 번의 소탕이 벌어졌다. 주 목표는 바리산 사회주의전선의 최고위 지도부 아래 단계의 인물들이었고, 이것은 바리산에 심각한 타격을 가했다. 인민행동당이 다시 한 번 위험한 시기에 몰렸을 때 강력한 라이벌이 제거된 것이다. 리콴유가 첫 번째 중대한 위기에 몰렸을 때에는 당시 총리 림유혹이 공산주의자 소탕에 나서면서 인민행동당의 당권이 공산주의자들의 손으로 넘어가는 것을 모면할 수 있었고, 이번의 두 번째 위기에서는 툰쿠 압둘 라만과 영국이 지원군으로 나서면서 공산주의자들의 위협에서 빠져나올 수 있었다. 리콴유의 능력이 탁월한 것은 말할 필요도 없지만, 그는 천운도 함께 타고난 사람임이 분명하다.

말레이시아 연방의 최종 조건을 협상하면서 리콴유는 상당한 성공을 거두었고, 합병 조건은 싱가포르에 아주 유리하게 되었다. 1963년 7월에 체결된 말레이시아협정(Malaysia Agreement)에 따라 싱가포르, 사라왁(Sarawak)과 북보르네오(Sabah)는 기존 말라야연방과 합쳐 말레이시아 연방(The Federation of Malaysia)을 형성하게 되었다. 외교, 국방, 치안은 연방 중앙정부가 관할하지만, 싱가포르는 재정, 노동문제, 교육에 관해 상당한 권한을 부여받았다. 연방의회의 총 127석 중 싱가포르에 배정된 의석은 15석에 그쳤지만, 싱가포르는 자치정부와 자체 의회를 유지할 수 있었다. 싱가포르 정부는 일상적인 정책의 시행에 대한 권한을 가졌고, 세금 징수액의 40퍼센트(전체 세입의 약 27퍼센트에 해당)를 연방에 납부할 책임을 지게 되었다.

당초 말레이시아 연방은 1963년 8월 31일에 발족할 계획이었으나, 툰쿠 압둘 라만 연방정부 총리는 협정의 실행을 9월 중순으로 연기했다. 인도네시아 공산 정권의 수장인 수카르노(Sukarno)가 말레이시아 연방이 신식민주의 음모이며 말레이 세계를 통합하기 위한 그의 꿈을 위협한다고 맹렬히 비난했기 때문이었다. 수카르노의 불만에 대처하기 위해 툰쿠 압둘 라만은 국제연합(UN)의 조사를 의뢰했고, 조사 결과 보르네오 주민들이 합병에 찬성함이 확인되었다. 그러나 수카르노는 말레이시아 연방에 대항해 무장 대치에 돌입했고, 인도네시아의 무력 도발은 거의 3년간 지속된다.

그런데 리콴유는 연방이 출범하기로 했던 원래 날짜인 1963년 8월 31일에 단독으로 독립을 선포했으며 싱가포르는 연방 출범 이전 15일간 변칙적인 형태의 독립 상태로 남게 된다. 이 기간 동안 인민행동당은 불시에 선거를 실시했다. 1963년 9월 열린 선거에서 인민행동당, 바리산 사회주의전선, 싱가포르 동맹당(Singapore Alliance)의 3개 주요 정당이 맞붙게 되었다.

선거 결과가 어떻게 될지는 장담하기 어려웠다. 바리산 사회주의전선은 핵심 인물들이 대거 체포되었지만 여전히 노동자와 학생들로부터 상당한 지지를 받고 있었다. 또한 중국인 사회와 탄락세를 비롯해 난양대학 등의 중국어 학교에 자금을 댄 부유한 중국인 사업가들의 지원을 받고 있었다.

그간 인민행동당 정부는 대중적인 지지를 얻을 수 있는 가시적인 성과를 만들어냈다. 말라야연방과의 합병을 성공적으로 완수했고, 실생활에서 많은 발전을 이루어내고 있었다. 주택개발청(Housing and Development Board)은 주택 보급과 빈민가 정리에서 상당한 성과를 거두었고, 이전 정부에 비해 보건, 교육, 여권 신장, 범죄 억제 등에서도 한층 좋은 모습을 보였다. 그러나 인민행동당은 당의 분열로 인해 조직이 와해된 상태였으며 싱가포르 동맹당이 온건 성향의 표를 나눠 가져서 바리산이 승리하는 일이 벌어질 것을 경계하지 않을 수 없었다.

선거는 팽팽한 균형을 이룰 것 같았지만, 막상 뚜껑을 열어보니 전혀 예상하지 못한 놀라운 결과가 나왔다. 인민행동당은 총 51석 중 37석을 차지해 압승을 거뒀고, 바리산 사회주의전선은 13석을 얻는 데에 그쳤다. 그 외의 당에서는 말썽꾼 옹잉관이 유일한 당선자였다. 그간 의회에서 익숙했던 인물들은 대거 역사의 뒤안길로 사라졌다. 림유혹은 출마조차 하지 않았고, 마샬은 출마했으나 완패를 당했다. 1955년의 입법의회 의원 중에 살아남은 사람은 리콴유가 유일했다.

이런 결과가 나온 것에는 선거구당 1명의 의원을 뽑는 소선거구제가 한몫을 단단히 했다. 인민행동당은 47퍼센트의 득표율로 73퍼센트의 의석을 점유한 반면, 바리산 사회주의전선은 35퍼센트를 득표했지만 의석 점유율은 25퍼센트에 그쳤다.

인민행동당의 승리 요인은 이것만이 아니었다. 사업가와 전문가 집단에게 질서 잡힌 정부의 희망을 제시했고, 중산층과 노동자 계층에게도 가시적인 사회적, 경제적 혜택을 제공했기 때문이었다. 다수의 우익과 중도 성향의 사람들은 인민행동당이 안정과 법질서를 가장 잘 보증한다고 보고 지지하게 되었다. 반면 좌익은 지도자들 다수가 투옥되거나 추방당한 가운데 분열되고 혼란에 빠졌다.

1963년 선거는 싱가포르 정치의 전환점이었다. 인민행동당은 권력을 확실하게 장악했고, 쿠알라룸푸르 연방 중앙정부의 지원을 업고 중국 애국주의자와 공산주의를 박멸할 수 있다는 확신을 가지게 되었다. 선거 직후 내려진 조치 중 하나는 중국어 교육의 열렬한 후원자이자 난양대학의 설립자인 탄락셰의 시민권을 박탈하는 것이었다. 말레이시아 연방정부는 수업거부와 항의 행진을 벌이며 경찰과 충돌한 난양대학 학생들을 체포할 것을 명령했다. 바리산은 선거에서 패한 후 그들이 원래 선호하던 직접적인 행동으로 전술을 전환했으나 곧 철퇴를 맞는다. 1963년 10월 파업이 무산된 후 바리산의 영향력하에 있던 싱가포르 노동조합협회는 제명되었고, 바리산 사회주의전선 의원 3명을 포함한 노동조합 지도부는 체포되었다.

1963년 9월 16일 말레이시아 연방의 공식적인 출범 후 몇 주 이내로 싱가포르의 정치적 상황은 1955년 이후 그 어느 때보다도 잘 통제되고 있었다. 학생 시위에 대한 단호한 대처는 계속되었다. 난양대학에서 격랑이 이어지자 1964년 난양대학 내의 공산주의 실태에 대한 백서가 발간되었고, 이로 인해 교직원들이 해고되고 많은 학생들이 퇴학당했다. 이후 난양대학은 싱가포르국립대학에 합병되는 등 몇 차례의 변화를 거치게 된다.

연방정부와 싱가포르 사이의 갈등

1963년 9월 권력을 장악한 리콴유는 말레이시아 연방 중앙정부와 조화를 이루는 것이 정부의 첫 번째 업무라고 공표했다. 그러나 싱가포르와 연방과의 관계는 결코 원만하지 못했다. 최종적인 말레이시아협정에 이르기까지의 몇 개월간 재정, 과세, 무역 등을 놓고 험악한 실랑이가 오갔고, 한동안 싱가포르가 너무 강경하게 나가 협상이 교착상태에 빠지기도 했다.

1963년 7월에 최종적으로 타결된 조건은 싱가포르에게 유리했다. 싱가포르는 세입의 60퍼센트를 유보하면서 노동과 교육에 대한 통제권을 가졌고, 말라야연방보다 싱가포르가 더 간절히 원했던 공동시장 조항이 협정에 포함되었다. 말라야와 싱가포르 양측 모두 자신들의 새로운 산업을 위해 국내 시장을 확장하기를 원했다. 그러나 싱가포르는 자유무역항의 지위를 버리고 싶지 않았고, 말라야연방은 싱가포르가 낮은 관세로 이득을 보는 것을 원치 않았다. 연방정부 재정부장관인 탄시우신(Tan Siew Sin)은 자유무역항이 공동시장과 양립할 수 없으며 싱가포르는 둘 중 하나를 선택해야 한다고 주장했으나, 결국 싱가포르는 말레이시아협정에 공동시장 조항을 추가하는 데에 성공한다. 그 조항의 내용은 싱가포르의 중계무역에 미칠 혼란을 최소화하기 위해 12년에 걸쳐서 점진적으로 공동시장을 도입하는 것이었다.

그러나 이러한 입장을 관철하는 과정에서 싱가포르는 연방 중앙정부의 심기를 건드렸고, 한번 나빠진 관계는 좀처럼 회복되지 않았다. 경제적 이해관계에서의 충돌에도 불구하고 1963년 9월의 연방 중앙정부와 싱가포르의 정치적 이해관계는 싱가포르의 극좌파를 억제하기를 원했다는 점에서 일치하는 것으로 보였다. 하지만 정치적 측면에서의 충돌도 필연적으로 일어났다.

말레이시아 연방의 공식 출범에 앞서 인민행동당 정부가 단독으로 독립을 선포하고 연방보다 앞서 갑작스럽게 선거를 실시한 것은 연방 중앙정부의 심기를 불편하게 했다. 툰쿠 압둘 라만 연방정부 총리는 암노(UMNO) 후보자가 싱가포르 유권자에게 외면받은 것에 충격을 받았고, 이것을 싱가포르 말레이인 공동체의 반역행위로 간주했다. 그러나 이 시점에서 암노(UMNO)의 싱가포르 지부보다는 인민행동당이 싱가포르 말레이인들의 이해관계를 잘 대변하고 있었다.

당초 리콴유는 중앙정부에서 암노와 장기적인 협력관계 형성을 희망했다. 연방 총선거에 인민행동당이 참여하지 않겠다고 1964년에 리콴유가 선언할 당시와 이후 몇 달 동안 싱가포르 정부는 연방에서 암노 지도자들의 지지를 계속 호소했다. 그러나 쿠알라룸푸르의 지원을 받는 암노 싱가포르 지부는 인민행동당에 반대하는 입장을 강화하기 시작한다.

그러자 인민행동당은 말레이시아 정치에서 적극적인 역할을 하기로 방향을 전환했다. 1964년 3월 싱가포르 부총리 토친차이는 인민행동당이 5년 후 의미 있는 정치세력이 될 수 있으며 암노의 파트너로서 가치가 있음을 보여주기 위해 후보자를 내겠다고 발표했다. 인민행동당은 도시 지역의 중국인 급진파가 말레이시아 중국인협회(Malaysia Chinese Association, 약칭 MCA)를 떠나 사회주의전선(Socialist Front)으로 쏠리게 될 것을 우려했다. 사회주의전선은 처음부터 말레이시아 연방 결성을 반대하고 인도네시아와의 궁극적인 합병을 추구했기 때문에 새로운 말레이시아 연방의 위협요소였다. 선거에서 인민행동당은 말레이시아 연방을 지지하는 입장에 섰고, 비공산주의를 표방하고 말레이인들의 특권적인 지위에 도전하지 않았으며, 말레이어를 국어(national language)로 인정했다. 그러나 연방 중앙정부는 싱가포르가 연방 정치에 끼어든 것을 신의를 저버린 행위로 해석했고, 툰쿠 압둘 라만은 인민행동당의 동맹 제의를 공개적으로 거부했다.

인민행동당의 선거유세에는 많은 군중이 몰렸고, 리콴유는 당의 메시지를 효과적으로 전달했다고 확신하고 있었다. 그러나 선거 결과는 재앙이나 다름없었다. 인민행동당이 낸 9명의 후보자 중 단 1명이 당선되었고, 실리는 얻지 못하면서 괜히 연방정부가 향후 중국인들이 연방을 지배할 수 있다는 두려움을 갖게 만들었다. 결과적으로 인민행동당이 연방 총선거에 뛰어든 것은 성급한 결정이었으며, 얻은 것은 거의 없고 잃은 것은 많은 꼴이었다. 인민행동당은 말레이반도에서 조직도 갖추지 못한 상태에서 익숙하지 않은 정치판으로 뛰어든 것이었다.

연방 정치에 싱가포르가 섣부르게 뛰어든 것은 연방 중앙정부와 싱가포르의 관계에 치명적이었다. 암노(UMNO)와 말레이시아 중국인협회(MCA)의 관계는 더 가까워졌고, 리콴유의 개인적 야망에 대한 의심이 커졌다. 툰쿠 압둘 라만을 비롯한 연방정부 수뇌부는 리콴유가 말레이반도에 있는 중국인들의 대변자로 떠오를 것을 경계했으며, 야심이 큰 리콴유가 싱가포르를 차지하는 것으로 만족할 인물이 아니라고 판단하게 된다.

정치적 갈등 외에도 말레이시아 연방에는 많은 문제들이 내재되어 있었다. 상업을 근본으로 한 도시인 싱가포르와 대부분 농촌을 기반으로 한 말라야연방을 하나로 합치는 것은 쉬운 일이 아니었다. 두 사회가 경제적으로 필요로 하는 부분이 너무나 달랐기 때문에 우선순위와 방향에 있어서 부딪칠 수밖에 없었다.

더 기본적인 문제는 인종 분열이었다. 1957년 말라야의 독립은 세 개의 주요 인종집단(말레이인, 중국인, 인도인) 중 서양식 교육을 받은 엘리트들 간의 동맹에 의해 이루어졌다. 그들은 인종적 조화를 이루기 위해서 말레이인의 문화적 열망을 충족하고 소작농들의 비참한 환경을 개선할 필요가 있다고 인식했다. 말라야에서는 이민자, 특히 중국인들에 대한 분노와 불신이 매우 강했다. 대부분의 공산주의자 테러리스트가 중국인이었고, 해제된 지 얼마 되지 않은 계엄령도 분열을 초래했다. 사실 중국인 대다수는 가난했지만, 말레이인들은 부유한 중국인들 때문에 자신들이 경제적으로 불이익을 받는다고 생각했다.

싱가포르에서도 합병에 대한 불만이 커져갔다. 인도네시아 공산정권과의 대치는 교역에 해가 되었고 물리적인 폭력까지 가져왔다. 1963년 9월부터 1965년 5월 사이 인도네시아 파괴공작원들이 싱가포르에서 여러 차례 폭탄공격을 저질렀고, 인도네시아 군함이 싱가포르 어선 여러 척을 나포했다. 산업화는 매우 더디게 진행되었고, 주롱(Jurong) 산업단지에 공장을 유치하기는 어려웠다. 싱가포르의 경제를 전통적으로 지배해온 중국인 회사와 영국 대리점들은 산업화의 선봉에 설 준비가 되어있지 않았다. 내수시장이 작고 정치는 불안정한 작은 섬에 투자하는 것을 경계했기 때문에 외국 자본은 대부분 철수했다. 합병이 경제 문제를 해결해 줄 것이란 희망은 연방 중앙정부에 대한 불평으로 바뀌게 되었다.

연방정부가 시행한 것과 똑같은 우대를 기대했던 싱가포르의 말레이인 사이에서는 더 큰 실망감이 존재했다. 합병 당시 인민행동당 정부는 말레이어를 국어로 인정하고 말레이인을 보호하기로 약속했으나, 연방정부가 펴고 있는 말레이인 우대 정책을 그대로 시행할 수는 없었다. 암노(UMNO) 싱가포르 지부는 말레이인 단체들을 규합하고 인민행동당 정부에 대한 공격에 나섰다. 우투산 플라유(Utusan Melayu)는 리콴유가 무슬림을 억압하고 싱가포르를 제2의 이스라엘로 만들려 한다고 비난했고, 인민행동당의 말레이인 의원들은 이슬람의 배신자로 몰렸다.

이런 와중에 치명적인 사건이 발생한다. 예언자 모하메드의 탄신일이었던 1964년 7월 21일에 겔랑(Geylang) 지구에서 말레이인들이 행진을 벌이던 중 중국인과 말레이인과의 충돌이 벌어졌다. 이 충돌은 인종 폭동으로 번졌고, 소요는 일주일 동안 지속되면서 싱가포르 전역에 통행금지령이 발동되었다. 이 폭동은 사망자 23명, 부상자 454명이 발생하는 끔찍한 결과를 낳았다. 잠시 잠잠해지는 듯했으나 9월 초에 다시 폭동이 발생했고, 또다시 13명의 사망자와 109명의 부상자가 발생했다. 게다가 이 시기에는 인도네시아가 말레이반도에 무장 낙하산 부대를 침투시키는 도발까지 겹쳤다. 이 인종 폭동은 깊은 충격을 남겼고, 싱가포르에서 잘 지켜져 왔던 인종 간의 관용은 사상 최초로 심각한 위협을 받았다.

이 폭동에 놀란 리콴유와 툰쿠 압둘 라만은 1964년 9월 민감한 이슈를 피하기로 합의했지만, 이는 잠시간의 불편한 휴전에 불과했다. 바로 다음 달에 연방 중앙정부의 각료들 사이에서 신경전이 벌어졌고, 연방의회 토론에서 고켕스위는 세금과 연방 부담금 문제로 연방정부 재무장관이자 말레이시아 중국인협회(MCA)의 당수인 탄시우신(Tan Siew Sin)과 한판 대결을 벌였다.

1964년 12월 중순 툰쿠 압둘 라만과 리콴유는 쿠알라룸푸르에서 회동을 가졌고, 두 지도자는 국방과 외교 권한을 중앙정부에 남겨두면서 더 느슨한 연합체제로 전환할 가능성을 처음으로 제기했다. 회담은 이듬해 1월에도 계속되었으나, 싱가포르가 연방의회에서 대표권을 가질 것인지의 문제를 두고 진행이 더뎌졌다. 영연방 회원국들은 공산정권이 들어선 인도네시아와 대치하고 있는 상황에서 말레이시아 연방이 약화되는 것을 원치 않았고, 국방 능력을 약화시킬 어떠한 형태의 재편에 대해서도 불편한 기색을 보였다. 영국 정부는 인도네시아의 도발이 계속되고 있는 동안 관계를 느슨하게 하지 말라는 압력을 행사했다. 1965년 3월 리콴유는 호주와 뉴질랜드의 초청을 받고 현 상태를 유지하겠다는 그의 결심을 굳힐 목적으로 수 주일에 걸친 순방일정에 돌입했다.

1965년 5월 8일 토친차이의 주재로 말레이반도와 사라왁(Sarawak)의 야당과 인민행동당의 대표단이 싱가포르에 모여 말레이시아 결속회의(Malaysian Solidarity Convention)를 결성하기 위한 회합을 열었다. 이것은 토친차이와 라자라트남의 작품이었으나, 암노(UMNO) 강경파는 비난의 화살을 리콴유에게 집중적으로 날렸다. 연방 중앙정부는 이런 움직임을 리콴유가 사라왁과 사바(Sabah)를 규합하여 노골적으로 권력 장악을 시도하는 것이라 간주했다. 연방정부와 인민행동당 지도부 사이의 관계는 악화 일로로 치달았다.

1965년 5월 말 말레이시아 연방의회가 열렸을 때 갈등은 최고조에 달했다. 당시 암노(UMNO) 평의원이었던 마하티르 모하메드 박사(Dr. Mahathir Mohamed, 훗날 말레이시아의 총리가 되어 큰 업적을 남김)는 인민행동당이 친공산 반말레이 정당이라고 비난을 퍼부었다. 리콴유는 이에 맞서 한 시간 동안 연방 중앙정부의 정책을 맹렬하게 비판했고, 이것은 리콴유의 마지막 연방의회 연설이 되었다. 암노의 강경파들은 리콴유와 인민행동당 각료들의 체포를 요구했고, 암노 청년단은 리콴유 인형에 대한 화형식을 거행했다. 놀란 영국 정부는 리콴유를 무력으로 제거하지 말라고 툰쿠 압둘 라만에게 경고한다. 그 며칠 후인 1965년 6월 6일, 말레이시아 전역의 대표단이 싱가포르에 모여 첫 번째 말레이시아 결속회의가 열렸고, 이에 연방 중앙정부는 더욱 격렬한 반응을 보였다.

2년을 넘기지 못한 위험한 동거

1965년 6월 중순 툰쿠 압둘 라만은 잔뜩 화가 난 상태에서 영연방 총리 회의에 참석하기 위해 런던으로 떠났는데, 그곳에서 병이 나 병원에 입원하게 되었다. 그동안 쿠알라룸푸르에서는 6월 29일 툰 압둘 라작(Tun Abdul Razak, 훗날 말레이시아 총리가 됨)이 리콴유와 회동을 가졌다. 훗날 리콴유는 이 회동이 그의 인생에서 가장 불편한 두 시간이었으며 의견 일치가 전혀 불가능했다고 회고한다.

이 회동에 대한 툰 압둘 라작의 보고서를 병원에서 접한 툰쿠 압둘 라만은 그가 통제할 수 있는 상황이 아니라는 두려움을 느낀다. 리콴유와의 타협은 불가능해 보였고, 인민행동당 정부를 무력으로 제거하고 지도부를 체포하는 것은 영국과 호주의 반대에 부딪힐 것이기 때문에 현실적인 대안이 아니었다. 아무리 주판알을 튕겨 봐도 싱가포르를 분리하는 것이 유일한 해법으로 보였다. 툰쿠 압둘 라만은 연방의 다른 부분들까지 썩어 들어가는 것을 막기 위해 싱가포르를 잘라내는 안에 대한 내각의 견해를 알아보라고 툰 압둘 라작에게 지시했다.

그 후 몇 주 동안 리콴유 체포와 암살에 대한 흉흉한 소문이 나돌았고, 툰쿠 압둘 라만의 부재가 길어지면서 위기는 더 심각해졌다. 막후에서는 소수의 고위 정치인들이 비밀회담과 셔틀 외교를 하느라 분주했다. 7월 중순 툰 압둘 라작은 고켕스위를 만나 연방과 싱가포르의 관계를 느슨하게 하는 것에 대한 이야기를 꺼낸다. 그 당시 고켕스위는 연방의 통제에서 완전히 벗어나야만 싱가포르의 경제가 번영할 수 있다는 확신을 가지고 있었다. 리콴유, 법무장관 에디 바커(Eddie Barker)와 상의한 후 고켕스위는 권한을 위임받고 7월 20일 툰 압둘 라작과 논의를 재개했다. 그들은 분리에 합의했고, 준비 과정은 비밀에 부치기로 했다. 8월 9일에 연방의회가 다시 소집되면 분리 협약은 기정사실로 발표되고 법적인 절차는 당일에 처리하기로 합의되었다.

싱가포르에서 이런 상황을 아는 사람은 극소수에 불과했다. 공개적으로 연방 정부와 싱가포르 정부는 서로 독설을 퍼붓는 언쟁을 벌였지만, 분리를 위한 진짜 협정은 소수의 가담자에 의해 비밀리에 이루어졌다. 심지어 인민행동당 내각의 핵심 중의 핵심인 토친차이와 라자라트남도 까맣게 모르고 있었고, 영연방 회원국들에게도 전혀 누설되지 않았다. 분리 계획이 알려질 경우 인도네시아 공산정권과 대치하고 있는 말레이시아 연방이 약화될 것을 우려한 영국이 반대할 것이기 때문에 극도의 보안을 유지했다. 법무장관 에디 바커는 아무의 도움도 받지 못하고 분리에 대한 법적 검토를 혼자 감당해야만 했다.

7월 말 리콴유는 싱가포르를 떠나 캐머론 고원(Cameron Highlands)으로 연례 가족 휴가를 떠났다. 8월 3일 고켕스위와 툰 압둘 라작은 쿠알라룸푸르에서 만나 촉박한 일정에 합의했다. 툰쿠 압둘 라만은 다음날 런던에서 돌아오기로 되어 있었고, 고켕스위와 에디 바커는 8월 6일에 쿠알라룸푸르에서 문서 초안을 준비하기로 했다. 8월 7일에는 수정안에 대한 합의가 이루어질 것이었고, 8월 8일에는 최종 문서에 서명하고 8월 9일에 분리가 발표되어 발효될 예정이었다.

이런 촉박한 일정에 따라 비밀리에 밀어붙이기 위해서는 기발함과 속임수가 필요했다. 분리 결정은 이미 내려진 상태였지만, 8월 4일 툰쿠 압둘 라만은 돌아오자마자 리콴유와 만날 의향이 있다고 기자회견에서 밝히며 위장 전술을 폈다. 쿠알라룸푸르에 있던 고켕스위는 휴가를 위장해 캐머론 고원에서 체류하고 있는 리콴유와 통화를 했고, 교환원이 대화 내용을 눈치 채지 못하도록 북경표준어로 머뭇거리며 대화했다. (싱가포르와는 달리 말레이시아에는 북경표준어가 보급되지 않았고, 지금도 말레이시아의 중국계 사이에서는 호키엔, 칸토니즈 등의 중국어 방언이 통용된다.)

다음 날인 8월 6일 아침 리콴유는 쿠알라룸푸르에서 고켕스위, 바커와 만나 문서 초안을 승인했으며 그것은 툰 압둘 라작에게 전달되었다. 수정안이 승인되었지만 보안을 유지하려면 보조원들의 도움을 받을 수 없었기 때문에 자정이 넘어서야 최종 타이핑을 마칠 수 있었다. 그날 늦은 시간에 리콴유는 토친차이와 라자라트남에게 전화를 걸어 싱가포르에서 넘어오라고 했고, 대중의 의심을 피하고 토친차이와 라자라트남이 함께 오는 것을 막기 위해 따로 연락을 취했다.

8월 7일 아침 일찍 쿠알라룸푸르에 도착한 토친차이는 분리가 결정되었다는 이야기를 듣고 흥분해서 제정신이 아니었고, 조금 늦게 도착한 라자라트남 역시 완전히 열이 받았다. 그들은 리콴유, 고켕스위와 몇 시간 동안 언쟁을 벌였으나 분리에 동의하지 않고 버텼다. 내각이 분열되는 것을 막기 위해 리콴유는 툰쿠 압둘 라만에게 덜 급진적인 연방 계획으로 되돌아갈 것을 제안했으나 툰쿠의 마음은 변함이 없었다. 토친차이와 라자라트남이 계속 버티자 리콴유는 툰쿠에게 그들을 설득해달라고 부탁했고, 툰쿠는 이를 거절했으나 다른 방법은 없으니 찬성할 것을 토친차이에게 권하는 서한을 써주는 것에는 동의했다. 버티고 버티던 토친차이와 라자라트남은 결국 마지못해 손을 들고 만다.

리콴유는 8월 8일 언론의 관심을 피하기 위해 말레이시아 공군기를 타고 다른 장관들의 서명을 받기 위해 싱가포르로 떠났다. 특히 말라야 태생의 장관들에게는 충격적인 소식이었고, 옹팡분(Ong Pang Boon)은 너무 충격을 받아 말문을 잃을 정도였다. 문서 1부는 쿠알라룸푸르로 보내졌고, 또 한 부는 싱가포르 행정조직에 보내졌다. 다음 날인 8월 9일 아침 독립선언을 담은 특별 관보가 발행될 때까지 정부 인쇄소와 그 직원들은 격리 조치되었다. 싱가포르의 정무차관들, 의원들, 기자들은 8월 9일 아침 브리핑을 듣기 위해 모였다가 정신이 번쩍 들게 된다. 만약 전날 과음을 한 사람이 있었다면 술이 확 깨는 느낌이었을 것이다.

제8장
싱가포르 공화국의 탄생과 발전

1965년 8월 9일,
그리고 리콴유의 눈물

1965년 8월 9일 오전 10시, 싱가포르 라디오를 통해 독립선언이 낭독되었다. 정확하게 같은 시간에 툰쿠 압둘 라만은 쿠알라룸푸르에서 싱가포르의 분리 독립을 발표해 연방의회를 망연자실한 상태에 빠뜨렸다.

싱가포르 언론은 충격에 휩싸였다. 분리 독립 소식을 담은 싱가포르 관보 특별판이 10시 직전에 기자들에게 배포되었는데, 기자들은 지정된 시간까지 자리를 뜨거나 전화통화를 하지 못하도록 조치되었다.

정오에는 리콴유가 TV 기자회견을 가졌고, 그 도중 리콴유가 격한 감정을 이기지 못하고 눈물을 쏟으면서 약 20분간 중단되는 해프닝이 발생했다. 이 장면은 전 세계 시청자들에게 그대로 방영되었고, 당시 상황을 직접 겪었던 세대의 뇌리에 지금도 선명하게 남아있다. 싱가포르의 독립은 흔히 생각하는 것처럼 외세의 압제와 싸워 쟁취한 것이 아니었고, 애써 이룬 연방 가입이 수포로 돌아간 것이었기 때문에 리콴유는 비통한 심정을 감출 수가 없었다. 훗날 리콴유는 분리 독립을 전후한 때가 그의 인생에서 가장 심하게 스트레스를 받았던 시기였다고 회고한다.

싱가포르의 분리 독립 발표는
외교가에 실망과 동요를 일으켰
다. 영국 고등판무관은 발표 몇 시
간 전에서야 무슨 일이 벌어지고
있는지를 알았고, 이날 밤 툰쿠 압
둘 라만이 개최한 만찬에서 분노
를 터뜨렸으나 이미 때가 늦은 일
이었다.

이날 영국의 윌슨(Harold Wilson)
총리는 휴가 중이었고, 국무장관은
서아프리카를 방문하고 있었다. 다
음날인 8월 10일 윌슨 총리는 새
로운 국가를 인정한다는 내용의

비통한 심정으로 독립 기자회견에 임한 리콴유의
모습

문서를 리콴유에게 발송했고, 호주, 뉴질랜드, 미국 역시 싱가포르의 독립을 즉
각 인정했다. 싱가포르는 영연방 회원국이 되었고, 9월 20일에는 국제연합(UN)
가입이 승인되었다.

인도네시아 공산정권과 대치하는 상황에서 싱가포르가 독립한 것과 그 과정
을 까맣게 모르고 기만당한 것에 화가 날 법도 했지만, 영연방 회원국들은 놀라
울 만큼 품위 있게 상황을 받아들였다. 리콴유가 그동안 해외순방을 하면서 쌓
아 놓은 좋은 인상이 싱가포르에 우호적으로 작용했던 것 같다.

충격에 휩싸인 호주 언론은 싱가포르의 분리 독립이 인도네시아의 도발을 부
추길 것이라 우려했고, 런던의 신문들은 동남아시아에서 영국의 정책에 재앙이
일어났다고 보았다. 반면 소련 기관지 타스(Tass) 통신은 신식민주의의 붕괴가
임박했다고 환영을 표했다. 독립 직후에는 비판적인 입장을 취했던 싱가포르 영
자 신문들은 곧 사태 수습을 돕는 방향으로 태도를 전환했다.

이제부터는 싱가포르 중국인, 말레이인, 인도인이라는 표현 대신 중국계, 말레
이계, 인도계 싱가폴리언(Singaporean)이라는 표현을 써야 할 상황이 되었다. 싱

가폴리언들은 막후에서 무슨 일이 벌어진 것인지 영문도 모른 채 갑작스럽게 다가온 독립에 할 말을 잃었다. 일부 사람들은 독립에 환호하기도 했지만, 대부분의 싱가폴리언은 얼떨떨한 상태에서 다소 동요했으나 심하게 실망하지는 않는 분위기였다. 공개적인 반대나 시위는 없었고, 싱가포르 섬은 최소한 겉으로는 평온을 유지했다. 독립 시점에서 인민행동당 정부는 국내에서 강력한 지위를 누리고 있었고, 말레이시아로부터의 분리에 대해 인민행동당을 비난하는 싱가폴리언은 거의 없었다. 대부분의 사람들은 연방으로부터 축출당한 것으로 보지 않고 예기치 못한 독립 정도로 여기고 있었다.

싱가포르 내각은 단결하는 모습을 외부에 보였지만, 독립에 대한 각료들의 생각과 반응은 제각기 달랐다. 싱가포르가 자신의 경제적 운명을 결정하기 위해서는 반드시 독립해야 한다고 확신했던 사람은 아마도 고켕스위 하나뿐이었을 것이다. 리콴유에게 분리 독립은 쓰라린 정치적 충격이었지만, 그는 불가피한 일이라 생각하고 마지못해 받아들였다. 싱가포르 태생인 리콴유와는 달리 대부분 말레이반도 출신인 다른 각료들은 더 큰 괴로움을 느낄 수밖에 없었다. 그중에서도 말레이시아 연방과의 합병을 가장 철석같이 믿었던 토친차이와 라자라트남은 분리 과정에서 자신들을 속이고 소외시킨 것에 분개하고 있었다.

처음에 인민행동당 정부는 싱가포르가 결국 연방에 다시 합류하게 될 것이라 예상했다. 여전히 말레이어가 국어였고, 새로운 국가의 가사 또한 말레이어로 되어 있었다. Yang di-Pertuan Negara였던 말레이인 무슬림 유소프 빈 이샥(Yusof bin Ishak)은 싱가포르 공화국의 초대 대통령으로 취임했다. 물론 이전과 마찬가지로 실권은 내각수반인 총리가 가지며 대통령은 상징적인 존재에 불과했다.

반면 말레이시아 연방의 지도자들 중에서 재합병에 대해 낙관적인 견해를 가진 사람은 거의 없었다. 툰구 압둘 라만은 내심 싱가포르가 잘못을 뉘우치고 연방정부의 품으로 다시 돌아올 것을 기대했으나, 그 역시 그 가능성을 높게 보지는 않았던 것 같다. 재합병에 대한 이야기는 이후 싱가포르 스스로 생존할 수 있다는 자신감이 커지면서 사라지게 된다.

1965년에 관심의 대상이 되었던 것은 정치적 위기였지만, 진짜 심각한 당면

초대 대통령 유소프 빈 이샥은 싱가포르달러 지폐 앞면에 등장하는 인물이다.

과제는 경제였다. 독립 당시 싱가포르의 1인당 국민소득(GDP)은 4백 달러에 불과했고, 동남아시아에서도 가장 낮은 수치였다. 지난 몇 년간의 노력에도 불구하고 여전히 중계무역과 영국 해군기지에 대한 의존도가 심하게 높았다. 산업화 초기 단계의 목표는 노동집약적 산업을 진흥하여 심각한 실업 문제를 해결하는 것, 그리고 말레이시아 공동시장을 겨냥한 수입대체 산업을 육성하는 것이었다. 그러나 이제 공동시장의 희망은 멀어졌고, 말레이시아는 자국 경제를 보호하기 위해 싱가포르 제조업에 대한 관세장벽을 높이고 수출입에서 싱가포르 항구를 통하지 않으려 했다. 그 결과 그동안 자본조달, 금융, 선적의 중심지로서 싱가포르가 말레이반도에 해왔던 전통적인 역할은 위협받게 되었다. 이러한 상황에 대처하기 위해서는 수출 시장을 겨냥한 급속한 산업화가 반드시 필요했으나, 전통적으로 상업에 의존해 발전해왔던 싱가포르는 산업화를 위한 준비가 거의 되어 있지 않았다. 이제 싱가포르는 홀로 떨어져서 불가능해 보이는 일들을 이루어내고 생존을 도모해야 했다.

또한 분리 독립은 당장 눈에 보이는 불편함을 수반했다. 통합된 시장을 기대하고 사업을 시작한 기업인들은 수입 쿼터, 보복성 관세 등으로 인해 고통을 받게 되었다. 말레이시아와 싱가포르는 엄격한 출입국 통제를 실시했고, 조호 해협 사이를 자유롭게 왔다 갔다 하던 사람들을 당혹스럽게 만들었다.

신속히 되찾은 정치 안정

싱가포르 국내의 정치 상황은 생각보다 빨리 호전되었다. 1965년 12월 싱가포르 공화국의 첫 번째 의회가 소집될 무렵, 인민행동당 지도부는 분리 독립의 충격에서 회복해 새로운 도시국가 건설을 위한 야심 찬 정책을 출범했다. 상징적인 국가수반인 대통령을 지명하는 것을 포함해 정부기구에는 약간의 변화가 있었고, 실질적인 권력은 여전히 총리와 내각이 보유했다.

신생독립국 싱가포르는 시급히 국가의 정체성을 확립해야 했다. 다인종 이민자집단으로 이루어진 싱가포르는 대부분의 신생국들처럼 토착민의 문화를 진흥하는 정책을 사용할 수 없었고, 자칫 그랬다가는 다수파인 중국계의 국수주의를 조성할 위험이 컸다. 싱가포르 정부는 인종적 차이를 억제하는 대신에 문화적 다양성을 높이 평가하는 공식적 정책을 취했고, 그에 더해 싱가포르의 특별한 정체성과 가치관을 덧붙이는 것을 추구하게 된다. 싱가포르 정부는 향후 30년간 이런 정책을 꾸준히 유지한다면 싱가포르의 독특한 정체성을 창조할 것이고, 네 문명에 뿌리를 두면서도 그중 어느 하나에도 배타적으로 속하지 않게 될 것이라 생각했다. 시간이 지나면서 이러한 구상은 현실에서 훌륭히 구현되었다.

언어, 피부색, 종교, 문화는 나뉘어 있지만 싱가포르 섬은 좁았다. 정부는 규율과 헌신을 심어주고 부패를 일소하며, 검소함과 엄격한 금욕주의를 바탕으로 하는 강인한 사회를 건설하려 했다. 전통적인 유교적 가치에 근거하여 규율, 근면, 경쟁, 자조(自助), 물질적 성취에 대한 열망 등이 강조되었다. 원칙적으로 모든 언어, 종교, 문화는 동등하게 인정되었다.

1959년 12월 채택되었던 국가(國歌, Majulah Singapura), 국기와 문장(紋章)은 그대로 유지되었다. 국기의 흰색과 빨간색은 순수함과 형제애를, 흰색 초승달은 떠오르는 신생국을, 다섯 개의 별은 민주주의, 평화, 진보, 정의, 평등을 상징한다. 문장의 한쪽 편에는 사자, 다른 한쪽 편에는 호랑이가 자리 잡고 있다. 외무장관 라자라트남은 충성심을 심어주기 위해 다음과 같은 내용의 싱가포르 선서를 만들어냈고, 이것은 1966년 의회의 승인을 얻어 지금까지 학교 조례와 독립기념일(National Day) 기념식 등에서 낭독되고 있다.

We, the citizens of Singapore

Pledge ourselves as one united people

Regardless of race, language or religion

To build a democratic society based on justice and equality

So as to achieve happiness, prosperity and progress for our nation

공산주의자들의 위협은 더 이상 걱정할 대상이 아니었다. 말레이시아 연방정부가 핵심인물들을 체포한 후로 바리산 사회주의전선의 세력은 급속히 약화되었다. 바리산은 독립한 싱가포르 공화국이 영국군에 종속되고 외국 자본가들이 경제를 독점한 신제국주의 국가라고 비난했으나, 그들의 목소리는 더 이상 대중들에게 큰 영향력을 미치지 못했다. 남아있던 5명의 바리산 소속 의원들은 1965년 12월 싱가포르 공화국의 첫 의회가 열렸을 때 의회 참가를 보이콧했고, 그로부터 10개월 후 그들은 의원직에서 공식 사퇴했다. 바리산은 그들이 원래 선호했던 방식인 직접 행동으로 방향을 전환해 다시 한 번 학생들의 불만을 정치적 무기로 이용했으나, 그들이 조종한 학생들의 폭력시위는 정부의 단호한 대처에 부딪혀 궤멸되고 만다.

이제 바리산은 어떤 공격적인 행동도 취할 수 있는 입장이 아니었다. 국내에서는 정부의 강경 대응으로 조직이 무너졌고, 외부의 상황도 그들에게 불리하게 돌아갔다. 1965년 10월 인도네시아에서는 공산주의자들의 친위쿠데타를 수하르토(Suharto) 장군이 진압한 후 공산주의자들에 대한 대대적인 숙청이 벌어졌고, 기세등등했던 인도네시아 공산당은 순식간에 전멸했다. 약 3년에 걸쳐 차근차근 권력을 장악한 수하르토는 공산정권의 수장 수카르노를 몰아내고 스스로 대통령이 된다. 바리산은 인도네시아라는 든든한 배경을 잃었고, 게다가 중국 공산당으로부터의 지원도 기대할 수 없게 되었다. 이 시점에서 중국 공산정권은 동남아시아 지역에 별 관심이 없었다. 중국은 난양으로부터 들어오는 돈이나 투자는 반가워했지만, 친선 외교관계에 장애로 작용할 것을 우려하여 재외 중국인들의 충성심을 얻기 위한 정책을 철회했다. 중국 공산정권은 1956년 싱가포르에서 발생한 폭력적인 학생시위로 인해 비난의 화살이 자신들에게 돌아온다는 걸 깨달았다. 또한 중국은 1954년부터 공식적으로 재외 중국인들이 거주하는 국가의 국적을 가지도록 장려했고, 재외 중국인들과 중국 본토의 관계는 갈수록 멀어져 갔다.

올바른 방향의 경제 정책 수립

싱가포르의 경제 정책을 설명하기에 앞서 잠시 칠레 이야기를 언급하고자 한다. 1973년 9월 11일 피노체트(Augusto José Ramón Pinochet Ugarte) 장군은 쿠데타를 일으켜 아옌데(Salvador Allende) 사회주의정권을 타도하고 정권을 장악했다. 경제에 대해서는 완전히 문외한이었던 군인 피노체트는 경제 문제를 상의할 학자들을 수소문하는데, 이때 엄청난 행운이 따르면서 칠레는 다른 남미 국가들과 완전히 다른 길을 걷게 된다. 피노체트와 인연이 닿았던 경제학자들은 시카고대학에서 밀튼 프리드만(Milton Friedman)의 가르침을 받아 흔히 '시카고학파'(Chicago Boys)라고 불리는 자유주의 경제학자들이었다. 피노체트는 그들의 조언을 받아들여 자유주의적 경제 정책을 채택했고, 국영 기업과 광산 등의 민영화, 규제 철폐, 대외개방, 무역장벽 해소, 수출지향형 산업 육성 등에 집중했다. 보호무역과 수입대체가 전 세계 경제 정책의 주류였던 당시에 칠레는 정반대의 길을 택했고, 그 결과 남미에서 가장 잘사는 나라가 되어 '남미의 유럽'이라는 칭호를 얻게 된다.

싱가포르에도 이와 유사한 일이 있었다. 독립 이전 자치정부 시절이었던 1960년, 인민행동당 정부의 요청을 받고 국제연합(UN) 기술지원팀이 산업화 전망에 대해 조언하기 위해 싱가포르를 방문했다. 이때 싱가포르에 온 국제연합 사절단의 수장은 네덜란드의 전후 경제 부흥에서 중요한 역할을 한 걸출한 경제학자 알버트 윈세미우스(Albert Winsemius) 박사였다. 당시의 싱가포르는 파업과 정치적 혼란이 만연하고 내수시장이 작은 가난한 나라였지만, 윈세미우스 박사는 싱가포르 사람들의 잠재력에 감명을 받았다. 윈세미우스 박사는 1961년 6월에 착수할 4개년 계획을 제시했는데, 정부가 직접적으로 참여해서 기반서비스를 제공하여 경제 개발과 산업 발전을 이루는 것을 강조하는 내용이었다. 또한 경제 계획 성공의 관건은 외국인 투자자들의 신뢰를 회복하고 공산주의자들을 제거하며 말라야 공동시장을 개척하는 것이라고 윈세미우스 박사는 주장했다.

윈세미우스 박사의 조언에 따라 1961년 8월 경제개발청(Economic Development Board, 약칭 EDB)이 설립되었고, 유능하고 경험 많은 관료인 혼수이센(Hon Sui Sen)이 장관으로 임명되었다. 이후 경제개발청(EDB)은 싱가포르 경제의 발전 과정에서 큰 역할을 하게 된다. 경제개발청의 첫 번째 사업은 서부 주롱(Jurong) 지역의 4천 에이커 면적의 부지에 산업단지를 조성하는 것이었다. 경제 계획의 첫 번째 단계에서는 실업 해소에 우선순위를 두었고, 고난도의 기술과 자본 투자가 필요하지 않은 노동집약적 저부가가치 산업에 집중했다. 그리고 세제혜택과 일시적인 보호관세를 적용하여 신규 산업 투자자들을 끌어들였다.

윈세미우스 박사는 독립 직후인 1965년 9월 중순에 다시 초청을 받아 싱가포르를 방문했다. 그는 이때부터 1984년 은퇴할 때까지 싱가포르 정부의 수석 경제자문역으로 활약하면서 1년에 두세 번 싱가포르를 방문했다. 윈세미우스 박사는 고캥스위, 림킴산(Lim Kim San), 혼수이센(Hon Sui Sen)으로 이어지는 싱가포르 재무장관들과 긴밀히 협조하면서 싱가포르의 경제 기적을 설계했다.

경제 개발에 대한 윈세미우스 박사의 처방은 당시 제3세계 국가들에서 유행하던 방식, 즉 보호관세와 무역장벽으로 다국적기업의 침투를 막는 것과는 완전히 달랐다. 싱가포르는 비효율적인 산업에 보호조치를 한 일이 없었고, 다국적기업의 자본과 기술을 적극적으로 받아들였다. 윈세미우스 박사는 쉘(Shell), 에쏘

(Esso)와 같은 대형 정유회사를 유치하는 데에 몸소 나섰고, 네덜란드의 전자회사 필립스(Philips)가 싱가포르에 공장을 설립하도록 설득했다. 독립 당시에는 외국 투자의 70퍼센트가 영국으로부터 왔지만, 내외국인 투자에 대한 혜택을 제공함으로써 더 광범위하게 투자를 유치할 수 있었다.

싱가포르는 다국적기업들로부터 노하우를 배우면서 노동자들의 기술을 향상시킬 수 있었고, 이전부터 가지고 있던 국제항구로서의 역할에 더하여 금융 중심지와 국제 교통의 허브(hub)로 역할을 확대하게 된다. 싱가포르 항구는 세계 최대의 컨테이너 항구가 되었고, 이후 확장된 창이공항은 동남아시아 허브 공항의 자리를 차지한다. 한 세대 이내에 싱가포르 경제는 중계무역항에서 제조업, 정유업, 금융, 서비스 등을 고루 갖춘 산업사회로 이행할 수 있었다.

물론 싱가포르에는 이미 고켕스위를 비롯해 실용주의 정신으로 무장한 뛰어난 경제학자들이 있었지만, 윈세미우스 박사와의 인연은 분명 큰 행운이었다. 또한 윈세미우스 박사의 조언을 리콴유가 선뜻 받아들인 것은 실용주의자로서의 면모가 빛나는 대목이다. 윈세미우스 박사의 경제 처방은 원래 사회주의를 신봉했던 리콴유의 사상과는 배치되는 보수주의적인 면이 많았지만, 국민들이 잘살기 위해서 꼭 필요함을 납득하고 선선히 받아들였던 것이다. 리콴유는 경제 정책뿐만 아니라 모든 면에서 사상에 얽매이지 않고 철저히 현실적이고 실용적인 자세를 가졌고, 이것은 싱가포르를 성공의 반열에 올려놓은 가장 큰 원동력이었다.

영국군의 철수와 자력갱생

독립 직후 몇 년간에 걸친 국제 경제의 회복세는 싱가포르에 행운으로 작용했다. 그 시기에 싱가포르는 산업화, 고용 확대, 생활수준 향상 등에서 인상적인 진척을 이룰 수 있었다. 국제 정세의 변화도 유리하게 작용했다. 1965년 수하르토가 공산주의자들을 섬멸하고 1966년 6월부터 인도네시아의 도발이 중단되면서 인도네시아와의 무역이 재개되었고, 미국이 베트남전쟁에 더 깊숙이 개입하면서 싱가포르는 보급기지로서의 역할을 하며 특수를 누렸다. 현대 싱가포르의 번영에 큰 역할을 했던 수에즈 운하가 1967년 7일전쟁(제3차 중동전쟁)으로 인해 폐쇄되었지만 그 악영향은 생각보다 크지 않았다. 일본, 미국과의 교역량 증대로 인해 수에즈 운하에 대한 의존도가 줄어들었고, 증기선의 성능이 개선되면서 수에즈 운하의 대안인 희망봉 항로의 소요시간이 짧아졌기 때문이었다.

그러나 1968년 1월 상승일로의 싱가포르 경제에 찬물을 끼얹는 사건이 발생한다. 영국이 3년 내로 싱가포르 해군기지에서 철수하겠다고 갑자기 발표했던 것이다. 이것은 싱가포르의 안보뿐만 아니라 경제에도 위협요소가 되었다. 1967

년까지만 해도 영국은 점진적으로 해외 기지를 축소할 계획이었으나, 자국의 경제 문제가 심각해지자 극동지역의 방위에 돈을 쓸 여유가 없다고 판단하여 급히 철수하는 방향으로 전환했던 것이다.

원래 영국은 교역 보호와 평화 유지를 위해 수에즈 운하 동쪽에 군사력을 계속 유지하려 했고, 1960년대 초에는 싱가포르의 방어시설 구축에 막대한 금액을 쏟아부었다. 이런 정책은 1962년 브루나이 반란을 진압하고 인도네시아의 도발에 대처하는 데에 큰 도움이 되었으나, 1964년 해럴드 윌슨(Harold Wilson)의 노동당 정부가 들어서고 마침 영국 경제가 위기에 빠지면서 분위기가 돌변한다.

12년에 걸친 말라야 비상계엄과 그에 이은 3년간의 인도네시아의 도발 때문에 영국은 재정에 대한 고민에 빠졌다. 5만 명의 영국군이 인도네시아의 도발에 대처하는 데에 묶여 있었고, 이로 인해 극동사령부의 비용은 1964년 7천만 파운드에서 1966년 2억 5천만 파운드로 급증했다. 1966년 인도네시아의 도발이 종식되면서 비용을 절감할 가능성이 보였고, 몇 달 이내에 보르네오에서 거의 모든 영국군이 철수했다. 전통적으로 방위비 지출에 반대하는 입장인 노동당은 이 정도에 만족하지 않고 1966년 10월 극동지역 기지의 폐쇄를 요구한다.

1967년 4월 영국 내각은 1970년 또는 1971년까지 극동주둔군을 절반으로 감축하고 1973년부터 기지 철수를 점진적으로 진행하여 1977년에 완료한다는 계획을 세웠다. 영국은 이러한 철군 계획을 싱가포르에 알려왔고, 리콴유는 1967년 6월 런던을 방문하여 철군 계획을 늦추고 1975년까지 영국군 주둔을 유지하여 싱가포르가 자체 국방력을 갖출 수 있는 시간을 달라고 요청했다. 그러나 영국 경제는 계속해서 허우적대고 있었고, 1967년 11월 국제수지 위기로 인해 파운드화가 급락하는 사태를 맞게 된다. 경제 사정이 계속 나빠지자 영국 내에서는 방위비 절감에 대한 압력이 더욱 거세질 수밖에 없었다.

결국 1968년 1월 영국 정부는 관련 당사자와 한 마디 상의도 없이 급격한 공공지출 삭감 계획을 발표했고, 여기에는 1971년 4월까지 말레이시아와 싱가포르의 기지로부터 모든 영국군을 철수하는 내용이 포함되어 있었다.

1968년 1월의 결정은 순전히 영국 국내의 경제적 어려움 때문이었으나, 이것은 싱가포르의 안보와 경제에 중대한 문제를 일으켰다. 영국군 기지는 싱가포르

국내총생산(GDP)의 20퍼센트를 점유하고 있었고, 2만 5천 명의 싱가폴리언을 고용하고 있었으며 그 외에도 간접적으로 연관된 수천 명의 생계가 달려 있었다. 산업화와 경제다변화를 위한 노력이 진행되고 있었지만, 영국군 철수로 인한 대규모 실업사태와 그로 인한 정치적 불안을 흡수하기는 어려워 보였다.

영국의 갑작스러운 조기 철군 발표를 접한 싱가포르 지도자들은 분노와 공황 상태에 빠졌고, 영국 파운드화 영향권에서 탈퇴하고 영국의 선적, 보험 등에 보복조치를 취할 것을 검토했다. 잠시 흥분해서 이성을 잃기는 했지만 싱가포르 지도자들은 현실주의자의 면모를 발휘하여 곧 평상심을 회복했고, 보복조치가 영국보다 싱가포르에 더 해가 된다는 사실을 깨달았다. 리콴유는 런던으로 날아가 영국 장관들, 재계 지도자들과 회담을 가지며 논리정연하게 주장을 폈다. 리콴유에 대해 개인적인 존경심을 가지고 있던 윌슨 총리는 갑작스런 정책 변경이 신생 공화국에 끼칠 악영향을 잘 알고 있었고, 상황이 허락하는 한 도움을 주려고 노력했다.

영국 내각은 최종 철군을 1971년 11월로 연기했고, 1968년 5월 넉넉한 금액의 일괄지원책에 동의했다. 이 지원책에는 5천만 파운드의 소프트 론(soft loan, 달러 등의 국제 기축통화로 빌려주고 현지 통화로 상환 받는 방식의 차관으로 차입국에 유리함), 실직한 근로자의 재교육, 방공시스템 구축 지원, 1천9백만 파운드의 가치로 추산되는 군사기지와 부속 자산의 온전한 양도 등이 포함되어 있었다.

싱가포르 정부는 영국으로부터 받는 지원을 최대한 활용할 방안을 찾기 시작했다. 영국군은 싱가포르 섬 전체 면적의 10퍼센트 이상에 해당하는 좋은 위치를 점유하고 있었고, 싱가포르 정부는 주요 빌딩, 학교, 병원, 기타 시설들과 함께 노른자위 땅을 물려받을 수 있었다. 또한 잘 갖춰진 조선소를 포함한 각종 기술과 설비들을 얻었고, 이는 조선 산업 발전을 위한 밑거름이자 석유 채굴 붐의 기지가 되었다. 경제 관료 혼수이센(Hon Sui Sen)은 상업적인 잠재력을 가진 영국군 기지 부지를 개발하기 위한 부서를 설립해 운영했다. 1970년 4월이 되자 영국군이 보유하던 대부분의 토지, 시설과 설비들이 싱가포르 정부에 양도되었다.

영국의 철군 발표 석 달 뒤인 1968년 4월 총선거가 열렸고, 이때에는 1963년 선거에서 사용했던 정치적 술수가 전혀 필요하지 않았다. 위기에 효과적으로 대처하는 지도자들의 모습에 대부분의 싱가폴리언은 감명을 받았고, 인민행동당 정부가 현재의 위험에서 그들을 구출할 적임자라고 보았다. 바리산 사회주의전선은 선거를 보이콧했고, 인민행동당은 84퍼센트의 득표율로 모든 의석을 석권했다.

1968년 4월 선거에서 대부분의 싱가폴리언은 느닷없는 영국의 철군 발표로 인한 경제적 위협에 관심을 집중했지만, 정부의 당면 관심사는 국방에 미치는 영향이었다. 독립 직후부터 국방 대책에 착수하기는 했지만 국방력은 여전히 만족스럽지 못했다. 독립 시점의 군대 규모는 2개 보병대대, 1개 지원병 보병대대, 1개 지원병 포병대대, 1개 장갑차중대, 총 50명의 장교와 1천 명의 사병이 고작이었다. 분리 독립 직후 내무국방부(Ministry of the Interior and Defence, 약칭 MINDEF)가 설립되고 이후 2년 동안 고켕스위가 장관직을 맡았다. 리콴유는 어려운 경제 상황을 감안해 많은 국방비 지출을 꺼렸고, 모병제 국민방위군을 유지하기를 원했다. 그러나 고켕스위는 징병제와 정규 장교후보생 시스템을 갖춰서 강한 군대를 구축해야 한다고 주장했고, 결국 리콴유는 고켕스위의 의견을 받아들였다. 1965년 11월 내무국방부는 징병된 다수의 의무병들이 소수 직업군을 지원하는 제도에 대한 계획을 수립했다. 1966년에 들어 대규모 모집이 이루어졌고, 2개의 정규 보병연대와 지원병을 합병하여 첫 싱가포르 보병여단이 발족했다. 1966년 9월 주룽(Jurong)에 군사훈련소(Singapore Armed Forces Training Institute)가 설립되었고, 1967년 3월 통과된 법안에 따라 대부분의 싱가포르 남성 시민권자는 18살에 일정 기간 군사훈련을 받고 그 이후에는 예비군으로 편성되는 군복무를 수행하게 되었다.

국방 문제에서 싱가포르는 이스라엘을 롤모델(role model)로 택하고 협조를 요청했다. 이스라엘은 적대적인 국가들에 둘러싸인 작은 국가였지만, 의무 군복무와 장기간의 예비군 복무로 병력을 확충하여 강한 적들을 무찌를 수 있었다. 비슷한 처지에 있던 이스라엘은 싱가포르의 협조 요청에 응해 군사고문단을 파견했고, 이스라엘 고문단은 1974년 4월까지 머물며 싱가포르 군을 체계화하는 데에 큰 도움을 주었다.

그러나 아직까지 자력으로 국방 문제를 해결하기 어려운 상황에서 발생한 영국의 철군 발표는 큰 충격으로 다가왔다. 말레이시아와의 관계는 여전히 싸늘했고, 말레이시아 연방정부는 이스라엘이 싱가포르에 영향을 미치는 것에 대해 분개했다. 영국, 말레이시아와의 방위조약을 갱신하기는 어려워 보였고, 경제적으로 감당하기 어려운 일이었지만 자체 국방력을 강화하는 것 외에는 선택의 여지가 없었다. 이때까지 싱가포르는 국방에 많은 예산을 투입하고 있지 않았으나, 선거에서의 승리 이후 국방 지출은 6개월 이내에 세 배로 늘어 국내총생산(GDP)의 10퍼센트에 달하게 되었다. 공군력과 해군력을 갖추기 위해 1968년 4월 공군사령부를, 12월에는 해군사령부를 창설했다. 영국 공군은 훈련을 지원했고 1969년 4월엔 셀레타(Seletar) 공군기지를 싱가포르 정부에 양도했다. 다행히 경제가 발전하는 덕분에 자원을 국방에 투입하기가 비교적 덜 어려워졌고, 1971년에는 국방 예산이 정부 총예산의 4분의 1을 차지했다. 이러한 도전은 신생국 싱가포르를 애국적인 노력으로 단결시킬 기회를 제공했고, 병역에 대한 반대는 전혀 없었다.

1970년 6월 영국 보수당이 노동당을 밀어내고 다시 집권하면서 분위기가 달라졌으나, 철군 자체는 취소될 수 없었고 시기가 연기되었을 뿐이었다. 호주는 1973년 지상군을 철수했으며 1974년 3월 영국 노동당이 다시 정권을 차지하면서 감축에 착수했다. 영국의 마지막 해군부대와 헬리콥터들이 1975년에 떠났고, 1976년 초에는 잔여 병력까지 모두 철수했다. 1976년 3월 말까지 영국은 싱가포르로부터의 철군을 완료했고, 이로써 식민지 시대의 마지막 자취가 사라졌다.

위기를 기회로 전환시키는 데에 능한 인민행동당 지도부는 영국군 철군으로 인한 위기를 다각도로 활용했다. 외부의 위협으로부터 대처하기 위한 노력의 과정에서 싱가폴리언은 일치단결했고, 결과적으로 영국군의 철군은 다양한 인종집단으로 이루어진 싱가포르가 하나의 국가로 통합되는 계기가 되었다. 인민행동당 정부는 싱가포르가 항상 자립해야만 하며 외부세력에 의존해서는 안 된다는 교훈을 주지시켰고, 이후 자립심은 싱가포르 국민정신의 핵심이 되었다. 그리고 또 하나의 숨겨진 목적과 성과가 있었다. 노골적으로 드러내지는 않았지만, 사실 군대 규모 확대와 징병제 실시의 일차적인 목적은 심각한 실업 문제를 완화하는 것이었다.

눈부신 산업화

1968년 선거에서의 전폭적인 지지를 바탕으로 의회는 노동관계법 개정에 나섰다. 그 목적은 과거의 잘못된 노동관행들을 제거하고 생산성을 증대시키며 투자 유치에 유리한 환경을 조성하는 것이었다, 정부는 투쟁 일변도였던 노동조합의 역할을 경제발전을 위해 정부, 회사와 협력하는 파트너로 전환시키고자 했다. 1969년은 인민행동당 집권 이후 최초로 무파업을 기록한 해였다.

수출지향형 산업화를 촉진하기 위해 싱가포르는 국내외 투자와 전문기술을 끌어들이려는 노력을 강화했다. 1968년 7월 경제개발청(Economic Development Board, EDB)은 재편되었고, 개발금융 업무는 혼수이센(Hon Sui Sen)이 총재로 부임한 싱가포르 개발은행(Development Bank of Singapore, 약칭 DBS)으로 이관되었다. 우리나라의 산업은행과 비슷한 성격의 싱가포르 개발은행(DBS)은 제조업에 장기융자를 제공했고, 민간자본과 협력하여 새로운 산업에 상당한 지분참여를 했다.

싱가포르는 금융 중심지와 자본시장으로서 급속히 성장했다. 1968년 아시아

달러시장의 본부가 되었고, 1969년 금 거래소가 개설되어 곧 홍콩과 베이루트(Beirut)를 앞질렀다.

정부는 싱가포르를 일본에 이어 두 번째로 큰 조선업과 선박수리업의 중심지로 만들기로 계획했다. 1966년 국내 선박에 대한 선박등기부를 구축했고, 2년 후에는 외국 선박이 세금 없이 등록할 수 있도록 했다. 국영 해운회사인 넵튠 오리엔트 라인(Neptune Orient Line)이 설립되었고, 조선업과 선박수리업은 1966년에서 1968년 사이 두 배로 성장했다. 1969년이 되자 싱가포르 항구는 영연방에서 가장 붐비는 항구가 되었고, 1972년 컨테이너 복합단지가 완공되면서 동남아시아의 환적 센터가 되었다. 1975년에 이르자 싱가포르는 로테르담(Rotterdam)과 뉴욕에 이어 세계 3위의 항구로 떠올랐다.

이전까지 조심스러운 입장을 보였던 외국인 투자자들이 싱가포르에 쏟아져 들어오기 시작했다. 고켕스위의 실패작으로 여겨졌던 주롱(Jurong) 산업단지에는 1970년 말이 되자 264개의 공장이 들어서 3만 2천 명의 근로자가 일하고 있었으며, 100개 이상의 공장이 새로이 건설되고 있었다.

미국, 서유럽, 일본, 홍콩, 타이완, 말레이시아, 호주 등 다른 나라들로부터 자본이 유입되면서 영국에 대한 의존도가 낮아졌다. 가장 많은 투자를 한 나라는 단연 미국으로, 1972년 신규 외국인 투자의 거의 절반을 점유했다. 그다음 해에 미국은 말레이시아에 이어 두 번째로 큰 교역상대국이 되었다. 1972년이 되자 싱가포르 제조기업의 4분의 1은 외국인회사 또는 합작투자회사였고, 이들은 싱가포르 산업생산의 거의 70퍼센트를 차지하고 수출액의 83퍼센트를 점유했으며 고용의 절반 이상을 담당했다. 대부분 미국에 근거를 둔 다국적기업들은 전문기술, 경영기법, 수출 판로를 제공했기 때문에 경제발전을 위한 효과적인 수단으로 환영받았다.

인도네시아에서의 석유탐사는 싱가포르에 자본, 장비, 전문기술의 유입을 가져왔다. 1970년이 되자 석유는 선도적인 수출산업이 되었고, 싱가포르 제조업 총 생산의 거의 40퍼센트를 차지하게 되었다. 1973년 싱가포르는 휴스턴(Houston)과 로테르담(Rotterdam)에 이어 세계 3위의 정유 중심지로 떠올랐다. 당시 싱가포르에는 30개의 주요 석유탐사 기업들이 모여 있었다.

조선업과 선박수리업의 세계적인 호황, 베트남 전쟁의 확대로 인한 물자 수요, 인도네시아 경제의 회복, 동남아시아 연안의 석유탐사 등으로 인해 싱가포르는 막대한 경제적 이득을 얻을 수 있었다. 실업률은 낮아졌고, 정부 세입은 늘어났고, 투자액보다 저축액이 더 많았으며, 대외준비자산은 대폭 증가했다. 싱가포르는 산업다변화에 성공했다. 국내총생산(GDP) 성장률은 연평균 9퍼센트 이상이었고, 산업 생산량 증가율은 연평균 20퍼센트 이상이었으며, 공장의 수는 세 배 이상으로 늘어났다. 싱가포르는 독립 이후 처음 8년간 눈부신 성공을 거두었고, 대외 교역량은 연평균 15퍼센트 이상 증가했다.

4년 전에만 해도 불가능할 것처럼 보였던 일을 이루어낸 싱가포르는 1969년 낙관과 축제의 분위기 속에서 개항 150주년 축하행사를 가졌다. 그해 5월 쿠알라룸푸르를 비롯한 말레이반도에서 벌어진 심각한 인종 간 충돌로부터도 거의 해를 입지 않고 넘어갈 수 있었다.

1960년대 말이 되자 싱가포르는 거의 완전고용 상태를 달성했고, 몇몇 산업 분야에서는 노동력 부족 문제가 대두될 정도였다. 영국군 관련 직종에서 1만 7천 명의 민간인이 해고되었지만, 그 정도를 흡수할 노동력 수요는 충분히 존재했다. 1971년 노동력 부족 문제를 해결하기 위해 이민법이 완화되어 싱가포르 시민이 아닌 사람도 취업비자를 발급받을 수 있게 되었고, 1972년이 되자 전체 노동력의 12퍼센트를 이주노동자들이 차지하게 되었다. 불과 몇 년 전까지 실업 문제로 골머리를 앓았던 것을 생각하면 격세지감을 느끼게 했다. 결과적으로 영국군의 철군은 거의 파장을 일으키지 않았다.

투자자에 대한 싱가포르의 주된 매력은 과세유예나 저렴한 노동력이 아닌 정치적인 안정과 잘 훈련된 노동력이었다. 이를 바탕으로 싱가포르는 산업화 초기의 노동집약 단계에서 더 수준 높은 산업으로 이동했고, 그 결과 노동자들의 전문 기술을 계발하고 생활수준을 향상시킬 수 있었다.

클린 싱가포르 건설

싱가포르 정부는 환경 개선에 심혈을 기울였다. 깨끗하고 잘 정돈된 도시를 만드는 것은 시민들의 삶의 질과 직결되는 문제이지만, 경제적인 측면에서도 반드시 필요한 일이었다. 외국인 투자자에게 깨끗한 환경을 보여주는 것은 싱가폴리언들이 뛰어난 능력과 규율을 갖춘 사람들임을 말로 설명하지 않고도 이해시킬 수 있는 최고의 수단이었다.

향후 지대한 영향을 미칠 환경보건법(Environmental Health act)이 1968년 통과되었고, 환경오염을 방지하고 깨끗한 물리적 환경을 만들고자 엄격하게 시행되었다. 이 시대의 주요 표어 중 하나는 'Clean, Green and Beautiful'이었다.

인구증가와 산업 수요에 대처하기 위해 공익사업은 확대되었다. 늘어나는 물 수요를 충족하기 위해 벌인 셀레타(Seletar) 저수지 확장 공사가 1969년에 완료되어 저수지는 두 배로 커졌다. 1970년대 초가 되자 인구의 95퍼센트가 상수도를 공급받았고, 1980년에는 싱가포르 전역에 하수도 시스템이 연결되었다.

전반적인 환경과 주거의 개선으로 인해 보건지표는 극적으로 향상되었다.

1970년대에 접어들자 영아사망률과 기대수명은 대부분의 선진국 수준에 도달했다. 포괄적인 예방접종 프로그램의 결과 천연두, 콜레라, 디프테리아, 소아마비는 사라졌다. 전통적으로 주된 사망원인이었던 결핵은 그 자리를 선진국형 질병인 암과 심장질환에 내어주었다.

1970년대 후반에는 싱가포르 강 정비사업이 개시되었다. 이때까지 싱가포르 강에는 공장 폐수, 축산 폐수 등이 무분별하게 흘러들어 악취가 진동했다. 도저히 물고기가 살 수 없을 정도로 죽은 강이어서 '뚜껑 없는 하수구'라 불릴 정도였다. 외곽에서 버스를 타고 시내 중심부로 오는 승객이 잠이 들었다가 강에서 풍기는 악취를 맡고서 목적지에 거의 다 왔음을 알게 되는 일이 많았다고 한다. 리콴유는 1977년 "지금부터 10년 후에는 싱가포르 강에 물고기가 돌아오도록 만들겠다"라는 원대한 비전을 내걸고 대대적인 싱가포르 강 정비사업에 착수했다. 공장, 축산농가 등 오염물질 배출 시설을 외곽으로 모두 이전시켰고, 보트 키와 클락 키에 있던 물류시설은 서부 해안으로 이전했다. 막대한 재원과 각고의 노력을 기울인 결과 리콴유가 장담한 대로 정확하게 10년이 지난 1987년에 싱가포르 강에는 물고기가 다시 살기 시작했다고 한다.

정부는 녹지와 공원 조성에 많은 노력을 기울였고, 싱가포르의 기후와 토양에 맞는 수종(樹種)을 엄선하여 계획적으로 심었다. 그 결과 싱가포르는 어디를 가도 울창한 나무를 볼 수 있는 녹색 전원도시가 되었다.

깨끗한 환경 조성을 위해 상당히 강압적인 방법이 동원되었다. 정부는 길에 쓰레기나 담배꽁초를 버리는 등의 경범죄에 거액의 벌금을 부과했다. 벌금은 외국인들이 상상하기 어려운 것들을 포함한 다양한 행위에 적용되었으며, 엄격한 벌금 제도 때문에 싱가포르는 아주 적절한 중의법(重義法) 표현인 'Fine City'라는 별명을 가지게 된다. Fine을 형용사로 해석하면 '깨끗한 도시' 내지는 '훌륭한 도시'라는 뜻이 되지만, 명사로 해석하면 '벌금 도시'라는 뜻이 되기 때문이다.

'깨끗함'은 물리적 환경에 국한될 수 있는 문제가 아니었다. 리콴유는 싱가포르가 생존하고 발전하기 위해서는 청렴하고 효율적인 정부가 반드시 필요하다고 확신했다. 자치정부 시절인 1960년에 있었던 반부패법 개정은 부패척결을 위한 적극적 행보의 신호탄이었다. 1952년 영국 식민정부가 세운 부패조사위원회

(Corrupt Practices Investigation Bureau, 약칭 CPIB)의 수사 권한은 대폭 강화되었고, 비리 행위에 대한 처벌 수위가 한층 강력해졌다. 공무원이 뇌물수수로 적발될 경우 전 재산을 한 푼도 남기지 않고 몰수하게 된 것이다.

그러나 강력한 처벌만으로는 깨끗한 정부를 만들 수 없음을 리콴유는 잘 알고 있었다. 처벌 일변도로 갈 경우 부패는 음성적으로 숨어들어갈 것이고, '위험수당'이 붙어서 뇌물 액수는 커지게 마련이다. 근본적인 해결책은 공무원들이 위험을 무릅쓰고 뇌물의 유혹에 빠지지 않게 원천적으로 차단하는 것이었다. 리콴유는 독립 초기부터 많은 반대에도 불구하고 공무원 봉급을 대폭 인상하는 조치를 내렸고, 그 결과 현재 싱가포르의 공무원 봉급은 서구 선진국 평균보다 높은 수치를 보이고 있다.

리콴유는 '자기 이익에 충실한' 인간의 본성에 대한 통찰을 바탕으로 부정부패 일소에 성공했다. 먹고사는 데에 아쉬움이 없는 봉급을 받는 공무원이 부패 행위에 나섰다가 패가망신을 하는 것이 공무원 자신의 이익을 해치게 되는 시스템을 구축한 것이다. 부패에 대한 엄벌과 후한 공무원 보수라는 양 날개 덕분에 싱가포르는 청렴한 정부를 만들 수 있었고, 전 세계 정부에 대한 투명성 평가에서 싱가포르는 항상 최상위권을 달리고 있다.

모든 시민들에게 자기 집을

　싱가포르 정부는 대대적인 주택 보급 사업에 착수했다. 자치정부 시절인 1960년 주택개발청(Housing and Development Board, 약칭 HDB)이 설립되어 공공아파트(HDB flat) 분양을 개시했지만, 당시 공공분양 아파트에 거주하는 인구의 비율은 9퍼센트에 불과했다. 주택 보급이 지지부진했던 이유는 주택 대금의 20퍼센트인 계약금을 마련하지 못하는 사람들이 많았기 때문이었다. 이 문제는 연금제도인 중앙후생기금(Central Provident Fund, 약칭 CPF)와 주택 보급을 연계하면서 해결된다.

　1968년 중앙후생기금(CPF) 적립 비율을 대폭 높이고 중앙후생기금 계좌의 적립금으로 주택 계약금 20퍼센트를 지불하고 잔여 80퍼센트는 30년 장기저리 분할 상환하는 제도가 도입되었다. 많은 사람들이 중앙후생기금 적립금으로 계약금을 감당할 수 있게 되면서 공공아파트 분양은 탄력을 받았다. 1975년에는 공공분양 아파트에 거주하는 인구의 비율은 42퍼센트로 늘어났고, 1970년대 말에는 전체 인구의 70퍼센트가 아파트에서 거주하게 되었다. 이러한 주택 정책의 결과 현재는 전 국민의 90퍼센트 이상이 자기 소유의 집에 거주하고 있고, 이것은 전 세계를 통틀어서도 찾아보기 어려운 경이로운 현상이다.

리콴유가 이러한 주택 정책을 강력하게 편 것에는 인간의 본성에 대한 통찰이 깔려있었다. 사람은 가진 것이 있으면, 특히 자기 소유의 집을 가지면 좀처럼 과격한 행동을 하지 않게 마련이다. 따라서 모든 사람들이 자기 집을 가지게 만드는 것은 사회 안정을 달성하기 위한 최선의 방책인 것이다. 어떤 사람들은 이것을 두고 정권유지의 수단이라고 비판하지만, 우리나라의 상황과 대비해 보면 그런 비판을 하기 어려운 것이 사실이다. 주거 문제만 제도적으로 잘 해결된다면 우리의 삶이 지금보다 얼마나 더 여유로워지겠는가?

공공아파트 분양이 활성화되면서 과밀한 시내 중심부로부터 인구가 분산되었다. 시내 중심부는 상업과 행정의 중심으로 남았지만, 그 외의 곳에서는 포괄적인 도시 정비 계획에 따라 쇠락한 구역들이 현대식 철근콘크리트 고층건물과 아파트, 호텔, 사무용 건물 등으로 변모했다. 정부는 과밀한 빈민가였던 차이나타운 구역의 대부분을 싹 밀어버렸고, 재래식 말레이 캄퐁(kampong, 말레이어로 '마을'이라는 뜻)은 단계적으로 정리되어 역사 속으로 사라졌다. 다 허물어져 가는 오래된 지역들의 캄퐁이 우선적으로 정리되었고, 캄퐁 거주자들은 새로운 아파트로 이주했다. 빈민가와 불법거주자들의 판잣집은 쇼핑센터, 학교, 시장, 병원, 오락 시설 등을 갖춘 현대적인 주거지로 탈바꿈했다.

첫 번째 신도시인 퀸스타운(Queenstown)이 1960년대 중반에 완성되었고, 1973년에는 더 큰 규모의 토아 파요(Toa Payoh) 신도시가 완공되었다. 그에 이어 버독(Bedok)과 텔록 블랑아(Telok Blangah)에도 신도시가 형성되었고, 뒤이어 싱가포르 섬 북쪽 우드랜즈(Woodlands)에 더 큰 규모의 신도시가 생겨났다.

아파트 보급과 도시 재개발에 긍정적인 면만 있는 것은 아니었고, 재개발 과정에서 옛 모습이 사라지는 부작용이 발생했다. 이러한 부작용을 완화하기 위해 1986년 정부는 차이나타운, 캄퐁 글람(Kampong Glam), 리틀 인디아(Little India) 등 보존지역 6곳을 지정하여 옛 모습을 유지하기로 한다. 현존하는 가장 오래된 호텔인 래플스 호텔(Raffles Hotel)에는 최소 한 세기 이상 보존 명령이 내려졌다.

나중에 인위적인 인구 이동이 골칫거리가 되긴 했지만 재개발은 초기 단계에서 대중적으로 인기가 많았다. 과밀한 슬럼가를 철거한 것에는 조금의 후회도 없었고, 새롭게 건설되는 지역은 대부분 19세기 초반 아선약(gambier)이나 후추 농장으로 쓰이다 버려진 불모지였다.

빈민가 정리 과정에서 정부는 인종적으로 주거가 분리되어 있던 과거의 잔재를 일소했다. 조화로운 다인종 사회를 건설하고자 모든 아파트 블록에 인종을 혼합했고, 전체 인구 내 인종집단의 비율을 고려하여 아파트가 할당되었다.

재개발로 인해 사람들이 겪었던 가장 큰 문제는 새로운 이웃들에 적응하는 일이었고, 오래 살던 곳을 떠나 익숙하지 않은 삶에 노출된 사람들은 적지 않은 스트레스를 받았다. 특히 전원적인 생활에 익숙했던 말레이인들은 새로운 주거방식에 적응하는 것에 많은 어려움을 겪었다.

오일쇼크와 경제 위기 극복

1974년 싱가포르는 독립 이후 최대의 경제적 위기를 맞았다. 아랍 산유국들이 석유 수출을 제한하고 가격을 올리면서 제1차 오일쇼크가 발생하였고, 그 결과 세계 경제는 급속도로 위축되었다. 중동으로부터의 원유 수입에 의존도가 매우 높았던 싱가포르의 제조업은 심각한 타격을 입었다. 1974년부터 성장은 둔화되었고 외국인 투자는 급감했다. 그다음 해인 1975년의 경제성장률은 거의 0에 가까웠다. 그래도 싱가포르는 대부분의 다른 나라들에 비해서는 오일쇼크로 인한 위기를 잘 헤쳐나간 편이었고, 임금 삭감이나 대량 실업 등의 문제는 발생하지 않았다. 서비스 부문은 제조업에 비해 상대적으로 악영향을 덜 받았고, 정부는 주택과 통신 등 공공사업에 지출을 늘려 미래를 위한 사회간접자본을 구축하는 동시에 실업 문제를 완화했다.

1976년이 되자 경제가 회복되어 외국인 투자는 고점을 갱신했다. 1977년의 1인당 소득은 독립 시점에 비해 3배로 증가했으며 이 해에 국제통화기금(IMF)은 국제원조를 받을 자격이 있는 개발도상국에서 싱가포르를 제외해야 한다는 의견을 처음으로 피력했다. 1978년 3대 교역상대국인 말레이시아, 미국, 일본은 싱가포르 수출액의 40퍼센트를 차지했지만, 싱가포르는 영국과 서유럽 등 전통적인 시장도 여전히 유지하면서 제3세계에서 새로운 기회를 찾아 나서고 있었다.

1970년대 말 새로운 경제 단계에 진입하면서 싱가포르 정부는 제2의 산업혁명에 착수했다. 이는 노동집약적 산업에서 더 진보한 기술로 이동하고, 노사 간의 협력에 기초한 일본식 직업윤리를 창조하는 것이었다. 1979년 근로자 재교육을 위해 기술개발기금(Skills Development Fund)을 창설하였고, 그 목적은 1980년대 말까지 저임금 산업에서 완전히 철수하는 것이었다.

1980년대 초에 경제는 계속 발전했고, 사람들의 생활수준이 한층 높아졌다. 싱가포르 정부는 현대 사회에 적합한 역동적인 경제 모델을 장려하고 있었고, 그러기 위해서는 산업과 금융 부문에서 지속적으로 높은 경쟁력을 유지해야 했다. 연륜과 통찰력을 두루 갖춘 정부 지도자들은 지역 정치 문제나 세계 경제의 침체 속에서도 언제나 빠른 적응력과 회복력을 보여주었다. 그러나 이것은 다소간의 부작용을 낳았다. 싱가폴리언들은 그들의 지도자들이 어떤 상황에서든 당연히 해결책을 찾아낼 것이라고 생각하게 된 것이다.

1985년에 세계 경제가 침체에 빠지면서 한동안 잘 돌아가던 싱가포르 경제는 다시 어려움을 겪게 되었다. 이 해에 싱가포르의 실질 국내총생산(GDP)은 전년 대비 감소했고, 독립 이후 최초로 1인당 소득이 하락했다. 이것은 경제발전을 당연한 것으로 여기던 싱가폴리언들에게 큰 충격으로 다가왔다. 제조업, 정유업, 부동산 개발이 모두 심각한 타격을 받았고, 2년간 임금 동결 조치가 내려졌다. 1985년 12월에는 싱가포르에 근거를 둔 대기업인 Pan-Electric Industries가 법정관리에 들어가면서 사상 최초로 증권거래소가 3일간 폐쇄되는 사태까지 벌어진다. 1986년에도 경제난은 계속되었고, 싱가포르달러의 약세와 실업사태가 예상되었다. 이에 정부는 공공서비스를 간소화하겠다고 발표했고, 기업 관련 세금과 재산세, 국방비 지출, 중앙후생기금(CPF) 근로자 부담액 등이 대폭 감축되었다.

그러나 경제 침체는 생각보다 오래가지 않았고, 1986년 말에는 경제가 다시 살아나기 시작했다. 비교적 짧은 경기 후퇴였지만, 이것을 계기로 그간 싱가포르 경제가 기반을 두어 왔던 전제들에 대한 재평가가 일어났다. 특히 신세대 지도 자들은 정부규제의 완화를 강력히 요구했다. 1987년 리센룽(Lee Hsien Loong, 리 콴유의 장남)의 주도하에 구성된 위원회는 적극적인 민영화를 권고하는 내용의 보고서를 발간했다.

1987년 국제 증권시장의 붕괴로 다시 어려움이 찾아왔으나, 1988년 중반이 되자 싱가포르 경제는 다시 호전되었다. 싱가포르가 다른 나라들에 비해 뛰어난 회복력을 보일 수 있었던 요인으로는 효율적인 정부, 국제적 기준에 부합하는 합리적인 법 제도, 시장원리에 어긋나지 않는 경제시스템 등을 들 수 있다.

영어공용화와 이중 언어 정책

다인종 사회를 통합하고 국가의 정체성을 확립하기 위해 가장 중요한 수단은 교육이었다. 인민행동당이 집권한 후 첫 9년 동안 정부는 예산의 3분의 1을 교육 부문에 배정했다. 자치정부가 출범하던 1959년, 교육은 실용적이어야 하며 사회에 맞게 재정비되어야 한다고 인민행동당은 주장했다. 그러나 그 과정은 다사다난했다. 싱가포르의 교육은 분열되어 있었으며 그 배경에는 언어 문제가 자리하고 있었다. 말레이어는 국어이긴 했지만 소수집단의 언어였고, 중국어 교육의 수단으로 자리 잡은 북경표준어(만다린)는 소수의 중국계 싱가폴리언들에게만 모국어였다. 또한 중국어는 오랫동안 중국 본토에 대한 충성심, 좌파의 체제 전복 시도와 관련이 되어 있었다. 영어는 국제 통상에서 지배적인 언어였지만, 이전 식민지배 세력과 엘리트들의 언어로 낙인찍혀 있었다. 1956년 규정된 네 개의 주요 언어에 대한 동등한 대우는 독립 이후에도 여전히 유효했지만, 그것은 본질적인 해결책이 되지 못했다.

그런 와중에도 교육은 서서히 진보를 이루기 시작했다. 보편적인 무상 초등교육은 독립 시점에 이미 달성되었고, 1966~1970년의 5개년 계획은 중등교육과 고등교육에 집중했다. 1966년부터 중학교에서 제2언어 교육이 의무화되었으며, 이 정책은 중국어 교육과 영어 교육을 모두 받은 교육부장관 옹팡분(Ong Pang Boon)에 의해 열정적으로 추진되었다.

대부분의 중학생들은 기술교육과 직업교육으로 전환되었다. 대학 수준에서는 기술자, 과학자, 기업 경영자 양성에 중점이 두어졌다. 정부는 공립학교에 자녀들을 보내라고 부모들에게 권장했고, 공립학교는 국가의 정신을 불어넣고 국가가 필요로 하는 기술을 교육했다. 대부분의 싱가포르 시민은 사립 외국인학교에 입학할 수 없었으며, 1971년부터 병역을 회피하기 위한 목적으로 자녀들을 해외에 유학 보내는 부모들에게 금전적인 불이익이 주어졌다. 그러나 이것은 부분적으로만 효과가 있었다. 부유한 부모들은 계속해서 자녀들을 기숙학교나 해외 대학에 보냈고, 병역과 상관없는 여학생들은 제한을 받지 않았다.

영국과 중국은 전통적으로 공식적인 시험과 경쟁을 기반으로 성공을 존중하는 능력주의를 강조했고, 싱가포르는 그러한 능력주의의 전통을 그대로 이어받았다. 이것은 우수한 젊은이들에게 사회적, 인종적 배경에 상관없이 매력적인 기회를 제공했다. 모든 학생들의 능력을 최대치로 계발하는 것에 교육의 목표가 두어졌고, 정부는 영어 학교와 중국어 학교의 우수한 학생들을 선발하여 대학 선행학습 집중과정을 수강하게 했다. 이를 위해 1969년에는 최초의 영재교육 기관인 National Junior College가 설립되었다. 가난한 집안에서 태어났지만 성공한 사람들이 존경받았으나, '기회의 평등'은 갈수록 중산층 이상 가정의 아이들에게 유리해졌다.

기회의 불평등이 일어난 근본적인 원인은 바로 언어였다. 영어 구사 여부에 따른 불평등은 여전히 해소되지 않았고, 4개의 언어에 동등한 자격을 부여하는 정책은 불평등 해소에 전혀 도움이 되지 않았다. 말레이어, 중국어, 타밀어 학교의 시설이 개선되고 더 많은 자원이 투입되었지만, 정부기관, 전문직, 상업 등에서는 여전히 영어를 잘 구사하는 사람들이 유리했다. 문제의 난양대학 졸업생들은 예전과 마찬가지로 영어로 교육받은 동년배들에 비해 일자리를 얻는 데에 큰 어려움을 겪고 있었다.

기회의 불평등뿐만 아니라 사회 구성원 간의 의사소통 문제도 심각했다. 다양한 언어와 방언이 통용되어 의사소통이 원활하지 않은 상황에서 하나의 사회로 통합하는 것은 거의 불가능에 가까운 일이었다. 군대의 경우 특히 문제가 심각했고, 이 상태에서 전쟁이 일어난다면 의사소통 부재로 인해 제대로 전투를 수행할 수도 없었다.

그렇다면 언어로 인한 불평등과 의사소통 문제를 해소할 수 있는 근본적인 해결책은 무엇이었을까? 바로 영어를 '일부 특권계층의 언어'가 아닌 '모든 사람들의 언어'로 만드는 것이었다. 그리고 영어는 인종과 관계없이 공통적으로 수용될 수 있는 유일한 언어였다. 만약 중국어가 다수의 언어라고 해서 다른 인종에게 강요한다면 엄청난 반발과 혼란이 불가피했고, 아마도 인종 간 갈등이 극에 달해 폭동까지 일어났을 것이다. 싱가포르와 같은 다인종 사회에서 다수파가 자신의 것을 어느 정도 내려놓지 않으면 사회통합은 불가능한 일이다.

리콴유는 많은 반대를 무릅쓰고 영어공용화를 밀어붙였고, 영어를 '교육과 비즈니스를 위한 공용어'로 채택했다. 1971년에 영어는 군대의 공용어로 인정되었고, 1987년이 되자 공식적으로 학교의 제1언어로 채택되었다.

영어공용화에는 만만치 않은 저항이 따랐고, 특히 중국계가 심하게 반발했다. 리콴유는 중국계의 반발에 강력히 대처했고, 1975년 중국어 교육의 상징인 동시에 온갖 말썽의 근원이자 공산주의의 온상이었던 난양대학에 대한 개혁에 착수했다. 난양대학의 강의는 점진적으로 영어로 실시하게 되었고, 1977년에는 싱가포르대학(University of Singapore)과 공동과정을 개설했다. 정부는 1980년에 두 대학을 합병시켜 싱가포르국립대학(National University of Singapore, 약칭 NUS)을 창설했다. 이렇게 싱가포르국립대학에 합병되었던 난양대학은 1991년 국립난양공과대학(National Technological University, 약칭 NTU)으로 독립했다. 현재 난양공대는 세계 100대 대학에 들어가는 명문학교로 성장했고, 의대가 없는 아시아 대학 중 단연 최고로 평가받고 있다. 설립 초기 사회불안의 요소로 작용하고 졸업생들이 제대로 취직도 못 하던 모습과는 완전히 딴판으로 변한 것이다.

시간이 지나자 거의 모든 싱가폴리언들은 영어를 구사할 수 있게 되었고, 이것은 국제도시 싱가포르의 경쟁력을 크게 높이는 효과를 가져왔다. 그러나 영어만 사용한다면 조상의 뿌리와 문화적 정체성을 잃을 우려가 있었고, 이를 방지하기 위해 이중 언어 정책이 시행된다. 모든 학생들은 인종과 관계없이 공통적으로 영어를 배웠고, 인종에 따라 중국어, 말레이어 또는 타밀어를 제2언어로 배우게 되었다. 초기에 학생들이 이중 언어 교육을 매우 힘들어했던 것은 사실이나, 국민 대다수가 두 개의 언어를 자유자재로 구사하게 된 것은 싱가포르에 어마어마한 경쟁력을 가져다준다.

영어공용화에 이어 1979년 정부는 중국어 언론과 화교상공회의소의 지원을 얻어 북경표준어(Mandarin) 보급 운동에 착수하였고, 중국어 방언 대신에 북경표준어 사용을 권장했다. 북경표준어 보급은 두 가지 측면에서 큰 효과를 가져왔다. 먼저 다수파인 중국계 내에서도 많은 방언이 통용되어 의사소통이 잘 되지 않았던 문제를 해결할 수 있었다. 또한 북경표준어 보급은 1980년대 초부터 중국이 개혁개방에 나서면서 진가를 발휘했다. 싱가폴리언들은 중국과의 교류에서 서양인이나 칸토니즈 방언을 구사하는 홍콩인들에 비해 큰 이점을 가지게 되었다.

인구 정책의 대실패

1930년대부터 실시된 강력한 이민제한 정책 덕분에 싱가포르는 대부분의 개발도상국 대도시들에서 나타난 농촌인구와 부랑노동자의 유입 문제를 겪지 않을 수 있었다. 그러나 독립 초기의 출산율은 매우 높았고, 이것이 대량실업 문제로 이어져 정치, 경제, 사회 문제를 일으켰다. 높은 출산율과 인구증가율을 그대로 방치한다면 인민행동당 정부가 약속한 생활수준 향상을 달성하기 어려웠다.

싱가포르 정부는 1972년부터 두 자녀 갖기 정책을 적극적으로 폈고, 세 자녀 이상을 가질 경우 불이익을 주는 조치를 동원했다. 심지어 낙태법을 완화하고 셋째 아이를 낙태하는 것을 권장하기까지 했다. 정도가 심한 느낌이 들기는 하지만, 빈곤 탈출의 초기 단계에서는 인구증가 억제가 필수적인 것은 분명한 사실이다. 과거 1960년대까지 "덮어놓고 낳다 보면 거지꼴을 못 면한다"가 우리나라의 인구 정책과 관련한 표어였던 것이 떠오른다.

문제는 산아제한 정책의 효과가 '너무 좋았다'는 것이다. 그리고 산아제한 정책이 목적으로 했던 빈곤 탈출은 예상보다 훨씬 빨리 이루어졌다. 1980년대 중반이 되자 출산율은 대체출산율(총인구를 유지하는 데 필요한 출산율, 여성 1명당 2.1명) 이하로 떨어졌다. 1986년의 출산율은 1.44명이었고, 현재 싱가포르의 출산율은 전 세계 최하위를 기록하고 있다.

위기감을 느낀 싱가포르 정부는 인구 정책을 전환했다. 1987년 제1부총리 고 촉동(Goh Chok Tong)은 두 자녀 정책의 폐기를 공식적으로 선언한다. 다자녀 가 구에 가해지던 불이익은 철회되었고, 오히려 세 자녀 이상을 낳으면 다각적인 혜택을 주었다.

그러나 결과적으로 산아제한에서 출산장려로 넘어가는 적절한 타이밍을 놓 치고 만 셈이었다. 뒤늦게 도입한 출산장려책은 별다른 효과가 없었고, 한번 떨 어지기 시작한 출산율은 좀처럼 올라갈 기미를 보이지 않았다. 필요 이상으로 과하게, 그리고 너무 오래 지속된 산아제한 정책은 두고두고 싱가포르 사회에 큰 문제를 야기하게 된다. 낮은 출산율은 필연적으로 고령화 문제를 가져왔고, 2000년대에 들자 싱가포르의 고령화는 상당히 빠른 속도로 진행되었다. 고령화 는 현재와 미래의 싱가포르가 해결해야 할 가장 어려운 과제로 꼽히고 있다.

물론 정확한 타이밍에 맞춰 인구 정책을 실시하는 것이 말처럼 쉬운 일은 아 니지만, 인구 정책은 리콴유 정권이 저지른 거의 유일한, 그리고 아주 중대한 실 수였다고 해도 과언이 아니다.

출산율 저하 외에도 또 다른 심각한 문제가 내재되어 있었다. 고등교육을 받 은 여성들의 결혼과 출산이 급격히 감소했던 것이다. 이런 현상이 일어나게 된 원인에는 크게 두 가지가 있었다. 먼저 전통적으로 인력 부족 문제에 시달려온 싱가포르가 산업화를 추진하기 위해서는 여성 인력의 활용이 필수적이었는데, 여성들의 소득이 높아지면서 그 부작용으로 결혼과 출산을 기피하는 풍조가 퍼 졌다. 다음으로는 남성들이 동등하거나 더 높은 학력을 가진 여성과 결혼하는 것을 기피하는 풍조가 널리 퍼져있는 것이었다. 과거 우리나라에서도 그런 풍조 가 없지는 않았지만, 싱가포르에서는 그 정도가 더 심해서 대학을 나온 여자는 좀처럼 결혼하기가 어려울 정도였다고 한다.

리콴유는 우수한 유전형질을 가진 여성들이 후손을 남기지 않음으로써 인구 의 질이 저하될 것을 염려했다. 고민 끝에 리콴유는 1983년 엄청난 정치적 부담을 안고 폭탄선언을 날린다. "대졸 남성들이 자신들만큼 우수한 아이를 원한다면 교육수준이 낮은 아내를 택하는 것은 어리석은 일이다"는 내용이었다. 이 폭탄선언은 그 유명한 '결혼논쟁'(The Great Marriage Debate)을 불러왔고, 싱가포르 사회에 엄청난 파장을 일으켰다. 리콴유는 대졸 여부를 불문하고 거의 모든 여성들에게 욕을 먹었고, 이듬해에 있었던 총선거에서 인민행동당의 지지율은 급락했다.

싱가포르 정부는 대학교육을 받은 여성들에게 여러 자녀를 가질 것을 권장하면서 각종 혜택을 제공했으며, 지금의 결혼정보회사가 하는 일까지 도맡고 나서 대졸 여성들을 위한 맞선 자리를 주선하기도 했다. 결과적으로 대졸 여성들이 결혼을 못하는 풍토는 서서히 사라져갔고, 이 부분에서는 리콴유의 폭탄선언이 나름 성과를 거두었다. 그러나 출산율 저하를 막는 측면에서의 효과는 미미했다.

경제가 발전하고 출산율이 낮아지면서 외국인 노동력에 대한 의존도가 계속 높아지고 전체 인구에서 외국인이 차지하는 비율이 늘어나게 되었다. 현재 싱가포르의 전체 인구 약 560만 명 중에는 약 220만 명의 외국인 장기체류자가 포함되어 있으며, 싱가포르 국적자의 수는 약 340만 명 정도에 불과하다. 인력 부족 해소 차원에서 필리핀, 태국, 인도 등지에서 온 저임금 노동자들을 어쩔 수 없이 받아들였고, 싱가포르 정부는 고급 인력의 유입을 유도하기 위해 여러 가지 혜택을 제공해왔다. 그 예로, 홍콩이 중국에 반환될 시기가 임박하자 홍콩으로부터 부유한 사업가와 전문가들을 끌어들이려는 노력을 기울였다.

GEST **90**

효율성과 공공성을
모두 달성한 의료개혁

싱가포르 정부는 인구 정책에서 크게 실패했지만, 그 실패로 인해 나타날 후유증을 최소화하기 위한 후속 정책들을 비교적 잘 실행해왔다. 그중에서도 전 세계의 모범이 될 정도로 훌륭한 것은 의료개혁이다.

아직까지 출산율이 대체출산율 아래로 떨어지기 전인 1980년대 초의 일이다. 리콴유는 인구통계를 살펴보던 중 가까운 미래에 고령화로 인해 심각한 문제에 봉착할 것이라는 위험신호를 조기에 감지한다. 인구 정책의 실패는 일단 논외로 하고, 대부분의 나라에서는 2000년대에 들어서야 고령화에 대한 경고가 나오기 시작했던 것을 생각하면 대단한 선견지명이 아닐 수 없다.

1980년대 초반까지 싱가포르는 의료비의 대부분을 정부 지출에 의존하는 영국식 의료시스템을 유지하고 있었고, 이런 시스템으로는 고령화로 인한 의료비 급증을 감당할 수 없을 것이 분명했다. 이에 리콴유는 국민들의 의료서비스 접근 권리를 보장하면서도 고령화의 파도에 견뎌낼 수 있는 저비용 고효율 의료시스템을 구축하라는 엄명을 내린다. 당시 리콴유의 지시를 받고 의료시스템 재편을 진두지휘한 책임자는 보건청(Ministry of Health, 약칭 MOH)의 장관이었던 고촉동(Goh Chok Tong)으로, 훗날 리콴유의 뒤를 이어 총리직에 오르게 되는 인물이다.

국민들의 의료서비스 접근권리와 저비용 고효율이라는 두 마리 토끼를 다 잡는 것은 결코 쉽지 않은 과제였다. 고촉동과 보건청 관료들이 고심 끝에 내놓은 국가건강계획(National Health Plan)의 핵심은 메디세이브(Medisave)였다. 이것은 이름에서부터 짐작할 수 있듯이 의료비 지출에 대비해 의무적으로 저축하는 제도이다. 모든 국민들이 자기 소득의 일정 비율을 의료비 지출에 대비해 메디세이브 계좌에 의무적으로 적립하고, 아파서 병원에 가게 되면 메디세이브에 모아둔 돈으로 의료비를 지출하는 방식이다. 메디세이브 적립 비율은 상황의 변화를 반영하여 계속 조정되어 왔고, 현재는 연령에 따라 소득의 8.0~10.5퍼센트가 적용되고 있다.

싱가포르 정부는 새로이 도입하는 메디세이브를 중앙후생기금(CPF)의 일부로 편입시켰다. 이미 실행하고 있는 제도의 일부분으로 녹여 넣는 것이 새로운 제도에 대한 사람들의 반발을 최소화하는 방법이기 때문이었다. 1983년 법령 개정을 거쳐 메디세이브는 중앙후생기금(CPF)의 특별계좌로 출범하여 1984년부터 본격적으로 시행된다. 그 과정에서 반대와 갈등이 만만치 않았지만, 리콴유 총리와 고촉동 장관은 "정부재정으로 의료비를 부담하는 시스템으로는 향후 고령화로 인한 의료비 급증을 감당할 수 없고 젊은이들에게 엄청난 부담을 떠안기게 될 것"이라고 반대자들을 끈질기게 설득해 관철해낸다.

그러나 메디세이브 만으로는 고액의 치료비를 요하는 중증질환을 감당하기에는 부족했고, 이를 보완하기 위해 1990년 도입된 것이 중증질환의 치료비를 보장하는 선택 보험인 메디쉴드(Medishield)였다. 도덕적 해이를 방지하기 위해 질환별로 메디쉴드 지급 한도액이 정해져 있고, 치료비의 일정 부분은 반드시 본인이 부담하도록 하고 있다. 이후 싱가포르 정부는 메디쉴드의 효율성을 높이기 위해 민간 의료보험을 허용하여 메디쉴드와 경쟁하도록 했으며, 민간 의료보험은 주로 직장 단체가입의 형태로 이용되고 있다.

싱가포르의 의료보장 프로그램에 방점을 찍은 것은 1993년 도입된 메디펀드(Medifund)다. 이것은 메디세이브와 메디쉴드의 혜택을 받을 수 없는 빈곤층의 의료비를 지원하기 위해 국가세입으로 창설한 의료기금이다. 스스로 의료비를 감당할 능력이 없고 직계가족의 도움도 받을 수 없는 사람들이 메디펀드의 수혜를 받게 되며, 심사위원회가 수급자의 재산 상태를 철저하게 검토하여 의료비 지급 여부를 결정한다. 무자격자가 담당 공무원과 짜고 돈을 빼돌리는 일은 전 세계에서 가장 청렴하고 철두철미한 집단인 싱가포르 정부에서 상상조차 할 수 없는 일이다.

메디세이브, 메디쉴드, 메디펀드의 3M 시스템을 구축함으로써 싱가포르는 전 국민이 기본적인 의료서비스를 받을 수 있는 3중 안전망을 완비하게 되고, 2002년에는 노인장기요양보험인 엘더쉴드(Eldershield)까지 도입한다. 이렇게 3M을 기반으로 한 싱가포르의 의료시스템은 경이로운 결과를 만들어낸다.

2014년 현재 싱가포르는 전 세계 주요 국가 중에서 GDP 대비 가장 낮은 비율(4.9퍼센트)의 의료비를 지출하면서도 세계보건기구(WHO) 보건평가 순위에서 세계 정상권(6위)을 달리고 있다. 인구가 10만 명도 되지 않는 소국(小國) 산마리노(San Marino)와 안도라(Andorra), 인구 약 40만 명인 몰타(Malta)가 3~5위를 차지하고 있는 것을 감안하면 사실상 프랑스와 이탈리아에 이어 세계 3위라 해도 무방하다. 그리고 대부분의 나라들이 GDP 대비 10퍼센트 내외를 의료비로 쓰고 있고, 미국의 경우 무려 16.6퍼센트를 쓰면서도 보건평가에서 38위에 처져있는 것과 대비하면 비용 대비 효율 면에서 타의 추종을 불허한다. 2000년에 65세 이상 인구 비율이 7퍼센트를 초과해 고령화 사회에 진입했고 현재는 그 비율이 12.4퍼센트까지 상승했다는 점을 고려하면, 고령화로 인한 의료비 증가에 대한 선제적 대응이 충분히 성공했다고 평가받아 마땅하다.

이런 결과가 나올 수 있었던 것은 싱가폴리언들의 합리적인 의료 소비문화 덕분이다. 의료비가 감당 불가능할 정도로 비싼 것이 아닌데도 그들은 꼭 필요한 상황이 아닌 이상 가급적 병원에 가지 않는다. 그리고 별 필요가 없는데도 이런 저런 검사를 다 받아보는 행태는 찾아볼 수 없다. 이렇게 합리적인 의료 소비문화를 만들어내고 불요불급한 의료비 지출을 억제한 일등공신은 단연 메디세이브이다. 현재 싱가포르의 총 국민의료비 지출액 중 메디세이브가 차지하는 비율은 10퍼센트도 채 되지 않고 정부보조금보다 비중이 훨씬 적은데도 그런 역할을 했다고 단언할 수 있는 이유는 무엇일까? 답은 바로 '돈의 성격'에 있다.

메디세이브가 의료비 지출에 대비한 의무저축임은 이미 설명한 바 있고, 메디세이브 계좌의 잔액에는 시중금리에 상응하는 이자가 지급된다. 메디세이브에는 적립 상한선(현재는 4만 9천8백 싱가포르달러, 한화 약 4천1백만 원)이 있는데, 이 상한선을 넘어가는 적립액은 중앙후생기금(CPF) 일반계좌로 이체되어 은퇴 후 연금으로 활용되거나 주택대출금 상환 용도로 사용될 수도 있다. 만약 가입자가 메디세이브 잔액을 남기고 사망할 경우 배우자나 자녀에게 자동적으로 상속되며, 상속세는 한 푼도 부과되지 않는다. 요약하자면 메디세이브의 성격은 '자기 돈'이며, 아껴 써야 할 이유가 충분히 존재한다.

한국의 건강보험 역시 소득의 일정 비율을 징수하고 있지만 그 성격은 메디세이브와 완전히 다르다. 내가 병원에 가지 않고 건강보험 재정을 아껴 쓴다 하더라도 나한테 돌아오는 혜택은 아무것도 없다. 이미 낸 건강보험료의 일부라도 돌려받는 일은 언감생심 바랄 수도 없고, 건강보험공단으로부터 감사편지 한 장 받는 일조차 없다. 그야말로 먼저 찾아 쓰는 사람이 임자이고 아껴 써야 할 이유가 없는 '눈먼 돈'이다. 이런 시스템에서는 대수롭지 않은 감기에도 병원을 찾고 꼭 필요하지 않은데도 온갖 검사를 다 받아보는 '의료쇼핑'의 행태를 막을 방법이 없다.

자기 돈은 아껴 쓰지만 남의 돈과 눈먼 돈을 함부로 쓰는 것은 선악의 차원으로 따질 수 없는 인간의 당연한 본성이다. 세계 최고의 효율성을 자랑하는 싱가포르 의료시스템의 비밀은 눈먼 돈을 제거한 데에 있으며, 리콴유 총리와 그의 관료들의 인간 본성에 대한 빛나는 통찰이 발휘된 결과였다.

독재 논란의 양면성

인민행동당은 독립 이후 오랫동안 의회의 모든 의석을 독점했고, 야당은 1981년에서야 싱가포르 공화국 의회에서 최초로 의석을 차지할 수 있었다. 1981년 보궐선거에서 야당인 근로자당(Worker's Party)의 서기장 제야레트남(Jeyaretnam)이 승리하면서 장기간 유지된 인민행동당의 의석 독점은 깨졌다.

싱가포르의 과거 역사와 특수성에 대한 이해가 전혀 없는 외국인들은 권위주의적 체제를 비판하며 싱가포르의 성공을 과소평가하기도 한다. 그러나 인민행동당의 일당독점 체제에는 역기능보다 순기능이 훨씬 더 많았다. 가장 큰 장점은 장기적인 안목을 가지고 국정을 운영할 수 있었다는 것이었다. 민주주의 체제에서 정치인들은 당장 눈앞의 선거에 신경을 안 쓸 수 없고, 표를 얻기 위한 경쟁이 벌어지면서 국가의 장기적인 이익에 반하는 인기영합적인 정책이 남발되기 쉽다. 반면 그런 문제에서 자유로울 수 있었던 싱가포르 정부는 수십 년 앞을 내다보고 계획을 세우고 실행함으로써 경이로운 업적들을 남길 수 있었다.

싱가포르의 정치 체제에는 이처럼 장점이 더 많았지만, 리콴유는 독재 논란에 끊임없이 시달려야 했다. 사실 그를 독재자라고 하는 것이 결코 틀린 말은 아니다. 리콴유의 통치방식은 전통적 유교사회의 가부장처럼 매우 엄격했고, 반대파를 좀처럼 용납하지 않는 가혹한 면모를 가지고 있었다.

리콴유가 반대파에 대처하는 방식은 크게 두 가지였다. 첫째로, 전향을 거부하는 공산주의자들은 계속 감옥에 가둬두었다. 둘째로, 그 외의 정적(政敵)들에 대해서는 소송을 걸어 거액의 손해배상금을 물려 경제적으로 파탄에 이르게 한 후 추방하는 방식을 사용했다. 리콴유를 적극적으로 지지하는 사람들조차도 심했다고 인정하는 사례가 여럿 있었으며, 그 대표적인 피해자는 법률가 출신의 정치인 프랜시스 서우(Francis Seow)를 꼽을 수 있다. 리콴유에게 강력한 반대를 표명했던 프랜시스 서우는 의원직에서 쫓겨난 후 조세포탈 혐의로 기소되어 미국으로 망명할 수밖에 없었다.

리콴유가 반대파에게 가혹하게만 대처한 것은 아니었고, "반대자들을 끌어들이려면 그들에게 관리자의 책임을 나누어 주라"는 격언을 충실히 활용하기도 했다. 유능하지만 반대 입장에 서 있는 사람들을 주류 정치 이외의 공적 영역에 기용했던 것이다. 몇몇 사람들에게는 싱가포르 내의 기관장을 맡겼고, 다른 이들은 해외특사로 파견되었다. 대표적인 예는 독립 이전 리콴유의 숙적이자 전임 총리였던 데이비드 마샬이었고, 마샬은 반대파 정치인에서 주 프랑스 대사(1978~1993년)로 변신했다.

우리의 관점으로는 상당히 치사해 보이는 방법이 선거에 동원되어 왔다. 싱가포르의 선거는 우리나라처럼 오래전부터 날짜가 미리 정해져 있지 않고 불시에 실시되는 경우가 많다. 이것은 야당에게 미리 준비할 시간을 주지 않기 위함이다. 싱가폴리언들은 한국에서 선거 일정이 한참 전에 정해진다는 이야기를 들으면 놀랍다는 반응을 보인다.

언론의 자유 역시 잘 보장되지 않았다. 과거에 비해서는 많이 완화되었지만 지금도 언론 검열이 완전히 사라지지 않았고, 정부에 비판적인 태도를 보였던 몇몇 서방 언론사들이 싱가포르에서 등록이 취소된 일도 있었다. 이런 이유 때문에 리콴유는 특히 서방세계로부터 독재자라는 비판을 심하게 받았다.

이렇게 어두운 면이 많았음에도 불구하고 인민행동당이 수십 년 동안 정권을 유지할 수 있었던 것은 억압만으로 가능했던 일이 절대 아니다. 지속적으로 탁월한 능력을 보여주었고, 국민들에게 높은 삶의 질을 보장했으며, 지도자들이 도덕적인 면에서 흠잡을 구석이 전혀 없었기 때문이었다.

또한 싱가포르의 정치 체제는 현실적이고 실용적인 싱가폴리언의 기질에 많은 면에서 잘 어울린다. 그들은 정부가 공공의 이익을 위해 효율적으로 통치하고 계속 높은 삶의 질을 보장한다면 다소 불만이 있더라도 기꺼이 인정해주었다. 또한 그들의 사고방식은 정치는 가장 잘할 수 있는 사람에게 맡겨두고 생업에 전념하는 것이 낫다고 여긴다.

그리고 싱가포르 정부가 권위적인 것은 사실이지만, 국민들과 소통이 없었던 것은 결코 아니었다. 선거에서 반대표가 늘어나면 신속히 그 원인을 분석하고 불만요인의 제거에 나섰다. 또한 정부는 전문가 집단의 의견에 귀를 기울였고, 시민들을 초청해 여러 제안을 하거나 더 나은 공공정책 수립을 위한 건설적인 비판을 할 자리를 마련했다.

우리는 사회적 합의(consensus)가 민주적인 절차에 의해서만 일어날 수 있다고 생각하기 쉽다. 그러나 싱가포르는 강압적인 방식에 의해서도 나름의 사회적 합의를 이룰 수 있음을 보여주었다. 리콴유의 방식은 "내가 옳으니 믿고 따르라"는 것이었고, 국민들은 그 방식에 다소 불만이 있더라도 따랐다. 그리고 따라가보니 결과적으로 리콴유의 말이 거의 모두 옳았던 것이다. 이런 방식이 유효할 수 있었던 것은 리콴유가 탁월한 능력과 도덕적 완벽함이라는 두 가지 조건을 갖추고 있었기 때문임을 언급하지 않을 수 없다.

교통지옥을 막아라

1970년에 접어들자 싱가폴리언들의 소득수준이 높아지면서 자동차가 본격적으로 보급되었다. 자동차의 증가는 필연적으로 교통 정체를 유발했고, 1970년대 중반이 되자 출퇴근 시간의 정체는 심각한 수준에 이르렀다. 더 이상 방치한다면 작은 도시국가 싱가포르는 교통지옥으로 전락할 가능성이 높았고, 그렇게 되면 대기오염 문제도 대두될 것이 분명했다.

싱가포르 정부는 자동차 증가를 억제해야 할 필요성을 강하게 느꼈고, 어떤 방식으로 해결해야 할지 고민에 고민을 거듭했다. 자동차라는 물건은 한번 가지기 시작하면 좀처럼 포기하기 어려운 성격을 가지고 있기 때문에, 소득수준이 더 올라가기 전에 자동차 구매 욕구를 차단하지 않으면 수습이 어려워질 것이었다. 유류세, 보유세와 같은 세금을 부과하는 것은 자동차 보유 자체를 억제하기 위한 수단으로 고려될 수 없었다.

싱가포르 정부가 최종적으로 채택한 것은 차량 대수 총량에 대한 엄격한 규제였고, 1990년 1월 COE(Certificate of Entitlement)라는 등록세 제도가 도입된다. 차량을 구입할 때에는 COE를 납부하고 번호판을 부여받으며, 그 유효기간은 10년(택시는 8년)으로 한정되었다. 10년이 경과한 후에 원래 보유한 차량을 더 사용하거나 새로운 차량을 구입하려면 다시 COE를 납부해야 한다. 싱가포르 정부는 도로 수용능력에 맞는 차량 대수를 치밀하게 계산하여 매년 초 공표한다. 해당 연도에 신규 등록이 허용되는 차량의 수는 [도로 확충으로 인해 늘어난 쿼터 + 등록기간이 경과하여 말소되는 차량의 수]가 된다. COE의 금액은 입찰(bidding)에 의해 결정되기 때문에 시시각각 변화하며, 차량의 배기량에 따라 차등 적용된다.

정점을 찍었던 2015년에는 COE 금액이 8만 싱가포르달러(한화 약 6천6백만 원)에 달했고, 이 당시 2000cc급 중형차 한 대를 사려면 한화 1억 원이 넘는 거액을 지불해야 했다. 이후 하락세를 보이면서 2017년에 들어서는 5만 싱가포르달러(한화 약 4천1백만 원) 정도를 기록하고 있다.

철저한 차량 대수 총량 규제로 인해 싱가포르의 교통 정체는 경미한 수준을 유지하고 있다. 물론 출퇴근 시간에 정체가 벌어지는 것은 사실이지만, 서울에서 겪는 수준의 극심한 정체는 거의 존재하지 않는다. 그리고 이로 인해 자동차 배기가스로 인한 대기오염을 억제하는 효과도 함께 달성할 수 있었다.

태국을 방문해본 적이 있는 독자들은 방콕의 살인적인 교통 정체와 부실한 대중교통 시스템을 경험해 보셨을 것이다. 그런데 놀라운 것은 태국의 자동차 가격이 대략 우리나라의 두 배 정도 된다는 사실이다. 자동차에 등록세가 아닌 높은 관세를 부과하기 때문인데, 그렇게 걷은 세금이 다 어디로 가는지 모르겠지만 대중교통 시스템은 여전히 엉망인 상태이다.

강력한 차량 보유 억제 정책은 필연적으로 사람들의 불만을 야기한다. 그리고 불만이 심해지지 않게 하기 위한 유일한 방법은 대중교통 시스템을 잘 갖추는 것이었다. 싱가포르가 만약 태국처럼 자동차에서 많은 세금을 거둬들이면서도 대중교통과 도로 사정을 엉망으로 방치했다면 싱가폴리언들은 가만히 참고 있지 않았을 것이다.

유능하고 합리적인 싱가포르 정부의 행보는 태국 정부와는 완전히 달랐다. 원래 COE가 세수를 증대하기 위한 수단은 아니었지만, 싱가포르 정부는 COE

로 거둬들인 돈을 대중교통에 적극적으로 투자했다. 경제발전의 속도에 비해 다소 늦은 감은 있었지만, 1987년 우리나라의 지하철에 해당하는 MRT(Singapore Mass Rapid Transit)의 일부 구간을 개통했다. 개통 당시만 해도 MRT에 대한 싱가폴리언들의 반응은 "저걸 누가 타겠느냐"였다고 한다. 버스는 거의 집 바로 앞까지 데려다주지만 MRT를 이용하려면 상당한 거리를 걷는 경우가 많았기 때문이었다. 그러나 사람들은 곧 MRT가 빠르고 편리하다는 것을 느끼게 되었고, 대중교통의 중심은 버스에서 MRT로 차츰 이동했다.

싱가포르 정부는 MRT 노선을 끊임없이 확충해왔고, 현재는 싱가포르 전역에서 아주 편리하게 이용할 수 있을 정도로 잘 갖추어져 있다. MRT 개통 이전 대중교통의 중추적 역할을 맡았던 버스는 공영화되었고, 진화를 거듭하면서 시내 구석구석을 체계적으로 연결하여 MRT와 함께 여객운송을 분담하고 있다.

더 중요한 것은 싱가포르의 대중교통 요금이 1인당 국민소득(GDP)이 5만 달러를 넘는 선진국의 것이라고는 도저히 믿기지 않을 정도로 저렴하다는 사실이다. 우리나라의 대중교통 요금은 소득수준을 감안해 비교해도 전 세계적으로 아주 저렴한 편에 속하는데, 1인당 국민소득이 두 배인 싱가포르의 대중교통 요금이 놀랍게도 우리나라와 거의 비슷한 수준으로 유지되고 있는 것이다. 체계적으로 잘 갖추어진 대중교통 시스템, 그리고 저렴한 요금 덕분에 싱가포르에서 자가용 없이 사는 것은 그리 불편한 일이 아니다.

사회민주주의의 탈을 쓴 실용주의

리콴유는 영국 유학 시절부터 페이비언 사회주의(Fabian socialism)을 신봉했고, 인민행동당은 창당할 때부터 지금까지 사회민주주의(social democracy)를 표방했다. 그러나 리콴유는 사상에 얽매이지 않고 철저한 실용주의 노선을 고수했다. 과거와 현재의 싱가포르에는 사회주의적으로 보이는 정책들과 극도로 보수주의적인 정책들이 묘하게 혼재하고 있다. 그런데 그러한 정책들은 특정 사상에서 비롯된 것이 아니라 싱가포르의 현실에 적합하기 때문에 채택되었을 뿐이다.

사회주의적으로 보이는 대표적인 사례는 토지취득법이다. 1967년 국제연합(UN) 사절단의 권고에 따라 국가 도시 계획이 수립되었고, 1966년 토지취득법이 통과되어 정부는 공공목적을 위해 사유지를 매입할 수 있는 전권을 확보했다. 새로운 토지취득법에 따라 보상금은 주어졌지만 낮게 책정되었고, 만약 정부가 제안한 액수에 소유주가 이의를 제기한다면 해당 토지는 일단 국가에 귀속되고, 법정에서 해결되기 전까지 소유주는 돈을 받을 수 없었다. 희소한 자원인 토지에 대한 효과적인 관리는 신속한 개발을 위해 반드시 필요했다. 토지취득법으로 인해 정부는 빠르고 저렴하게 신도시를 건설하는 계획을 추진할 수 있었고, 이 법은 땅 투기를 막고 인플레이션을 억제하는 데에 큰 도움이 되었다.

이 토지취득법은 얼핏 사회주의적으로 보일 수 있으나, 사실은 싱가포르의 특수성에 바탕을 둔 철저히 현실주의적인 발상이었다. 만약 조그마한 도시국가인 싱가포르에서 토지 사유를 제한 없이 허용했다면 어떤 결과가 생겼을까? 부동산 가격 폭등을 비롯한 엄청난 사회문제가 발생했을 것이고, 앞에 설명한 전 국민 자가 보급과 같은 사업은 꿈도 꾸지 못했을 것이다. 과밀하고 무질서하게 방치된 홍콩과 잘 정돈된 싱가포르의 현재 모습을 비교해 보면 이 정책의 효과를 잘 실감할 수 있다.

토지취득법은 이후 수십 년에 걸쳐 싱가포르 개발에 중대한 역할을 했다. 이 법으로 인해 정부는 도시 정비와 신도시, 산업단지, 주택, 교통시스템 건설 등을 자유롭게 할 수 있었다. 정부는 홍수 피해를 줄이기 위해 대규모 배수시설 계획에 착수했고, 간척사업을 대대적으로 벌였다. 이때부터 추진해온 간척사업의 결과, 현재 싱가포르의 국토면적은 독립 시점보다 20퍼센트 이상 증가했다.

산업화를 촉진하기 위해서 인민행동당은 초기에 보였던 급진적인 이미지를 버려야 했다. 해외 자본의 관심을 불러일으키고 내부 자본가들에게 확신을 심어 주려면 정치적인 안정뿐만 아니라 경제적 소유권에 있어 사회주의적 원칙의 수정이 반드시 필요했다.

싱가포르 정부는 생산수단의 국유화를 시도하지 않았고, 사기업에 의해서 자본과 기술이 가장 잘 구축될 수 있다고 믿었다. 정부가 기업에 관여하는 방식은 지분참여나 이사회 참여 정도로 국한되었다. 1974년이 되자 정부는 철강, 조선, 해운 등의 기간산업을 포함한 124개 기업에 직간접적으로 참여했고, 개인 투자자들은 꺼리지만 국가 차원에서는 반드시 필요한 분야에 초기자본을 공급했다. 싱가포르 개발은행(DBS)은 호텔, 부동산, 정유, 출판, 제당, 보험 등에 자본을 투입하였고, 그 목적은 국가의 이익을 창출하는 동시에 근로자들이 전문기술을 습득하게 하는 것이었다. 그러나 정부는 한계기업을 살리는 데에 공공자금을 사용하는 것은 단호히 거부했다.

싱가포르의 사회민주주의는 이 용어의 서구적 개념과는 상당한 차이가 있다.

싱가포르는 생산시설의 국유화를 시도하지도 않았고 복지국가를 건설하려고 하지도 않았다. 싱가포르가 정부 주도의 계획경제를 실시했고 현재까지도 정부의 영향력이 큰 것은 분명한 사실이다. 그러나 이것은 전통적인 사회주의 계획경제와는 성격이 완전히 다르다. 정부는 계획을 주도하고 경제발전을 감독하며, 교육, 주택, 공공보건 등의 분야에 자금을 지원하기 위해 과세 수단을 사용함으로써 번영의 열매를 더 널리 분배하고자 했다. 초대 재무장관 고켕스위는 "정부는 계획자이자 경제적인 활동을 동원하는 역할을 해야 하지만, 올바르게 육성되고 노련하게 운영되는 사기업 시스템이 경제발전의 강력한 도구 역할을 할 수 있다"고 선언했다. 정부는 새로운 산업을 스스로 또는 민간 부문과 협력하여 창조하려 했지만 기존 사업을 국유화하는 방법을 쓰지는 않았다. 요약하자면, 외부의 자본을 유치하고 기업가들에게 안전한 무대를 제공하면서 대중에게는 높은 생활의 질을 제공해야 할 필요성 때문에 혼합된 형태의 경제시스템이 탄생한 것이다.

싱가포르의 복지정책은 사회민주주의와는 완전히 거리가 멀다. 싱가포르 정부는 서구식 복지국가 개념을 단호히 거부했고, 시민들이 자신의 노력에 의해 자립할 수 있도록 주택, 교육, 보건 등에 걸친 합리적인 시스템을 구축했다. 중앙후생기금(Central Provident Fund, 약칭 CPF)은 젊은 세대가 노인 세대를 부양하는 부과식 연금이 아닌 철저한 적립식 연금제도로, 여전히 세계 최고의 효율성을 자랑하고 있다. 고령화 사회에 접어들며 다른 나라들의 부과식 연금시스템은 곧 파국을 맞게 될 것이지만, 적립식 연금인 싱가포르의 중앙후생기금(CPF)은 앞으로도 유효성을 유지할 것이다. 앞서 설명한 것과 같이 싱가포르 복지시스템의 중추인 중앙후생기금은 주택 보급, 의료보험 등의 영역으로 확대되어 사회 발전에 지대한 역할을 했다.

조세 정책은 극도로 보수주의적이었다. 싱가포르 정부는 국제경쟁력을 갖춘 세제(稅制)를 추구하여 지속적으로 세율을 낮춰왔다. 현재 개인소득세 한계세율은 20퍼센트에 불과하며, 법인세 최고세율은 17퍼센트이다. 우리나라의 부가가치세에 해당하는 소비세(Govenment Sales Tax, 약칭 GST)의 세율은 7퍼센트이다. 상속세와 증여세의 세율은 더욱 낮다. 대신 탈세가 원천적으로 불가능하도록 완벽한 시스템을 갖추어 놓았다. 그런데 놀랍게도 이렇게 낮은 세율을 유지하면서도 싱가포르 정부는 지속적으로 흑자재정을 유지해왔다. 낮은 세율은 완벽한 치안, 합리적인 법 제도와 더불어 싱가포르가 전 세계 부자들의 투자처로 각광받게 된 주된 요인으로 작용했다.

생존을 위한 실리적 외교

작은 신생독립국 싱가포르가 생존하기 위해서는 국제 평화와 지역의 세력균형에 의존할 수밖에 없었다. 규모가 너무 작아서 다른 국가들과 동맹을 맺지 않고서는 자신을 효과적으로 지켜낼 수 없었고, 국제 교역을 보존하기 위해서는 평화와 친선관계가 필수적이었다. 그래서 싱가포르는 주변 국가들이 수용할 수 있는 범위 내에서 동남아시아에서의 역할을 찾고 정당한 몫을 추구해야만 했다.

독립 당시 영국의 군사적 보호를 받았고 다른 주변 국가들에 비해 식민종주국과의 관계를 오래 유지했던 싱가포르는 1970년대 초 영국이 갑작스럽게 철군하면서 이 끈을 상실했다. 이 문제를 극복하기 위해서는 동남아시아국가연합(Association of Southeast Asian Nations, 약칭 ASEAN)의 일원으로서 지역에서의 지위를 공고히 해야만 했다. 규모가 가장 작고 무슬림 국가에 둘러싸여 인종적, 문화적 외톨이 같은 존재였던 싱가포르는 이데올로기와 관계없이 모든 나라들과 친선과 교역 관계를 맺어야 했다. 이를 위해 독립 직후부터 부총리 토친차이와 외무부장관 라자라트남은 적극적인 해외순방에 나섰다.

독립 초기 다른 동남아시아 국가들과의 관계는 결코 좋지 못했다. 싱가포르가 주변 지역의 천연자원 개발에 제반 시설을 제공하며 얻은 이익은 분노의 원인이 되었다. 또한 수면 아래에서는 심각한 인종적 분노가 끓고 있었다. 말레이시아와 인도네시아는 산업을 다각화하려고 노력했으나, 두 나라 모두 중국인들이 상업 분야에서 지배적인 역할을 하고 있었다. 싱가포르는 동남아시아에서 중국인이 상업 주도권을 가진 중심지로 여겨졌고, 자칫 정치적으로 고립될 수 있는 처지에 있었다. 인도네시아와 말레이시아 정부는 싱가포르를 경제적 기생충으로 여겼다. 인도네시아는 주요 석유 서비스에 투자를 유치하고 자체적으로 고무 산업을 발전시키려 했고, 말레이시아는 정치적 분리 이후에도 유지되고 있던 공식적인 경제 연결고리를 끊기 시작했다.

특히 인도네시아와의 관계는 험악할 정도였다. 인도네시아 공산정권이 도발을 해오던 동안 싱가포르는 인도네시아에 대한 거친 비판을 쏟아냈다. 독립 전인 1964년 싱가포르에서 폭탄테러를 일으켰던 인도네시아 해병대원 2명은 장기간 재판을 받았고, 수하르토 대통령의 사면 요구에도 불구하고 싱가포르는 1968년 사형 집행을 강행했다. 이 사건은 양국 간의 관계를 극도로 악화시켰고, 자카르타에서는 반 싱가포르 폭동이 일어나 싱가포르 대사관이 습격당하는 일까지 발생했다. 당시 인도네시아 무역의 약 5분의 1이 싱가포르를 거치고 있었기 때문에 이 사건은 싱가포르에 상당한 손해를 가져왔다.

인도네시아와의 관계는 1973년이 되어서야 해빙을 맞았다. 그해 리콴유는 13년 만에 처음으로 인도네시아를 방문했고, 이 방문은 예상치 못한 성공을 가져왔다. 리콴유는 5년 전 싱가포르에서 사형당한 인도네시아 해병대원의 무덤을 찾아가 헌화한 후 수하르토 대통령과 우호적인 회담을 가졌다. 두 정상은 화기애애한 내용의 공식성명을 발표했고, 이듬해 수하르토 대통령은 답방 차원에서 싱가포르를 방문했다.

독립 이후 계속 껄끄러웠던 말레이시아와의 관계는 영국군 축소로 인해 전환점을 맞으며 우호적인 분위기로 전환되었다. 정치적 합병은 실패했지만 말레이시아는 여전히 싱가포르의 주요 교역상대국이었고, 두 나라의 방위는 떼어놓을 수가 없었기 때문에 긴밀한 협조가 필수적이었다. 관계 개선의 첫 번째 단계로 싱가포르와 말레이시아의 지도자들은 상호 간의 차이점을 수습하기 시작했다. 1970년 고켕스위는 싱가폴리언들이 말레이시아와 인도네시아에 투자하는 것을 장려하기 위해 세금혜택을 주는 정책을 시행했다. 1972년 리콴유는 독립 이후 처음으로 쿠알라룸푸르를 방문해 이제 말레이시아의 총리가 된 툰 압둘 라작(Tun Abdul Razak)과 화기애애한 회담을 가지며 협력을 약속했다. 다음 해 툰 압둘 라작은 따뜻한 분위기에서 답방을 했다. 양국 간의 마지막 공식적인 연결 수단들은 이 무렵 끊어졌다. 1972년 공동항공사가 폐지되었고, 1973년에는 공동통화(通貨) 조약과 고무와 주식시장, 금융에서의 연계가 폐지되었다. 그러나 역설적으로 이러한 연결 수단들이 끊어지면서 양국 간의 관계는 오히려 증진되었다.

싱가포르와 말레이시아는 공산주의자들의 체제 전복 시도 및 불법적인 마약 거래와 싸우고 말라카 해협을 보호하는 등 공통의 관심사에 있어서 긴밀한 협조를 유지했다. 이 시점에서 싱가포르, 말레이시아, 인도네시아 3국은 체제 전복을 저지하는 데에 있어 상호 의존성이 있음을 인식했다. 세 나라의 관계가 개선될 수 있었던 것에는 수하르토의 역할이 결정적이었다. 수하르토 정권이 이후 독재와 끔찍한 부패로 얼룩지기는 했지만, 철저한 반공주의자인 수하르토가 수카르노 공산정권을 타도하여 동남아시아의 공산화 도미노 현상을 저지한 공로는 높이 평가받아야 마땅하다. 만약 동남아시아 최대의 인구 대국인 인도네시아가 영구적으로 공산화되었다면 이 지역 정세의 안정은 어려웠을 것이다.

인민행동당 정부에 대한 감정은 여전히 좋지 않았지만, 말레이시아와 인도네시아 지도자들은 싱가포르의 공산화를 저지하기 위해 인민행동당보다 더 이상 좋은 안전판이 없음을 인정했다. 싱가포르는 이슬람 국가인 말레이시아와 인도네시아가 불편하게 여겼던 이스라엘 군사고문단을 철수시켰고, '동남아시아의 이스라엘'이라는 이미지를 떨쳐버리려 노력했다.

1990년대에 이르자 싱가포르, 말레이시아, 인도네시아 3국은 긴밀한 상호협력 관계를 추구했다. 1995년 싱가포르와 말레이시아는 방위협력협정을 맺었고, 15년에 걸친 협상 끝에 영해 구획에 대한 최종 합의에 도달했다. 1998년 리콴유의 첫 번째 자서전 「The Singapore Story」가 출간되어 분리 독립과 관련된 과거사를 들추면서 양국 간의 관계가 일시적으로 악화되었으나 곧 우호적인 관계를 회복했다. 2000년에 출간된 리콴유의 두 번째 자서전 「From Third World to First」는 말레이시아에서 환영을 받았다. 그러는 사이 싱가포르는 말레이시아에 대한 물 공급 의존도를 줄이기 위해 해수담수화 시설과 저수지 두 곳, 물 재생 플랜트 건설에 착수했다.

가장 문제가 되었던 말레이시아, 인도네시아의 관계 개선에 더하여 싱가포르는 더 큰 범위의 지역 협력을 필요로 했다. 최초에 동남아시아국가연합(Association of Southeast Asian Nations, 약칭 ASEAN)의 논의가 이루어질 때의 원래 구상은 인도네시아, 말레이시아, 태국, 필리핀 4개국의 연합체였다. 그러나 싱가포르 외무장관 라자라트남은 싱가포르가 포함되어야 한다고 강력히 주장하여 가입을 성사시켰다. 1967년 아세안(ASEAN)은 싱가포르, 말레이시아, 인도네시아, 태국, 필리핀의 5개 회원국으로 출범하였다. 1974년 오일쇼크와 1975년 인도차이나의 공산화가 일어나자 아세안 회원국들은 더 가까워졌고, 싱가포르는 지역 단결의 개념을 촉진하는 데에 선도적인 역할을 했다.

아세안 회원국들은 긴밀한 협조의 필요성에 동의했지만, 이 지역의 국제적 역할에 대한 견해에서는 서로 입장이 달랐다. 말레이시아는 동남아시아가 평화, 자유, 중립의 지대가 되어야 한다고 생각했지만, 싱가포르는 확실한 강대국에게 지원받기를 선호했다.

1984년 브루나이가 아세안의 여섯 번째 회원국이 되었고, 1990년대에 들어 베트남, 미얀마, 라오스, 캄보디아가 합류했다. 싱가포르와 아세안 회원국들과의 관계는 전반적으로 괜찮았다. 1995년 필리핀이 싱가포르에서 살인을 저지른 자국 출신 가정부의 사형 집행에 대한 항의로 거의 1년간 외교 관계를 단절했던 것이 예외적인 경우였다.

싱가포르의 외교는 기본적으로 친미, 친서방 정책에 근간을 두면서도 모든 국가와 친교를 쌓으려고 했다. 공산주의에 반대한다는 공통분모를 가진 타이완과는 친선관계를 유지했고, 타이완은 국토가 좁아 군사훈련을 실시할 장소를 찾기 어려웠던 싱가포르에게 훈련 장소를 제공했다.

중국과의 외교관계는 1975년에 재개되었다. 1974년 말레이시아가 동남아시아 국가 중 최초로 중국과 외교관계를 수립했고, 필리핀과 태국도 중국과 회담을 하기 시작했다. 싱가포르는 1975년 중국에게 호의를 표시하며 무역사절단을 파견했고, 리콴유는 그다음 해에 정식으로 중국을 방문했다. 리콴유는 개혁개방을 추진하고 있던 덩샤오핑(鄧小平)에게 멘토 역할을 하며 많은 가르침을 주었고, 두 사람이 만나면 잠자고 식사하는 시간을 제외하고는 몇 날 며칠 동안 끊임없는 대화가 오갔다고 한다. 이후 중국이 놀라운 발전을 하면서 싱가포르는 새로운 기회를 잡을 수 있었고, 중국과 우호관계를 유지하면서 투자와 공동사업을 추진했다.

싱가포르는 중국과 타이완 간에 중재자 역할을 수행했고, 중국과 타이완 간의 관계가 악화될 때마다 막후에서 갈등조정을 담당했다. 싱가포르는 공식적으로 '하나의 중국'이라는 중국의 입장을 지지했지만, 타이완을 대신해 하이난(Hainan)에 군사훈련 장소를 제공하겠다는 중국의 제안을 거절하고 타이완과의 군사적 협력관계를 계속 유지했다.

신세대 지도자의 등장과
리콴유의 퇴임

인민행동당 정부는 새로운 세대의 지도자들을 육성했고, 지적인 능력과 도덕적 자질을 갖춘 사람들을 뽑아 선거에 입후보시켰다. 이런 과정을 통해 고등교육을 받고 자신의 분야에서 경험을 쌓은 사람들이 정치에 입문했다.

1976년 선거에서 인민행동당은 72퍼센트의 득표율로 다시 모든 의석을 석권했고, 이때 새롭게 의원이 된 사람 중 가장 눈에 띄는 인물은 당시 35세의 고촉동(Goh Chok Tong)이었다. 이 시점에서 리콴유 총리와 각료들 대부분의 연령은 50대 중반에 불과했지만, 리콴유는 자질 있는 신참들을 정부 요직에 배치하면서 다음 세대에 권력을 이양할 준비에 착수했다. 경제학자인 고촉동, 건축가 옹텡청(Ong Teng Cheong), 은행가 토니 탄(Tony Tan Keng Yam)의 신참 고위 관료 3명은 모두 대학교육을 받은 30대의 전문가들이었다. 리콴유의 장남 리센룽(Lee Hsien Loong)은 1984년 선거에서 의원으로 당선되어 정치 전면에 등장했다.

높은 생활수준을 당연하게 여기게 된 많은 사람들이 인민행동당의 독단적인 면에 서서히 불만을 가지기 시작했다. 1984년 선거에서 인민행동당의 득표율은

64퍼센트로 추락했고, 오랜 세월
이어지던 의석 독점은 깨지고 야당
에게 2석을 내주었다.

이를 계기로 1세대 핵심 각료들
은 다음 세대에게 자리를 비켜주게
되었다. 가장 먼저 권력의 핵심에서
물러난 사람은 토친차이였고, 1981
년 평의원으로 물러나 의원직을 두
번 더 유지한 후 완전히 은퇴했다.
고켕스위는 1984년에 정계에서 은
퇴했고, 1985년 1월 새로 구성된
내각에 인민행동당의 베테랑들은
세 명밖에 남지 않았다. 1985년 리
콴유의 핵심 측근 중 하나였던 대
통령 데반 나이르(Devan Nair)가 퇴

위 : 앞줄 왼쪽부터 라자라트남, 옹팡분, 고켕스위
아래 : 토친차이

임하였고, 그 이유는 놀랍게도 알코올 중독이었다. 데반 나이르는 원래 공산주의
자였으나 1961년 리콴유가 위기를 맞았을 때 리콴유를 지지했던 인물이다. 그의
퇴임 사유는 싱가포르에 충격을 주었고 정부의 평판에 나쁜 영향을 미쳤다.

리콴유는 일상적인 행정 업무를 제1부총리 고촉동을 비롯한 신세대 지도자들
의 손에 넘겨주기 시작했다. 1세대 지도자들의 퇴장은 새로운 정치적, 경제적 문
제들에 대처하기 위해 정부에 새로운 에너지와 활력을 불어넣으려고 계획된 것
이었다. 1988년 선거 이후 인민행동당 창립 멤버 라자라트남과 법률가 에디 바
커가 은퇴하면서 리콴유의 1세대 동료들은 정치 무대에서 모두 물러났다. 다음
세대로의 권력이양은 공개적인 다툼 없이 조용히 이루어졌다. 그러나 몇몇 1세
대 장관들은 자신들이 너무 일찍 물러났다고 생각했고, 아직 검증을 제대로 거
치지 않은 다음 세대의 자질에 대해 의구심을 품었다.

사실상 은퇴를 강요당한 1세대 지도자들은 리콴유에 대해 섭섭한 감정이 없
지 않았고, 특히 가장 먼저 권력의 핵심에서 배제된 토친차이는 노골적으로 서

운한 감정을 표출했다. 리콴유 역시 오랜 세월 동안 동고동락한 동료들을 퇴장시키는 것에 대해 인간적으로 미안한 감정이 없지 않았으나, 새로운 시대에 대응하기 위해서 어쩔 수 없는 일이라 생각했다. 그리고 연령을 감안해도 그들은 리콴유의 후임자가 되기에 적절하지 못했다. 1세대 지도자들 중 옹팡분(1929년생)을 제외하고는 1923년생인 리콴유보다 모두 나이가 많았다. 토친차이는 1921년생으로 리콴유보다 두 살 위였고, 고켕스위는 토친차이보다도 세 살 위인 1918년생, 가장 나이가 많았던 라자라트남은 1915년생이었다.

토친차이, 고켕스위, 라자라트남, 옹팡분 4인방은 오랜 세월 리콴유를 헌신적으로 보좌하면서 국가 발전에 큰 역할을 했다. 그러나 그들은 결코 고분고분한 예스맨이 아니었다. 권위적이고 반대를 좀처럼 용납하지 못하는 리콴유였지만, 토친차이, 고켕스위, 라자라트남, 옹팡분 4인방은 리콴유에게 대놓고 쓴소리를 날릴 수 있었다. 그리고 리콴유는 곰곰이 생각해 본 후 이들의 생각이 맞고 자신이 틀렸음을 깨달으면 기꺼이 직언을 수용했다.

4인방 중 가장 연배가 높았던 라자라트남이 2006년에 먼저 세상을 떠났다. 고켕스위와 토친차이는 조용히 은퇴생활을 하다가 2010년과 2012년에 타계했다. 옹팡분은 현재까지 살아있는 유일한 사람이다. 또 다른 1세대 지도자 에디 바커는 2001년에, 캐나다로 이민 갔던 데반 나이르는 2005년에 세상을 떠났다.

리콴유는 1959년 영국령 자치정부를 수립할 때부터 31년간 총리직을 역임한 후 1990년 11월 퇴임했다. 그의 재임기간 동안 싱가포르는 몰라보게 달라졌다. 1965년 동남아시아 최빈국이었던 싱가포르는 한 세대 만에 탄탄한 경제력을 갖춘 현대적 도시국가로 변모했고, 아시아에서 가장 높은 생활수준을 자랑하게 되었다.

고촉동이 총리직을 물려받았고, 부총리에는 리콴유의 장남 리센룽과 옹텡청(Ong Teng Cheong)이 취임했다. 그러나 리콴유의 퇴임이 싱가포르의 통치방식에 극적인 변화를 가져온 것은 아니었다. 리콴유는 당분간 인민행동당의 당서기직을 유지하고 원로장관(Senior Minister) 직책으로 내각에 남아있었다. 물론 그는 더 이상 일상적인 행정업무에는 잘 관여하지 않았고, 국가의 장기적인 구상과 대외활동에 주력하게 된다.

제9장
포스트 리콴유 시대

신임 총리 고촉동

1990년 고촉동(Goh Chok Tong)이 새로운 총리가 된 것은 다소 의외의 일이었다. 그는 리콴유처럼 카리스마 넘치는 지도자가 아닌 조용한 관리자에 가까운 유형이었고, 취임 당시의 입지는 결코 튼튼하지 못했다. 원래 고촉동은 리콴유가 후계자로 선택한 것이 아니라 내각의 추천으로 총리 자리에 오른 사람이고, 리콴유는 이러한 사실을 공공연히 밝히고 다녔다. 게다가 리콴유는 원로장관(Senior Minister)이라는 직책을 가지고 내각에 남아 마치 상왕(上王)처럼 버티고 있었고, 사람들은 고촉동을 리콴유의 장남인 리셴룽에게 권력을 넘겨주기 전에 잠시 맡아두는 '중간관리자'로 여기는 분위기였다. 그러나 고촉동은 이후 뛰어난 능력을 입증하면서 자신의 자리를 굳건히 하는 데에 성공한다.

새로운 총리의 취임에 앞서 국가를 새로운 길에 올려놓기 위한 준비작업이 이미 착수되었고, 1990년 10월 대통령의 성격을 변경하는 합의가 이루어졌다. 대통령의 자격은 내각의 장관, 수석재판관, 고위 공무원, 대기업 회장 등을 지낸 사람으로 한정되며, 6년 임기로 선출되고 과거에 비해 권한이 강화되었다. 첫 번째

대통령 선거는 1993년에 열리게
되었다.

싱가포르는 1990년 행복한 분
위기에서 "One People, One
Nation, One Singapore"라는 구
호 속에 독립 25주년을 축하했다.
사람들은 새로운 정부가 좀 더 자
유로운 방식으로 효율적인 행정을
지속해 나갈 것이라 기대하고 있었
다. 1990년 말이 되자 모든 정치범
들은 감옥에서 풀려났고, 퐁스위수
안(Fong Swee Suan)을 비롯한 과거
극좌파 인사들에 대한 입국금지 조
치도 해제되었다.

고촉동

고촉동이 이끄는 새로운 정부는
국가적 가치관의 재정립에 나섰다. 급속한 경제발전을 이루면서 전통적인 가치
관이 손상되었고, 싱가폴리언은 뿌리 없는 코스모폴리탄이 될 우려가 있었기 때
문이었다. 2년간의 토론을 거쳐 1991년 1월 '공유 가치'(Shared Values)라는 백서
가 발행되었다. 이 백서 발간 이후 몇 차례 수정을 거쳐 5가지의 공통된 가치를
반영하는 국가이념에 대한 동의가 이루어졌다. 그 내용은 다음과 같다.

1) 개인 위에 공동체와 사회를 세우고, 그 위에 국가를 우선한다.
2) 사회의 가장 기본적인 단위는 가족이다.
3) 공동체는 개인을 지원하고 존중을 표한다.
4) 충돌보다는 합의를 이룬다.
5) 인종적, 종교적 조화를 추구한다.

다음 달인 1991년 2월, 각 분야의 인사들이 모여 토론과 심사숙고를 거친 후 싱가포르의 향후 발전을 논하는 '다음 단계'(The Next Lap)라는 책자를 발간했다. 그 목표는 향후 20~30년간 모든 시민들이 더 번영하고 즐거운 싱가포르를 건설하는 데 참여하게 하는 것이었다. 그 기조는 '지속과 변화'였다. 여기서 '지속'은 초기 지도자들이 세워놓은 탄탄한 기반을 바탕으로 더 발전하고 높은 경제성장을 유지하는 것을 의미했다.

1993년까지인 정부의 5년 임기는 다 채워지지 않았지만, 1991년 8월 고촉동은 자신이 고안한 보다 열린 방식의 국정운영에 대한 국민적 동의를 구하기 위해 불시에 총선거를 실시했다. 그러나 선거 결과는 기대했던 것과 달랐다. 인민행동당의 득표율은 61퍼센트로 떨어졌고, 야당에게 무려 4석의 의석을 내주었다.

그러나 1992년 말에 이르자 고촉동 총리의 개인적 권위는 한층 강해졌다. 경제는 계속 성장했고, 번영의 혜택은 사회의 모든 계층에 돌아가고 있었다. 1992년 12월 초 리콴유는 인민행동당 당서기직을 내려놓았고, 리콴유의 지지하에 고촉동은 만장일치로 당서기에 선출되었다. 이제 고촉동은 수습기간을 끝낸 셈이었고, 한층 강력해진 위상을 바탕으로 더 큰 자신감을 가지고 행동할 수 있었다. 이 무렵 옹텡청, 리센룽 두 부총리가 모두 암에 걸렸고, 옹텡청의 경우는 심각하지 않았지만 리센룽은 몇 달간 휴직한 후에야 회복할 수 있었다.

1987년부터 연간 경제성장률은 계속 높았다. 1차 걸프전쟁으로 인해 주 교역 상대국인 미국은 불황에 빠졌지만 싱가포르는 거의 악영향을 받지 않았다. 1980년대 말부터 싱가포르는 자본 순수입국이 더 이상 아니었고, 변함없이 흑자재정을 기록하고 있었다. 1990년이 되자 상당한 금액의 외환보유고가 축적되었고, 이제 잉여자본을 투자할 필요가 있었다. 1989년 자국 중소기업을 육성하기 위해 지원을 시작했고, 해외에서도 투자 기회를 찾기 시작했다.

1997년 1월 정부는 "싱가포르 21: 싱가포르를 최고의 터전으로 만들자(Make it our best home)"라는 슬로건을 내걸고 총선거를 실시했다. 고촉동 총리는 앞으로 다가올 한 세기 동안 싱가포르가 나아갈 방향을 제시하고 경제발전과 삶의 수준 향상을 위한 세부 프로그램을 발표한다. 그리고 이를 실질적으로 시행하기 위해 여러 인종적 배경을 가진 사람들 중에서 역량이 뛰어나고 자격조건이 충분한 전문가들을 엄선해 24명의 신규 의원 후보자들을 모아 팀을 구성했다.

동아시아 금융위기와
9·11 사태의 여파

10년간 흔들림 없는 성장과 번영을 구가한 후, 1997년 중반 동아시아 금융위기가 터지자 싱가포르는 큰 충격을 받았다. 우리가 'IMF 사태'라는 이름으로 기억하고 있는 1997년 금융위기는 태국에서 시작해 동남아시아 전역으로 퍼져 나갔고, 우리나라를 포함한 동북아시아까지 번지며 아시아 전역이 소용돌이에 휘말렸다.

싱가포르의 제조업, 건설업 등은 모두 타격을 받았고, 정부 세입은 급감했다. 정부는 장관과 고위 공무원의 봉급을 삭감하고 공공주택 개선계획의 규모를 축소하였으며, 대량 해고 사태를 막기 위해 임금과 중앙후생기금(CPF) 고용주 부담액을 삭감했다. 노인과 극빈층에는 보조금이 지급되었으나, 당장의 고통을 완화하기 위해 보편적 복지조치를 취하자는 야당의 주장은 받아들여지지 않았다. 정부는 대신에 미래 경쟁력을 강화하여 위기에서 빠져나오기 위해 근로자 재교육, 기술 향상 등의 사회간접자본에 대한 투자에 착수했다. 결과적으로 눈앞의 위기를 쉽게 모면하기보다 기초체력을 강화하는 길을 선택한 싱가포르 정부의 결정은 옳은 것이었다.

고통 완화를 위해 유보금을 쓰기를 거부한 정부의 조치에 대해 퇴임을 얼마 앞둔 옹텡청 대통령이 반발하면서 내부 갈등이 촉발되었다. 이를 계기로 대통령 권한의 재설정이 이루어졌고, 옹텡청 퇴임 후 대통령 자격을 가진 유일한 후보인 나탄(S. R. Nathan)이 선거 없이 1999년 7월 대통령직에 오르게 되었다.

이 무렵 경제 회복의 기미가 보이기 시작했고, 싱가포르는 새 천년에 대한 희망찬 기대를 가지게 되었다. 1999년 의회는 '싱가포르 21: We Make the Difference'라는 비전을 발표했다. 이것은 각 인종집단이 고유의 정체성을 유지하면서 영어를 공용어로 하여 동등한 기회를 가지고, 하나의 싱가포르로 뭉치는 다인종 사회를 추구한다는 내용이었다.

1999년 독립기념일(National Day) 행사에서 고촉동 총리는 싱가포르가 경제뿐만 아니라 교육, 예술, 스포츠 등에서도 세계 수준의 르네상스 도시가 될 것이라 천명했다. 2000년 9월에는 다양한 의견 표출을 장려하기 위해 공공 토론 장소가 지정되었다.

20세기가 막을 내릴 무렵 싱가포르가 직면하고 있는 가장 큰 문제는 고령화와 고급인력의 부족이었다. 이에 대한 해결책으로 싱가포르 정부는 출산장려 정책을 펴는 동시에 외국인 인력 유입을 위해 이민법을 완화했다. 또한 고급인력이 해외로 빠져나가는 것을 막고 해외에 나간 싱가폴리언들의 귀국을 장려하기 위해 장관과 고위 공무원의 봉급을 인상하는 조치가 내려졌다.

회복되던 경제는 2000년 정보기술(IT) 거품의 붕괴로 인한 세계 경제의 둔화로 다시 침체에 빠졌다. 그에 이어 2001년 9·11 사태가 충격을 가져왔고, 싱가포르는 즉각 미국을 지지하여 테러에 맞설 것이라 선언했다. 테러와 맞서고 계속되는 경제 침체에 대응하기 위한 권한을 확보하기 위해 정부는 조기 총선거를 실시했다. 과거의 조기 총선거는 경제 상황이 좋았을 때에 이루어지는 것이 보통이었고, 경제 침체기에 조기 총선거를 실시하는 것은 위험한 도박으로 보였다. 그러나 2001년 11월 열린 총선거에서 인민행동당은 84석 중 82석을 차지했으며, 득표율은 75퍼센트로 이전 선거에 비해 크게 올랐다.

고촉동 총리는 경제 침체에서 빠져나올 동안은 총리직을 유지했다가 다음 총선거 이전에 퇴임할 것이라 발표했다. 정부는 지역 분권화 조치를 실행했고, 싱가포르는 5개의 구역으로 나뉘어 각각 공공서비스, 복지, 보건, 스포츠 등에서 자치권을 갖게 되었다. 인민행동당은 중대한 사안을 제외하고는 평의원들이 각자의 소신에 따라 자유롭게 발언하고 투표할 수 있도록 규정을 완화했다.

9·11 테러 이후에도 싱가포르의 분위기는 나름 안정적이었으나, 2001년 12월 테러용의자 15명이 체포되는 사건이 벌어진다. 그들의 조직은 말레이반도, 인도네시아와 필리핀 남부를 아우르는 무슬림 국가를 건설하려는 계획을 가지고 있었다. 그들은 알카에다와 관련이 있고 아프가니스탄에서 훈련받았으며 인도네시아 무장단체의 명령에 따랐다는 혐의를 받았다. 테러용의자들이 체포됨으로써 쿠알라룸푸르와 자카르타 주재 미국 대사관에 대한 테러와 싱가포르 공격 계획은 무산되었다.

정부 당국은 2001년 12월에 체포된 테러용의자들이 가난하고 소외된 계층이 아니었다는 사실에 충격을 받았다. 한 명을 제외하고는 모두 중산층 싱가포르 시민이었고 이슬람 사원과 관계된 활동을 하지 않았던 것이다. 이로 인해 정부의 다인종 정책은 차질을 빚게 되었다. 고촉동 총리를 비롯한 정부 각료들은 1천7백여 명의 공동체 지도자들과 함께 테러용의자 체포 사건의 결과를 논의하고 더 높은 수준의 화합을 촉구하는 토론회를 가졌다. 무슬림 지도자들 역시 이에 대한 지지 의사를 강력하게 표시했다.

2002년 9월 21명의 싱가폴리언이 다시 체포되었고, 18명이 수감되고 3명은 집행유예를 선고받았다. 이전의 테러용의자들과 달리 그들은 블루칼라 노동자였다. 이들을 체포하면서 싱가포르 내의 테러리스트 네트워크를 어느 정도 저지했지만, 위험요소는 여전히 남아있었다. 2002년 10월 고촉동 총리는 종교 화합에 관한 법규 초안을 제안하며 다시 공동체 지도자 모임을 소집했다. 2003년 1월 의회는 안보를 강화하고 지도자 모임을 확대하자는 정부의 제안에 만장일치로 지지를 표했고, 여기에는 3명의 야당 의원들도 동참했다. 이와 동시에 사회적 연대와 종교 화합을 강화하고 무슬림 공동체가 극단적인 종교 교육을 억제할 것을 권유했다.

9·11 사태의 여파로 2001년 12월의 실업률이 최근 15년 이래 가장 높은 수

준을 기록하자 경제 문제를 해결하기 위한 강력한 조치가 필요해졌다. 리센룽의 주재하에 경제검토위원회가 소집되었고, 중국과 동북아시아와의 경쟁 확대 전망에 대처하기 위한 장기적인 구조조정 계획을 세웠다. 2002년 4월 위원회는 항구 등 전략적인 부문을 제외하고는 국영기업을 점진적으로 민영화할 것을 권고했다. 또한 노동시장을 자유화하고 고용을 창출하기 위해 조세와 고용 제도의 대폭 수정을 권고했다.

경제 침체는 독립 이후 가장 장기간에 걸쳐 심하게 지속되었고, 2002년 10월 알카에다가 인도네시아 발리(Bali)에서 폭탄테러를 자행한 사건의 여파로 싱가포르 경제는 더욱 어려움을 겪었다. 2003년 초 많은 항구노동자들이 해고당했고, 공무원 봉급은 다시 삭감되었으며 고위직의 삭감 폭이 특히 컸다. 2003년 3월 이라크 전쟁이 발생하자 경제는 더 타격을 받았고, 급성호흡기증후군(SARS)의 창궐로 인해 관광업이 타격을 받으면서 싱가포르항공(Singapore Airlines)에서 대규모 인원감축이 일어났다.

이 시기에 어두운 면만 있는 것은 아니었다. 일본, 뉴질랜드, 호주와 자유무역협정(FTA)을 체결했고, 여러 해 동안 어려운 협상을 벌인 끝에 2003년 8월 미국과의 자유무역협정을 타결한 것이 가장 큰 성과였다. 이와 동시에 서방 경제에 대한 과도한 의존도를 줄이기 위해 중국, 타이완, 홍콩과의 교역을 개척하였고, 2002년에는 이들과의 교역액이 미국과의 교역액을 처음으로 넘어서게 되었다.

달라진 세상과 달라진 리더십

21세기에 접어들며 싱가포르 사회는 변화하고 있었다. 고등교육이 급속히 확대되었고, 싱가포르국립대학(NUS)과 난양공대(NTU)는 세계적으로 인정받는 명문대학으로 성장했다. 2000년에는 싱가포르경영대학(Singapore Management University, 약칭 SMU)이 개교하였고, 2003년에는 다섯 번째 폴리테크닉(polytechnic, 한국의 전문대학과 유사함)이 출범했다. 과학기술, 수학, 공학, 경제, 경영, 언어 등 현대화와 번영을 촉진하는 과목에 교육의 중점이 두어졌다. 정부와 민간이 합심하여 뛰어난 대학졸업생들을 해외에 유학 보냈고, 싱가포르 대학의 수준을 높이는 데에도 역점을 두었다. 싱가포르의 대학들은 해외 유명대학들과의 유대관계를 강화하고 공동학점제를 실시하였고, 다수의 연구소를 설립하여 해외 학생들을 불러들였다.

잘 교육받고 널리 여행을 하며 견문을 넓힌 전문가집단이 팽창하면서 많은 사회단체들이 출현했고, 이들은 정부가 정한 제약범위 내에서 움직임을 보이기 시작했다. 정치 무대, 직장, 가정에서 여성의 지위는 상당한 진보를 이루었다. 1984

년 3명으로 시작된 여성 의원들의 수는 꾸준히 늘어나 2006년 총선거 후에는 20명이 되었고, 정부 고위직에도 여성들의 진출이 이루어졌다.

변화의 가장 큰 원인 중 하나는 인터넷의 급속한 보급이었던 것으로 보인다. 인터넷은 현대화와 세계화의 가장 강력한 수단 중 하나였고, 기존 정치 질서에 대해 가장 강력히 도전할 요소였다. 그러나 최신 기술의 도입을 항상 열망해 온 싱가포르 정부는 정보기술을 기꺼이 수용했다.

예전에 비해 싱가포르 국민들은 자신들의 의견을 더 많이 내기 시작했지만, 직접 정치에 참여하려는 사람은 아직까지 많지 않았다. 여전히 인민행동당의 입당 조건은 까다로웠고, 정부의 초빙을 받지 않고 정치에 입문하는 사람은 드물었다. 인민행동당은 젊은 의원 후보자들을 모집하거나 공공, 민간 영역에서 장관을 발탁할 때 높은 기준을 적용했고, 탁월한 능력을 가진 사람들을 각별히 우대했다. 1994년에는 대중들의 거센 반대에도 불구하고 정부 장관의 급여를 사기업에서 동등한 일을 할 때에 받을 수 있는 수준에 맞춰서 올렸다. 이로 인해 민간 부문의 유능한 인재를 정부에 발탁하는 것이 용이해졌다.

고촉동은 전임자에 비해 훨씬 부드럽고 자유로운 모습을 보였다. 언론 검열은 점차 완화되었고, 외국 언론에 대한 규제도 풀리기 시작했다. 고촉동 정권은 문화, 자선 등의 비정치적 활동을 장려했으며, 2000년 1월 부총리 리센룽은 싱가포르 21 포럼에서 정부를 공격하거나 전복하려는 의도가 아니라면 건설적인 비판을 수용할 수 있다는 태도를 밝혔다.

이 시점부터 야당 정치인들은 더 이상 재판 없이 체포되거나 투옥될 걱정을 하지 않아도 되었다. 1998년 마지막으로 남은 장기수(長期囚)인 전직 바리산 사회주의전선 의원 치아타이포(Chia Thye Poh)가 32년 만에 석방되었고, 망명을 떠났던 주요 좌익 인사들은 재입국을 허락받을 수 있었다.

고촉동 총리는 더 개방적인 정치시스템을 제안했으나, 막상 이것이 엄격한 통제하에 놓이자 대중들은 실망하며 정치에 대한 발언권을 더 요구했다. 그러나 대중들이 요구한 것은 체제의 근본적인 변화가 결코 아니었다. 많은 어려움에도 불구하고 싱가포르는 동남아시아의 다른 나라들보다 훨씬 더 나은 모습으로 경제 회복을 이루고 자신감을 되찾았다. 고촉동의 재임기간 동안 싱가포르는 독립 이후 최악의 불황을 겪고도 살아남았고, 위험한 테러 위협을 저지하기도 했다. 정부는 언제나 그랬듯이 위기에 대처하기 위한 결단을 내릴 때 눈앞의 쉬운 길을 택하지 않았고, 현재를 다소 희생하더라도 더 나은 미래를 도모할 수 있는 길을 택했다. 이것은 현실적이고 실용적인 싱가폴리언들로부터 지지를 받았고, 국민들은 당장 힘들더라도 정부의 리더십을 믿고 따랐다. 그때까지 비판적인 태도를 보이던 해외 비평가들도 싱가포르 정부가 경제 문제와 안보 위협에 대응하는 것을 보고 칭찬하지 않을 수가 없었다.

리센룽 시대의 개막

오랜 경제 침체기에서 빠져나온 2004년에 다시 한 번 매끄러운 권력이양이 일어났다. 고촉동 총리는 14년간의 성공적인 재임기간을 마치고 퇴임하였고, 리콴유의 장남 리센룽(Lee Hsien Loong)이 새로운 총리가 되었다. 리콴유는 원로장관(Senior Minister)에서 장관자문역(Minister Mentor)으로 직함을 바꾸었다. 처음에는 리센룽에게 권력을 넘겨주기 전의 과도기로 고촉동을 잠시 중간관리자로 앉힌 것 아니냐는 회의적인 시각이 있었던 것이 사실이었다. 리콴유의 낙점을 받은 사람이 아니었던 고촉동은 정치적 기반이 취약했고, 리센룽에게 가려지는 존재가 될 것이라고 예상하는 사람이 많았다. 그러나 고촉동은 온화한 성품을 바탕으로 당면한 난제들을 잘 해결하면서 존경을 받게 되었고, 새로운 시대에 이상적인 리더였다는 평가를 받았다. 고촉동은 젊은 시절 갈고닦은 경영 능력을 정부 사업에 잘 적용시켰고, 그의 재임기간 동안 싱가포르는 아주 성공적인 기업과 닮은 모습을 가지게 되어 '싱가포르 주식회사'라 불러도 될 정도였다. 그렇게 고촉동이 리콴유가 닦아놓은 길을 탄탄하게 포장하는 동안 리센룽은 차

리셴룽

분하게 후계수업을 받을 수 있었다.

리셴룽에게 권력이 승계되면서 권력세습에 대한 비판이 일어나는 것은 어느 정도 불가피한 일이었다. 그러나 이것은 북한의 세습왕조와는 분명히 차원이 다르다. 리셴룽이 리콴유의 아들이 아니었다면 총리 자리에 오를 수 있었을지는 의문이지만, 오직 리콴유의 아들이라는 이유만으로 그 자리에 오른 사람은 결코 아니다. 사실 리셴룽이 뛰어난 아버지로부터 진짜로 물려받은 것은 혈통보다는 사고방식이었다.

1952년생인 리셴룽은 케임브리지 대학에서 빛나는 학업 성적을 거두고 군에 입대했고, 준장과 부사령관을 역임한 후 32세의 나이에 정계에 입문해 1986년 산업통상부 장관(Minister of Trade and Industry)이 되었다. 영어, 중국어, 말레이 어를 모두 유창하게 구사할 수 있는 리셴룽은 인상적인 연설가였고, 아버지만큼 은 아니더라도 상당한 카리스마를 갖추고 있었다. 젊은 시절에는 다소 성급하고 오만한 면모를 보였지만, 나이가 들면서 그런 모습을 점차 떨쳐버리고 한층 온화한 이미지로 변모했다. 암 투병을 하면서 생사의 기로에 섰던 것도 상당한 영향을 미쳤던 것으로 보인다.

리센룽은 의심의 여지 없이 뛰어난 능력을 가지고 있는 사람이며, 지도자로서의 자질을 검증받는 절차를 차근차근 거쳤다. 아버지에 필적할 수준의 통찰력까지 갖추었는지는 의문이나, 박식함에 있어서는 아버지를 훨씬 능가한다고 정평이 나 있다. 아무리 어려운 질문을 던져도 그 자리에서 술술 답을 풀어내는 능력 때문에 세계에서 가장 유명한 검색엔진에 빗댄 별명이 붙었을 정도이다.

아버지만큼 절대적인 지지를 받고 있지는 못하지만, 리센룽은 온화한 리더십을 발휘하며 13년째에 이르는 재임기간 동안 싱가포르를 나름 잘 이끌어왔다. 싱가포르는 2008년 미국 서브프라임 모기지 사태로 촉발된 국제 금융위기 때 잠시 어려움을 겪었고, 외국인 체류자들이 대거 빠져나가 부동산 가격이 급락하고 해외 투자가 이탈하는 사태가 발생했다. 그러나 탄탄한 기초체력을 갖춘 싱가포르 경제는 곧 회복했고, 지금은 1인당 국민소득(GDP)이 5만 달러를 돌파하여 일본을 제치고 명실상부한 아시아 최고의 선진국으로 발돋움했다.

리센룽 총리는 2013년 12월 우리나라를 공식 방문하여 박근혜 대통령과 정상회담을 가졌고, 2016년 11월에는 개인 휴가 목적으로 다시 한국을 찾았다. 1952년생 동갑내기이고 생일이 불과 8일밖에 차이 나지 않는 두 정상은 이전부터 각별한 인연이 있었다. 1979년 10월 박정희 대통령이 서거하기 불과 일주일 전 리콴유 총리가 방한했고, 당시 퍼스트레이디 대행이었던 영애 박근혜가 통역을 담당했다. 2013년의 한국-싱가포르 정상회담은 부자 총리와 부녀 대통령의 만남으로 전 세계의 이목을 끌었다. 그러나 아버지의 장점을 거의 고스란히 물려받은 아들과 아버지의 좋은 면을 하나도 닮지 못한 딸의 조우는 묘한 부조화를 연출했다.

큰 별이 지다

평소 건강관리를 철저히 하기로 유명한 리콴유였지만, 그 역시 세월의 흐름을 거스를 수는 없었다. 90대의 고령에 접어들면서 건강에 이상이 오기 시작했고, 2014년부터는 입원과 퇴원을 반복했다. 2015년이 되자 그의 건강상태는 더욱 심각해졌다. 수많은 싱가폴리언들이 쾌유를 빌었지만, 결국 2015년 3월 23일 새벽 리콴유는 향년 91세를 일기로 서거했다.

싱가포르 전역은 깊은 슬픔에 빠졌다. 남녀노소를 가리지 않고 모든 싱가폴리언들은 리콴유의 서거를 애도했고, 특히 그와 함께 고난의 세월을 이겨낸 노년층과 장년층의 슬픔은 더욱 컸다. 당시 어느 인도계 싱가폴리언이 남긴 추모의 글이 지금도 기억에 생생하다. "당신에게 반대도 많이 했었고 때로는 원망도 했었다. 그렇지만 결국 당신이 옳았다."

이틀간의 가족장 후에 3월 25일부터 나흘간 국회의사당에서 열린 일반인 조문 기간에는 2킬로미터가 넘는 줄이 이어졌고, 빈소에 들어가기 위해서는 8~10시간씩 기다려야 했다. 이것은 누가 강제로 동원한 것이 아니었고, 싱가폴리언들

현재 래플스 플레이스(Raffles Place) 일대의 스카이라인

의 진정한 애도와 존경심의 표출이었다. "왜 이렇게 오랜 시간 줄을 서서 조문을 하는가?"라는 외국인의 질문에 어느 싱가폴리언은 "당신 주위를 돌아보라"라고 짤막하게 답했다. 싱가포르를 방문한 경험이 있는 독자분들은 이것이 무슨 의미 인지 잘 이해하실 것이다. 싱가포르는 한 세대 만에 제3세계에서 선진국 대열에 진입한 유일한 나라이고, 리콴유라는 지도자가 없었다면 이것은 절대로 불가능

한 일이었다.

　리콴유의 영결식은 수많은 해외 귀빈들이 초청받은 가운데 3월 29일에 거행
되었다. 유해가 안치되어 있던 국회의사당에서 영결식장인 싱가포르국립대학
까지 운구가 진행되는 동안, 하늘도 그를 떠나보내기가 슬펐는지 비가 억수같이
쏟아졌다. 그렇게 비가 쏟아지는 중에도 운구 행렬이 지나가는 길목에는 수많은

싱가폴리언들이 몰려나와 그의 마지막 가는 길을 배웅했다. 영결식이 끝난 후 리콴유의 유해는 만다이(Mandai) 화장장으로 옮겨져 한 줌의 재가 되었다. 한 시대를 창조한 거인, 최소 30년 앞을 내다보았던 천재적인 지도자는 이렇게 파란만장한 생애를 마감했다.

리콴유는 생전에 놀라운 유언을 남겼다. 1950년 영국 유학을 마치고 돌아와서부터 평생토록 살았던 자택을 허물어버리라는 것이었다. 옥슬리 로드(Oxley Road) 38번지에 위치한 그의 자택은 으리으리한 대저택이 결코 아니었고, 사실 그냥 내버려 둬도 곧 무너질 것 같은 상태였다. 장기집권을 했던 통치자, 독재자들은 어떻게든 자신의 흔적을 남기려고 애쓰기 마련인데 리콴유는 정반대의 행보를 보였고, 그런 유언을 남긴 이유가 더 극적이었다.

옥슬리 로드는 유명한 쇼핑가인 오차드 로드(Orchard Road) 바로 뒤편에 위치한 조용한 주택가로, 곧 상업 건물이나 고급 아파트 등의 용도로 재개발되는 것이 마땅한 입지이다. 그런데 자택을 보존하거나 기념관을 세운다면 그 일대의 재개발은 불가능해질 것이고, 그러면 주변 이웃들에게 재산상 피해를 입히게 되기 때문에 자택을 허물어버리라고 한 것이다. 리콴유는 마지막 순간까지도 실용주의자로서의 면모를 세상에 똑똑히 보여주었다.

리콴유 한 사람이 현대 싱가포르를 계획하고 만들어냈다는 말이 아주 틀린 것은 아니다. 그 때문에 리콴유 사후 싱가포르가 어떻게 변할지에 대해서는 의견이 분분하고, 곧 혼란에 빠져 내리막길을 걷게 될 것이라 전망하는 사람들도 많다. 그러나 필자는 향후 최소 30년간은 싱가포르가 번영을 지속할 것이라고 자신 있게 말할 수 있다.

리콴유는 고대 아테네 민주정의 최전성기를 이끌었던 페리클레스(Pericles)에 비유될 수 있지만, 두 사람 사이에는 큰 차이점이 존재한다. 페리클레스 시대의 아테네는 겉으론 민주정의 형태를 띠었지만, 실질적으로는 탁월한 지도자 페리클레스의 원맨쇼에 절대적으로 의존하고 있었다. 페리클레스가 세상을 떠나자 아테네의 민주정은 곧 중우정치로 전락했고, 아테네는 과거의 영화를 다시는 회복하지 못하고 로마에 정복당하는 운명을 맞았다.

반면 리콴유는 '설계자가 사라진 후에도 온전히 돌아갈 수 있는 국가시스템'

을 구축해냈으며, 그 시스템을 잘 운영할 수 있는 사람들을 길러냈다. 리콴유는 생전에 싱가폴리언들에게 "당신들이 똑바로 못하면 난 무덤에서 벌떡 일어날 것이다"라고 엄포를 놓았지만, 적어도 당분간은 무덤에서 뛰쳐나올 일은 없을 것이다.

맺음말

   본격적인 역사가 채 200년도 되지 않는 조그만 도시국가에 이야깃거리가 얼마나 있을지 의문을 가지면서 책을 펴든 독자들이 많이 계실 것이다. 필자 또한 집필을 시작하기 전까지는 같은 생각을 하고 있었고, 과연 필요한 분량을 맞출 수 있을 것인지 걱정이 앞섰다. 그러나 뚜껑을 열고 보니 의외로 흥미로운 스토리가 많았고, 나중에는 분량을 채우는 것보다 꼭 필요하지 않은 부분을 간추려 생략하고 압축하는 것이 더 어려운 작업이었다.

   이 책에는 싱가포르 공화국 독립 이후 현대사의 비중이 상대적으로 적은 편이다. 싱가포르가 아시아 최고의 선진국으로 떠오르게 된 과정을 밝힌 전작 「싱가포르에 길을 묻다」에 현대사와 관련된 내용들은 이미 자세히 설명되어 있으니, 이 책에서는 지금까지 우리에게 잘 알려지지 않은 독립 이전의 역사에 더 큰 비중을 두는 것이 옳다고 생각했기 때문이다.

   「싱가포르에 길을 묻다」를 출간한 이후 나름 싱가포르 전문가로 인정받고 있지만, 싱가포르의 역사만을 주제로 책을 쓰는 것은 결코 쉬운 일이 아니었다. 큰 흐름이야 이미 알고 있었지만, 세부적으로는 모르는 것들이 너무나 많아서 처음부터 다시 공부하는 자세로 임해야만 했다. 책은 사람들에게 정보와 가르침을 전달하는 역할을 하지만, 책을 통해서 가장 많은 것을 배우는 사람은 바로 저자인 것 같다.

   본격적으로 글을 쓰는 것보다 준비작업이 더욱 험난했다. 한국어로 된 출판

물 중에는 싱가포르의 역사를 제대로 다룬 것이 거의 없고, 유일하게 상세한 내용을 담은 것은 두 권의 리콴유 자서전뿐이었으나 그것 역시 근현대사에 국한되어 있다. 또한 아무리 필자가 리콴유를 존경하고 적극 지지하는 입장이라 해도 리콴유의 관점에서 쓴 책을 역사서의 근간으로 삼을 수는 없는 노릇이다. 중립적인 시각에서 서술된 것으로 국한하다 보니 참고자료는 오직 영어로 된 것밖에 없었고, 상당히 방대한 양의 영문 자료들을 검토하고 나서야 본격적인 집필을 개시할 수 있었다. 모국어가 아닌 언어로 많은 양의 자료를 읽어내고 핵심을 요약하는 것은 보통 심한 스트레스가 아니었다.

　이 책은 여러 사람들의 도움이 있었기 때문에 탄생할 수 있었다. 꼭 필요한 영문 자료를 엄선하여 제공해 주신 싱가폴리언 샤리 칼리드(Sha'ari Khalid) 씨에게 가장 먼저 깊은 감사의 말씀을 드려야 할 것 같다. 필자를 믿고 이 책의 집필을 맡겨주신 정다운 부장, 편집과 교정 과정에서 많은 노고를 기울인 이상은 대리와 남슬기 편집자를 비롯한 가람기획 가족들에게 감사드린다. 또한 혼자 힘으로는 도저히 감당하기 어려웠던 방대한 양의 영문 자료 검토에 큰 힘이 되어준 김미선, 장기현 두 분께도 고맙다는 말을 전하고 싶다. 항상 집필을 격려하고 교정작업을 도와준 아내, 그리고 집필 과정에서 신경이 극도로 예민해진 아빠 때문에 겨울방학 내내 숨죽이고 지내야 했던 아들 민우와 딸 민서에게 고맙고 미안하다는 말을 전하고 싶다.

싱가포르역사 연표

14C 말	고대 싱가푸라(Singapura) 왕국 멸망
1819년	1월 스탬포드 래플스 경(Sir Stamford Raffles) 싱가포르 상륙. 2월 말레이 술탄과 영국 무역항 개설에 대한 조약 체결. 윌리엄 파커(William Farquhar)가 사무관으로 취임.
1823년	스탬포드 래플스 싱가포르를 완전히 떠남. 신임 사무관 존 크로퍼드(John Crawfurd) 부임.
1824년	크로퍼드 조약 체결. 싱가포르에 대한 영국의 지배권 확립.
1925년	뜨믄공 압둘 라만(Abdur Rahman) 사망
1826년	동인도회사 직할 해협식민지 출범. 사무관 존 크로퍼드 퇴임.
1833년	건축가 조지 콜맨(George Drumgold Coleman)이 공공사업감독관으로 부임.
1837년	싱가포르 상공회의소 설립
1845년	스트레이츠 타임즈(Straits Times) 창간
1849년	탄톡셍(Tan Tock Seng) 병원 개원
1851년	호스버스 등대(Horsburgh Lighthouse) 완공
1859년	싱가포르와 바타비아 간의 최초의 전신선 개설
1864년	Tanjong Pagar Dock Company 설립
1867년	동인도회사 직할식민지 시대 마감. 영국 본국 식민성 직속식민지로 편입. 해협달러와 센트가 공식 통화로 채택됨.
1869년	왐포아(Whampoa)가 첫 아시아인 입법위원으로 임명됨.
1873년	중국인 쿨리 이주법 도입
1874년	팡코르협약(Pankor Engagement) 체결
1877년	중국인보호국 설립. 윌리엄 피커링(William Pickering)이 초대 중국인보호관으로 취임. 첫 번째 주 싱가포르 중국 영사관 개설.
1882년	Singapore Tramway Company가 설립되어 전차 운행 개시
1889년	비밀결사법 통과
1890년	최초의 현대적 산업인 주석 제련공장 설립
1896년	말레이연합국(Federated Malay States, FMS) 형성
1904년	싱가포르의 마지막 호랑이 사살

1905년	Tanjong Pagar Dock Company가 공영회사인 Tanjong Pagar Dock Board로 변신
1906년	싱가포르 화교상공회의소(Singapore Chinese Chamber of Commerce) 설립
1909년	말레이비연합국(Unfederated Malay States, UMS)이 형성되어 영국 보호령 확대. 말레이반도 철도 완공.
1913년	Tanjong Pagar Dock Board가 싱가포르 항만공사(Singapore Harbour Board)로 변모
1914년	중국인 연기계약노동 관행 철폐
1915년	인도군 폭동 발생. 최초의 상업적 라디오 방송국 설립.
1923년	싱가포르와 말레이반도를 연결하는 조호 코즈웨이(Johor Causeway) 개통
1924년	단체법(Societies Ordinance)이 제정되어 비밀결사에 대한 처벌 강화
1928년	래플스대학(Raffles College) 개교
1930년	이민제한법 시행
1937년	잔디 활주로를 갖춘 민간공항인 칼랑공항(Kallang Airport) 개항
1941년	12월 태평양전쟁 발발. 말레이반도 북동부에 일본군 상륙.
1942년	2월 15일 싱가포르 함락. 영국군이 일본군에게 항복. 중국계에 대한 대규모 숙청 발생.
1943년	쌍십절 사건 발생
1945년	8월 15일 태평양전쟁 종전. 일본군의 항복과 영국 군정 개시.
1946년	영국 군정 종료. 영국 본국 직속식민지로 복귀.
1945년	완전 독립 이전 단계의 말라야연합(Malaya Union) 발족
1948년	최초의 입법위원 선거 실시
1950년	허토프 폭동(Hertogh Riot) 발생
1955년	입법의회 선거에서 노동당이 승리하여 데이비드 마샬(David Marshall) 총리로 취임. 혹리버스회사(Hock Lee Bus Company)의 파업이 폭력 시위로 확대됨.
1956년	마샬 총리 퇴임. 신임 총리 림유혹(Lim Yew Hock) 취임.
1957년	말라야연방(The Federation of Malaya)이 영국으로부터 완전히 독립함.
1958년	싱가포르 자치주법(State of Singapore Act) 통과. 내정 권한을 가진 자치주로 변신.
1959년	총선거에서 인민행동당 압승. 리콴유(Lee Kuan Yew)가 자치정부 초대 총리로 취임.
1960년	노사관계법(Industrial Relations Ordinance) 제정. 반부패법 개정. 주택개발청(Housing and Development Board, HDB) 설립.
1961년	경제개발청(Economic Development Board, EDB) 설립
1962년	말레이시아 연방 가입에 대한 국민투표 실시. 71퍼센트의 찬성률로 통과.

1963년	말레이시아 연방 출범. 싱가포르는 연방 소속의 자치주가 됨.
1964년	중국계와 말레이계 간의 대규모 유혈폭동이 두 차례 발생함. 인도네시아 해병대원 2명이 싱가포르 시내에서 폭탄테러를 일으킴.
1965년	8월 9일 말레이시아 연방에서 축출되어 독립. 싱가포르 공화국 출범.
1966년	첫 싱가포르 보병여단 발족. 군사훈련소 설립. 토지취득법 통과
1967년	아세안(ASEAN) 창립회원국으로 참여
1968년	영국군 철수 발표. 총선거에서 인민행동당이 모든 의석 석권. 환경보건법(Environmental Health act) 통과. 중앙후생기금(CPF) 적립 비율을 대폭 상향조정하여 주택 보급 활성화. 폭탄테러를 일으킨 인도네시아 해병대원의 사형 집행을 강행하여 인도네시아와의 관계가 악화됨.
1969년	인민행동당 집권 이후 최초로 무파업을 기록
1972년	리콴유 총리가 독립 이후 최초로 쿠알라룸푸르를 방문. 말레이시아의 총리 툰 압둘 라작(Tun Abdul Razak)과 회담.
1973년	리콴유 총리가 인도네시아를 방문하여 인도네시아와의 관계가 해빙을 맞음.
1974년	제1차 오일쇼크 발생. 경제성장 둔화.
1975년	중국과의 외교관계 재개
1976년	영국군 철군 완료
1977년	1인당 소득이 독립 시점에 비해 3배로 증가
1980년	싱가포르국립대학(National University of Singapore, NUS) 창설
1981년	창이국제공항(Changi Airport) 개항
1984년	메디세이브(Medisave) 제도 시행
1985년	세계 경제 침체로 인해 독립 이후 최초로 1인당 소득이 하락
1987년	영어를 학교의 제1언어로 공식 채택. MRT(Singapore Mass Rapid Transit) 최초 개통.
1990년	메디쉴드(Medishield) 제도 시행. 자동차 등록세인 COE(Certificate of Entitlement) 도입.
1993년	메디펀드(Medifund) 제도 시행
1995년	말레이시아와 방위협력협정 체결. 영해 구획에 대한 최종 합의.
1990년	초대 총리 리콴유 퇴임. 신임 총리 고촉동(Goh Chok Tong) 취임.
1998년	1인당 GDP 2만 달러 돌파. 마지막으로 남은 장기수(長期囚)인 치아타이포(Chia Thye Poh)가 32년 만에 석방됨.
2000년	싱가포르경영대학(Singapore Management University, SMU) 개교
2003년	미국과 자유무역협정 타결
2004년	고촉동 총리 퇴임. 리콴유의 장남 리센룽(Lee Hsien Loong)이 신임 총리로 취임.
2010년	마리나 베이 샌즈(Marina Bay Sands) 완공
2015년	3월, 초대 총리 리콴유 서거

찾아보기

15 Singapore

싱가포르역사
다이제스트100